بسم الله الرحمن الرحيم

سبحانك لا علم لنا إلا ما علمتنا انك أنت العليم الحكيم

صدق الله العظيم

(آية 32 : البقرة)

رقم الايداع لدى دائرة المكتبة الوطنية : (2007/6/1650)
الكبيسي، عبد الستار
الشامل في مبادئ المحاسبة / عبد الستار الكبيسي .
- عمان ، دار وائل ، 2007 .
(539) ص
ر.إ. : (2007/6/1650)
الواصفات: المحاسبة المالية / المحاسبة
* تم إعداد بيانات الفهرسة والتصنيف الأولية من قبل دائرة المكتبة الوطنية

****

رقم التصنيف العشري / ديوي : 657.6
ISBN 978-9957-11-311-7 (ردمك)

* الشامل في مبادئ المحاسبة (1) و (2)
* الدكتور عبد الستار الكبيسي
* الطبعــة الثانية 2008

علم ينتفع به

دار وائــل للنشر والتوزيع

* الأردن - عمان - شارع الجمعية العلمية الملكية - مبنى الجامعة الاردنية الاستثماري رقم (2) الطابق الثاني
هـاتف : 00962-6-5338410 - فاكس : 00962-6-5331661 - ص. ب (1615 - الجبيهة)
* الأردن - عمـان - وسـط البـلد - مجمـع الفحيص التجـاري- هــاتف: 00962-6-4627627
www.darwael.com
E-Mail: Wael@Darwael.Com

الشـامـل

في

مبادئ المحاسبة

(1) و (2)

الدكتور

عبد الستار الكبيسي

قسـم المحاسبة - جامعـة البتـرا

رئيس قسم المحاسبة - جامعة آل البيت - الأردن (سابقاً)

رئيس قسم العلوم التجارية - كلية المنصور الجامعة - بغداد (سابقاً)

الطبعة الثانية (مزيدة ومنقحة)

2008

دار وائل للنشر

المحتويات

الموضـــوع	الصفحة

الموضـــوع	الصفحة

الموضـــوع	الصفحة

الموضـــوع	الصفحة

المقدمة

لا شك إن مادة مبادئ المحاسبة Accounting Principles قد استحوذت على قدرا كبيرا ومتزايدا من اهتمام المعنيين من أكاديميين ومهنيين على السواء وفي العالم اجمع ، وذلك بسبب خصوصية هذه المادة في كونها تتطلب مزيجا نظريا وعمليا متكاملا للمفاهيم والأسس وتطبيقاتها العملية من جهة ، ولأنه وفي ظل التطور العلمي والتقني القائم لا بد للمحاسبة من المواكبة والتأثر والتأثير وفقا لمتطلبات ترابطها وتكاملها مع بقية العلوم وحقول المعرفة الأخرى خدمة لأهدافها كما هو في خدمة المجتمع من جهة ثانية ، ثم إن النمو الهائل في حجم الأعمال وتزايد الحاجة للمحاسبة فرض عليها تشعب وتعاظم في المسؤوليات والوظائف المناطة بها من جهة ثالثة .

وفي ظل ذلك كله ، لا بد وان يكون تناول هذه المادة ليس بالمهمة السهلة، طالما إن الواقع يؤشر ضرورة بذل المزيد من العناية توخيا للفائدة المرجوة ، والتي يمكن تقييمها من خلال وضع الطالب أو المتعلم ومنذ المراحل الأولى في دراسة المادة بالاتجاه السليم ، بل حتى وهو في المراحل اللاحقة لتقييم ما يتحقق في ذلك الاتجاه .

عليه وحرصا على ما تقدم روعي في هذه المحاولة التي بين أيدينا ما يلي :

- الشمولية في المفردات مع تعزيزها بالأمثلة التطبيقية وكلما تطلب الأمر، من اجل الإلمام وعلى الوجه الأفضل بما في ذلك اللبنات الأساسية لتسهيل عملية فهم الموضوعات التالية باتجاه التعمق اللازم وتوخيا لعدم الإرباك الناتج وفي كثير من الأحيان عن القصور في تحقيق تلك الشمولية ، ومن هنا ايضاً تجسدت ضرورة عرض المادة بجزئيها (1) و (2) كما شاع تدريسها، وبكتاب واحد لضمان الترابط اللازم لتعميق الفائدة مع ترك الخيار لأخذ الجزئية المطلوبة .

- تقسيم تلك المفردات على أساس من التسلسل المنطقي والعملي لمختلف العمليات الاقتصادية المالية ، وبما يسهل الفهم لنواحي الترابط والتكامل فيما بينها ، وأيضا على أساس من التدرج في عرض الموضوعات مع كل ما يلزم من تبسيط كأساس لتراكم المادة العلمية ، وبدءا من التعرف على العمليات وتحليلها وقيدها وانتهاء بإعداد النتائج والتقارير المالية واستخدامها.

والله ولي التوفيق

المؤلف

عمان - الأردن

الجمعة 29/ايلول/2006 الموافق 6/رمضان/1427هـ

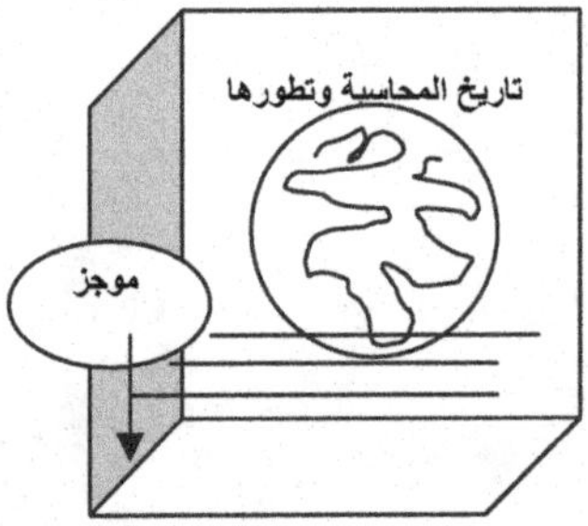

الفصل الأول
نشأة المحاسبة وتطورها

EVOLUTION AND DEVELOPMENT OF ACCOUNTING

- لمحة عن النشأة والبعد التاريخي للمحاسبة .
- تطور المحاسبة :
- تطور علاقة المحاسبة بالعلوم الاخرى.
- تطور حقول المحاسبة
- تطور أشكال وأدوار المنظمات والهيئات المهنية.
- تطور الجهات المعنية بتطبيقات المحاسبة واستخدام بياناتها.
- التطور في المبادئ المحاسبة.
- التطور في مفهوم المحاسبة وتعريفها .

لقد نشأت المحاسبة مع ظهور الحاجة لها منذ آلاف السنين، وتطورت من حيث الأهداف والوظائف والمفاهيم والأسس والإجراءات على مر الزمن حتى أصبحت على ما هي عليه اليوم من تراكم ثري في العلم والمعرفة وتطبيقاتها العملية .

لمحة عن النشأة والبعد التاريخي للمحاسبة

إن البحث في تواريخ محددة لنشأة المحاسبة هو أمر في غاية الصعوبة ولكن بالمقابل ومما لا يقبل الشك أن المحاسبة :

- قديمة في الوجود بل تمتد في القدم مع قدم الحضارات العريقة في آشور وبابل ومصر وغيرها من الحضارات القديمة .
- أنها لم تقتصر على حضارة معينة بل عمت كافة الحضارات على وجه المعمورة .

الحضارة الفرعونية في بلاد النيل (5000 ق.م) دليل على تطور النشاط الاقتصادي في العديد من مرافق الحياة وما صاحبها من حاجة للمعلومات الاقتصادية عموما والمحاسبية خصوصا ، فاستخدمت لذلك الغرض سجلات لضبط حركة المخزون والإنتاج للمحاصيل الزراعية وغيرها ، كما تم اللجوء إلى تعيين المراقبين الماليين لإرسالهم إلى مختلف المقاطعات للرقابة على أموال المملكة .

والاشوريون (3500 ق.م) قاموا بتسجيل الأحداث الاقتصادية بموجب رموز ساد استخدامها في حينه وبما يتناسب والاهتمام بحماية الجند والممتلكات، ومن بعدهم دلت آثار **البابليون** (2600 ق.م) على استخدامهم للألواح الطينية في تدوين القوانين المنظمة لمعاملات التبادل التجاري، وتضمنت الألواح أيضا أنواع الممتلكات والأشخاص القائمين عليها وتواريخ العمليات ، إضافة إلى بيانات عن تكاليف الإنتاج والمبيعات والذمم والالتزامات والدخل .

وفي ظل **الحضارة الإغريقية والرومانية** (1000 ق.م – 200 ب.م) تطورت المحاسبة تطورا كبيرا مثل بقية العلوم وحقول المعرفة الأخرى ، وتوج هذا التطور بظهور النقود كوسيلة للتبادل بدلا من المقايضة وكوسيلة للقياس المحاسبي (600 ق.م) ، كما تم استخدام الأنظمة العددية وتطورت عمليات التعامل بالأجل . في مرحلة متقدمة من الحضارة الرومانية انصب الاهتمام على التشريع القانوني والتنظيم الإداري والاهتمام بحسابات الضريبة وتوسع في استخدام النقود ، كل ذلك ترافق مع تطور كبير في أنواع وإعداد المستندات والدفاتر والإجراءات المحاسبية ، وإعداد موازين المراجعة الدورية .

وفي **عهد الدولة الإسلامية** ومنذ فجر الإسلام كان للمحاسبة مكانة عقائدية وتطبيقية تمشيا مع التعاليم السماوية السمحاء التي شملت كل نواحي الحياة . فالمحاسبة في كتاب الله الكريم دلت عليها مواقع وموضوعات عديدة ، كما في قوله تعالى " يا أيها الذين آمنوا إذا تداينتم بدين إلى اجل مسمى فاكتبوه " الآية (282) من سورة البقرة ، وقوله تعالى " فإن الله سريع الحساب " الآية (19) من سورة آل

عمران وقوله عز من قائل " ولا تسرفوا انه لا يحب المسرفين " الآية (141) من سورة الأنعام .

وفي السنّة النبوية الشريفة فان النبي محمد صلى الله عليه وسلم كان يتخذ المحاسبين والكتّاب لغرض ضبط الأموال للمعاملات والديون والصدقات ومنهم حذيفة بن اليمان والزبير بن العوام رضي الله عنهما .

وكذلك الحال في عهد الخلفاء الراشدين والدولة الأموية والعباسية حيث أنشأت الدواوين لتكون مؤسسات تمثل بيت مال المسلمين ، كبيت المال وديوان الخراج وديوان الزمام وولاية الحسبة وغيرها . هذا وقد استخدمت مجموعة دفترية ومستندية متكاملة لإثبات المعاملات المالية وتلخيصها والرقابة عليها ، ففي الدواوين كان هناك دفتر تعليقه اليومية الذي يشابه دفتر اليومية العامة والمخزومات الذي يماثل دفتر الأستاذ (الرصيد والأقفال) ، والختمة الشهرية تقابل ميزان مراجعة شهرية بينما الختمة السنوية تقابل ميزان المراجعة السنوي والارتفاع يقابل الميزانية العمومية والبراءة والشاهد يمثلان المستند الخارجي والداخلي على التوالي .

وبمجيء الدولة العباسية استخدم (12) دفترا محاسبيا من أهمها ، دفتر النفقات ودفتر الإيرادات ، ودفتر الأموال الصادرة من الوزراء وكبار مسؤولي الدولة ، واستمر تطور المحاسبة في الدولة الإسلامية حتى اصبح للمحاسبة دورا اجتماعيا بارزا كالمحاسبة عن الزكاة والغنائم وغيرها . وتم تنظيم ذلك بموجب دواوين وسجلات متكاملة . وكانت صفحات الدفاتر ترقم وتختم بختم الوالي أو السلطان ، وكان التسجيل يتم من يمين الدفتر بالنسبة للإيرادات من زكاة وخراج ، وجزية ، وعشور وغنائم وميراث ، وثروات البحار ، والنذور وما شابه ، بينما يتم التسجيل من يسار الدفتر بالنسبة للنفقات أو الاستخدامات كنفقات الحروب والتعليم وشق الطرق والعطايا للمحتاجين والمسجونين وفي الرقاب . حتى إن كثير من أساليب وطرق التسجيل كانت أساسا لملامح أو ظهور فكرة القيد المزدوج الذي تبلور على يد عالم الرياضيات الإيطالي (لوقا باشيلو Paciolo) عام 1494م .

ومع بدايات القرن الخامس عشر تسارعت التطورات التي شهدت :

- ظهور أنماط مختلفة من الوحدات الاقتصادية ، خاصة ، مساهمة ، حكومية .
- نمو التبادل التجاري الداخلي والخارجي وتطور أساليبه من حيث ظهور الائتمان التجاري والنشاط المصرفي .
- الثورة الصناعية وما رافقها من أنشطة جديدة وتكوين الشركات ورؤوس الأموال الكبيرة.

- انفصال الملكية عن الإدارة في المشروعات وما صاحبها من حاجة لوجود إدارة تنوب عن المالك وذلك للوقوف على مدى كفاءة إدارة موارد المشروع .

- التطور العلمي والتقني وآثاره المتبادلة والتكاملية .

كل ذلك دعا المحاسبة إلى توفير البيانات اللازمة لأغراض ، وجهات مختلفة ، وتوفير الأساليب والأدوات المناسبة لتسجيل تلك البيانات وعرضها وتحليلها ، مما أدى إلى تطور علاقة المحاسبة بالعلوم الأخرى فتعددت حقولها وفروعها، ومن الطبيعي أن يشمل الحديث عن المحاسبة الحديث عن **التدقيق والرقابة** وذلك لأن تطورهما مرتبط بتطور المحاسبة ، باستثناء المراحل المبكرة من الحضارة الإنسانية ، حيث سادت الصفقات التجارية والعمليات المالية الصغيرة، فكان بمقدور الفرد القائم عليها ضبطها بنفسه ، بينما على مستوى الدول والإمبراطوريات ، فإنها احتاجت إلى أنظمة لفحص ومراجعة الحسابات العامة كما كان في عهد الفراعنة كذلك الإغريق والرومان ، ودل على ذلك استخدام مصطلح Audire ومعناها يستمع والمشتقة منها كلمة مدقق حيث كان يطلب من المحاسبين الحضور أمام المدقق لقراءة حساباتهم . وهكذا كان الحال وربما أكثر في الدولة الإسلامية كما لاحظنا . وفي العصر الحديث تطورت مهنة التدقيق حتى وصلت إلى مستوى مرموق بين المهن .

تطور المحاسبة

مما سبق يتضح أن قدم المحاسبة دليل على أن تطورها كان غنيا وضخما ليتناسب مع أهميتها و دورها والذي يتضح جليا من خلال : تطور علاقة المحاسبة بالعلوم الأخرى ، تطور حقول المحاسبة ، تطور أشكال وأدوار المنظمات والهيئات والجمعيات المعنية بتطبيقها ، تطور المبادئ المحاسبية ، وتطور في مفهوم المحاسبة وتعريفها .

أولا : تطور علاقة المحاسبة بالعلوم الأخرى :

ترتبط المحاسبة بعلاقة وثيقة بكثير من العلوم ، حيث تعتمد عليها في تطوير أسسها وطرقها وأساليبها وبالمقابل فإنها تقدم لتلك العلوم خدمات كبيرة لا غنى عنها ، والواقع أن التطور في هذه العلاقة يزداد شيئا فشيئا حتى يصل إلى التكامل في كثير من الجوانب .

1- **المحاسبة والقانون Law :** لا غنى للمحاسبة عن كثير من التشريعات القانونية المحلية والدولية ، بل هي دليل عمل يوجب التقيد بالأحكام الواردة في القانون . ثم إن العمليات التجارية توجب قيام علاقات مختلفة بين المشروع والغير ، تترتب عليها آثار قانونية ينبغي في المحاسبة معرفتها وكيفية التعامل معها قبل إثبات

العمليات في سجلات المشروع ، وخصوصا ما يتعلق منها بالأوراق التجارية وقوانين الشركات في الإفلاس والتصفية ، وتوزيع الأرباح . من جهة أخرى فان توفير كثير من البيانات وفقا للأسس والمسوغات القانونية يستوجب تنظيم وإعداد المجموعة المستندية والدفترية بما يضمن بيانات موثقة وشاملة تخدم الجهات القانونية والقضائية في كثير من النواحي وخصوصا عند حصول المنازعات أو البحث في تطوير القوانين .

2-المحاسبة والاقتصاد Economy : يهتم علم الاقتصاد بتوزيع الموارد النادرة بين المشاريع والنشاطات المختلفة وداخل المشروع الواحد بهدف تحقيق أقصى منفعة خدمةً لرفاهية المجتمع ، فيضع لذلك الأسس والنماذج النظرية لاستغلال الموارد الاقتصادية المتاحة ، ويظهر هنا دور المحاسبة في ترجمة ذلك طالما أنها تهتم بقياس المنافع المتحققة وقياس النفقات اللازمة للحصول على تلك المنافع لتبين بالتالي فيما إذا كانت الجهود قد تكللت بالنجاح أم لا . ومن جهة أخرى فان النظرية الاقتصادية بحاجة إلى التأكد من أنها ممكنة التطبيق وهذا ما تساهم به عمليا المحاسبة في نفس الوقت الذي توفر فيه الكثير من البينات والمعلومات اللازمة للقيام بمختلف الأبحاث والدراسات الاقتصادية .

وكدليل على قوة تلك العلاقة نجد الآن اهتمام الاقتصاديين بالوحدة الاقتصادية أصبح بصورة موازية لاهتمامهم بالاقتصاد القومي ، والمحاسبة أيضا وبنفس المنظور لم تعد فقط أداة لخدمة أصحاب الملكية وإنما لمنفعة الوحدة الاقتصادية والمجتمع فأصبح الاقتصاديون يستخدمون المصطلحات والمفاهيم المحاسبية كالميزانية ، وقائمة الدخل ، كما إن المحاسبين اصبحوا يستخدمون مفاهيم ومصطلحات اقتصادية كأثر التضخم لتعديل القوائم المالية ، وتكاليف الفرص البديلة وغيرها .

3- المحاسبة والإحصاء والرياضيات وبحوث العمليات

Statistics, Mathematics and Operation Research

إن كل من المحاسبة والإحصاء يعتمد على الأرقام ، فالإحصاء يعني بجمع البيانات عن الوقائع والأشياء وإيجاد العلاقة بينها . أما المحاسبة فتعتمد على الأرقام التي تنتهي بالقيم النقدية للعمليات الاقتصادية والمالية . أما العلاقة فتتضح من خلال اعتماد المحاسبة على الكثير من الأساليب والطرق الإحصائية وفي مختلف مراحل وخطوات العمل المحاسبي كما في تحليل وتبويب بياناتها ونتائجها أو عند إعداد البحوث والدراسات المحاسبية ، بينما يعتمد الإحصاء على البيانات المحاسبية لإعداد التفسيرات والتقديرات والتوقعات المستقبلية سواءً كان ذلك على مستوى الوحدة الاقتصادية أم على مستوى الاقتصاد القومي .

بالنسبة للرياضات وبحوث العمليات فهناك العديد من العمليات تتم صياغتها والتعبير عنها بموجب معادلات أو نماذج رياضية سواء في المحاسبة أو التدقيق كما تستعين المحاسبة بالرياضيات فيما يتعلق بالقياس المحاسبي .

4- **المحاسبة والإدارة Management** : تتكامل المحاسبة وعلم الإدارة إلى درجة كبيرة ، فالمحاسبة تستعين بالأسس والضوابط والإجراءات والطرق المتبعة في علم الإدارة لتنظيم عملها وإعداد بياناتها ومعلوماتها ، وبالمقابل تحتاج الإدارة إلى بيانات ومعلومات عن حقائق كثيرة للقيام بوظائفها لا يمكن توفيرها إلا من خلال المحاسبة . في التخطيط تترجم الإدارة الأهداف من خلال استخدام البيانات المحاسبية من نتيجة المشروع ومركزه المالي ، واستخدام الموازنات التخطيطية يعد أداة لرسم السياسات . وفي التنظيم تسعى الإدارة لتحقيق الأهداف من خلال تحديد مراكز المسؤولية في المشروع والتي تعتمد على البيانات المحاسبية التي توفرها محاسبة المسؤولية . وفي الرقابة لا بد من توفر بيانات عن محاسبة فعلية وأخرى معيارية لتشخيص نواحي الخلل والانحرافات . وفي اتخاذ القرارات تحتاج الإدارة لبيانات محاسبة التكاليف وأوجه الإنفاق لاتخاذ اغلب القرارات .

5- **المحاسبة وعلم الحاسبات Computer science** : لعل من ابرز سمات هذا العصر هو استخدام الحاسوب في مختلف المجالات ، وعلم الحاسوب هو علم استخدام الآلات الإلكترونية ويختص بإدخال البيانات ومعالجتها وفقا لمجموعة من الأوامر المنطقية بقصد الحصول على مخرجات معينة ، ونادرا ما نجد في الوقت الحاضر عمل وخصوصا في المحاسبة دون استخدام الآلات الإلكترونية ، وما يرتبط بها من تقنيات حديثة ذلك لأن هذه الآلات تسهل جمع البيانات مهما كان حجمها كبيرا وتقوم بتحليلها وتسجيلها وتلخيصها لتجهيز المعلومات في الوقت المناسب وبدقة كبيرة جدا بما يزيد ويحسن الرقابة والضبط الداخلي إضافة إلى القدرة الهائلة على تخزين البيانات المحاسبية وسهولة استرجاعها وفي ذلك توفير لكثير من الوقت والكلفة . وهذا كله يفرض على المحاسبة المزيد من الفهم والاستيعاب لاستخدام الحاسوب والاستفادة منه على الوجه الأكمل .

من جهة أخرى فان المحاسبة تخدم العمل في مجال علم الحاسبات من خلال توفيرها لقاعدة من الطرق والمبادئ والإجراءات والسجلات التي تسهل وضع البرمجيات الملائمة لخدمة الأعمال .

6- **المحاسبة والعلوم الهندسية Engineering sciences** : في الحقيقة إن لكل نشاط من النشاطات الاقتصادية وسواء كان ذلك في الصناعة أو الزراعة أو التجارة أو في غيرها ، خصوصية معينة تترجم من وجهة نظر هندسية تصبح بدورها سهلة الاستيعاب من قبل المحاسبة ، والمحاسبة بحاجة إلى فهم هذه الخصوصية

لمعرفة كثير من الأمور التي تتعلق بنواحي الإنفـاق وتقـدير أعـمار الأصـول الثابتـة واسـتهلاكاتها . كـذلك لغرض تقدير الإيرادات وإعداد الموازنات وتوفير البيانات اللازمة لاتخاذ القرارات . والمحاسبة بدورها ومـن خلال ما تقدمه من بيانات ومعلومات لها تأثير كبير على أنماط العمل وأساليب الإنتـاج وبعبـارة اشـمل في تخطيط الإنتاج وتنفيذه والرقابة عليه .

ثانيا : التطور في حقول المحاسبة Fields of Accounting

المحاسبة هي في الأصل واحدة وان التطور الذي حصل فيها عبر الزمن إنما هـو تطـور في الحاجـة إلى تنـوع البيانات المحاسبية ، ويتمثل في تطور حقولها أو فروعها وهي :

1- **المحاسبة المالية Financial Accounting** : وهي المحاسبة الأم أو ما تسمى بالمحاسبة العامة أو التجارية والتي تهتم بتسجيل العمليات المالية وتحليلها وتلخيصها بقصـد قيـاس نتيجـة عمـل المشروع خـلال فـترة زمنية معينة وبيان مركزه المالي في نهاية تلك الفترة . وتكون بياناتها موجهة أساسا لخدمـة جهـات خارجيـة بالنسبة للمشروع كالمستثمرين والجهات الرقابية الحكومية والضريبية والدائنون وغيرها .

2- **المحاسبة القانونية (التدقيق أو المراجعة) Auditing** : تبدأ من حيث ينتهي عمـل المحاسـب وتتركـز في تقييم البيانات الختامية للمشروع ، وتعتمد على مجموعـة مـن النظريـات والمبـادئ والمعـايير التـي تـنظم فحص البيانات المسجلة في الدفاتر والسجلات والمستندات للتأكد من صحتها ودرجة الاعتماد عليها ، ومدى دلالة القوائم المالية على نتيجة أعمال المشروع ومركـزه المـالي ، لغـرض إبـداء الـرأي حـول صـحة البيانـات الواردة فيها بصورة فنية محايدة . ويتم إنجاز ذلك بواسطة مكاتب وأشخاص حاصـلين عـلى شـهادات مـن معاهد مهنية متخصصة . أما في القطاع العـام فيوجـد مـا يسـمى بالرقابـة الماليـة Financial Control أي الرقابة على المال العام التي تتم من قبل أجهزة متخصصة عادة ما تكون أجهزة رقابة عليا لهـا اسـتقلاليتها كديوان الرقابة المالية وديوان المحاسبة ومحكمة المحاسبات والمراقب العام .

3- **محاسبة التكاليف Cost Accounting** : تهتم بقياس تكلفة المنتجات أو الخدمات النهائية للمشروع من خلال حصر وتسجيل عناصر التكلفة من المـواد والأجـور والمصروفات وفقـا لنظريـة معينـة مـن نظريـات التكاليف (كليـة أو متغـيرة...الخ) . لقـد اسـتخدمت محاسـبة التكـاليف منـذ عهـد الفراعنـة وفي الدولـة الإسلامية لأغراض الرقابة على النفقات، وهي تعتبر بحق افضل أداة للرقابة

واتخاذ القرارات من خلال مقارنة التكاليف المعيارية أو القياسية بالتكاليف الفعلية وهي بالتالي تشكل مادة أساسية للمحاسبة الإدارية .

4- المحاسبة الإدارية **Management Account** : تهتم بتحليل البيانات المحاسبية والبيانات الأخرى ذات العلاقة بنشاطات المشروع المختلفة بقصد مساعدة الإدارة على وضع الأهداف وتقييم الأداء واتخاذ القرارات التشغيلية ، والاستراتيجية . وهي تركز على نشاط المشروع في الماضي وربطه بالمستقبل من اجل إعداد بيانات تخدم اتخاذ القرارات .

5- المحاسبة الحكومية **Governmental Accounting** : وتختص بقياس نتائج عمليات الوحدات الحكومية كالوزارات والخزائن المركزية وغيرها والتي لا تهدف للربح وإنما من أهم أهدافها :

- توفير البيانات اللازمة لمتابعة تنفيذ الموازنة العامة للدولة .
- حصر واردات ونفقات الوحدات الحكومية بما يساهم في معرفة المركز المالي للدولة في نهاية السنة المالية .
- توفير البيانات التي تحتاجها مختلف المستويات الإدارية لغرض اتخاذ القرارات

6- المحاسبة القومية **National Accounting** : تهتم بتوفير معلومات لاتخاذ القرارات الاقتصادية على المستوى القطاعي أو الإقليمي أو القومي وليس على مستوى المشروع ، فهي تستعين إلى جانب الأساليب المألوفة في المحاسبة بالمفاهيم والأساليب الإحصائية والرياضية والاقتصادية والاجتماعية بقصد :

- قياس نتيجة النشاط الاقتصادي للمجتمع لفترة زمنية محددة .
- بيان العلاقات والآثار الإنتاجية المتبادلة بين الوحدات الاقتصادية من جهة وبين القطاعات الاقتصادية من جهة أخرى .
- وضع الخطط الاقتصادية والمالية بقصد الاستغلال الأفضل للموارد المتاحة .

وكل ذلك من اجل تهيئة المقومات اللازمة لنظام المحاسبة الاقتصادية أو الحسابات القومية كالناتج القومي والدخل القومي والإنفاق القومي وما يتطلبه من جداول للمدخلات والمخرجات والتدفقات النقدية والمالية .

7- المحاسبة الضريبية **Tax Accounting** : وتختص هذه المحاسبة بحساب الدخل الخاضع للضريبة ، اعتمادا على القوانين واللوائح المطبقة على الأشخاص ، سواء كانوا أشخاص طبيعيين (عاملين في شركات أو في مهن حرة) أو معنويين

(الشركات أو المشروعات) . وتعتمد مختلف الدول على خبراء لهم الدور الفاعل في تحصيل الضريبة التي تشكل مورد أساسي من موارد خزينة الدولة .

ثالثا : التطور في أشكال وأدوار المنظمات والهيئات المهنية المحاسبية :

منذ بدايات القرن التاسع عشر ، وعلى اثر التطورات الكبيرة في تزايد الحاجة على مهنة المحاسبة والتدقيق والناتج أساسا عن العوامل التالية :

- امتداد آثار الثورة الصناعية وما رافقها من توسع في حجم المشروعات وظهور الشركات المساهمة ذات رؤوس الأموال الكبيرة وانتشارها .

- تزايد وتطور أساليب فرض ضرائب الدخل والأرباح على الأفراد والشركات وانتشار قوانين الضريبة في مختلف أنحاء العالم .

- ظهور مصطلحات ومفاهيم اقتصادية ومحاسبية جديدة ، كالقيمة والعائد وتكاليف الفرص البديلة وغيرها ، مع تغير في أساليب الإدارة وخصوصا عند انتشار مفهوم انفصال الملكية للمشروع عن الإدارة .

هذا من جهة ، ومن جهة اخرى فهنالك :

- الطرح المستمر حول دور المحاسبة في النشاط الاقتصادي ودور مدقق الحسابات في المجتمع .
- حدوث الأزمات الاقتصادية وإفلاس الشركات وتعرض المحاسب ومدقق الحسابات للخطر.

وبالتالي كل ذلك دعا إلى إعادة تقييم مهني وأكاديمي للمحاسبة والتدقيق، فظهرت وتطورت حتى يومنا هذا العديد من المنظمات والهيئات والجمعيات واللجان والمجالس التي تضم ذوي الخبرة والمعرفة العلمية لتساهم في :

- وضع أصول وقواعد مهنية للمحاسبة والتدقيق وفقا لمجموعة من القيم المقبولة اجتماعيا كالحياد والصدق والموضوعية وغيرها مما يسمى بأخلاقيات المهنة Ethics والعمل على تطويرها.

- وضع ضوابط السلوك المهني للمحاسبة والتدقيق لتعتمد كتوصيات مهنية إزاء المشاكل التي تواجهها ، وليس الاعتماد على توجيهات إدارات المشروعات فقط .

- حماية المهنيين من تعسف مختلف الجهات أو غبن حقوقهم .

لقد ظهرت أول منظمة مهنية في إيطاليا عام 1581 في كلية Roxonati في فينسيا، ينخرط فيها الدارس ستة سنوات مع اجتياز امتحان ليصبح خبير في المحاسبة ، وأصبح شرط أيضا من شروط مهنة التدقيق عام 1669 . وفي بريطانيا أنشأت جمعية المحاسبين القانونيين بادنبره واسكتلندا عام 1854 حيث أصبحت مهنة التدقيق مهنة مستقلة تساهم في حماية المستثمرين من تلاعب الشركات بأموالهم. كما أنشأت جمعية المحاسبين القانونيين في إنكلترا وويلز The Institute of Chartered Accountants In England. وأسهمت هذه الجمعية بإصدار العديد من النشرات المحاسبية لحل المشكلات التي تواجه المحاسب ، وأهمها في مجال المبادئ المحاسبية ، وتوصيات خاصة بإعداد الميزانية والأرباح والخسائر ومبدأ الكلفة أو السوق أيهما اقل في تقييم المخزون السلعي .

بعد ذلك انتشرت الجمعيات والمنظمات والمؤتمرات في مجال المحاسبة والتدقيق على مستوى محلي وإقليمي ودولي وفيما يلي أهمها :

1- منظمة المحاسبة لدول أمريكا اللاتينية

International American Accounting Association

تأسست عام 1949 كمحاولة لوضع أسس ومعايير محاسبية وتدقيقية متماثلة على مستوى المنظمة ككل ، والحرص على إقامة الفرص التدريبية للمحاسبين والمدققين لغرض تحسين كفاءاتهم .

2- اتحاد المحاسبين الأوربيين (U E C) : تأسس عام 1951 بقصد تبادل الآراء والخبرات وتسهيل إجراءات انتقال المحاسبين والمدققين ضمن الاتحاد الأوربي وكذلك في مجال متطلبات المهنة .

3- المؤتمر الدولي للمحاسبين International Conference of Accountants

انعقد هذا المؤتمر عام 1954 على اثر اتساع استخدام البيانات المحاسبية نتيجة التوسع في الاستثمارات الدولية و الانتشار الواسع للشركات متعددة الجنسيات. وبالتالي ظهور الحاجة الماسة لتوحيد الممارسة المحاسبية على مستوى دولي ، انبثقت عن المؤتمر العديد من اللجان والجمعيات أهمها :

- اللجنة الدولية لأصول المحاسبة (لجنة معايير المحاسبة الدولية) .
- الاتحاد الدولي للمحاسبين ، انبثقت عنه(8) لجان دائمة في معايير التدقيق والمحاسبة المالية والإدارية واستخدام الكمبيوتر ...... الخ .
- لجنة التدقيق الدولي لإصدار مسودات أدلة التدقيق الدولية .

4- اتحاد المحاسبين لدول آسيا والمحيط الهادي

Confederation of Asian and Pacific Accountants (CAPA)

انشأ هـذا الاتحـاد عـام 1957 بقصـد تبـادل الآراء والخـبرات بـين المختصـين في المحاسـبة في دول الاتحاد وخصوصا في مجال توحيد المصطلحات والمفاهيم المحاسبية .

5- لجنة المعايير المحاسبية الدولية

International Accounting Standards Committee (I A S C)

وتسمى أيضا لجنة قواعد المحاسبة الدولية والتـي تأسسـت مـن قبـل الأمـم المتحـدة عـام 1973 وهي تضم العديد من دول العالم الرائـدة كأسـتراليا وكنـدا وفرنسـا وألمانيـا واليابـان والمكسـيك وهولنـدا والمملكة المتحدة وايرلندا والولايات المتحـدة الأمريكيـة حتـى بلغـت 112 دولـة ، وهـي اللجنـة المسـتقلة الوحيدة التي عهدت إليها مسؤولية وسلطة إصدار معايير محاسبية دولية IASs واهم أهدافها:

- صياغة المعايير المحاسبية والسعي لنشرها وتطويرها وقبولها دوليا ،
- السـعي عـلى إقنـاع الحكومـات والهيئـات المعنيـة بالعمـل بموجـب المعـايير المحاسـبية المنشـورة . وأصـدرت هـذه اللجنـة حتـى الآن مـا يزيـد عـن (40) معيار محاسبي دولي (انظر الملحق).

6- مجلس (هيئة) معايير التقارير المالية

International Financial Reporting Standards (IASB)

وحل هذا المجلس محل لجنـة معـايير المحاسـبة الدوليـة عـام 2001 ليتبنـى الاصـدارات الجديـدة لمعـايير التقارير المالية الدولية IFRSs مع الاستمرار بالاحتفاظ باسماء معايير المحاسبة الدولية الصـادرة عـن IASC وتعديلها أو الغاؤها او استبدالها.

7- التنظيمات المهنية والمحاسبية في الولايات المتحدة الأمريكية :

منها ما هو ذو تأثير داخلي وآخر خارجي على مهنة المحاسبة والتدقيق وأهمها :

أ. المجمع (المعهد) الأمريكي للمحاسبين القانونين

American Institute of Certified Public Accountants (A I C P A)

وهو التنظيم المهني القومي لمهنة المحاسبة العامة ويضم المجمع عدة أقسام هي قسـم معـايير التدقيق ، قسم شؤون مكاتب المحاسبين القانونين ، قسم الرقابة عـلى جـودة الأداء ، وقسـم آداب وسـلوك المهنة .

ب. جمعيات المحاسبين القانونيين بالولايات State Societies of (CPA)

حيث تشكل مكاتب المحاسبة القانونية داخل كل ولاية جمعية خاصة بها .

ج. مجالس المحاسبة بالولاية State Boards of Accounting

في كل ولاية من الولايات هناك مجلس مسؤول عن تحديد وتنفيذ قوانين الولاية التي تتعلق بممارسة المحاسبة القانونية داخل الولاية .

د. وحدات الممارسة Practice Units

وهي الوحدات التي تزاول مهنة المحاسبة على شكل أفراد أو شركات كوحدات المحاسبة القانونية الدولية أو القومية أو الإقليمية أو المحلية .

هـ. مجلس معايير المحاسبة المالية

Financial Accounting Standards Board (FASB)

على أثر العديد من اللجان والهيئات التي أوجدها المجمع الأمريكي المذكور مثل لجنة اقرار المبادئ المحاسبية المقبولة عام 1934 ولجنة الاجراءات المحاسبية عام 1938 وهيئة المبادئ المحاسبية APB عام 1959 تأسس هذا المجلس عام 1973 وهو مستقل ، ومهمته وضع وتطوير المبادئ المحاسبية ، وله دور وأثر عالمي كبير في توحيد الممارسة وتطوير مهنة المحاسبة .

انبثق عن هذا المجلس عام 1932 لجنة سميت بلجنة الإجراءات حيث أعدت مبادئ عامة للمحاسبة ثم حلت محلها عام 1959 هيئة المبادئ المحاسبية Accounting Principles Board (APB) ومن ثم في عام 1973 جاء ما يسمى بمجلس معايير المحاسبة المالية (FASB) لتكون مهمته إرساء معايير المحاسبة المالية المقبولة قبولا عاما .

و. مجلس معايير المحاسبة الحكومية

Government Accounting Standards Board (GASB)

وتشكل هذا المجلس عام 1984 لتنظيم القطاع الحكومي الأمريكي وقام بإصدار العديد من النشرات عن معايير المحاسبة الحكومية والتقارير المالية .

ز. هيئة تنظيم تداول الأوراق المالية

Securities and Exchange Commission(SEC)

أنشأت هذه الهيئة عام 1934 وكانت مهمتها الرئيسية إصدار المعايير الفنية التي تحكم طرق إعداد التقارير المالية للشركات التي تتداول أسهمها أو إسنادها في

الأسواق المالية ، وتقوم هذه الهيئة بإصدار التعليمات الخاصة بالمعايير وطرق إعداد التقارير المالية للعمل بها بجانب المبادئ المحاسبية .

ح. مكتب المحاسبة العامة بالولايات المتحدة

U.S. General Accounting Office (GAO)

وهو هيئة فدرالية يرأسها مراقب النفقات والمحاسب العام للولايات المتحدة، ومن خلاله يتم إصدار معايير المراجعة الحكومية التي يجب اتباعها من قبل المحاسبين القانونيين إضافة إلى اتباع المعايير المهنية التي يصدرها المجمع الأمريكي للمحاسبين القانونيين عند تدقيق حسابات الوحدات الحكومية .

ط. جمعية المحاسبين الأمريكيين

American Accounting Association (AAA)

وتضم هذه الجمعية عدد من أساتذة الجامعات والمحاسبين المؤهلين ، ومهمتها تشجيع البحوث والدراسات النظرية عن المعايير والمبادئ المحاسبية ونظرية المحاسبة ، وتصدر مجلة المحاسب The Accounting Review ومجلة آفاق محاسبية Accounting Horizons

8- المنظمة الدولية للأجهزة العليا للرقابة المالية

International Organization of Supreme Audit Institutions (INTOSAI)

أنشأت في هافانا – كوبا عام 1953 ، ويعتبر إعلان ليما – البيرو عام 1977 دستور عمل هذه المنظمة . وتصدر مجلة باسم المجلة الدولية للرقابة المالية وهي تساهم في :

- تبادل الآراء والخبرات في مجال المحاسبة الحكومية والرقابة المالية العامة.
- العمل كمركز للمعلومات وكحلقة اتصال في هذا المجال على مستوى العالم اجمع .
- العمل على توحيد المصطلحات العلمية في مجال الرقابة المالية والمحاسبة.

9- المنظمات الإقليمية للأجهزة العليا للرقابة المالية

على غرار المنظمة الدولية للأجهزة العليا للرقابة المالية هناك منظمات إقليمية ، كالمنظمة العربية للأجهزة العليا للرقابة المالية والمحاسبة ARABOSAI تأسست عام 1976 والمنظمة الآسيوية للأجهزة العليا للرقابة المالية ASOSAI تأسست عام 1978 . والمنظمة الإفريقية للأجهزة العليا للرقابة المالية AFROSAI وغيرها . وتعمل بنفس أهداف المنظمة الدولية وأساسا لتطوير الرقابة المالية العامة والمحاسبة الحكومية في بلدانها .

10- المجمع العربي للمحاسبين القانونيين وجمعيات المحاسبين والمدققين

تأسس المجمع عام 1983 بقصد تطوير مهنة المحاسبة والتدقيق في الوطن العربي ، كما أن هناك على مستوى كل بلد عربي تنظيم مشابه ، مثلا في مصر ومنذ 1946 ، أنشأت جمعية المحاسبين والمراجعين المصرية ، وفي العراق منذ 1919 أسست جمعية مشابه أصبحت جمعية المحاسبين والمدققين في العراق عام 1973 ، وجمعية مدققي الحسابات القانونيين في الأردن اعتبارا من عام 1989 وغيرها من الجمعيات والنقابات والتشكيلات المشابهة التي تهدف إلى رفع المستوى العلمي والمهني للعاملين في مهنة المحاسبة والتدقيق والمحافظة على المهنة بمستوى لائق إضافة إلى حماية حقوق المدققين وتحديد واجباتهم ومسؤولياتهم .

وهناك إضافة إلى ما تم ذكره جمعيات ومنظمات أخرى عديدة لها دور مشابه على مستوى إقليمي أو محلي كما في كندا واستراليا وفرنسا وغيرها في كافة أنحاء العالم .

وهكذا تطورت مهنة المحاسبة في المجتمع من خلال تطور إسهامات تلك المنظمات والهيئات في مجال قواعد وسلوك المهنة ، حتى أصبحت خدمات المحاسب ومدقق الحسابات جديرة بكل الاهتمام كما يلاحظ من خلال دستور الاتحاد الدولي للمحاسبين الذي تضمن ما يلي :

1- يتم تقديم خدمات المحاسب استنادا إلى افضل استيعاب للمفاهيم والمبادئ المحاسبية وأصولها وسلوكيات المهنة ، كأهداف عامة .

2- على المحاسب تحقيق الأهداف الخاصة التالية :

أ. درجة عالية من المصداقية في إعداد المعلومات وفي نقلها.

ب. توفير درجة عالية من الكفاءة في إنجاز الخدمات المقدمة من قبله .

ج. خلق درجة عالية من الثقة لدى العميل من خلال ممارسة المهنة وفق القواعد الأخلاقية الخاصة بها .

3- المحاسبون هم مجموعة من الأفراد الذين يمارسون مهنة المحاسبة في مختلف القطاعات وهم من جنسيات ولغات وثقافات وأنظمة اجتماعية وسياسة مختلفة ، ويخضعون لقوانين وتشريعات متباينة ، عليه يكون الدور الأكبر في وضع القواعد التي تحكم السلوك المهني للمحاسبين من مسؤولية الهيئات المهنية لكل دولة والتي هي عضو في هذا الاتحاد .

4- يرى الاتحاد أن مهنة المحاسبة أصبحت مميزة ومعروفة في جميع أنحاء العالم من خلال التزامها بتحقيق أهداف عامة ووضعها وإقرارها لقواعد وقوانين ومبادئ أصبحت أساسية في تحقيق تلك الأهداف.

ويمكن تلخيص دور تلك المنظمات والهيئات في تطوير مهنة المحاسبة والتدقيق بما يلي:

1- المزج بين الخبرة العملية والمعرفة العلمية الأكاديمية ومن خلال اللجان المشتركة لإعداد وتطوير المعايير المحاسبية .

2- إبراز دور المحاسبة في خدمة المشروع والإدارة والمجتمع محليا وإقليميا ودوليا ووجوب إعطائها الاهتمام الذي يناسب ذلك الدور .

3- حماية أعضاء المهنة والمحافظة على حقوقهم من خلال وضع الضوابط والتنظيمات اللازمة لذلك .

4- تطوير الأسس والمبادئ المحاسبية وأساليب العمل المهني بما يتلاءم والتطور في بيئة المحاسبة .

رابعا : تطور الجهات المعنية بتطبيقات المحاسبة واستخدام بياناتها

في الواقع يندر أن نجد جهة غير معنية بتطبيقات المحاسبة أو باستخدام بياناتها ومعلوماتها بدرجة أو بأخرى ، فان لم يكن ذلك إلزاميا بموجب القوانين كان ذلك بسبب الحاجة .

الجهات المعنية بالتطبيقات المحاسبية

إن المشروعات جميعها معنية بتطبيقات المحاسبة وبغض النظر عن :

- النظام الاقتصادي وسواء كان رأسمالي يركز على تحقيق أقصى الأرباح ، أو مخطط أو اشتراكي حيث يكون تنفيذ الخطط الموضوعة من قبل السلطة المركزية لتحقيق أغراض اقتصادية واجتماعية وسياسية أو أي نظام آخر .

- نوع الملكية للمشروع سواء كان ذلك في القطاع الخاص او في الوحدات الحكومية أو في القطاع المختلط أو غيرها .

- الجهة المستفيدة والمستخدمة للبيانات المحاسبية سواء كانت الإدارة أو المستثمرين أو غيرهم .

ووفقا للأساس القانوني يمكن تصنيف تلك الجهات إلى :

أ. المشروع الفردي Sole Proprietorship وهو مشروع يمتلكه شخص واحد ويتصف بالخصائص التالية :

- في العديد من دول العالم لا يتدخل القانون في تحديد مقدار رأس المال لهذا المشروع.

- يدار المشروع بصورة مباشرة من قبل المالك أو العائلة بسبب محدودية الأعمال ومحدودية رأس المال ، وتقترن حياة المشروع غالبا بحياة المالك .

- الأرباح التي يحققها المشروع تعود كلها للمالك وتصبح جزء من الوعاء الضريبي له.

ب. الشركات Firms : الشركة هي عبارة عن عقد بين شخصين أو اكثر في مشروع اقتصادي بتقديم حصة من مال أو عمل ثم اقتسام ما ينشأ من ربح أو خسارة ، وقد وجدت الشركات منذ القدم وكما دلت على ذلك شريعة حمورابي في عهد البابليين ، وعموما فان الشركات معروفة عند العرب قبل الإسلام (رحلة الشتاء والصيف) وبعد ظهور الإسلام فان التقسيم اخذ الأشكال التالية :

- شركات العقد وهي :

- **شركة الأموال :** عبارة عن اتفاق بين شخصين أو اكثر وتسمى بشركة المضاربة عندما يكون المال مقدم من بعض والعمل من بعض آخر ويقسم الربح بحسب الاتفاق .

- **شركة الأعمال :** اتفاق بين شخصين أو اكثر من ذوي الحرف ويقسم الربح حسب العقد المبرم .

- **شركة الوجوه :** اتفاق بين شخصين أو اكثر للقيام بشراء أموال بالنسيئة ويقسم الربح حسب الاتفاق .

- **شركة الملك :** وتعني امتلاك شخصين أو اكثر مالا معينا كأن يؤول المال عن طريق الإرث .

- **شركات الإباحة :** المسلمون شركاء في ثلاث (الماء والكلأ والنار) فتكون كل الأشياء مباحة بالانتفاع المشترك بين جميع الناس إلا إذا أحرزها شخص فيختص بمنفعتها .

وعلى اثر ازدهار التجارة في القرن الثاني عشر- في المدن الإيطالية المطلة على البحر الأبيض المتوسط فقد تطور الاهتمام بالشركات حيث تبلورت قواعد شركات التضامن ، ثم شركات التوصية البسيطة وشركات الأموال وفيما يلي توضيح موجز لكل منها :

1- **شركات الأشخاص** Partnership ويمكن أن تكون :

- **شركات تضامن** **General Partnership** : ويكون فيها جميع الشركاء مسؤولين شخصيا بالتضامن والتكافل عن التزامات الشركة ، واهم خصائصها المعرفة الشخصية بين الشركاء (أولا) . انحلال الشركة عند موت أحد الشركاء أو إفلاسه إلا إذا نص عقد الشركة على غير ذلك . ولا يجوز انتقال حصة الشريك المتوفى أو التنازل إلى الورثة إلا بموافقة باقي الشركاء (ثانيا) . تكون مسؤولية الشركاء تضامنية وغير محدودة تجاه التزامات الشركة وعند تجاوز الدين على الشركة لأموالها فمن حق الدائنين المطالبة بحقوقهم من الأموال الخاصة للشركاء (ثالثا) .

- **شركات التوصية البسيطة** **Limited Partnership** :استمدت هذه الشركة أصولها التاريخية من عقد القرض البحري وعقد التوصية الذي كان يبرم بين صاحب المال وربان السفينة ، يتعهد بمقتضاه صاحب المال بتقديم المال إلى ربان السفينة ليتاجر فيه ، على أن يسترد هذا المال مع اقتسام أرباح الرحلة البحرية مع الربان وذلك في حالة وصول السفينة سالمة أما في حالة هلاك السفينة فيفقد صاحب المال ما قدم من مال . ولقد ساعدت الكنيسة على انتشار هذه الشركات تحريما للفوائد الربوية وهي تمثل تطبيقا لعقد المضاربة الذي عرفه العرب قبل الإسلام وأقرته الشريعة الإسلامية , وتشمل نوعين من الشركاء، شركاء متضامنون وشركاء مسؤوليتهم محدودة بمقدار حصصهم برأس المال.

2- **شركات الأموال** **Corporation**: لم تظهر معالم هذه الشركات وخاصة المساهمة منها إلا في نهاية القرن السادس عشر بعد اكتشاف القارة الأمريكية ورأس الرجاء الصالح وتحول الكثير من الحركات التجارية من موانئ البحر المتوسط إلى موانئ المحيط الأطلسي- (إسبانيا - البرتغال) وكذلك التنافس الحاصل خلال التوسع الاستعماري ، فبدأت الحاجة إلى رؤوس أموال كبيرة لاستعمار كنوز

المستعمرات ، فتطورت أنماط الشركات بتطور النشاط التجاري ، كالشركات متعددة الجنسيات . وأهم أنواع هذه الشركات :

- **شركات مساهمة عامة** **Public Shareholding Company** : يتكون رأس مالها من عدد من الأسهم المتساوية التي تطرح للاكتتاب العام وبموجب ترخيص من قبل الحكومية .

- **شركات توصية بالأسهم** **Limited Partnership in Shares** : وتتكون من عدد من الأشخاص الذين يعرف بعضهم البعض إضافة إلى وجود ثقة متبادلة بينهم ولا يمكن التداول بحصص رأس المال إلا بعد موافقة كافة الأشخاص ويمكن اعتبار هذا النوع من الشركات شركات مساهمة ذات مسؤولية محدودة .

جـ الوحدات غير الهادفة للربح : أن هذه الوحدات اتخذت أشكال قانونية غير ما ذكرنا سابقا كالجامعات والجمعيات والنوادي والاتحادات ، والوزارات والمستشفيات الحكومية ، وهي تسعى لتقديم خدمات تلبي حاجات فئات معينة في المجتمع لا يمكنهم الحصول عليها بإمكاناتهم الخاصة ، ومن هذه الوحدات ما يمول داخليا من قبل الأعضاء وتسمى وحدات ذاتية التمويل والحركة ومنها ما يمول من خارجها وتسمى غير ذاتية التمويل والحركة .

والمبدأ الأساسي هو أن المحاسبة لا تختلف باختلاف المشروعات لأنها تتشابه في تخصيص الموارد الاقتصادية وان الهدف الأساسي من المحاسبة هو تنظيم العمليات المالية وتوفير البيانات والمعلومات اللازمة للمحافظة على الموارد المتاحة للمشروع . لذلك فان **المشروع الذي سيتم التركيز عليه هنا هو المشروع الفردي التجاري السلعي ذلك لأنه ابسط المشروعات عملا وتنظيما ، وان تطبيقات المحاسبة فيه تصلح كأساس للتعميم على كافة المشروعات الأخرى.**

مستخدمي البيانات المحاسبية

لقد تعددت وبمرور الزمن الجهات المعنية باستخدام البيانات والمعلومات المحاسبية ، لأن اهتمام المحاسبة لم يعد مقتصرا على البيانات التي تخدم مصالح مالك المشروع حصرا وإنما خدمة الوحدة الاقتصادية ككل ، بل أكثر من ذلك خدمة المجتمع ورفاهيته من خلال المساهمة في ترشيد القرارات الاقتصادية ، واهم تلك الجهات :

1- **مالك المشروع** **Owner** حيث يكون الاهتمام بالعائد على رأس المال والاطمئنان على مستقبل المشروع ، والمحاسبة توفر له البيانات اللازمة لذلك خصوصا من خلال قائمة نتيجة العمل (ربح أو خسارة) والمركز المالي للمشروع .

2- **إدارة المشروع** Management كثيرة هي البيانات التي تحتاجها إدارة المشروع من اجل قيامها بوظائفها في مجال التخطيط والتنظيم والتنسيق والتوجيه والمتابعة وتقييم الأداء ، واتخاذ القرارات ، والمحاسبة توفر بيانات هامة بهذا الخصوص تساعد الإدارة في أداء وظائفها .

3- **الموردون والمقرضون** Creditors وهؤلاء بحاجة إلى المعلومات التي تساعدهم في الحكم على الوضع المالي للمشروع ، كالربح والتدفقات النقدية ، والقدرة على السداد للمبالغ المستحقة ، والمحاسبة خير من يوفر البيانات اللازمة لمثل هذه الأغراض .

4- **المحللون الماليون** Financial Analysts المحاسبة تمثل منجم كبير للبيانات والمعلومات التي يمكن الاستفادة منها في تقييم المشروعات وتقديم الاستشارة المناسبة ، وفي مجال التحليل المالي تصبح أساس لتقديم المشورة للمستثمرين الحاليين والمستقبليين عن وضع المشروع وأداءه في المستقبل .

5- **الهيئات الحكومية** Government Authorities كثيرة هي الهيئات الحكومية التي تحتاج إلى البيانات المحاسبية عن المشروعات وخصوصاً ما يتعلق في حساب الدخل الخاضع للضريبة ، وتحديد حق الدولة في موارد المشروع وغير ذلك من البيانات الإحصائية لأغراض اقتصادية واجتماعية ولأغراض رقابية فيما يتعلق بالتصرف بالمال العام كرقابة البنوك والمؤسسات المالية ومراقبة الشركات .

6- **الدارسون والباحثون** Researchers حيث تعتبر البيانات المحاسبية مصدر أساسي يعتمد عليها في البحوث الاقتصادية والإدارية والمالية لأنها تمثل كافة نشاطات المشروع من جهة ، ولتنوعها وصلاحيتها لمختلف الأغراض من جهة ثانية.

7- **العملاء** Customers وتساعد البيانات المحاسبية العملاء في الوقوف على وضع المشروع ، لأن وضعهم بالنتيجة رهن وضع المشروع الذي يتعاملون معه كالاستمرار في الحصول على البضائع والمواد والخدمات.

8-**السلطات القضائية** Juridical Authorities هذه السلطات بحاجة إلى البيانات المحاسبية خصوصاً عند نشوء المنازعات بين المشروع والغير، أفراد ومؤسسات وحكومة، وكذلك تحتاج البيانات المحاسبية في موضوع اقرار إفلاس المشروع .

9- **المواطنون** Citizens إن المواطنين بصفة عامة وكمستهلكين بصفة خاصة لمنتجات المشروع يهمهم الاطلاع على وضع المشروع من نواحي كثيرة أهمها كلفة السلع والخدمات مقترنة بنوعيتها .

10- العاملون Employees إن العاملين في المشروع معنيين أيضا وبدرجة كبيرة بوضع المشروع ومستقبله، فانتمائهم للمشروع مقترن بأجورهم ومكافئاتهم ، وتطور وضع المشروع يشجعهم أكثر على هذا الانتماء ، والمحاسبة من خلال ما توفره من بيانات قادرة على لعب هذا الدور.

خامساً: التطور في المبادئ المحاسبية

تستند المحاسبة وفي كل مراحل تحليل وإعداد البيانات وعرضها إلى عدد من المبادئ ، تطورت النظرة إلى هذه المبادئ تبعاً للتطور المهني التطبيقي للمحاسبة ، وتزايد الحاجة في تأمين الفائدة والموثوقية، مع ذلك لازالت هذه المبادئ موضوع اختلاف واجتهاد من حيث:

- ماهية هذه المبادئ ، أو صحة تسميتها أو دقتها فهناك مفاهيم وفروض، وأسس وأعراف، ومبادئ،...الخ.
- تبويب أو تصنيف هذه المبادئ فهناك اختلاف فيما يقع منها مع الفروض أو المفاهيم أو الأعراف...الخ.

ورغم شدة الاختلاف في تسمية تلك المبادئ وعددها فان الشائع هو تقسيمها إلى فروض من جهة. ويقصد بالفرض حقيقة او افتراض سليم للتوصل الى الأسس العلمية وأهم هذه الفروض:

1- الوحدة الاقتصادية.

2- الاستمرارية

3- الفترة المحاسبية

4- القياس النقدي

ومن جهة اخرى هناك مبادئ تسمى صراحة، والمبادئ المحاسبية تمثل الاطار العام الذي يعتمد على الفروض المحاسبية ويحكم الاجراءات والوسائل لتنفيذ العمليات المالية واعداد المعلومات واهم هذه المبادئ:

1- مبدأ التكلفة التاريخية

2- مبدأ الاعتراف بالايراد

3- مبدأ المقابلة

4- مبدأ الافصاح

وهناك اضافة لذلك عدد من المحددات او القيود وعدد من الخصائص للبيانات المالية.

ومن الجدير بالذكر أن الاهتمام تحول حالياً من تحديد الفروض والمبادئ الى تحديد المفاهيم والأهداف والمعايير.

وبدلا من الخوض بتفاصيل هذا الموضوع العميق هنا، سنعتمد ما اتفق عليه ومنذ عام 1936 من قبل AICPA وغيره من الجهات المعنية في اعتبار تلك المبادئ بمثابة المبادئ المقبولة قبولا عاماً Generally Accepted Accounting Principles (GAAP) واستناداً إلى معايير المحاسبة الدولية (انظر الملحق) ونوجزها بما يلي:

1- **الوحدة الاقتصادية (الكيان المستقل)** **Accounting Entity** ويعني هذا المبدأ منح الشخصية المعنوية للمشروع (الوحدة الاقتصادية أو الوحدة القانونية أو الوحدة المحاسبية) والشخصية المعنوية مفهوم قانوني ينظر إلى الوحدة الاقتصادية كشخصية قائمة بذاتها وبمعزل عن أصحاب المصلحة فيها أو من يمتلكها، وبالتالي فلها حقوق وعليها واجبات وبالتبعية تحسب نتيجتها ومركزها المالي بمعزل عن تلك الجهات للوقوف على أدائها بصورة صحيحة ، والوحدة الاقتصادية قد تكون قائمة بذاتها كشركة أو مشروع أو قد تكون عبارة عن مجموعة من الوحدات أو الأقسام أو الإدارات.

2- **استمرارية الوحدة الاقتصادية** **Going Concern** **(Continuity)** أيا كانت الوحدة الاقتصادية فإنها من حيث المبدأ وجدت لتستمر ولفترة زمنية طويلة وغير معروفة ما لم تظهر قرينة موضوعية تبين خلاف ذلك، وبهذا يمكن ضمان حقوق الغير فيها مع إعطاء الوحدة الاقتصادية الفرصة الكافية لزيادة ثروتها ولتستعيد كلفة أصولها وتوزيع هذه الكلف على طول عمرها المقدر.

3- **دورية البيانات المحاسبية (الفترة المحاسبية)** **Accounting Period** لغرض حساب النتيجة والمركز المالي للوحدة الاقتصادية لا بد من تحديد فترة زمنية دورية معينة تعد لها تلك الحسابات ، حيث لا يمكن الانتظار لغاية انتهاء حياة الوحدة الاقتصادية أو المشروع لمعرفة ذلك، وجرت العادة على العمل بما يسمى بالسنة المالية ومدتها (12) شهراً وعادة ما تبدأ في (1/1) وتنتهي في (12/31/...) وخصوصا لأغراض الضريبية وسداد الالتزامات ، وبالإمكان أن تكون اقل من ذلك كنصف أو ربع سنوية أو غيرها، والمهم هو مراعاة التكلفة والمنفعة وإمكانية حصر المصروفات والإيرادات عند اعتماد فترة معينة بدلا من فترة أخرى. وفي كل الأحوال يجب أن تبقى الفترة ثابتة لغرض تسهيل عمليات المقارنة وتوزيع التكاليف وغيرها من المزايا.

4- **المقياس النقدي** **Monetary Scale** إن النقود هي الوسيلة الوحيدة لقياس القيم للعمليات المالية وبالتالي فان العمليات التي لا يمكن تمثيلها بقيم نقدية أو مالية تبقى خارج عمليات القيد في المحاسبة ، والنقود أو القيمة المالية هي افضل مقياس من وجهة نظر المحاسبة لأنها قادرة على احتواء واستيعاب كافة المقاييس الأخرى

المعروفة، وأنها تعكس في الواقع أهم القيم والبيانات ذات العلاقة بنشاط الوحدة الاقتصادية.

5-**التكلفة التاريخية** (Historical Cost) **وثبات قيمة النقود** وتعني ان الاصول والسلع والخدمات تسجل بكلفة الحصول عليها.وتتميز هذه التكلفة بموضوعيتها وواقعيتها حيث يمكن الحصول على المستندات المؤيدة لها كما انه يمكن التحقق من صحتها بموضوعية ، ثم أن التقلبات التي تطرأ على قيمة النقود لا تؤثر على صحة القياس المحاسبي وعلى البيانات المثبتة في سجلات المحاسبة ، أي العمل على أساس ثبات قيمة النقود وعدم خضوعها للتقلبات أو القيم الجارية وذلك حفاظا على موثوقية البيانات المحاسبية، وبالإمكان معالجة الانتقادات الموجهة لهذا المبدأ باعتماد قوائم ملحقة بالقوائم المالية التاريخية تأخذ بالاعتبار التضخم الحاصل أو التعديلات حسب القيم الجارية.

6- **الموضوعية** Objectivity ويعني هذا المبدأ عدم قبول أية عملية في المحاسبة ما لم يكن هناك مستند ودليل على وقوعها أو إثباتها، كذلك يجب أن يكون القياس وفقا لأسس موضوعية بحيث لو قام شخص آخر بقياس نفس العملية لتوصل إلى نفس النتيجة من خلال نفس القرينة أو الإثبات.

7- **تحقق الإيراد** Revenue Realization إن مبدأ تحقق الإيراد يعني المحافظة على رأس المال للوحدة الاقتصادية واستمراريتها ، فلا بد إذن من الحصول على الإيرادات بما يعادل على الأقل الجزء المستنفذ من راس مال الوحدة، وإلا لا يمكن للوحدة الاقتصادية أن تستمر بنشاطها بصورة طبيعية. ويكتسب الإيراد بصورة عامة عند حصول عملية التبادل بين المشروع والغير.

8- **مقابلة الإيرادات بالمصروفات** Maching of Revenues and Expenditures

إن نفقات أي فترة مالية معينة هي في الواقع مسؤولة عن تكوين إيرادات معينة خلال تلك الفترة ، وبالتالي فان صافي الدخل للوحدة الاقتصادية أو ما يسمى نتيجة أعماله (أرباح أو خسائر) عن تلك الفترة يحتسب من خلال مقابلة الإيرادات بالمصروفات لتلك الفترة.

9- **التحفظ** Conservatism إن التحفظ أو ما يسمى بمبدأ الحيطة والحذر ، يعني اعتماد الطرق والأساليب وكل ما من شأنه أن يؤدي إلى الابتعاد عن تضخيم أرباح الوحدة الاقتصادية أو تقليل خسائرها ، وبموجب هذا المبدأ يؤخذ في الحسبان أية خسائر أو مصروفات متوقعة في حين لا تؤخذ الأرباح المتوقعة بنظر الاعتبار، واعتماد سعر السوق والتكلفة أيهما أقل بالنسبة لبعض ممتلكات أو أصول المشروع هو افضل دليل على اعتماد هذا المبدأ وعادة يتم هذا في نهاية الفترة المالية .

10- **الاستحقاق Accrual Basis** وفقا لهذا المبدأ تعتبر إيرادات الوحدات الاقتصادية متحققة للفترة المالية المعنية عند انتقال ملكية الأصل أو البضاعة أو الخدمة للغير وبغض النظر عن تحصيل قيمتها أم عدم تحصيلها . أما من جهة المصروفات فتحمل بها الفترة المالية أيضا طالما تم الحصول على المنفعة أو الخدمة وإنها استنفذت أو استخدمت في النشاط وبغض النظر عن عملية دفع قيمتها من عدمه ، والهدف من ذلك هو تحميل كل فترة مالية بنصيبها من المصروفات والإيرادات بمعزل عن الفترات السابقة والفترات اللاحقة ، للوصول إلى نتائج تعبر بصورة سليمة عن وضع المشروع في نهاية كل فترة مالية وهذا خلافا لما يسمى بالأساس النقدي Cash Basis حيث يؤخذ بالاعتبار فقط العمليات النقدية.

11- **الثبات أو الاتساق Consistency** الاستمرار في تطبيق نفس الأساليب والطرق أو السياسات في إثبات العمليات المالية الخاصة بها من فترة لأخرى ، وإن حصل أي تغيير لا بد من الإفصاح الملائم عنه ، وذلك للمحافظة على قيمة البيانات لأغراض المقارنة بين فترة وأخرى بعدالة.

12- **الأهمية النسبية Materiality** إن الأهمية النسبية أو المادية تتعلق بمدى أهمية عرض بعض البيانات المالية أو عدم عرضها أو دمجها أو تحليلها أو التفصيل في عرضها فذلك رهن أهمية تأثيرها على قيمة المعلومات الواردة في القوائم المالية للوحدة الاقتصادية .

13- **القيد المزدوج Double Entry** أي أن العمليات المالية يجب أن تترجم في سجلات المحاسبة بموجب نظرية القيد المزدوج الذي يعنى أصلا بتوازن العملية المالية من خلال وجود طرفين يتأثران بنفس المقدار في كل عملية ، ويشكل هذا جوهر العمل المحاسبي بسبب المزايا الكثيرة التي ترافق استخدامه .

14- **الإفصاح Disclosure** ويعني أن تتضمن القوائم أو التقارير المالية للوحدة الاقتصادية المعلومات التي يحتاجها مستخدموها مع الابتعاد عن أي تظليل أو إخفاء للمعلومات وبما من شأنه تحريف الصورة الحقيقية لأداء الوحدة . إما نوعية وكمية المعلومات التي يجب الإفصاح عنها فهي في الواقع موضوع جدل ، فهل الإفصاح المقصود هو إفصاح كامل أم شامل أم مناسب أم ملائم أم غير ذلك؟ والمهم أن يتم ذلك حسب طبيعة النشاط والوضع الاقتصادي القائم وبنود أو عناصر القوائم المالية وحاجة مستخدمي البيانات المحاسبية وهو ما يمكن تسميته بالإفصاح الملائم Adequate disclosure أي المناسب والكافي .

15- **أخلاقيات المهنة Ethics** كما لاحظنا لقد أوصت المنظمات والجمعيات المهنية بضرورة توفر سلوكيات وأخلاقيات مهنية تتركز في الصدق والأمانة والموثوقية ليكون عمل المحاسب مقبولا في المجتمع ، فالمحاسب لو لم تحكمه أخلاقيات مهنية

لتصرف بصورة كيفية وبالتالي قد يسئ للمشروع أو للشركاء أو للعاملين عندما لا يجيد استخدام مبدأ من المبادئ المحاسبية ، وليكن موضوع أساس الاستحقاق والأساس النقدي الذي قد يؤدي إلى اختلاف الإيرادات والمصروفات وبالتالي اختلاف نصيب كل شريك مثلا دون أن يكون ذلك عادلا وفق المبادئ المحاسبية .

وعلى ضوء ما تقدم يتضح ما يلي :

1- إن تلك المبادئ وإن كانت ليست قوانين أو قواعد عامة كما في القانون أو العلوم الصرفة ، إلا أنها تخضع لمنطق علمي مقبول من الناحية النظرية ثم هذا ما أقرته و اعترفت به التجربة العملية منذ حقبة زمنية طويلة ، اثبت الواقع صحتها، ولم يجد ما يبرر رفضها أو بطلانها وإنما اصبح الاعتراف بها والحاجة إليها في تزايد.

2- إن تلك المبادئ تتسم بالترابط والتداخل والتكامل وبالتالي لا يمكن الاستغناء عنها لغرض تحقيق أهداف المحاسبة وهي تشكل في الوقت نفسه الإطار النظري للمحاسبة وأساس لمفهومها وتعريفها .

3- إن تلك المبادئ ورغم الحقبة الزمنية الطولية التي مضت على العمل بالكثير منها فإنها ما زالت قيد التطوير وهذا دليل على أن التغيير ما هو إلا تجسيد للطبيعة الديناميكية للمحاسبة وقدرتها على مواكبة التطور المستمر في البيئة الاقتصادية والاجتماعية والسياسية المحيطة بها ، ولا يمكن الوصول إلى درجة الكمال لأنها من وضع الإنسان وأن الله سبحانه وتعلى هو خير الحاسبين - قال تعالى " وكفى بالله حسيبا " آية (6) سورة النساء .

سادسا : التطور في مفهوم المحاسبة وتعريفها

تطور مفهوم المحاسبة

إن المحاسبة مفهوم كثير التداول وفي مختلف مجالات الحياة وبدون استثناء، ومن وجهة النظر التطبيقية أو العملية في المحاسبة يمكن القول أن مفهوم المحاسبة مفهوم واسع لا حدود له إلا بحدود مستوى التطور العلمي والتكنولوجي الذي يبلغه الإنسان وبالتالي فإن وضعه بموقعه وحجمه الصحيح يستلزم ما يلي :

1-تحديد المجال أو النشاط المراد المحاسبة عنه .

2-تحديد الأهداف المطلوب بلوغها وتحقيقها .

3-مدى توفر المستلزمات ذات العلاقة بالنشاط والأهداف .

وعلى هذا الأساس تطور مفهوم المحاسبة والذي يمكن وضعه في سياق المراحل التالية:

1- المرحلة التي تمتد جذورها إلى حوالي 5000 سنة ق.م ، كانت تنصب على رغبة الأفراد والحكام بالاحتفاظ بسجلات لمتابعة ممتلكاتهم واثبات ما يطرأ عليها من تعديلات ، كانت وظيفة المحاسبة تنصب على تنظيم السجلات وتدوين العمليات وبالتالي فإن دور المحاسب كان دور المؤرخ المالي يهدف إلى المحافظة على أموال أولئك الأفراد ولذلك قيل أن دور المحاسب هو دور الوكيل المالي Steward.

2- مع التطور في نطاق الأعمال وازدياد حجم التبادل التجاري وبظهور القيد المزدوج ظهرت مجموعة من القواعد أو المبادئ تنظم عملية الإثبات في السجلات فظهر ما يسمى Book keeping ، حيث أصبح الاهتمام بتنظيم السجلات وفقا لضوابط فنية ومهنية هو الأساس في عمل المحاسب لأغراض الرقابة الداخلية في المشروع .

3- ثم تطورت التطبيقات العملية ورافقها بالضرورة ظهور مجموعة من المفاهيم والأفكار والقواعد الملزمة التطبيق ، لتكون ليس مجرد أدوات داخلية للرقابة على الممتلكات وإخلاء المسؤولية وإنما لتساهم في استمرارية المشروعات وتطور دورها في المجتمع .

4- تأثر كافة القطاعات بالمعلومات المحاسبية وبروز أهميتها في توجيه سلوك تلك القطاعات وبذلك اتسع الاهتمام بالمحاسبة لتقوم بخدمة المجتمع ككل حتى ظهر ما يعرف بالمحاسبة عن المسؤولية الاجتماعية ، لتلبي التقارير المحاسبية احتياجات كافة الفئات في المجتمع وهذا هو في الوقت نفسه يشكل مدخل الرفاهية الاجتماعية من منظور اقتصادي (ترشيد القرارات لخدمة للمجتمع) .

يتضح مما سبق أنه لم تقتصر المحاسبة على الوظائف الأساسية المتمثلة بالآتي :

- التسجيل Recording : ويتم ذلك لكافة العلميات المالية وعلى أساس الأدلة الموضوعية القابلة للتحقق والمراجعة .
- التبويب Classification : للبيانات على شكل مجموعات متجانسة (دليل حسابات) وفقا لأهمية النفقة والإيراد وتكرارها والدقة المطلوبة وحاجة الإدارة.
- القياس Measurement : وذلك لبيان أثر كل عملية مالية على نتيجة المشروع أو تكاليف المنتجات وغيرها .

- عرض النتائج وتفسيرها Presentation and Interpretation : وذلك وفق المبادئ المحاسبية المقبولة قبولا عاما .

- ولم تقتصر على ذلك حسب بل أصبحت أداة لخدمة الوحدة الاقتصادية والمجتمع ككل من خلال كونها أداة :

  - لقياس الأداء والإنتاجية وزيادتها في المشروع .
  - اتصال على مستوى الوحدة الاقتصادية والاقتصاد القومي .
  - للتخطيط والرقابة وتقييم الأداء .

وبذلك تتحقق المحافظة على المال العام كما هي على المال الخاص وبالنتيجة المساهمة في رفاهية المجتمع، ولا شك أن هذا أدى إلى تطور مفهوم المحاسبة ليشمل مجموعة من المفاهيم الاقتصادية كالفرصة البديلة والكلفة الجارية، والتضخم .

أما من الناحية النظرية فتوضيح مفهوم المحاسبة يعتمد على مدى إدراك العمق والحجم الحقيقي له ، فهو في أصله الفكري هو كما هو منذ الأزل وسيبقى كذلك ، والتطور إنما حتمي ينمو مع تطور الحاجات والإمكانيات ولهذا فإن الأهداف ومستلزمات التطبيق هي العامل المحدد لهذا البعد ، أما المفهوم راسخ على أساس أصله الفكري والنظري ليستوعب التطورات وعلى مر الزمان والمكان، والمفهوم المعاصر للمحاسبة هو الأوسع والأشمل لأنه يستند إلى البحوث العلمية وعلى أساس من التحليل والاستدلال المنطقي إضافة إلى البحوث الميدانية في تعميق استخدام الأساليب الفنية .

تطور تعريف المحاسبة

في ضوء دور المحاسبة وأهميتها وتطور وظائفها ومبادئها كيف يمكن تعريف المحاسبة ؟ وهل أن تعريفها أيضا قد مرّ بمراحل من التطور ؟ . في الواقع تطورت التعاريف المعطاة للمحاسبة لتعكس التطور في الواقع العملي بمرور الزمن اكثر مما هو وفقا للأساس الفكري ، وكما يلي :

- المحاسبة هي وسيلة أو أسلوب منظم لتسجيل الأحداث الاقتصادية وحسب تسلسلها الزمني.

- المحاسبة هي عملية تصنيف وتبويب وعرض البيانات الخاصة بالأهداف الاقتصادية التي تمارسها الوحدة الاقتصادية خلال فترة زمنية معينة .

- المحاسبة هي عملية قياس وتوصيل المعلومات الاقتصادية لمستخدميها بما يمكنهم من اتخاذ القرارات المناسبة .

- المحاسبة هي نظام يختص بتحليل وتسجيل وتبويب وتلخيص وتفسير العمليات المالية للوحدة الاقتصادية بقصد تحديد نتيجة العمل والمركز المالي لها في نهاية فترة مالية معينة.

- المحاسبة نظام للمعلومات الكمية التي تقاس بوحدات نقدية تسهل عمليات التخطيط والرقابة وتقييم الأداء واتخاذ القرارات .

ولقد رافق تلك التعاريف اعتبار المحاسبة وعلى سبيل المثال :

- فن Art لتسجيل وتبويب العمليات المالية وتفسير النتائج التي تسفر عنها.

- خدمة Service تمد المستفيدين بالمعلومات المالية لغرض اتخاذ القرارات.

- علم وفن Science and Art تسجيل وتبويب وتلخيص وعرض البيانات .

نحو تعريف أكثر شمولية للمحاسبة

لا شك أن التعاريف السابقة الذكر لم تعطي تعريفا كاملا للمحاسبة طالما أنها اعتبرت مجرد خدمة أو أداة أو نظام أو عمليات أو فن أو علم وفن ، وذلك لأن المحاسبة ليست نهاية بحد ذاتها ، فالخدمة أو الأداة قد تستهلك أو تستنزف ، والنظام قد يتغير بتغير الهدف والعناصر المتاحة ، والعملية ما هي إلا مرحلة أو مراحل في إطار ما ، والفن ما هو إلا مهارة تطبيقية أو التطبيق العملي للنظريات العلمية، والقول علم وفن إنما هو مدعاة إلى الخلط وعدم الوضوح وتغليب بعضه على البعض الآخر ، كما أن العلوم كلها بما فيها المنطق هي نظرية وتطبيقية معا ، وفي كل الأحوال لم يكن التعريف مساويا للمعرف ، وهذا ربما ما دعا البعض في الخروج عن ذلك باعتبار المحاسبة خدمة ومنهج تحليلي ونظام للمعلومات معا ، ودعا آخرون للقول أنها حقل شامل ومن غير الحكمة أن يحتويها تعريف معين .... الخ .

وحيث أن المحاسبة تستند على جملة من المبادئ هي بمثابة إطار نظري كما هي حقيقية أثبتت التجربة أهميتها وقبولها قبولا عاما وعدم إمكانية الاستغناء عنها، وأخذا في الاعتبار للشروط العلمية الخاصة بالتعريف ذلك لأن العلم هو مجموعة من المبادئ التي تكون موضوع دراسة وتحليل وتطبيق ، وأن العلوم الاجتماعية كلها بما فيها المحاسبة لا يمكن أن تصل إلى مستوى الكمال ليظل الإبداع والإضافة قائمين . وقديما كما هو الآن هناك ثلاث أفكار فرضت وجودها ولم تكن موضوع جدل في الإطار الفكري المحاسبي وهي :

1-الحاجة إلى التسجيل حتى يمكن التوثيق والتقرير .

2-الحاجة للمراجعة حتى يمكن الوثوق .

3-الحاجة للتفسير حتى يمكن الفهم .

وعلى مستوى الوحدة المحاسبية فإن هذه الحاجات تستهدف بشموليتها توفير ما يأتي:

1- بيانات ومعلومات عن نتيجة النشاط .

2- بيانات ومعلومات عن التغير بالمركز المالي .

3- بيانات ومعلومات لأغراض اتخاذ القرارات ومساعدة المستثمرين في تخصيص الأموال .

4- بيانات ومعلومات عن التدفقات النقدية الداخلة والخارجة .

5- بيانات ومعلومات ذات علاقة بالحسابات القومية .

وكل هذا يتم باستخدام لغة خاصة تعتمد جملة من المبادئ وكما تم تسميتها والتعريف بها لتوفر قياسا موضوعيا غير متحيز وبدلالة المرور بالخطوات التالية:

1- تحديد موضوع القياس .

2- استخدام المقياس المناسب .

3- تحديد وحدة القياس .

4- تحديد أسلوب القياس المناسب.

5- تحديد مسؤولية تولي عملية القياس .

إذن لا بد من الاعتراف بتوفر الموضوعية وبالقدر الذي تمت مناقشته وتبرير قبوله بما يؤدي إلى الاعتراف بوجود عناصر التصور وأركان القياس الموضوعي وهما جانبان أساسيان للعلم . حيث ينقسم العلم إلى تصور وتصديق ، وبواسطة التعريف نتوصل إلى التصور وبواسطة القياس نتوصل إلى التصديق ، فيمكننا على ضوء ذلك تعريف المحاسبة بأنها :

علم ترجمة الأحداث الاقتصادية لمختلف النشاطات بلغة خاصة تستند إلى جملة من المبادئ العامة في التحليل والتسجيل والتصنيف والتلخيص وإعداد التقارير والتفسير للمعلومات المالية فيما يتعلق بالنتائج ، وتخصيص الموارد واتخاذ القرارات .

Accounting is a science translates the economical events of an entity, according to a language which depending on a certain number of general principles in analyzing , recording, classifying, summarizing ,reporting and interpreting the financial information which necessite the results, resources allocation and decision making .

والمحاسبة وفقا لذلك وبحكم علاقتها بالأحداث الاقتصادية وبالعمليات المالية فإنها:

1- وان كانت واحدة في تطبيقاتها ، إلا أنها علم واسع له حقوله وتخصصاته كالمحاسبة المالية ومحاسبة التكاليف والمحاسبة الإدارية وغيرها ، وكل حقل من هذه الحقول يهتم بتوفير بيانات ومعلومات خاصة بأهداف معينة وفي ظل مبادئ عامة مناسبة ، وعليه فإن كل حقل من هذه الحقول يعتبر علم وكما هو الحال بالنسبة للعلوم الأخرى فنقول على سبيل المثال علم المحاسبة الإدارية .

2- المحاسبة علم ذو بيئة عمل واسعة ، وهذا يترجم من خلال الصلة الكبيرة بمختلف النشاطات الاقتصادية والاجتماعية وأيضا من خلال الصلة بكثير من العلوم مما يتطلب بدوره المواكبة المستمرة للتطورات العلمية والتكنولوجية وبما يساهم في تحسين وسائل القياس والتركيز على ما يضمن أعلى درجة من الموضوعية .

أسئلة الفصل الأول

1- متى وكيف نشأت المحاسبة ؟

2- ما أثر نشأة المحاسبة على تطورها ؟

3- كيف يمكن النظر إلى تطور المحاسبة ؟

4- تكلم عن التطور التاريخي للمحاسبة ؟

5- وضح نواحي الاختلاف بين الحضارات القديمة من حيث الحاجة للمحاسبة ؟

6- كيف ترى العلاقة وتطورها بين المحاسبة والعلوم الأخرى ؟

7- وضح علاقة المحاسبة بكل من :

(الاقتصاد - الإدارة - الإحصاء - القانون - الرياضيات - بحوث العمليات - العلوم السلوكية - العلوم الهندسية - العلوم الهندسية - علم الحاسبات الإلكترونية) وهل هناك برأيك علاقة أقوى من أخرى ولماذا ؟

8- ما التطور الحاصل في وظائف المحاسبة ، وما علاقتها بتطور حقول المحاسبة.

9- ما المقصود بالمحاسبة الأم وما هي وظائفها وأهميتها ؟

10- بين بإيجاز مفهوم المحاسبة الإدارية موضحا حاجة المشروع لها ؟

11- عرف محاسبة التكاليف ، موضحا حاجة المشروع لها ؟

12- ما المقصود بالمحاسبة القانونية ؟ وما دورها ؟

13- ما الفرق بين التدقيق والرقابة المالية ؟

14- عرف المحاسبة الضريبية ؟

15- ما الفرق بين المحاسبة المالية والمحاسبة الحكومية ؟

16- ما هو مفهوم المحاسبة القومية ؟

17- وضح التطور في أشكال المنظمات والهيئات المهنية المحاسبية ؟

18- بين أسباب ظهور وتطور المنظمات والهيئات المهنية المحاسبية ؟

19- بين دور المنظمات والهيئات المهنية في تطور مهنة المحاسبة ؟

20- ما هي الأشكال القانونية للجهات المعنية بالتطبيقات المحاسبية ؟

21- ما الفرق بين مفهوم الوحدة الاقتصادية والوحدة المحاسبية والوحدة القانونية ؟

22- ما هي الجهات المستفيدة من البيانات المحاسبية ؟

23- وضح بإيجاز كل مبدأ من المبادئ المحاسبية ؟ وكيف يمكن النظر لتلك المبادئ بصورة عامة ومجتمعة ؟

24- كيف يجب النظر إلى تطور مفهوم المحاسبة من الناحيتين التطبيقية والنظرية ؟

25- ما هي أهم وظائف المحاسبة على أساس شامل ؟ وما موقفنا من التطور في هذه الوظائف؟

26- ما هي أهم وظائف المحاسبة من وجهة نظر المحاسبة كأداة لخدمة المشروع ؟

27- لقد تطور تعريف المحاسبة عبر الزمن ليعكس الواقع العملي ، اذكر التعريفات التي تعكس ذلك التطور ؟

28- كيف يجب النظر للتعاريف المختلفة للمحاسبة ؟

29- ما هو التعريف الشامل للمحاسبة ؟ وكيف تثبت ذلك ؟

30- ان مبدأ (أو فرضية) الاستمرارية، يعني ان المشروع (الوحدة المحاسبية):

أ- في تطور مستمر.

ب- سيباع إلى مشروع آخر

ج- سيصفى في وقت قريب

د- سيستمر بعمله حتى يحقق اهدافه ويفي بالتزاماته.

31- المبدأ (أو الفرض) المحاسبي الذي يقضي الفصل بين حسابات المالك وحسابات المشروع هو:

أ- الوحدة المحاسبية
ب- الاستمرارية
ج- الفترة المحاسبية
د- الاستحقاق

32- عندما يتبع المشروع نفس الاسلوب (او السياسة) في معالجة المصروفات (وغيرها) من سنة لاخرى فان ذلك تحقيقاً لمبدأ (فرض):

أ- التكلفة التاريخية
ب- الافصاح
ج- الثبات (الاتساق)
د- الموضوعية

33- ان مبدأ المقابلة يعني مقابلة :

أ- المصروفات بالايرادات ج- الارباح بالخسائر

ب- الاصول بالمطلوبات د- المدينون بالدائنون

34- المبدأ المحاسبي الذي يؤدي إلى الاعتراف الفوري بالخسارة المتوقعة هو مبدأ:

أ- المقياس النقدي ج- المقابلة

ب- تحقق الايراد د- الحيطة والحذر (التحفظ)

35- يكون اعداد القوائم المالية لفترات مالية متساوية تطبيقاً لمبدأ :

أ- التحقق ب- الفترة المحاسبية ج- الاهمية النسبية د- القيد المزدوج

36- ان المبدأ (الأساس) الذي يتطلب ان يخصص للفترة المالية النفقات التي استنفذت خلالها والايرادات التي تحقق خلالها بغض النظر عن تاريخ دفع المصروف (النفقة) أو قبض الايراد هو مبدأ :

أ- المقابلة ب- التحقق ج- اساس الاستحقاق د- الاساس النقدي

37- يعني مبدأ التكلفة التاريخية :

أ- تسجيل الاصول والسلع والخدمات بتكلفة الحصول عليها

ب- تسجيل العمليات المالية وفقاً لاسعار السوق

ج- تسجيل العمليات المالية بالكلفة زائداً ربح معقول

د- عدم تسجيل العمليات غير المالية

38- تقسيم حياة المشروع الى فترات مالية دورية مقبولة يكون وفقاً لمبدأ (فرضية):

أ- الاستمرارية ب- الموضوعية ج- الدورية (الفترية) د- الاستقلالية

39- ان الهدف النهائي للمحاسبة :

أ- تسجيل (اثبات) العمليات المالية لتعكس تاريخ حياة المشروع

ب- حساب نتيجة عمل المشروع (ربح أو خسارة) ومركزه المالي

ج- توفير البيانات والمعلومات لمتخذي القرارات

د- أ + ب + ج

؟ = ؟

المعادلة المحاسبية

الفصل الثاني

النموذج المحاسبي ومعادلة الميزانية

ACCOUNTING MODEL AND BALANCE SHEET EQUILIBRIUM

- مفهوم النموذج المحاسبي ومعادلة الميزانية .
- العلاقة بين النموذج المحاسبي ومعادلة الميزانية

إن الفكرة الأساسية التي تسود العمل المحاسبي منذ ستة قرون على الأقل مستمدة من أساس رياضي يتمثل بنموذج يسمى النموذج المحاسبي .

الأصول = الخصوم + رأس المال

مفهوم النموذج المحاسبي ومعادلة الميزانية

النموذج المحاسبي Accounting Model

النموذج المحاسبي هو عبارة عن معادلة عناصرها أو متغيراتها الرئيسية هي الأصول من جهة والخصوم ورأس المال من جهة ثانية ولهذا يسمى أيضا بالمعادلة المحاسبية.

الأصـــول = رأس المال

الأصول (Assets) = الخصوم (Liabilities) + رأس المال (Capital)

وبالتالي عندما يكون أي عنصر أو بند مجهولاً يمكن استخراجه من معرفة بقية المتغيرات أو البنود مثلا : (رأس المال = الأصول - الخصوم) وهكذا .

الأصول هي : الموجودات أو الممتلكات أو الحقوق التي يستخدمها المشروع لمزاولة نشاطاته.

والخصوم هي : الالتزامات أو المطلوبات أو حقوق الغير على المشروع .

رأس المال (حقوق الملكية) هو: أيضا حق على المشروع ولكنه يتمثل بحق صاحب أو مالك المشروع أو أصحاب المشروع على المشروع .

وأهم ما يتسم به النموذج المحاسبي ما يلي :

1- أنه نموذج مبني على قاعدة أو أساس فكري يستند إلى درجة عميقة من المنطق طالما أنه يعبر عن وجود توازن دائم يمثل التوازن أو التعادل الطبيعي لكل العلاقات سواء على مستوى المشروع الواحد أو على مستوى مجتمع معين، وحتى العمليات التي تحصل على مستوى الكون أو العالم أجمع ،وهذا جزء لا يتجزأ من الأمر الهام الذي يشغل علماء الرياضيات والذي مفاده إن الكون يساوي بعضه بعضا .

2- أنه نموذج يصلح لكل زمان ومكان ، فهو يرافق بدء العمل في المشروع لأول مرة وخلال حياته وعند انتهائه وتصفيته . أي إن التوازن هذا يستمر في كافة مراحل وخطوات أو إجراءات المحاسبة من جهة، وأينما وجد هذا المشروع من جهة أخرى .

3- إن اعتماد هذا النموذج يؤدي حتما إلى الاتقان وسلامة العمل المحاسبي أولاً بأول وخطوة بعد أخرى حتى نهايته ليحقق رقابة فاعلة من خلال ما يوفره من مطابقات (معادلات) مستمرة على امتداد الخطوات المذكورة .

معادلة الميزانية Balance Sheet Equilibrium

الميزانية من الناحية الاقتصادية تمثل توازن بين كميات من موارد اقتصادية معينة كانت قد وضعت تحت تصرف الوحدة الاقتصادية وبين مصادر تمويل تلك الموارد ، أما من الناحية المحاسبية ، فالميزانية عبارة عن كشف بأصول الوحدة الاقتصادية من جهة وبخصومها من جهة اخرى في بداية أو نهاية فترة زمنية معينة ، وهي تعكس بذلك التاريخ وضع المشروع المالي أو ما يسمى بمركزه المالي والذي هو عبارة عن الفرق بين الأصول والخصوم بتاريخ معين ، والتي يمكن توضيحها بالشكل التالي :

مشروع			
الميزانية العمومية كما هي عليه في 2005/12/31			
المبلغ (دينار)	**الأصول**	**المبلغ (دينار)**	**الخصوم ورأس المال**
5000	صندوق	4000	دائنون
8000	بنك	9000	قروض
11000	عقارات	15000	رأس المال
4000	أثاث		
28000	مجموع الأصول	**28000**	مجموع الخصوم ورأس المال

وفي الشكل أعلاه يكون الجانب الأيمن ممثلا للموارد أو الأصول المتاحة للمشروع. أما الجانب الأيسر فيمثل مصادر تمويل تلك الموارد (الخصوم ورأس المال) . ومعادلة الميزانية تعني بالضرورة ترجمة أو تطبيق النموذج المحاسبي لأنها تعني تعادل الجانبين فيها.

الأصول = الخصوم + رأس المال ، وبالتالي فإن نتيجة معادلة الميزانية ككل تساوي سفرا (**الأصول - الخصوم ورأس المال = صفر**) والتعادل هذا يكون مهما كانت :-

- العمليات التي حصلت خلال حياة المشروع .
- العناصر أو البنود التي تأثرت بتلك العمليات .
- التغيرات في مبالغ تلك العناصر أو البنود .
- التاريخ الذي حصلت فيه العمليات منذ بداية الفترة المالية وحتى نهايتها .

والحقيقة أن معادلة الميزانية وبالصورة المبسطة التي تم توضيحها كانت تعتمد أساسا للتعبير عن الاهتمامات المحدودة لمالك المشروع ، وهي الاطمئنان على سلامة أمواله (رأس المال) أو المحافظة على رأس المال بصورة مالية Financial Capital أو بصورة عينية Physical Capital وبغض النظر عن الطاقة التشغيلية أو الإنتاجية في المشروع .

ومع تطور الحياة الاقتصادية وتطور إدارة المشروعات ، وتطور وظائف المحاسبة أصبحت معادلة الميزانية تعبر أيضا عن وجهة نظر إدارة المشروع باعتبارها وكيلا عن صاحب أو أصحاب الحقوق في المشروع وليس فقط اهتمامات مالك المشروع ، عليه أصبحت الميزانية تعكس إجمالي الأصول المستثمرة في المشروع من جهة ومصادر تمويل هذه الاستثمارات من جهة أخرى.

العلاقة بين معادلة الميزانية والنموذج المحاسبي

إن المحاسبة وفي كل مجالاتها وجوانبها النظرية والتطبيقية تعتمد على فكرة التوازن والتعادل وهذا ما دعا إلى الاعتقاد أن المحاسبة تعني أصلا الموازنات Budgets . وبالتالي فان النموذج المحاسبي (أو المعادلة المحاسبية) هو أساس معادلة الميزانية وسواء كان ذلك ممثلا لرغبة مالك المشروع في المحافظة على رأس المال أو رغبة الإدارة كوكيل عن كافة أصحاب الحقوق في المشروع .

وقدر تعلق الأمر بالمشروع التجاري الذي هو موضوع هذا الكتاب يمكن تغطية موضوع معادلة الميزانية والنموذج المحاسبي بصيغة حسابية مبسطة من النواحي التالية :

- بداية عمل المشروع .
- خلال حياة المشروع .
- انتهاء عمل المشروع .

أولا : النموذج المحاسبي ومعادلة الميزانية في بداية عمل المشروع

إن المشروع لا بد وان يبدأ عملة بأصل أو أكثر من الأصول وحسب الإمكانات المتاحة وطبيعة النشاط الذي سيزاوله ، وهذه الأصول ومهما كانت قيمتها لا بد وان يتم تمويل عملية الحصول عليها أو اقتنائها كلا أو جزءا من قبل مالك المشروع وبالتالي يمكن ملاحظة عدد من الحالات هنا :

أ. تمويل مالك المشروع لكامل قيمة أصول المشروع ، أي انه يوفر منفردا كل المال اللازم لاحتياجات المشروع .

مثال (1) : بدأ مشروع الخير أعماله في 2006/7/1 بمبلغ نقدي قدره 20000 دينار تم تمويله بالكامل من قبل المالك وأودع في صندوق المشروع .

نلاحظ : أن المشروع بدأ أعماله بأصل واحد (نقد) وتم تمويله بالكامل من قبل مالك المشروع وبالتالي تكون المعادلة المحاسبية على النحو التالي :

الصندوق (Cash) = رأس المال (Capital)

20000 = 20000

مثال (2) : بدأ مشروع البركة أعماله في 2005/3/31 بالأصول التالية :

5000 دينار نقد في الصندوق 10000 دينار في البنك 4000 دينار أثاث

وتم تمويل كامل قيمة تلك الأصول من قبل مالك المشروع ، وحيث أن المشروع قد بدء أعماله بأكثر من أصل واحد فتكون المعادلة المحاسبية كما يلي :

الصندوق + بنك + الأثاث = رأس المال

5000 + 10000 + 4000 = 19000

19000 = 19000

ب. تمويل مالك المشروع لجزء من قيمة أصول المشروع (أو بعض الأصول) والجزء الآخر يتم تمويله من جهة أو جهات أخرى .

مثال (1) : كان مشروع السالم قد تأسس بتاريخ 2005/9/19 وبالأصول التالية:-

4000 دينار نقد في الصندوق

10000 دينار بضاعة

5000 دينار أثاث

6000 دينار نقد في البنك

20000 دينار وسائط نقل

وكانت إمكانية مالك المشروع فقط 35000 دينار وتم توريد البضاعة بالأجل (دائنون) ، وعليه تكون المعادلة المحاسبية :

الصندوق + البنك + البضاعة + وسائط النقل + الأثاث = الخصوم + رأس المال

4000 + 6000 + 10000 + 20000 + 5000 = 10000 + 35000

45000 = 45000

مثال (2) ابتدأ مشروع الأحمد أعماله بتاريخ 2007/2/2 بالأصول والخصوم التالية:

الأصول			الخصوم		
3000	دينار	صندوق	4000	دينار	دائنون (موردين)
7000	دينار	بضاعة	10000	دينار	قروض
2000	دينار	أثاث			
25000	دينار	مباني			

نلاحظ إن هناك بندين للمطلوبات ، الأول هو الدائنون فيما يتعلق بتوريد البضاعة وبمبلغ 4000 دينار والبند الثاني هو القروض بمبلغ 10000 دينار وكانت مساهمة مالك المشروع بمبلغ 23000 دينار كرأس مال ويمكن صياغة المعادلة كما يلي :

الأصول		=	الخصوم ورأس المال	
3000	صندوق		4000	دائنون
7000	بضاعة		10000	قروض
2000	أثاث		23000	رأس المال
25000	مباني			
37000			**37000**	

ثانيا : النموذج المحاسبي ومعادلة الميزانية خلال حياة المشروع

خلال حياة المشروع وعند مزاولة النشاط لا بد أن تتغير أنواع ومبالغ الأصول والخصوم عما هو الحال عند بداية العمل ، ذلك أن أي تغير في بند من بنود الأصول أو الخصوم أو في أي طرف من أطراف المعادلة لا بد وأن يؤدي بالمقابل الى تغيير في طرف آخر وفي بند أو اكثر من البنود . وفيما يأتي أهم الحالات التي يمكن ملاحظتها خلال حياة المشروع بهذا الصدد وعلى فرض إن **مشروع الاصيل** بدأ أعماله لأول مرة في 2000/12/12 بالأصول والخصوم التالية (بالدينار) :

الأصول		الخصوم ورأس المال	
6000	صندوق	4000	دائنون
16000	بنك	7000	قروض
12000	بضاعة (أول المدة)	23000	رأس المال
34000		**34000**	

المعادلة الحسابية :

أصول	=	الخصوم + رأس المال
صندوق + بنك + بضاعة	=	دائنون + قروض + رأس المال
12000 + 16000 + 6000	=	23000 + 7000 + 4000
34000	=	34000

أ. **التغيير بين الأصول خلال حياة المشروع :** وهنا يمكن أن نلاحظ عدد من الحالات كما يلي :

1- **زيادة في اصل واحد ونقصان في اصل واحد آخر**

(مثال) المشروع السابق (الاصيل) قام في 2000/12/13 بتحويل مبلغ 3000 دينار من الصندوق إلى البنك لعدم حاجته إلى هذه السيولة في خزينته فيكون التغيير :

الصندوق = - 3000 البنك = + 3000

المعادلة الجديدة :

الأصول		=	الخصوم + رأس المال	
3000	صندوق		4000	دائنون
19000	بنك		7000	قروض
12000	بضاعة		23000	رأس المال
34000		=	34000	

2- زيادة في أكثر من اصل واحد ونقصا في اصل واحد آخر .

مثال : في 2000/12/14 قام مشروع الأصيل بشراء أراضي بمبلغ 5000 دينار ومباني بمبلغ 10000 دينار لاستخداماته الذاتية بموجب شيكات .

التغيير :

مباني = + 10000 أراضي = + 5000 البنك = - 15000

المعادلة الجديدة :

الأصول		=	الخصوم + رأس المال	
3000	صندوق		4000	دائنون
4000	بنك		7000	قروض
12000	بضاعة		23000	رأس مال
10000	مباني			
5000	أراضى			
34000		=	34000	

3- زيادة ونقصان في اكثر من اصل في آن واحد

(مثال): في 2000/12/15 اشترى مشروع الأصيل سيارة بمبلغ 5000 دينار وآلات بمبلغ 1000 دينار للاستخدام الذاتي للمشروع دفع 3500 بشيك والباقي نقدا .

التغيير : الصندوق = - 2500 وسائط نقل = + 5000

البنك = - 3500 الآلات = + 1000

المعادلة الجديدة :

الأصول		=	الخصوم + رأس المال	
500	صندوق		4000	دائنون
500	بنك		7000	قروض
12000	بضاعة		23000	رأس المال
10000	مباني			
5000	أراضى			
5000	وسائط نقل			
1000	آلات			
34000		=	34000	

ب. التغيير بين الخصوم خلال حياة المشروع

وأهم حالة يمكن أن نلاحظها هنا هي النقصان في أحد الخصوم مقابل الزيادة في خصم آخر أو أكثر .

مثال : في 2000/12/16 قام مشروع الأصيل بالحصول على قرض إضافي بمبلغ 3000 دينار بموجب شيك دفعة إلى الدائنون .

التغيير : الدائنون = - 3000 القروض = + 3000

ا

لمعادلة الجديدة :-

الأصول		=	الخصوم + رأس المال	
500	صندوق		1000	دائنون
500	بنك		10000	قروض
12000	بضاعة		23000	رأس المال
10000	مباني			
5000	أراضي			
5000	وسائط نقل			
1000	آلات			
34000		=	34000	

وجاء التأثير مباشرة هنا على الدائنون ، ويمكن أن يكون التغيير بخطوتين الأولى زيادة النقدية في البنك للمشروع مقابل زيادة القروض ، والخطوة الثانية نقصان في البنك مقابل نقصان في الدائنون بمبلغ 3000 دينار .

ج. التغييرات بين الأصول والخصوم خلال حياة المشروع

وفيما يلي أهم التغييرات التي يمكن أن تصل هنا :

1- نقصان في واحد أو أكثر من الأصول مقابل نقصان في واحد و أكثر من الخصوم

مثال : في 2000/12/17 قام مشروع الأصيل بدفع مبلغ 400 دينار نقدا إلى الدائنين تسديدا لجزء ما بذمته لهم .

التغيير: الصندوق = - 400 الدائنون = - 400

المعادلة الجديدة :-

الأصول		=	الخصوم + رأس المال	
100	صندوق		600	دائنون
500	بنك		10000	قروض
12000	بضاعة		23000	رأس المال
10000	مباني			
5000	أراضي			
5000	وسائط نقل			
1000	آلات			
33600		=	33600	

2- زيادة في واحد أو أكثر من الأصول مقابل زيادة في واحد أو أكثر من الخصوم

مثال : في 2000/12/18 قام مشروع الأصيل بشراء بضاعة (مشتريات) بمبلغ 3000 دينار بالأجل من أحد الموردين.

التغيير: البضاعة =+ 3000 الدائنون =+ 3000

المعادلة الجديدة :

الأصول		=	الخصوم + رأس المال	
100	صندوق		3600	دائنون
500	بنك		10000	قروض
15000	بضاعة		23000	رأس المال
10000	مباني			
5000	أراضي			
5000	وسائط نقل			
1000	آلات			
36600		=	36600	

د. التغيرات بين الأصول والخصوم ورأس المال : وهنا نلاحظ عدد من الحالات أهمها :

1- زيادة الأصول بزيادة رأس المال

مثال : في 2000/12/19 قام مالك مشروع الأصيل بزيادة رأس مال المشروع من ماله الخاص بايداع 1000 دينار في صندوق المشروع و 2000 دينار أودعت الحساب الجاري للمشروع في البنك .

التغيير : الصندوق = + 1000 البنك = + 2000 رأس المال = + 3000

المعادلة الجديدة :-

الأصول		=	الخصوم + رأس المال	
1100	صندوق		3600	دائنون
2500	بنك		10000	قروض
15000	بضاعة		26000	رأس المال
10000	مباني			
5000	أراضي			
5000	وسائط نقل			
1000	آلات			
39600		=	39600	

-

2-نقصان بالأصول ونقصان برأس المال

مثال : في 2000/12/20 قام صاحب مشروع الأصيل بسحب مبلغ 2000 دينار لاستخداماته الشخصية من الحساب الجاري للمشروع في البنك .

التغيير :البنـك = - 2000 رأس المال = - 2000

المعادلة الجديدة :

الأصول		=	الخصوم + رأس المال	
1100	صندوق		3600	دائنون
500	بنك		10000	قروض
15000	بضاعة		24000	رأس المال
10000	مباني			
5000	أراضي			
5000	وسائط نقل			
1000	آلات			
37600		=	37600	

هـ التغيير من الأصول والخصوم إلى المصروفات والإيرادات خلال حياة المشروع .

وبهذا الخصوص نذكر الملاحظات الأساسية التالية : -

- لا بد للمشروع أولا من الصرف على مختلف نواحي العمل والنشاطات لديه لأن امتلاك الأصول بحد ذاته لا يحقق الإنتاج أو الإيرادات وإنما يتطلب ذلك ادارة وتشغيل ، ويترتب عليه دفع رواتب وأجور وإيجارات وغيرها . ومصدر هذه المصروفات أساسا هو الأصول التي يمتلكها المشروع وربما من خلال خصوم أو مطلوبات تترتب على ذمة المشروع .
- مقابل ذلك الصرف سيحصل المشروع على أصول تحقق له الإيرادات وقد تكون الأصول الجديدة جديدة بمعنى الكلمة أو أنها زيارة في قيمة أصول موجودة أو ربما ينتهي الأمر بتخفيض لخصوم معينة .
- إن المصروفات والإيرادات لا تؤثر على جوهر المعادلة المحاسبية من حيث:

الاصول + المصروفات = الخصوم + رأس المال (حقوق الملكية)

أو الأصول = الخصوم + (رأس المال - المصروفات)

والأصول + المصروفات = الخصوم + (رأس المال + الإيرادات)

أو الأصول = الخصوم + (رأس المال + الإيرادات - المصروفات)

- ما يقال عن المصروفات ينطبق على الخسائر التي تقع في المشروع وما يقال عن الإيرادات ينطبق على الأرباح التي يحققها المشروع .

ومن الجدير بالذكر أنه من الناحية العملية وكما سنلاحظ لاحقاً، ان رأس المال (حقوق الملكية) لا يتأثر بصورة مباشرة بالايرادات والمصروفات، وانما بعد أن تتم مقابلة الايرادات بالمصروفات للفترة لحساب النتيجة (ربح أم خسارة) ثم بيان الاثر على رأس المال ونريد هنا فقط بيان التأثير مباشرة لاغراض المعادلة المحاسبية او معادلة الميزانية.

1- المصروفات Expenses

والمصروفات التي تقع في المشروع يتم تغطيتها في الغالب وكما ذكرنا من أصول المشروع كما يؤدي ذلك بالتالي الى تخفيض رأس المال .

مثال : في 2000/12/29 قام مشروع الأصيل بدفع مبلغ 300 دينار نقدا عن رواتب العاملين فيه ودفع 200 دينار أيضا نقدا عن مصروفات عامة .

التغيير : الصندوق = - 500 رأس المال = - 500

المعادلة الجديدة :-

الأصول		=	الخصوم + رأس المال	
600	الصندوق		3600	دائنون
500	البنك		10000	قروض
15000	بضاعة		23500	رأس المال
10000	مباني			
5000	أراضي			
5000	وسائط نقل			
1000	آلات			
37100		=	37100	

ويمكن أن تتم تغطية تلك المصروفات من خلال زيادة في الخصوم كالإيجار المستحق الدفع والرواتب والأجور المستحقة الدفع أي التي يتم الحصول على منفعتها دون أن تدفع قيمتها .

2- الإيرادات Revenues

تنتج أصلا عن نقصان في الأصول ، بالاستغناء عنها مباشرة أو باستخدامها أو بقيام المشروع بتقديم خدمات معينة ، وفيما يلي عدد من الأمثلة التوضيحية :

- إيرادات ناتجة عن نقصان في أصول المشروع دون أن تؤثر العملية على رأس المال (لا ربح ولا خسارة) .

مثال : في 2000/12/30 قام مشروع الأصيل ببيع قطعة ارض قيمتها في السجلات 3000 دينار بمبلغ 3000 دينار بموجب شيك أودع البنك لحساب المشروع .

التغيير :البنك = + 3000 الأراضي = - 3000

المعادلة الجديدة

الأصول		=	الخصوم + رأس المال	
600	صندوق		3600	ائنون
3500	بنك		10000	قروض
15000	بضاعة		23500	رأس المال
10000	مباني			
2000	أراضي			
5000	وسائط نقل			
1000	آلات			
37100		=	37100	

- إيرادات ناتجة عن نقص في أصول المشروع وتؤثر زيادة على راس المال (ربح).

مثال: في 2000/12/30 قام مشروع الأصيل ببيع بضاعة (مبيعات) بمبلغ 6000 دينار بموجب شيك كلفتها 2500 دينار.

التغيير: البنك = + 6000 البضاعة = - 2500

رأس المال = + 3500 (6000 – 2500)

الأصول		=	الخصوم + رأس المال	
600	صندوق		3600	دائنون
9500	بنك		10000	قروض
12500	بضاعة		27000	رأس المال
10000	مباني			
2000	أراضى			
5000	وسائط نقل			
1000	آلات			
40600		=	**40600**	

- إيرادات ناتجة عن نقصان في الأصول وتؤثر بالنقصان على رأس المال (خسارة)

مثال : في 2000/12/30 أيضا قام مشروع الأصيل ببيع جزء من المباني بمبلغ 5000 دينار نقداً قيمتها في سجلات المشروع 7000 دينار .

التغيير: الصندوق = + 5000 المباني = - 7000 رأس المال = - 2000

الأصول		=	الخصوم + رأس المال	
5600	صندوق		3600	دائنون
9500	بنك		10000	قروض
12500	بضاعة		25000	رأس المال
3000	مباني			
2000	أراضى			
5000	وسائط نقل			
1000	آلات			
38600		=	**38600**	

- إيرادات ناتجة عن تقديم خدمات للغير (استشارات ووساطة) وهنا لا يظهر أي نقص مباشر في أصول المشروع بل العكس هناك زيادة.

مثال: في 2000/12/30 أيضا استلم مشروع الأصيل مبلغ 700 دينار نقداً عن بدل تأجير واسطة نقل للغير.

التغيير: الصندوق = + 700 رأس المال = + 700

الأصول		=	الخصوم + رأس المال	
6300	صندوق		3600	دائنون
9500	بنك		10000	قروض
12500	بضاعة		25700	رأس المال
3000	مباني			
2000	أراضي			
5000	وسائط نقل			
1000	آلات			
39300		=	**39300**	

ويمكن تلخيص العمليات المارة الذكر الخاصة بمشروع الأصيل التجاري منذ بداية العمل في 2000/12/12 ولغاية نهاية السنة في 2000/12/31 على النحو التالي:

	الأصول							= الخصوم + رأس المال		
رقم العملية	صندوق	بنك	بضاعة	مباني	أراضي	وسائط نقل	آلات	دائنون	قروض	رأس المال
1	6000	16000	12000	-	-	-	-	4000	7000	23000
2	3000	19000	12000	-	-	-	-	4000	7000	23000
3	3000	4000	12000	10000	5000	-	-	4000	7000	23000
4	500	500	12000	10000	5000	5000	1000	4000	7000	23000
5	500	500	12000	10000	5000	5000	1000	1000	10000	23000
6	100	500	12000	10000	5000	5000	1000	600	10000	23000
7	100	500	15000	10000	5000	5000	1000	3600	10000	23000
8	1100	2500	15000	10000	5000	5000	1000	3600	10000	26000
9	1100	500	15000	10000	5000	5000	1000	3600	10000	24000
10	600	500	15000	10000	5000	5000	1000	3600	10000	23500
11	6000	3500	15000	10000	2000	5000	1000	3600	10000	23500
12	600	9500	12500	10000	2000	5000	1000	3600	10000	27000
13	5600	9500	12500	3000	2000	5000	1000	3600	10000	25000
14	6300	9500	12500	3000	2000	5000	1000	3600	10000	25700

وبالتالي فإن الفرق في رأس المال بين الميزانيتين (بين نهاية الفترة وبداية الفترة) هو:

25700 راس المال في نهاية الفترة المالية

-

23000 رأس المال في بداية الفترة المالية

27000 أربـــاح المشـــروع عـــن الفـــترة (لـــو لم تكـــن هنـــاك زيـــادة عـــلى رأس المـــال ومسحوبات شخصية منه) .

ولكن الذي حصل فعلاً هو ما يلي:

25700 راس المال في نهاية الفترة المالية

-

24000 رأس المال خلال الفترة المالية = رأس المال في بداية الفترة 23000

+ الإضافة على راس المال 3000

- المسحوبات الشخصية 2000

1700 أرباح المشروع خلال الفترة

وهذه النتيجة يمكن صياغتها على شكل كشف بالدخل والأرباح خلال الفترة وكما يلي:

مشروع الأصيل التجاري كشف الدخل عن الفترة المنتهية في 2000/12/31		
البيانات	**تحليلي (دينار)**	**صافي (دينار)**
الايرادات		
إيرادات مبيعات بضاعة	6000	
إيرادات خدمات مقدمة للغير	700	
مجموع الإيرادات		6700
يطرح:		
المصروفات		
كلفة البضاعة المباعة	2500	
مصروفات رواتب وأجور	300	
مصروفات عامة	200	
مجموع المصروفات		3000
يطرح:		
خسائر بيع مباني		2000
صافي الربح		1700

وخلال حياة مشروع الأصيل نلاحظ أن الميزانية في بداية عمل المشروع كانت:

المبلغ (دينار)	الأصول	المبلغ (دينار)	الخصوم+رأس المال
مشروع الأصيل التجاري الميزانية الافتتاحية كما هي عليه في بداية عمل المشروع في 2000/12/12			
6000	صندوق	4000	دائنون
16000	بنك	7000	قروض
12000	بضاعة	23000	رأس المال
34000	مجموع الأصول	34000	مجموع الخصوم ورأس المال

بينما تكون الميزانية في نهاية الفترة المالية لعمل المشروع:

المبلغ (دينار)	الأصول	المبلغ (دينار)	الخصوم+رأس المال
مشروع الأصيل التجاري الميزانية العمومية كما هي عليه في نهاية الفترة المالية في 2000/12/31			
6300	صندوق	3600	دائنون
9500	بنك	10000	قروض
12500	بضاعة	25700	رأس المال
3000	مباني		
2000	أراضى		
5000	وسائط نقل		
1000	آلات		
39300	مجموع الأصول	39300	مجموع الخصوم ورأس المال

ثالثا : النموذج المحاسبي ومعادلة الميزانية في نهاية عمر المشروع:

لا يختلف شكل المعادلة المحاسبية وتطبيقات النموذج المحاسبي للمشروع في نهاية عمره بالتصفية أو الغلق عما هو عليه الحال في بداية عمر المشروع وأيضا قد تتحقق أرباح أو خسائر عند تصفية المشروع كما كانت تتحقق خلال حياة المشروع والتعامل معها يتم بنفس الأسلوب الذي تم خلال حياة المشروع.

مثال: في 2000/12/31 كانت ميزانية مشروع الرباح التجاري كما يلي:

مشروع الرباح التجاري الميزانية العمومية كما هي عليه في 2000/12/31			
المبلغ (دينار)	الأصول	المبلغ (دينار)	الخصوم+رأس المال
1500	صندوق	5000	دائنون
3500	بنك	34000	راس المال
5000	مدينون		
6700	بضاعة		
8300	اثاث		
14000	وسائط نقل		
39000	مجموع الأصول	39000	مجموع الخصوم و رأس المال

وبسبب الخسائر المتلاحقة للمشروع فقد قرر المالك بيعه إلى محلات العطاء التجاري بمبلغ 34000 دينار استلمها بشيك أودعه في حسابه الخاص، وذلك بعد سداد الدائنون بما توفر من نقدية في الصندوق والبنك للمشروع.

التغيير قبل استلام ثمن البيع:

صندوق = - 1500 بنك = - 3500 دائنون = - 5000

المعادلة الجديدة عند سداد الدائنون قبل استلام ثمن البيع:

الأصول = الخصوم + رأس المال

صندوق + بنك + مدينون + بضاعة + أثاث + وسائط نقل = الدائنون + رأس المال

00 + 00 + 5000 + 6700 + 8300 + 14000 = 00 + 34000

34000 = 34000

وعند البيع تكون المعادلة:

الأصول = الخصوم + رأس المال

صندوق + بنك + مدينون + بضاعة + أثاث + وسائط نقل = الدائنون + رأس المال

00 + 34000 + 00 + 00 + 00 + 00 = 00 + 34000

وعند تحويل المبلغ من رصيد حساب المشروع في البنك إلى حساب المالك فإن

الأصول = رأس المال

00 = 00

والجدير بالذكر **أن هذه العمليات كلها هي عمليات حسابية بحتة وفقاً للنموذج المحاسبي أو معادلة الميزانية وتتطلب عملية بلورتها لأغراض محاسبية، فهم موضوع القيد في المحاسبة الذي هو امتداد لذلك النموذج** وكما سنرى لاحقا.

أسئلة وتمارين الفصل الثاني

1- وضح المقصود بفكرة النموذج المحاسبي أو المعادلة المحاسبية؟

2- ما هي أهم سمات النموذج المحاسبي؟

3- ما المقصود بمعادلة الميزانية؟

4- ما اثر كل عملية من العمليات المالية على المعادلة المحاسبية ومعادلة الميزانية؟

5- ما هي العلاقة بين النموذج المحاسبي ومعادلة الميزانية ؟

6- اكمل المعادلات المحاسبية التالية:

الأصول =.......................................

الخصوم =.......................................

رأس المال =.......................................

الخصوم + رأس المال =...........................

حقوق الملكية = ...

7- وضح كيف تتوازن المعادلة المحاسبية عند كل عملية من العمليات التالية:

أ-الزيادة في الأصول والزيادة في الخصوم من جهة أخرى.

ب-الزيادة في أحد الأصول من جهة وخصم من الخصوم في جهة أخرى.

ج-انخفاض في أحد الأصول وانخفاض في أحد الخصوم.

د-زيادة في اصل وانخفاض في اصل آخر.

8- تمرين محلول:

ابتدأ مشروع النسور للاستشارات القانونية (نشاط خدمي) السنة المالية الثالثة في 2006/1/1 بالأصول والخصوم التالية:

4000	صندوق	6000	بنك	2000	دائنون		
8000	عقارات	3000	أثاث	؟	رأس المال		

وانتهى في 2006/12/31 بالأصول والخصوم التالية:

11000	صندوق	13000	بنك	10000	مدينون
8000	عقارات	3000	أثاث	12000	دائنون
؟؟	رأس المال				

وخلال السنة كان هناك :

2500 مصروف رواتب وأجور نقداً

200 مصروفات اعلان نقداً.

300 مصروفات عامة نقداً.

1000 المبلغ المسدد للدائنون بشيك.

17000 ايرادات خدمات استشارية مقدمة للزبائن منها 7000 دينار نقداً والباقي بالاجل (مدينون)

المطلوب:

1- بيان المعادلة المحاسبية للمشروع في بداية السنة؟

2- بيان المعادلة المحاسبية للمشروع في نهاية السنة؟

3- ما هي نتيجة عمل المشروع خلال السنة مع إعداد الكشف اللازم لبيان ذلك؟

الحـــل : المعادلة المحاسبية للمشروع في 2006/1/1 .

الأصول		الخصوم + رأس المال
صندوق + عقارات + بنك + أثاث	=	دائنون + رأس المال
4000 + 8000 + 6000 + 3000	=	2000 + 19000
21000	=	**21000**

المعادلة المحاسبية للمشروع في 2006/12/31

الأصول		الخصوم + رأس المال
صندوق + عقارات + بنك + أثاث + مدينون	=	دائنون + رأس المال
8000 + 8000 + 5000 + 3000 + 10000	=	1000 + 33000
34000	=	**34000**

نتيجة عمل المشروع للفترة المنتهية في 2006/12/31

33000 - 19000 = 14000 دينار (ارباح)

مشروع النسور التجاري		
كشف الدخل عن الفترة المنتهية في 2006/12/31		
ايرادات استشارات		**17000**
يطرح:		
رواتب وأجور	**2500**	
دعاية وإعلان	**200**	
مصروفات عامة	**300**	
مجموع المصروفات		**(3000)**
صافي الربح		**14000**

9- فيما يلي العمليات التي تمت في مشروع الثقة التجاري (نشاط سلعي) :

في 2000/12/1 ابتدأ المشروع أعماله برأس مال قدره 27000 دينار قدمه مالك المشروع على النحو التالي:

2000 نقدا أودعت في صندوق المشروع 16000 بضاعة

6000 نقدا أودعت في الحساب الجاري للمشروع 3000 أثاث

- في 7/منه اشترى المشروع بضاعة (مشتريات) بمبلغ 4000 دينار بموجب شيك.
- في 9/ منه باع المشروع بضاعة (مبيعات) بمبلغ 3000 دينار كلفتها 2000 دينار واستلم المبلغ نقداً.
- في 18/ منه باع المشروع بضاعة (مبيعات) بمبلغ 3000 دينار كلفتها 4000 دينار واستلم المبلغ بشيك.
- في 25/ منه اشترى المشروع بضاعة (مشتريات) بالآجل (بالدين) قيمتها 8000 دينار .
- في 29/ منه دفع المشروع مبلغ 500 دينار نقداً عن بدل إيجار البناية التي يشغلها للشهر الحالي.
- في 30/منه قام مالك المشروع بزيادة رأس مال المشروع من ماله الخاص بمبلغ 6000 دينار أودعت في البنك لحساب المشروع.
- في 30/منه باع المشروع بضاعة (مبيعات) بالآجل قيمتها 9000 دينار وكلفتها 7000 دينار.

- في 30/ منه أيضاً اشترى المشروع آلة قيمتها 2500 دينار دفع 500 شيك والباقي بكمبيالة تستحق بعد شهرين.
- في 31/ منه دفع المشروع نقداً رواتب العاملين البالغة 500 دينار ومصروفات ماء وكهرباء 50 دينار.

المطلوب:

1- إعداد المعادلة المحاسبية للمشروع عند كل عملية من العمليات المارة الذكر.

2- بيان مقدار الربح (أو الخسارة) للمشروع في نهاية السنة المالية 2000.

3- اكمل الجدول التالي مبيناً أثر تلك العمليات على عناصر معادلة الميزانية والمصروفات والايرادات بالزيادة أو النقصان ومبالغها وكما مبين للعملية الأولى.

تاريخ العملية	الاثر على		الاثر على معادلة الميزانية		
	مصروفات	ايرادات	اصول	خصوم	راس المال (حق الملكية)
12/1			+ 2000 صندوق + 6000 بنك + 16000 بضاعة + 3000 أثاث		27000 +
/7 منه ...					

10- يمكن التعبير عن معادلة الميزانية بالصيغة الرياضية التالية :

أ- الاصول + المصروفات = المطلوبات + حقوق الملكية + الايرادات

ب- حقوق الملكية - الاصول = المطلوبات

ج- الاصول - الالتزامات = المطلوبات

د- أ + ب

11- يصاحب الزيادة في أحد الاصول نتيجة عملية مالية ما يلي:

أ- زيادة مماثلة في احد حسابات الخصوم ب- نقصان مماثل في أصل آخر

ج- زيادة مماثلة في أصل آخر د- جميع ما ذكر

12- شراء المشروع لسيارة لنقل العاملين فيه يؤدي إلى :

أ- زيادة في أحد حسابات الاصول ونقصان في أحد حسابات الاصول الاخرى.

ب- زيادة في احد حسابات الاصول وزيادة في احد حسابات المطلوبات

ج- نقصان في احد حسابات الاصول وزيادة في احد حسابات المطلوبات

د- نقصان في احد حسابات الاصول ونقصان في احد حسابات الاصول الاخرى

13- ان تقديم خدمة بالآجل (على الحساب) يؤدي إلى :

أ- زيادة الأصول والمصروفات ج- زيادة الخصوم والمصروفات

ب- زيادة الاصول وزيادة الايرادات د- زيادة الايرادات والمصروفات

14- اذا كانت حسابات مشروع الرافدين في 2005/12/31 هي: صندوق، بنك، اثاث، مدينون، رأس المال، قروض، وارصدتها على التوالي هي: 2000، 4000، 6000، 9000، فكم هو رصيد حـ/ القروض باستخدام معادلة الميزانية.

15- الزيادة في المصروفات تؤدي إلى :

أ- تخفيض الايرادات ج- تخفيض حقوق الملكية

ب- زيادة الخصوم (المطلوبات) د- زيادة حقوق الملكية

16- زيادة حقوق الملكية (رأس المال) خلال السنة تعني :

أ- صافي الربح اقل من المسحوبات الشخصية

ب- صافي الخسارة اقل من المسحوبات الشخصية

ج- صافي الخسارة اكبر من المسحوبات

د- صافي الربح اكبر من المسحوبات

17- بين طبيعة الحسابات التالية (اصول، خصوم.. الخ)

أ- مدينون .... ج- دائنون .... هـ- رواتب ....

ب- مبيعات .... د- آلات .... و- رأس المال ....

18- ان الحصول على خدمة بالأجل يؤدي إلى :

أ- تخفيض الاصول وزيادة المصروفات

ب- تخفيض الاصول والخصوم

ج- تخفيض الاصول والمصروفات

د- زيادة الايرادات والمصروفات

19- شراء أصل ثابت بالأجل يؤدي إلى :

أ- زيادة في احد حسابات الأصول الثابتة وزيادة في الاصول المتداولة

ب- زيادة في احد حسابات الاصول الثابتة وزيادة في المطلوبات

ج- انخفاض في احد حسابات الاصول الثابتة وزيادة في الاصول المتداولة

د- انخفاض في احد حسابات الاصول الثابتة وانخفاض في المطلوبات

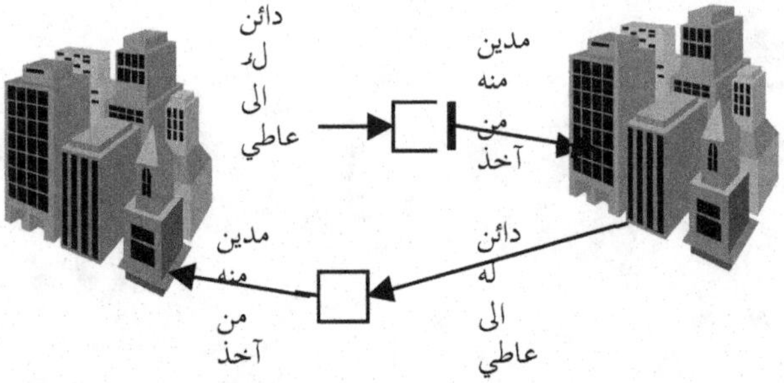

الفصل الثالث

نظرية القيد في المحاسبة

THEORY OF ENTRY

- مفهوم العمليات المالية .
- مفهوم القيد للعمليات المالية
- نظريات القيد المحاسبي .

قبل تسجيل العمليات المالية في المشروع وهي الخطوة العملية الأولى في المحاسبة ، لا بد من تصور ومعرفة القيد اللازم لتلك العمليات ، والذي بخلافه يتعذر الحصول على بيانات يمكن الاعتراف أو الاعتماد عليها استنادا للمبادئ المحاسبية المقبولة.

مفهوم العمليات المالية Financial Transactions

إن العمليات التي تحدث في المشروع هي أساسا عمليات اقتصادية ولكن ليس كل العمليات الاقتصادية هي عمليات مالية ، وبالتالي فان العمليات غير المالية غير قابلة للقيد وفقا لمبدأ المقياس النقدي في المحاسبة. فعمليات الإنتاج وخزن ونقل البضائع داخل المشروع هي عمليات اقتصادية ، بينما عمليات تبادل الأشياء بين المشروع والغير كشراء البضائع مقابل ثمن معين ، تعتبر عمليات مالية .

والعمليات المالية بدورها عديدة ومتنوعة وتستدعي الضرورة فهمها والتمييز بينها من اجل إعداد القيود اللازمة بها وعموما يمكن تمييز العمليات من الزوايا التالية :

أولاً: موعد أو زمن تسديد أثمان أو قيم العمليات :

أ- عمليات نقدية (فورية)

ب- عمليات آجلة (على الحساب)

ثانياً: الهدف من العملية :

أ- عمليات تمويلية: وهي التي تتعلق بتوفير الأموال اللازمة للمشروع لمزاولة نشاطه كرأس المال والقروض.

ب- عمليات رأسمالية: وهي العمليات التي تتعلق بحصول المشروع على الأصول الثابتة لاستخدامات المشروع من عقارات وآلات وأثاث.. الخ وليس لأغراض البيع (بضاعة).

ج- عمليات ايرادية: وهي العمليات الجارية للمشروع لأداء نشاطه كشراء البضائع بقصد بيعها أو تقديم الخدمات والمنافع لقاء ايرادات معينة، وكل ما تتطلبه تلك العمليات من مصروفات.

ثالثاً: استمرارية وتكرار العمليات

أ. **العمليات الاعتيادية** : وهي العمليات التي تحدث بصورة مستمرة أو متكررة خلال السنة المالية وتشمل :

- عمليات رئيسية : أي العمليات التي تتعلق بالنشاط الرئيسي للمشروع والذي وجد أصلاً من أجله كعمليات شراء البضائع وبيعها .
- عمليات مساعدة أو تكميلية : وهي العمليات التي تكون مكملة للعمليات الأخرى في المشروع من اجل القيام بنشاطاته المختلفة ، فهي إذن ليست رئيسية كما

أنها ليست ثانوية ولكنها اعتيادية أو متكررة كالعمليات التمويلية والعمليات الإدارية والعمومية .

ب. **العمليات غير الاعتيادية :** وهي عمليات ثانوية أو غير متكررة وربما استثنائية في حدوثها ، كعمليات بيع الأصول الثابتة التي تم اقتناؤها أصلا للاستخدام الذاتي وليس بقصد البيع ، وتقديم المشروع للخدمات الاستشارية للغير ، وعمليات التوسط أو السمسرة وغيرها ، ذلك إضافة إلى النشاط الرئيسي- في شراء وبيع البضائع .

احياناً تتداخل تلك التقسيمات، فعند شراء أصل ثابت للاستخدام الذاتي للمشروع (عملية رأسمالية) من خلال قرض، فالقرض عملية (تمويلية) ودفع فوائد القرض عملية (ايرادية) كذلك في ظروف معينة تصبح بعض الانشطة الثانوية للمشروع متكررة وعلى حساب النشاطات الاعتيادية أو الرئيسية.

مفهوم القيد للعمليات المالية

والمقصود هو الفكرة أو الكيفية أو اللغة التي يتم بموجبها تصور أو قياس أو ترجمة العملية المالية وقبل تسجيلها في دفاتر المشروع . في الواقع هناك من يرى أن القيد هو نظام System وغيرهم يراه طريقة Method وآخرين يرونه نظرية Theory وهكذا .

واستنادا إلى ما تم ذكره في النموذج المحاسبي والمعادلة المحاسبية فان الموضوع مترابط في أساسه المنطقي السليم والذي يستند على الفكرة الرياضية المستمدة من نظرية توازن العمليات ليس على مستوى المشروع وحسب وإنما لأي نشاط أو مجال آخر انتهاء بتوازن الكون كله .

وبالتالي **فإن فكرة قيد العملية المالية ، إنما هي نظرية ، تعني أن أية عملية داخل المشروع أو بين المشروع والغير فيها طرفين أو جانبين يؤثر بعضهما على البعض الآخر بصورة متوازنة ويتم التعبير عن هذين الطرفين بصورة حسابات،** عليه لا بد من فهم الحساب قبل الدخول بتفاصيل موضوع القيد .

مفهوم الحساب Account

الحساب (كإسم) هو **نوع معين من البيانات كالنقد في الصندوق أو في البنك والبضاعة ورأس المال والمصروفات والإيرادات** ، وتسمية الحساب مهمة جدا في المحاسبة خصوصا من النواحي التالي :

- أنها تسهل عمليات تصور واثبات القيد المحاسبي للعمليات المالية .

- أنها تسهل عمليات توفير البيانات المفيدة عن وضع المشروع وأداؤه وتحليل وضعه المالي.

- أنها تساعد في عمليات المتابعة والرقابة على علميات المشروع كالإنتاج والبيع والسيولة .

ويمكن تقسيم الحسابات (تصنيفها أو تبويبها) وفقا للآتي :-

أ. تبويب الحسابات حسب طبيعتها إلى :

1- **حسابات الأصول Assets** وهي الموجودات التي يقتنيها المشروع ليستخدمها بقصد تحقيق الإيرادات ، وتتضمن :

- **أصول متداولة Current Assets** وهي الأصول التي تولد خدمة قصيرة الأجل كالنقدية أو التي تتحول إلى نقدية خلال فترة قصيرة لا تتجاوز السنة المالية، مثل البضاعة والمدينون وأوراق القبض (أ . ق) والبضاعة * .

- **الأصول الثابتة (طويلة الأمد) Fixed Assets** : وهي الأصول التي تعطي خدمات طويلة الأجل ويقتنيها المشروع للاستخدام الذاتي لأداء نشاطاته وليس بغرض البيع، ويمثل الإنفاق عليها مصروفات رأسمالية Capital Expenditure أي المصروفات التي تستفيد منها أكثر من فترة مالية واحدة وتقسم إلى :

- أصول ثابتة غير مستهلكة وهي اصول ملموسة Tangible كالاراضي.

- أصول ثابتة مستهلكة وهي أصول ملموسة ولكنها تستهلك كالعقارات والآلات والاثاث.

---

* البضاعة كأصل في المشروع التجاري (السلعي) هي :
1- حساب مخزون بضاعة أول المدة أو بداية العمل لأول مرة.
2- حساب مخزون بضاعة آخر المدة (المتبقية غير المباعة).
كما هناك حسابين آخرين للبضاعة سيتم استخدامهما وكما سنرى لاحقاً وهي:
3- حساب المشتريات ، ويمثل ثمن شراء البضاعة بقصد البيع خلال الفترة المالية.
4- حساب المبيعات ، ويمثل قيمة مبيعات البضاعة خلال الفترة.
وهناك ما يسمى ايضاً بالحسابات المتقابلة أو المعاكسة (Contra Accounts) للمشتريات والمبيعات وهي:
6- حساب مردودات المشتريات ومسموحاتها وهو حساب مقابل للمشتريات، أي انه يؤدي بالنتيجة وبصورة غير مباشرة الى تخفيض قيمة المشتريات .
7- حساب مردودات المبيعات ومسموحاتها وهو حساب مقابل للمبيعات، أي انه يؤدي بالنتيجة وبصورة غير مباشرة الى تخفيض في قيمة المبيعات.
ومن الجدير بالذكر ايضاً ان هناك حالات كثيرة للحسابات المتقابلة ، كالمسحوبات الشخصية مقابل رأس المال ومجمع (أو مخصص) الاهتلاك المتراكم للأصول الثابتة مقابل الاصول الثابتة ... الخ .

- أصول معنوية : وهي أصول ثابتة غير ملموسة Intangible كشهرة المحل للمشروع Good Will وبراءة الاختراع.
- أصول متناقصة أو مستنفدة Diminishing وهي الأصول التي تستنفذ قيمتها أثناء الإنتاج أو الاستخراج كآبار النفط ومناجم الفحم والغاز والحجارة .

2- حسابات الخصوم ورأس المال (حقوق الملكية) :

- حسابات الخصوم أو المطلوبات : وهي التزامات على المشروع تجاه الغير وتقسم إلى :
  - خصوم متداولة Current Liabilities كالدائنون والمصروفات المستحقة والإيرادات المقدمة وأوراق الدفع (أ.د) ، وهي التزامات قصيرة الأجل أي لأقل من سنة مالية .
  - خصوم طويلة الأجل Long - Term Liabilities كالقروض طويلة الأجل التي يحصل عليها المشروع .
- حساب رأس المال Capital وهو مجموع الأصول أو الموارد المقدمة من مالك المشروع . ويمثل التزام المشروع تجاه المالك وحقه في الملكية المتمثل بزيادة الأصول على الخصوم .

وحسابات الأصول والخصوم هي حسابات الميزانية أو المركز المالي

3- **حسابات المصروفات Expenses** وتمثل ما ينفقه المشروع للحصول على الإيرادات ، أو بعبارة أخرى ما ينفقه من اجل عمليات الإنتاج و البيع و التمويل والادارة كالرواتب ، والأجور ، ومصروفات نقل المبيعات ومشتريات البضائع ومصروفات الماء والكهرباء ، والدعاية والإعلان ، والتأمين...الخ . وهي حسابات مؤقتة أو وهمية وتمثل نقصان في الأصول أو زيادة في الخصوم ، وكل ما تقدم من مصروفات يقع تحت تسمية المصروفات الايرادية Revenue Expenditure أو المصروفات الجارية التي تكون قابلة للاسترداد خلال فترة مالية واحدة .

4- **حسابات الإيرادات Revenues** وتمثل قيمة ما يتم تحقيقه من قبل المشروع خلال فترة مالية معينة من المبيعات للبضائع أو بدلات الخدمات المقدمة للغير كالخدمات الاستشارية أو خدمات الأصول الثابتة وغيرها ، وهي تؤدي إلى زيادة موجودات المشروع أو انخفاض في المطلوبات .

5- **حسابات الأرباح Gains** وتمثل حسابات الأرباح (المكاسب) أو الزيادة في صافي أصول المنشأة الناتجة عن عمليات غير اعتيادية أو غير رئيسية في

المشروع كأرباح بيع الأصول الثابتة وأرباح بيع الاستثمارات المالية . وتختلف هذه الأرباح عن الأرباح التي تتحقق في نهاية الفترة المالية كون الأخيرة هي ناتج مقابلة الإيرادات بالمصروفات خلال السنة المالية (صافي الربح) .

6- **حسابات الخسائر** Losses وتمثل حسابات الخسائر الناتجة عن العمليات غير الاعتيادية أو غير الرئيسية في المشروع كخسائر بيع الأصول الثابتة أو بيع الاستثمارات المالية ، وتؤدي إلى نقص في صافي أصول المنشأة ، وأيضا تختلف هذه الخسائر عن الخسائر التي يتحملها المشروع في نهاية الفترة المالية الناتجة عن مقابلة الإيرادات بالمصروفات خلال السنة المالية (صافي الخسارة) .

وحسابات المصروفات والايرادات والأرباح والخسائر هي حسابات النتيجة

7- **المسحوبات الشخصية** Drawls ويمثل حساب مسحوبات مالك المشروع ولأغراضه الخاصة وليس لأغراض المشروع سواء كانت نقود أو بضاعة أو أصول ثابتة، وهذا الحساب يمثل ايضاً حساب مقابل لرأس المال .

ب. حسابات حقيقية واسمية وشخصية :

1- **الحسابات الحقيقية** Real Accounts وهي حقيقية لأنها ملموسة Tangible أي يمكن التأكد من وجودها بلمسها أو رؤيتها وهي :

- حسابات حقيقية متداولة كالنقد أو البضاعة .
- حسابات حقيقية ثابتة كالمكائن والمعدات .

2- **حسابات شخصية** Personal Accounts وتشمل حسابات شخصية طبيعية مثل احمد ، عبد الله وحسابات شخصية معنوية أو اعتبارية كالشركات والمؤسسات والجمعيات التي لها شخصية اعتبارية بموجب القانون ، وتكون مستقلة عن المالكين أو المديرين لها ويكونون زبائن (مدينون) أو موردون للبضائع والمواد (دائنون).

3- **الحسابات الاسمية** Nominal Accounts : وهي حسابات وهمية أو مؤقتة أو غير حقيقية وينتهي وجودها بانتهاء الغرض منها وتمثل :

- حسابات المصروفات . - حسابات الأرباح .
- حسابات الإيرادات . - حسابات الخسائر .

وباعتماد أي تصنيف للحسابات فان الحسابات بمجموعها تعبر عن كل وضع المشروع في نهاية فترة مالية معينة ، أي نتيجة عمله ومركزه المالي وعلى النحو التالي :

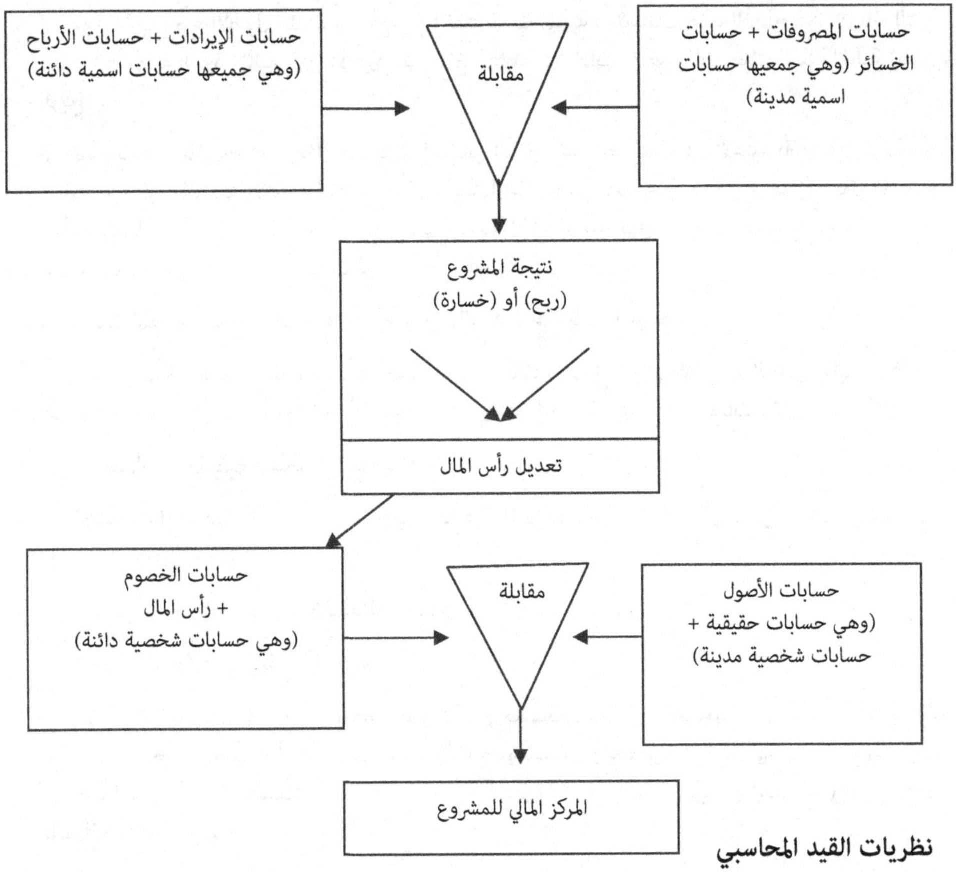

نظريات القيد المحاسبي

- القيد المفرد .
- القيد المزدوج

نظرية القيد المفرد Single Entry

على أساس من التجارب السابقة وطيلة حقبة زمنية طويلة استخدم القيد المفرد ولا زال استخدامه قائماً ولكن على نطاق محدود جداً ، وهو يعتمد على فكرة أساسها ، أن الذمة المالية للمشروع لا تنفصل عن ذمة مالك المشروع وبالتالي لا شخصية مستقلة للمشروع . وعلى ضوء ذلك لا يؤخذ بالاعتبار عند القيد إلا طرف واحد هو الطرف الخارجي عن المشروع للعملية المالية . وأهم سماته انه :

- لا يأخذ بالاعتبار الترجمة أو القياس الكامل للعملية المالية في المشروع وإنما جانب واحد منها ولهذا سمي أيضا بالقيد وحيد الجانب .

- لا يأخذ بالاعتبار أيضاً كافة العمليات المالية التي حدثت في المشروع ، وإنما جزء من تلك العمليات والتي هي ذات صلة بالحسابات الشخصية (المدينون و الدائنين) .

ومع ذلك قد يضطر بعض أصحاب المشروعات إلى تسجيل بعض العمليات بالكامل مثل :

- حركة النقدية من مقبوضات ومدفوعات نقدية أو بشيكات .
- حركة المدينون من زيادة في ديونهم وتسديد ما بذمتهم .
- حركة الدائنين من اصل الدين والتسديد لهم .

وذلك لعدم قدرة المالك على متابعتها شخصيا بصورة سليمة دون تسجيلها أو قيدها .

إن العمل بالقيد المفرد لا يلغي العمل بالنموذج المحاسبي عندما يتعلق الأمر باتباع خطوات تكميلية لغرض التوصل إلى نتيجة أعمال المشروع ووضعه المالي من خلال معرفة :

- مقدار رأس مال المشروع في بداية الفترة .
- مقدار رأس مال المشروع في نهاية الفترة .
- مقدار المسحوبات الشخصية من رأس المال خلال الفترة .
- مقدار الإضافات على رأس المال خلال الفترة .
- الفرق بين رأس المال في أول وآخر الفترة .

لذلك كله لا يمكن القول أن القيد المفرد يمثل خروج عن نظرية القيد المزدوج كما انه ليس نظرية قائمة بحد ذاتها وإنما هو مستمد من جوهر النموذج المحاسبي ونظرية القيد المزدوج ، والدليل على ذلك القيام بالإجراءات التكميلية التي تعوض الجزء المفقود عند عدم اكتمال القيد خلال الفترة المالية ، فرضتها ظروف التبسيط وقدرة صاحب المشروع على الاطلاع والمعرفة المباشرة بتفاصيل العمل ومجريات الأمور في المشروع .

ويمكن تحديد **عيوب القيد المفرد** بما يلي :

1- عدم القدرة على إنجاز الحسابات في الموعد المناسب مما يؤدي إلى الإرباك في عمل المشروع وذلك لأن معرفة أصول المشروع في نهاية الفترة المالية تستوجب الجرد الشامل لتحديد أقيامها وحسب متطلبات حساب النتيجة للمشروع ، كذلك يتطلب الأمر جرد خصوم المشروع والإضافات والمسحوبات الشخصية من رأس المال لمعرفة المركز المالي للمشروع مما يتعذر معه القيام بذلك كله بسهولة في نهاية الفترة المالية .

2- عدم إمكانية أو صعوبة متابعة عمليات المشروع بصورة سليمة أولاً بأول مما يتيح فرصة أكبر للخطأ والغش.

3- عدم الإيفاء بالمتطلبات القانونية أو التشريعية أو الاقتصادية أوالاجتماعية في كثير من بلدان العالم لعدم توفير البيانات والمعلومات الكافية .

4- تعذر القيام بالمقارنات بين فترة مالية وأخرى أو بين المشروع ومشروعات أخرى لأغراض تقييم أداء المشروع لعدم توفر البيانات الكافية عن أصول المشروع وخصومة .

5- الربح المستخرج غير دقيق لأنه يخلط بين الأرباح العادية والمكاسب الرأسمالية او الارباح غير العادية ، ولا يعبر صافي الربح عن عناصره المختلفة من مصروفات وإيرادات .

لذلك نجد اقتصار العمل بالقيد المفرد على المشروعات الفردية الصغيرة حيث حجم الأعمال فيها بسيط والشعور بإمكانية الرقابة المباشرة دون الحاجة إلى بيانات محاسبية كثيرة أو قد يكون بسبب عدم المعرفة بمسك الدفاتر وتنظيمها والإبقاء على العمل المحاسبي بموجب اعتماد منهج الميزانيات .

مثال : 1999/12/31 وفي 2000/12/31 كانت قائمة المركز المالي لمشروع الخليل التجاري على النحو التالي :

مشروع الخليل التجاري **الميزانية العمومية كما هي عليه في 1999/12/31**			
المبلـــغ (دينار)	**الأصول**	**المبلـــغ (دينار)**	**الخصوم ورأس المال**
7000	صندوق	15000	دائنون
10000	بنك	30000	رأس المال
15000	بضاعة		
7000	مدينون		
6000	أثاث		
45000	**مجموع الأصول**	**45000**	**مجموع الخصوم ورأس المال**

مشروع الخليل التجاري الميزانية العمومية كما هي عليه في 2000/12/31			
المبلغ (دينار)	**الأصول**	**المبلـــغ (دينار)**	**الخصوم ورأس المال**
2000	صندوق	4000	دائنون
5000	بنك	16000	قروض
10000	بضاعة	25000	رأس المال
11000	مدينون		
5000	أثاث		
12000	وسائط نقل		
45000	**مجموع الأصول**	**45000**	**مجموع الخصوم ورأس المال**

الربح (الخسارة) = رأس المال الجديد في 2000/12/31 - رأس المال القديم في 1999/12/31

= 30000-25000

= 5000 دينار خسارة

أما إذا كانت هناك إضافات على رأس المال أو مسحوبات شخصية منه فقد تختلف الصورة .

مثال : على أساس قائمة المركز المالي لمشروع الخليل التجاري الموضحة أعلاه ، وعلى فرض أن مالك المشروع قد أضاف خلال السنة مبلغ 2000 دينار إلى رأس المال ولكنه سحب خلال الفترة لأغراضه الشخصية مبلغ 8000 دينار .

فتكون النتيجة

الربح (الخسارة) = رأس المال في نهاية الفترة - (رأس المال في بداية الفترة + الإضافات - السحوبات الشخصية - التخفيضات)

= 25000 - (30000 + 2000 - 8000)

= 1000 دينار الربح

نظرية القيد المزدوج Double Entry

بموجب هذه النظرية التي وكما ذكرنا وجدت أساسها في المحاسبة في عهد الدولة الإسلامية وبلورها عالم الرياضيات لوقا باشيلو "Paciolo" 1494 والتي لا زالت المبادئ المحاسبية المقبولة توصي باتباعها ولكل عمليات الوحدة الاقتصادية، وخلافا للقيد المفرد والذي يهتم عادة بجانب واحد أو طرف واحد من العملية المالية فان القيد المزدوج يعتبران لكل عملية من العمليات المالية طرفان وقد يمثل الطرف الواحد حساب أو اكثر. وهناك عدة مداخل لتوضيح فكرة القيد المزدوج:

مدخل معادلة الميزانية.

مدخل تشخيص الحسابات.

مدخل المعاملات.

1- مدخل معادلة (توازن) الميزانية Equilibrium of Balance sheet

ومفاد معادلة أو توازن الميزانية أو توازن قائمة المركز المالي هو أن التوازن يجب أن يستمر عملية بعد أخرى ، وكل عملية مالية لا بد وأن يتأثر بها طرفان وبنفس المقدار لكل طرف، فالزيادة أو النقصان في أحدهما (أصول أو خصوم أو رأس المال) يقابلها زيادة أو نقصان في الطرف الآخر وبالتالي يبقى الطرفان متساويان تماما ودائما. وذلك يعني أيضا أن كل عملية تؤثر على مكونات المعادلة دون التأثير على توازنها أو تعادلها ويمكن التعبير عنها أيضا بجانب مصادر الأموال (الخصوم ورأس المال) والجانب الآخر باستخدامات الأموال (الأصول).

استخدامات الأموال = مصادر الأموال

الأصول = الخصوم + رأس المال.

مثال: بدأ مشروع الغسق التجاري أعماله بأن قام مالك المشروع بتقديم رأس مال قدره 12000 دينار مكون من بضاعة بمبلغ 7000 دينار ، ونقد أودع في صندوق المشروع قدره 3000 دينار وأثاث بمبلغ 2000 دينار فأن :

استخدامات الأموال	مصادر الأموال
الأصول	= رأس المال
صندوق + بضاعة + أثاث	= رأس المال

وكما مبين في الميزانية الافتتاحية للمشروع في الاتي :

مشروع الغسق التجاري الميزانية الافتتاحية في 2001/1/1			
المبلغ (دينار)	الأصول	المبلغ (دينار)	الخصوم+رأس المال
2000	صندوق	12000	رأس المال
7000	بضاعة		
3000	أثاث		
12000	**مجموع الأصول**	**12000**	**مجموع الخصوم وراس المال**

2-مدخل تشخيص الحسابات:

ويعتمد هنا على الجانب الشخصي للأطراف المعنية في كل عملية من العمليات المالية والجانب الشخصي-هذا قد يعني :

- أن الحساب يمثل شخصاً طبيعياً فهو قد يأخذ أو قد يعطي.

-إن الحساب يمثل شخصاً معنوياً وهو قد يأخذ أو قد يعطي أيضا.

-إن الحساب بحد ذاته يعبر عن بيانات أو معلومات تشكل جزء من كيان المشروع ككل وبالتالي هذا الجزء قد يأخذ وقد يعطى بتعامله مع الأجزاء الأخرى ولا يعتبر مالك المشروع طرفا في ذلك إلا بقدر ما يضيف إلى أو يسحب من رأس المال ، وبالتالي يفترض هذا المدخل وجود شخص وراء كل حساب من الحسابات وأيا كانت فكرة الشخصية أو التشخيص تلك فالعبرة أن هناك مستلم للقيمة Reciever وهنالك بالمقابل دافع للقيمة Giver .

مثال: في 20001/2/1 اشترى المشروع أثاث لاستخدامه الذاتي في المشروع (وليس لبيعه) بمبلغ 1000 دينار نقداً.

إذن حساب الأثاث هو الحساب (الشخصي المعنوي) المستلم وحساب الصندوق هو الحساب (الشخصي-المعنوي) الدافع.

3-مدخل المعاملات:

حيث يمكن النظر للعملية المالية من وجهة نظر المشروع من جهة ووجهة نظر الغير الذي يتعامل مع المشروع من جهة أخرى ، وتبعاً للقيم الداخلة للمشروع والقيم الخارجة منه يكون هناك **طرفان الأول مدين** Debit (Dr) **والآخر دائن** Credit (Cr) **أو كما يقال (منه أو من) و(له أو إلى).**

متطلبات إعداد القيد المزدوج : يتطلب القيد المزدوج القيام بعدد من الإجراءات وهي:

- تحديد الحساب أو الحسابات المعنية بالقيد.
- تحديد موقع الحساب أو الحسابات من القيد.
- تحديد مبلغ الحساب أو الحسابات المعنية بالقيد.
- تحديد نوع القيد المزدوج (بسيط أو مركب).

أولا: تحديد نوع الحساب أو الحسابات المعنية بالقيد:

ويتم ذلك على ضوء ما تقدم من توضيح لأنواع الحسابات أو تصنيفها، فقد تكون اصل ثابت أو متداول أو خصم من الخصوم أو مصروف من المصروفات أو إيراد من الإيرادات ...الخ.

ثانياً: تحديد موقع الحسابات من القيد:

وتحديد موقع الحساب من القيد يعني وضع الحساب المعني بالموقع المناسب له حسب تأثره بالعملية المالية ولا يتغير اسم الحساب بتغير موقعه في القيد ، ويظهر الموقع المذكور من خلال فكرة القيد على النحو التالي:

من حـ/...........

إلى حـ/...........

حيث (من) تعني الحساب المدين و (إلى) تعني الحساب الدائن و (حـ) تعني حساب وتقوم الفكرة على تقديم المدين إلى اليمين وتأخير الدائن إلى اليسار وهي فكرة بسيطة للتمييز بين المدين والدائن في جانبي القيد، وتمثيلا للجانب التطبيقي بموجب المستندات والسجلات التي سيرد ذكرها. في الواقع ليس هناك تأثيرا مديناً أو دائناً بصورة مطلقة على الحسابات وإنما يعتمد ذلك التأثير على العملية المالية بحد ذاتها وكما هو موضح فيما يلي:

أ) فيما يتعلق بالحسابات الحقيقية فإنها بالأصل تكون في الجانب المدين من القيد عند حدوث زيادة فيها جراء الشراء أو الإضافة ، وتكون في الجانب الدائن من القيد عند حدوث نقص أو بيع فيها.

مثال: زيادة النقد في الصندوق للمشروع من خلال إضافة معينة إلى راس المال من قبل مالك المشروع تؤدي إلى :

...... من حـ/ الصندوق

.... إلى حـ/ رأس المال

ب) فيما يتعلق بالحسابات الشخصية المدينة (المدينون أو الزبائن) تكون مدينة عند البيع بالآجل ودائنه عند استلام جزء أو كل من الديون التي بذمتهم.

مثال: بيع بضاعة بالآجل إلى أحد المدينين.

...... من حـ/ المدينين

.... إلى حـ/ المبيعات.

عند استلام جزء من الدين نقداً.

...... من حـ/ الصندوق.

.... إلى حـ/ المدينين

أما الحسابات الدائنة (الموردون مثلاً) فتكون دائنة عند الشراء بالآجل.

مثال: شراء بضاعة بالأجل

...... من حـ/ المشتريات.

.... إلى حـ/ الدائنين

عند دفع جزء من الدين إلى الدائنين نقداً.

...... من حـ/ الدائنين

.... إلى حـ/ البنك.

ج) فيما يتعلق بالحسابات الوهمية.

1-حساب المصروفات والخسائر: فالأصل أنها تكون في الجانب المدين من القيد

مثال: دفع مبلغ نقدي عن مصروفات رواتب العاملين في المشروع.فيكون القيد:

...... من حـ/ مصروفات رواتب.

.... إلى حـ/ الصندوق.

كذلك الخسائر مثل خسائر بيع الأصول الثابتة تكون في الطرف المدين من القيد

د) فيما يتعلق بحسابات الإيرادات والأرباح: فالأصل أنها تكون في الجانب الدائن من القيد.

مثال: استلام مبلغ نقدا عن مبيعات بضاعة.

...... من حـ/ الصندوق.

.... إلى حـ/ المبيعات.

كذلك الأرباح النقدية عن بيع أصول ثابتة تكون في الطرف الدائن من القيد

هـ) فيما يتعلق بحساب رأس المال وهو حساب دائن لأنه يمثل التزامات المشروع تجاه مالك المشروع فهو كالدين على المشروع. وإذا كان رأس مال نقدي مثلاً، فيكون القيد:

...... من حـ/ الصندوق.

.... إلى حـ/ رأس المال.

وكذلك الزيادة تكون دائنة وعكس ذلك النقص.

في حالة زيادة رأس المال يكون القيد:

...... من حـ/ الصندوق.

.... إلى حـ/ رأس المال.

في حالة تخفيض رأس المال يكون القيد:

...... من حـ/ رأس المال.

.... إلى حـ/ الصندوق.

هذا ويزاد رأس المال بالأرباح وينقص بالخسائر في نهاية الفترة المالية .

و) فيما يتعلق بحساب المحسوبات الشخصية: فالأصل أنها تكون في الجانب المدين من القيد حالها حال المدينون ، والدائن لها هو الأصل الذي تم السحب منه فإذا كان نقداً يكون القيد المحاسبي:

...... من حـ/ المسحوبات الشخصية.

.... إلى حـ/ الصندوق.

ثالثاً: تحديد مبالغ الحسابات الواردة في القيد:

كل حساب يرد بالعملية المالية سواء كان في الجانب المدين أم الجانب الدائن من القيد يجب أن يحدد مبلغه حتى تتساوى بالنتيجة المبالغ بين الجانب المدين والجانب الدائن مهما كان عدد الحسابات في طرفي العملية المالية.

مثال: بدأ مشروع السلام برأس مال نقدي قدره 10000 دينار أودعه مالك المشروع في الصندوق : وعليه يكون القيد:

10000 من حـ/ الصندوق.

10000 إلى حـ/ رأس المال.

مثال: تم شراء ماكنة بمبلغ (15000) دينار نقداً للاستخدام الذاتي للمشروع . إذن الجانب الأول في العملية هو حساب المكائن ويكون مدين بمبلغ (15000) دينار بينما الجانب الثاني في العملية وهو الصندوق يكون دائن بنفس المبلغ ، عندئذ يتوازن القيد ويكون هناك مبلغ (15000) دينار في كلا جانبي القيد المدين والدائن.

15000 من حـ/ المكائن.

15000 إلى حـ/ الصندوق.

رابعاً: تحديد نوع القيد المزدوج: هناك نوعان من القيد المزدوج وهما أما قيداً بسيطاً أو قيداً مركباً.

أ-**القيد المزدوج البسيط** : Simple Entry وهو القيد المزدوج الذي يعد:

1-عندما تكون العملية فيها حساب معين واحد مدين وآخر دائن حصراً.

مثال : في 1999/4/30 دفع المشروع مبلغ 150 دينار نقداً عن أجور هاتف لشهر نيسان 1999م. فيكون القيد:

150 من حـ/ أجور هاتف.

150 إلى حـ/ الصندوق.

مثال: في 1999/5/5 سحب المشروع مبلغ 5000 دينار من الصندوق أودعها البنك في حسابه الجاري.

5000 من حـ/ البنك.

5000 إلى حـ/ الصندوق.

2-عندما يريد المشروع تبسيط بعض العمليات مع انه يمكن أن يعد بها قيد مزدوج مركب مع توفر المبرر اللازم وإمكانية فصل المستندات الخاصة بالعملية الواحدة.

مثال: في 2000/5/1 دفع المشروع مبلغ 250 دينار عن أجور نقل وتأمين على المشتريات نقدا علما أن منها 100 دينار دفعت عن أجور نقل .

100 من حـ/ مصروفات نقل المشتريات

100 إلى حـ/ الصندوق.

---

150 من حـ/ مصروفات تأمين على المشتريات

150 إلى حـ/ الصندوق.

ويمكن تلخيص سمات القيد المزدوج البسيط بما يلي:

1- انه سهل الإعداد مقارنة بالقيد المركب بسبب وجود حساب واحد من كل طرف من أطراف القيد.

2- يؤدي إلى إنجاز العمليات اللاحقة للقيد بسهولة وبسرعة واقل عرضة للأخطاء كعمليات الترحيل للأستاذ.

3- يوفر السرعة في اكتشاف الأخطاء أن حصلت والسرعة في تصحيحها.

(ب) **القيد المزدوج المركب** Compound Entry استناداً إلى طبيعة العملية المالية يضم القيد المزدوج المركب اكثر من حساب واحد في أحد طرفي العملية المالية أو في كلاهما. أي لا بد من وجود حسابين في أحد أطراف القيد أو اكثر أو في كلا الطرفين ليصبح القيد المزدوج قيداً مركباً. وإلا وبحكم طبيعة العملية إذا لم يكن فيها إلا حساب واحد في كل طرف من أطرافها فان القيد سيكون قيداً مزدوجاً بسيطاً.

مثال 1 : قيد مركب فيه اكثر من حساب في الطرف المدين من القيد.

بدأ المشروع عمله بأن أودع مالك المشروع مبلغ نقدي قدره 3000 دينار في صندوق المشروع ومبلغ 7000 دينار أودعها في البنك لصالح المشروع ، فيكون القيد :

من مذكورين

3000 حـ/ الصندوق.

7000 حـ / البنك

10000 إلى حـ/رأس المال.

مثال 2 : قيد مركب فيه اكثر من حساب في الطرف الدائن من القيد.

اشترى المشروع أثاث بمبلغ 6000 دينار دفع منها 1000 دينار نقداً والباقي بشيك ، فيكون القيد المركب :

6000 من حـ/ الأثاث.

إلى مذكورين

1000 حـ/ الصندوق.

5000 حـ/ البنك.

مثال3 : قيد مركب فيه اكثر من حساب في طرفي القيد:

بدأ المشروع عمله بالأصول والخصوم التالية:

4000 الصندوق 10000 البضاعة 15000 رأس المال

6000 البنك 5000 الدائنون

فيكون القيد المحاسبي من مذكورين

4000 حـ/ الصندوق

6000 حـ/ البنك

10000 حـ/البضاعة

إلى مذكورين

5000 حـ/ الدائنين

15000 حـ/رأس المال

وينتهي القيد دائما ببيان أو شرح موجز لكل عملية يوضع في اسفل القيد كأن يقال في اسفل القيد أعلاه " بدأ المشروع بالأصول والخصوم أعلاه وبراس مال قدره 15000 دينار".

هذا ويمكن تلخيص مزايا القيد المزدوج والتي جعلت من استخدامه واسع الانتشار وفي أن توصي المبادئ المحاسبية المقبولة من إتباعه في قيد العمليات المالية بما يلي :

1) يحقق شمولية في التعبير عن العمليات المالية إضافة إلى متابعة قيدها أولاً بأول وبالتالي يـوفر سـجل متكامل لكافة العمليات المالية في المشروع وعليه لا يتطلب الأمر إجراءات إضافية كما في القيد المفرد لإعداد البيانات المحاسبية، بل يسهل عملية إعداد النتيجة والمركز المالي وفي الوقت المناسب.

2) يساعد على تحقيق الضبط والدقـة في تنظـيم المسـتندات والـدفاتر المحاسـبية وعـلى تلاقـي حـدوث الأخطاء والغش ، ذلك بما يحققه من توازن مستمر في العمليات المحاسبية .

أسئلة وتمارين الفصل الثالث

1- ما هي الخلفية النظرية للقيد في المحاسبة؟

2- ما المقصود بالعملية المالية وما الفرق بينها وبين العملية الاقتصادية؟

3- ما مفهوم الحساب؟ وكيف يمكن تقسيم الحسابات؟

4- ما مفهوم القيد المفرد في المحاسبة؟

5- ما مزايا وعيوب القيد المفرد في المحاسبة؟

6- ما هي خطوات حساب الدخل (النتيجة) بموجب القيد المفرد؟

7- ما مفهوم القيد المزدوج في المحاسبة وما الفرق بينه وبين القيد المفرد؟

8- وضح المداخل التي تفسر مفهوم القيد المزدوج.

9- ما مزايا وعيوب القيد المزدوج ؟

10- ما متطلبات إعداد القيد المزدوج؟

11- ما هي أنواع القيد المزدوج؟

12- من سجلات مشروع الأمين لتجارة العقارات توفرت لدينا المعلومات التالية:

- في 2005/7/7 بدأ المشروع عمله برأس مال قدره 25000 دينار أودع في صندوق المشروع.
- في 8/منه تم التفاوض على شراء عقار بمبلغ 55000 دينار .
- في 9/منه تم سحب مبلغ 5000 دينار من صندوق المشروع وأودع في الحساب الجاري للمشروع في البنك.
- في 14/منه اشترى المشروع قرطاسية بمبلغ 100 دينار نقداً، واثاث بمبلغ 1000 دينار.
- في 16/منه دفع المشروع مبلغ 40 دينار نقداً عن مصروفات عامه.
- في 20/منه سحب مالك المشروع مبلغ 500 دينار من حساب المشروع في البنك وذلك لأغراضه الشخصية.
- 29/منه تم دفع رواتب العاملين البالغة 400 دينار نقداً.

- في 30/منه تم دفع بدل إيجار المبنى الذي يشغله المشروع عن الشهر الحالي والبالغ 600 دينار بموجب شيك.
- في 31/منه استلم شيك بمبلغ 3000 دينار عن خدمات قدمها لأحد الزبائن.

المطلوب: اعداد القيود الخاصة بالعمليات أعلاه

13- في 2001/1/1 توفرت من سجلات مشروع العلي التجارية الأرصدة التالية:

7000	صندوق	3000	سيارات	؟؟	راس المال
8000	بنك	2000	بضاعة	16000	قروض
3000	مدينون	10000	مباني	9000	أثاث
2000	أ.ق	2000	دائنون	3000	أ.د

- في 2/منه تم شراء بضاعة بمبلغ 2000 دينار نصفها نقداً والباقي على الحساب من شركة الرواد.
- في 6/ منه تم تسديد المصاريف العامة والبالغة 200 دينار نقداً.
- في 12/ منه تم شراء بضاعة بمبلغ 1000 دينار بالآجل من شركة الميثاق.
- في 15/ منه تم بيع بضاعة بمبلغ 1500 دينار نصفها نقدا والباقي على الحساب.
- في 16/ منه تم سداد المتبقي من ثمن البضاعة المشتراة من شركة الرواد بشيك وكذلك سداد ثمن البضاعة المشتراة من شركة الميثاق .
- في 30/منه تم دفع رواتب العاملين البالغة 600 دينار بشيك.

المطلوب:

1) تصوير الميزانية الافتتاحية لمشروع العلي التجاري في 2001/1/1.
2) إعداد القيود اللازمة للعمليات أعلاه.
3) بيان أنواع القيود التي تم إعدادها.

14- ان الحسابات الوهمية هي:

أ- حسابات المصروفات والخسائر

ب- حسابات الايرادات والارباح

ج- حسابات الاصول والخصوم

د- حسابات المصروفات والايرادات والارباح والخسائر

15- الحسابات التي تكون طبيعتها مدينة هي:

أ- الاصول والمصروفات والايرادات

ب- الاصول والمطلوبات وحقوق الملكية

ج- الاصول والمطلوبات والمسحوبات الشخصية

د- الاصول والمصروفات

16- القيد (تسجيل) للعمليات يكون :

أ- لكافة العمليات في المشروع

ب- للعمليات المالية وبعض العمليات غير المالية

ج- العمليات المالية فقط

د- لعمليات الشراء والبيع فقط

17- عندما تتطلب العملية المالية قيد يحتوي على اكثر من حسابين، يسمى هذا القيد:

أ- قيد مركب   ب- قيد بسيط   ج- قيد مفرد   د- أ أو ب أو ج

18- ما المقصود بالحساب المقابل أو المعاكس.

19- واحداً من الحسابات التالية لا يعتبر حساب معاكس :

أ- المشتريات   ب- المبيعات   ج- اوراق القبض   د- مردودات المشتريات

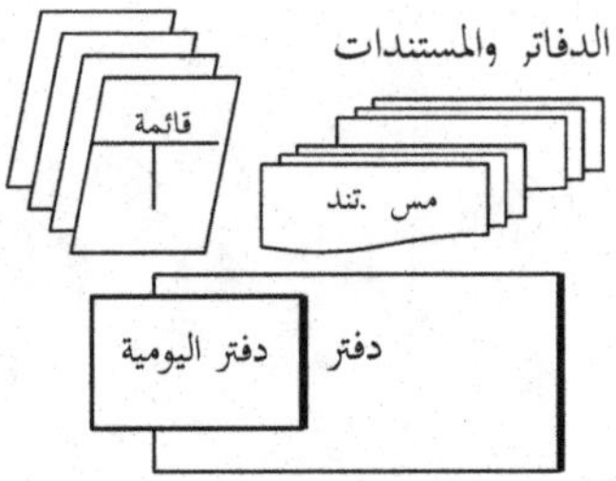

الفصل الرابع

الإطار العام للمجموعة المستندية والدفترية في المحاسبة

DOCUMENTS AND RECORDS IN ACCOUNTING

- المجموعة المستندية
- المجموعة الدفترية

المستندات هي وسائل الإثبات ونقل البيانات ، أما الدفاتر فهي وسائل لتخزين وتلخيص وعرض البيانات المحاسبية ، والعمل بهما يمثل التطبيق العملي للمبادئ المحاسبية .

المجموعة المستندية في المحاسبة Documents (Evidence)

يمكن تلخيص أهمية المستندات الخاصة بالبيانات المحاسبية في أنها :

1- الدليل الموضوعي Objective Evidence أو الوثيقة التي تؤيد تسجيل العمليات المالية في دفاتر المشروع ، ودليل إثبات مكتوب لحقوقه والتزاماته .

2- الوسيلة التي تلخص العمليات المالية بتأريخ حدوثها وبالصيغة التي يمكن تدوينها في سجلات المشروع .

3- الواسطة Media لنقل البيانات والمعلومات من أماكن حدوثها سواء داخل المشروع أو بين المشروع والغير إلى السجلات المحاسبية داخل المشروع .

4- أداة للتحقق من صحة العمليات المالية والرقابة عليها طالما يمكن الرجوع إليها لضمان ذلك .

5- أمر للقيام بأعمال معينة داخل المشروع كإخراج البضاعة أو استلامها أو صرف المبالغ أو قبضها .

واضافة لذلك :

1- أن بعض المستندات كالأوراق التجارية من شيكات وكمبيالات تعتبر وسيلة لسداد الديون .

2- وأن البعض الآخر من المستندات يكون وسيلة لترجمة العمليات المالية بلغة المحاسبة ، مستندات القيد والصرف والقبض .

أنواع المستندات المستخدمة في المحاسبة

تتنوع أو تختلف المستندات المستخدمة في المحاسبة باختلاف :

1- نشاطات أو عمليات المشروعات حيث لا بد من توفير المستند الذي يتناسب ونوع النشاط أو العملية .

2- الشكل القانوني للمشروع وتنظيم العمل فيه المرتبط بالأهداف والإمكانيات .

3- حاجة الجهات المستخدمة لبيانات المحاسبة للمشروع كدوائر الضريبة والرقابة والعملاء والموردون المقرضون .

4- مستوى الدقة المطلوبة في البيانات الخاصة بعمليات المشروع ، فكلما رغب المشروع برقابة أوسع أو أدق كلما تنوعت المستندات المستخدمة لذلك .

وفي كل الأحوال يجب مراعاة ما يلي في المجموعة المستندية للمشروع لتحقيق الفائدة المرجوة من استخدامها :

1- أن تتناسب أنواعها وأشكالها مع طبيعة نشاط المشروع وشكله القانوني .

2- أن تغطي أنواعها كافة نشاطات أو عمليات المشروع .

3- توفير النسخ اللازمة لكافة أقسام المشروع المعنية ، وإعطائها أرقام متسلسلة مع استخدام ألوان وأحجام مناسبة لتمييز بعضها عن البعض الآخر وكل ما من شأنه تسهيل تنظيم العمل والرقابة عليه .

ويمكن تقسيم تلك المستندات وفقا لأسس عديدة أهمها :

- حسب الجهة التي تقوم بإعداد المستندات فنجد المستندات الداخلية والمستندات الخارجية .
- حسب الغرض المطلوب من استخدام المستند وهنا يمكن تقسيمها إلى مستندات ثبوتية أو عامة ومستندات خاصة بالقيد المحاسبي .

المستندات الداخلية والمستندات الخارجية

- المستندات الداخلية Internal Documents وهي التي تعد في داخل المشروع مثل فواتير بيع البضائع أو تقديم الخدمات ، ومستندات الإدخال والإصدار والتحويل المخزني ، قوائم الرواتب والأجور ، الإشعارات المدنية والدائنة الصادرة من المشروع . وكذلك المستندات المحاسبية التي تعزز تلك المستندات وهي مستندات القيد والصرف والقبض .
- المستندات الخارجية External Documents وهي المستندات التي ترد إلى المشروع من الغير (جهات خارجية) كفواتير الشراء ، وفواتير خدمات الماء والكهرباء والهاتف وتتميز المستندات الخارجية في كونها أكثر وأقوى حجة في إثبات صحة العمليات المالية من المستندات الداخلية .

المستندات الثبوتية أو العامة ومستندات القيد المحاسبي

أ. المستندات الثبوتية هي المستندات التي تعد في مختلف أقسام ووحدات المشروع وحسب الحاجة وطبيعة العمليات أو التي ترد من الخارج، وفي الواقع يصعب حصر أنواعها وتفاصيلها ، وفيما يلي أهم أنواع ونماذج هذه المستندات.

1- **فاتورة البيع** **Invoice**

وهي القائمة التي يعدها المشروع عند بيعه البضائع للزبائن – وتعتبر هذه القائمة مستند إثبات لعملية البيع بالنسبة للبائع او المورد وهي أيضاً من مستندات الاثبات للشراء بالنسبة للمشتري ، وبالتالي لا فرق في مضمون الفاتورة عند البيع أو عند الشراء إلا من حيث الجهة التي حررتها أو أعدتها . واهم بيانات هذه الفاتورة هي اسم المشروع البائع وعنوانه وكذلك اسم الزبون وعنوانه وفيما إذا كانت فاتورة بيع نقدي أم بالأجل ، إضافة إلى رقمها وتاريخها، كل ذلك في الأعلى، وفي المتن هناك تفاصيل عن نوع البضاعة وكميتها وثمنها ، ثم توقيع الجهة المستلمة إضافة إلى توقيع الشخص المسؤول عن التجهيز .

مشروع ....

العنوان ....

فاتورة بيع (نقدي / بالأجل)

الرقم : **إلى :**

التاريخ : **العنوان :**

المبلغ		الكمية (عدد الوحدات)	وحدة القياس	البيان
فلس	دينار			
		المجموع		
توقيع المستلم		توقيع المجهز		

وشبيهة بفاتورة البيع هناك فواتير الخدمات ، كخدمات الماء والكهرباء والهاتف ، وجميعها قد تكون مستندات إثبات عمليات بيع أو إثبات عمليات شراء .

2- **الاستمارات**

واهم هذه الاستمارات ما يتعلق بإدخال البضائع المشتراه الى مستودعات المشروع (مستندات إدخال مخزني) ، وإخراج البضائع المباعة (مستند اخراج مخزني) وبطاقة الصنف (الخاصة بكل نوع من أنواع البضاعة مبينا فيها الحركة والرصيد بالكميات والمبالغ) . وكذلك استثمارات الجرد الفعلي للبضاعة والأصول الثابتة .

مشروع ....

مستند إدخال مخزني

رقم المستند /

تاريخ المستند /

رقم المادة	اسم المادة	الوحدة	الكمية	السعر		المبلغ		رقم الفاتورة	تاريخ الفاتورة	المورد
				فلس	دينار	فلس	دينار			
توقيع المستلم				المجموع				توقيع المسلّم		

3- الكشوفات أو القوائم

مثال ذلك كشوفات أو قوائم الرواتب والأجور للعاملين في المشروع وصرف السلف المستديمة وتسويتها واستمارات صرف أجور النقل ، والعديد من أنواع المصروفات والإيرادات من نشاطات عدا مبيعات البضائع .

مشروع ....

كشف رواتب العاملين

لشهر ....

رقم الصفحة / ....

ت	اسم الموظف	رقم الموظف	الاستحقاقات					الاستقطاعات					المبلغ الصافي	توقيع
			اسمي	غلاء			المجموع	تأمين	ضمان	ضريبة		المجموع		
المجموع														

4- الإشعارات المدنية Debit Notes

ينظم المشروع مثل هذه الإشعارات لزبائنه أو للغير ، عندما يكون له حق عليهم ، مثلا وجود نقص في مبلغ فاتورة بيع سابقة لأحد الزبائن ، أو تحمل المشروع لمصروفات معينة كمصروفات نقل البضاعة نيابة عن الزبون والاشعار المدين الذي يرسله المشتري إلى البائع (المورد) عند ارجاع او رد بضاعة. كذلك ما تقوم به البنوك مقابل الخدمات التي تقدمها للمشروعات .

مشروع .... **العنوان ....** **(إشعار مدين)** **رقم /** **إلى / ....** **تاريخ /**		
قيدنا على حسابكم مبلغا قدره (........) دينار وفقا للتفاصيل المبينة أدناه :		
المبلغ		التفاصيل
فلس	دينار	
		المجموع

5- الإشعارات الدائنة Credit Notes

تكون الإشعارات المرسلة من المشروع إلى الغير كالزبائن ، إشعارات دائنة وليست مدينة عندما يمنح المشروع خصم معين عن قيمة البضاعة المباعة ، أو تعويضا عن قيمة مردودات بضاعة مباعة ، او ربما بسبب الزيادة في قيمة فاتورة بيع سابقة صدرت عن المشروع . والبنوك ترسل مثل هذه الإشعارات إلى المشروعات عندما تحصّل لها مبالغ تضاف الى أرصدة حساباتها لديها .

مشروع .... **العنوان ....** **(إشعار دائن)** **رقم /** **إلى / ....** **تاريخ /**		
قيدنا لحسابكم مبلغا قدره (.......) دينار وفقا للتفاصيل المبينة أدناه:		
المبلغ		التفاصيل
فلس	دينار	
		المجموع

ب. المستندات المحاسبية **Vouchers**

وهي المستندات التي تعزز البيانات الورادة بالمستندات العامة السالفة الذكر من جهة ، وتترجم العمليات الواردة فيها إلى لغة المحاسبة وبموجب القيد المزدوج من جهة اخرى . فهي ليست معدة للإثبات الموضوعي للعملية المالية أصلا وإنما لغرض إثبات القيد المحاسبي بها ، ويتم اعدادها في الاقسام المالية .

وعمليا تغنى هذه المستندات عن استخدام دفتر التسويدة الذي قد يستخدم لتسجيل العمليات تمهيدا لإثباتها في دفتر اليومية وحرصا على تجاوز الأخطاء الفنية. وتتكون هذه المستندات من :

- مستند القبض - مستند الصرف - مستند القيد

مستند القبض (الاستلام) **Receipt Voucher**

وهو ايصال صادر أو محرر من قبل المشروع بإثبات المبالغ المقبوضة نقدا أو بشيكات من الغير ، ويعد المستند على ضوء فواتير المبيعات النقدية أو بموجب شيكات وكذلك عند استلام ايرادات الخدمات المقدمة للغير ، والامانات والديون .

مشروع ....

الرقم / **مستند استلام مبلغ**

التاريخ / **فلس** **دينار**

....

استلمنا من .... Received From

المبلغ أعلاه وقدره .... The Sum OF

وذلك عن .... Being

المبلغ		الحساب الدائن	البيان
فلس	دينار		
التوقيع		Signature	

مثال: في 2001/3/1 استلم مشروع الأمل مبلغ 1200 دينار نقدا من الزبون سلام سدادا لما بذمته من دين للمشروع .

مشروع الامل

مستند استلام نقدي

الرقم /

التاريخ /   استلمنا من مشروع الامل وذلك عن سداد دين

فلس   دينار

فقط ألف ومائتين دينار لا غير   -   1200

المبلغ		الحساب الدائن	البيـــــان
فلس	دينار		
-	1200	حـ/المدينون-سلام	استلام مبلغ ألف ومائتين دينار لا غير
-	1200	المجموع	

التوقيع

-مستند الدفع (الصرف)   Payment voucher

وهو ايصال بالنقدية المدفوعة كالصرف النقدي على النثرية أو سند صرف بشيك للعمليات التي يتم سدادها بشيكات كمشتريات البضاعة أو لأغراض السحب من البنك لسداد الدائنين.

مثال: دفع مشروع الأمل مبلغ 2000 دينار بشيك سدادا للدائن محمود وذلك عن ثمن البضاعة المشتراه منه بتاريخ 2002/3/3.

مشروع الأمل

سند صرف بشيك

الرقم

التاريخ

فلس   دينار

فقط الفي دينار لا غير   -   2000

المبلغ		الحساب المدين	البيـــــان
فلس	دينار		
-	2000	حـ/الدائنون-محمود	عن دفع مبلغ الفي دينار لا غير سداد للدائن محمود بموجب الشيك رقم 6666 بتاريخ 2002/3/3
-	2000	المجموع	

التوقيع

إذا لم تك العملية عملية قبض أو صرف نقدي (من الصندوق أو بشيكات) فهي عملية غير نقدية كالمبيعات والمشتريات على الحساب والإشعارات المد ينة والدائنة لمختلف العمليات وكذلك عمليات تصحيح الأخطاء ، فانه يعد بالعمليات من هذا النوع مستند يسمى قيد يومية.

مشروع ....

مستند قيد يومية

الرقم

التاريخ

المبلغ المدين		**المبلغ الدائن**		**الحساب المدين**	**الحساب الدائن**	**البيـــان**
فلس	دينار	فلس	دينار			
				المجموع		

التوقيع

مشروع ......

مستند قيد يومية

الرقم

التاريخ

المبلغ المدين		المبلغ الدائن		الحساب المدين	الحساب الدائن	البيــــان
فلس	دينار	فلس	دينار			
-	6000	-	6000	حـ/المدينون	حـ/المبيعات	ثمن بيع بضاعة بالأجل لمشروع الأنوار بستة آلاف دينار .
				المجموع		

المجموعة الدفترية في المحاسبة: **Records (Registers)**

الدفاتر والسجلات المحاسبية هي مخازن أو مستودعات للبيانات الخاصة بالمشروع والتي ترد بواسطة المستندات، والدفاتر بدورها مصدر لتجميع البيانات وتلخيصها ومطابقتها تمهيداً لعرضها أو إعداد التقارير بها.

ومن الجديد بالذكر انه وفي ظل التطور التقني والتوسع باستخدام الحاسب الإلكتروني يمكن إن تكون هذه السجلات وفي كثير من المشروعات عبارة عن بطاقات أو أشرطة أو دسكات أو أقراص بدلا من السجلات اليدوية، ذلك توخياً للسرعة والدقة إضافة إلى انخفاض الكلفة.

وأيا كان العمل بالسجلات يدويا أم إلكترونيا فان تحديد نوع وحجم المجموعة الدفترية في المحاسبة هو رهن الشكل القانوني للمشروع وطبيعة وحجم العمل فيه ومدى التوسع المطلوب بتفاصيل البيانات والرقابة على عمليات المشروع.

وتضم المجموعة الدفترية في المحاسبة:

أ-**الدفاتر المحاسبية الإلزامية:** وهي إجبارية بموجب القانون حيث الزم المشرّع مسكها من قبل المشروع التجاري، ومع أنها إلزامية فلم يتدخل المشرع في تحديد شكلها وهي تشمل:

- **دفتر المراسلات Correspondence:** ويتضمن صورة عن كافة المراسلات الواردة للمشروع وكذلك المراسلات الصادرة عنه، وذلك لغرض تسهيل عملية الرجوع إلى أوليات كل موضوع أو عملية ولأغراض الرقابة أو المتابعة.
- **دفتر الجرد والميزانية Inventory and Balance Sheet:** ويمسك هذا الدفتر لغرض تثبيت تفاصيل البضاعة الموجودة فعلا لدى المشروع في نهاية السنة المالية ومقارنتها بالرصيد الدفتري لسجل الأستاذ بقصد الوقوف على الفروقات إن وجدت ومتابعة معالجة أسبابها، كذلك يتضمن الدفتر صورة عن الميزانية العمومية للمشروع عن كل سنة مالية لغرض المتابعة ومقارنة التطور في المركز المالي للمشروع.
- **دفتر اليومية العامة Journal:** ويمسك هذا الدفتر لغرض قيد العمليات المالية أولا بأول ومن واقع المستندات الثبوتية المؤيدة لوقوعها.

ب-**الدفاتر المحاسبية الاختيارية:** حيث ترك المشرع الحرية للمشروع في مسك هذه الدفاتر والتي أهمها :

- **دفتر المسودة أو التسويده Diary:** حيث تثبت فيه كافة العمليات بطريقة غير نظامية أو على شكل ملاحظات أو معلومات ، وقد يكون السبب هو عدم وجود شخص مؤهل للعمل بالدفاتر النظامية مباشرة أو صغر حجم المشروع ليتم بموجب هذا الدفتر جمع العمليات ثم يقوم شخص مهني مؤهل بتنظيمها في نهاية كل فترة زمنية معينة.
- **دفتر الأستاذ العام General Ledger:** وهو الدفتر الذي تخصص فيه صفحة لكل حساب من الحسابات التي يعمل بها المشروع ليعطي ملخص عن هذا الحساب في نهاية كل فترة زمنية مينة.
- **دفتر الموازين** (موازين المراجعة) Trial Balance: ويخصص لموازين المراجعة التي تعد عادة شهرياً.

وحسب طبيعة العمل وحاجة المشروع قد يقوم بمسك دفاتر يومية مساعدة لليومية العامة ، ومسك دفاتر أستاذ مساعدة لدفتر الأستاذ العام.

اختلاف المجموعة الدفترية باختلاف الطريقة المحاسبية:

تختلف مجموعة السجلات أو الدفاتر المستخدمة باختلاف الطريقة المحاسبية وجاءت تسمية الطريقة من اسم البلد الذي تمثله. ومع أن الطرق تختلف في أعداد وتفاصيل المجموعة الدفترية إلا أنها جميعا تتبع المبادئ المحاسبية المقبولة. والمشروع حر في اختيار الطريقة التي تتناسب وطبيعة عمله واحتياجاته للبيانات.

1-**الطريقة الإيطالية:** وتسمى أيضا بالطريقة العادية وهي تحتاج إلى مجموعة من الدفاتر وكما في الشكل التالي:

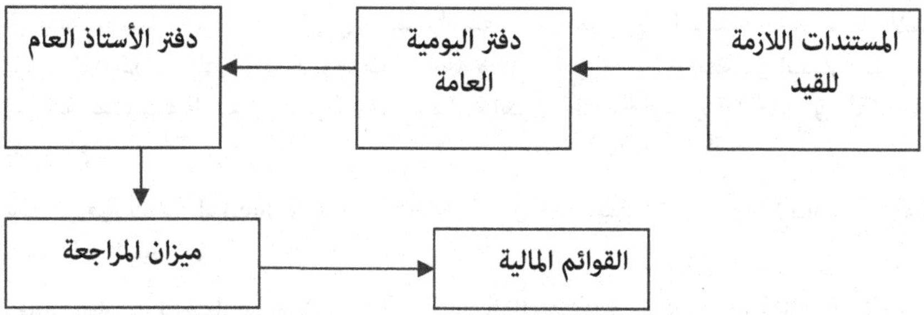

ولان هذه الطريقة لا تتطلب الكثير من العمليات مقارنة بغيرها فإنها سهلة وغير مكلفة وبالتالي فإنها تصلح للمنشأة صغير الحجم.

2-**الطريقة الإنكليزية:** وتسمى أيضا بطريقة اليوميات الأصلية، وهي تستخدم عدد من دفاتر اليومية الأصلية وعدد من دفاتر الأستاذ المساعدة إضافة إلى الأستاذ العام. وتتصف بتقسيم كبير للعمل وهي تناسب المشروعات المتوسطة والكبيرة الحجم وبالتالي فإنها تتطلب مجهود وكلفة اكبر.

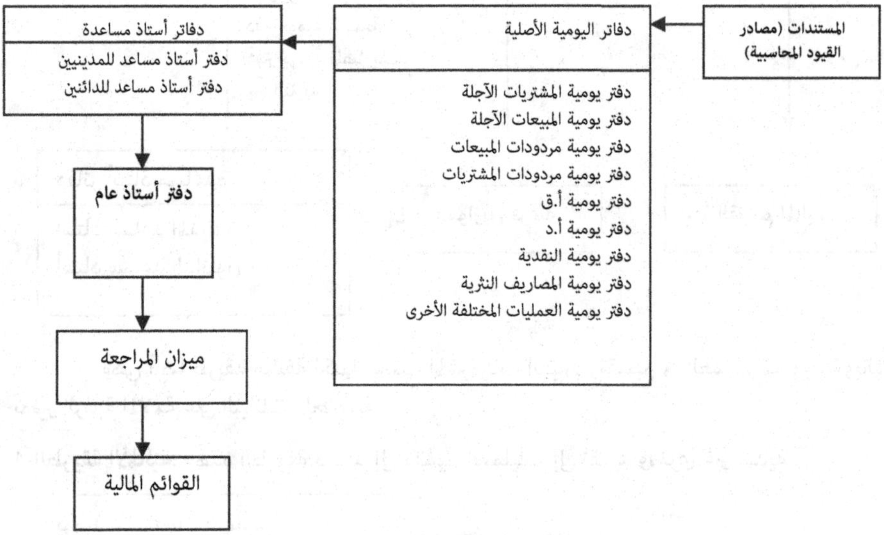

3-**الطريقة الفرنسية:** وتسمى بطريقة اليوميات المساعدة وتستخدم هذه الطريقة دفتر يومية مركزي (عام) وعدد من الدفاتر اليومية المساعدة ودفاتر أستاذ مساعدة ودفتر أستاذ عام.

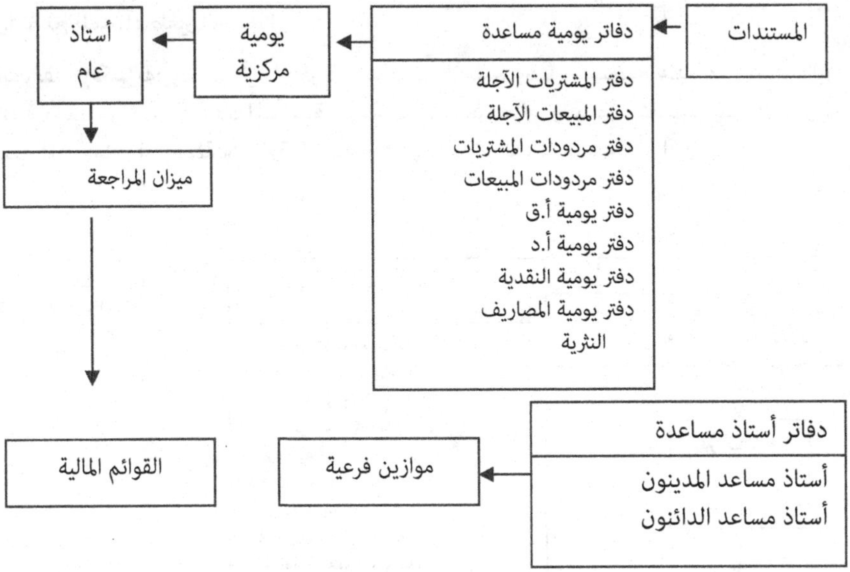

وهي أيضا طريقة مكلفة لكنها تناسب المشروعات الكبيرة وتقسيم في العمل والمسؤولية وبالتالي توفير الرقابة الملائمة على البيانات المحاسبية.

4-**الطريقة الألمانية:** وهذه الطريقة تستند إلى تقسيم العمليات إلى نقدية وأخرى غير نقدية .

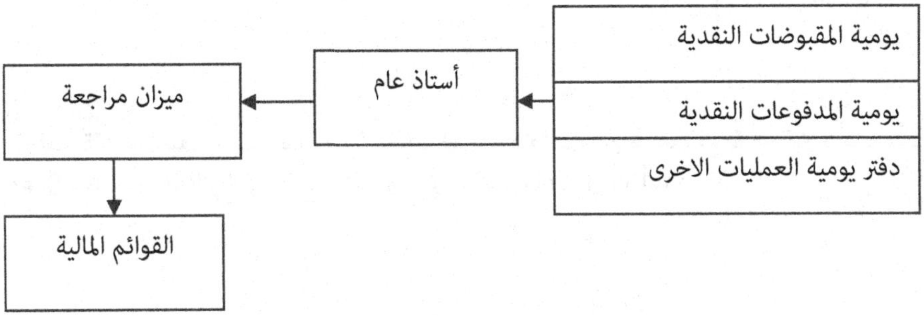

وهي طريقة سهلة ولكنها أيضا لا تسمح بتقسيم كاف للعمل وبالتالي ضعف في الرقابة عـدا مـا يتعلق بالفصل بين العمليات النقدية والعمليات غير النقدية.

5-الطريقة الأمريكية: وتسمى بطريقة Kalamazoo نسبة إلى مدينة في الولايات المتحدة الأمريكية وهي تجمع بين اليومية والأستاذ بدفتر واحد وتستخدم الكثير من الحسابات الإجمالية، وتناسب المشروعات التي تتميز بضخامة عمليات البيع والشراء وهي اسهل من غيرها وخصوصا في إعداد موازين المراجعة.

دفتر اليومية والأستاذ

المستند			ح/الصندوق		ح/البنك		ح/المبيعات		ح/المشتريات			الأستاذ العام	
نوع	رقم	تاريخ	منه	له	منه	له	منه	له	منه	له		منه	له
المجموع													

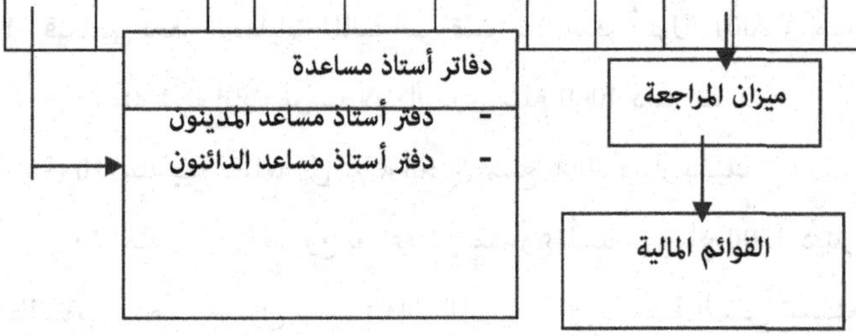

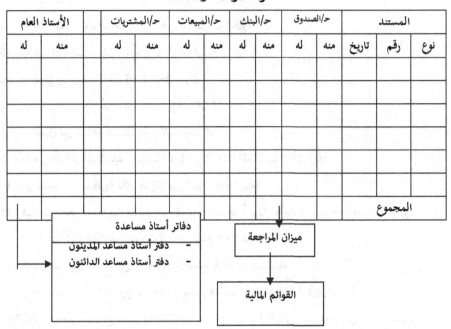

مع أنه سيتم التركيز على دفتر اليومية العامة وسجل الاستاذ العام لاهميتهما في كونهما أساساً لفهم عملية مسك الدفاتر في المحاسبة، إلا اننا سنتطرق الى الدفاتر الاخرى كدفاتر اليومية المساعدة ودفاتر الاستاذ المساعدة لمختلف العمليات من مبيعات ومشتريات ومردودات ومسموحات وعمليات الأوراق التجارية عند تناول كل عملية من تلك العمليات في الفصول التالية ذات العلاقة.

أسئلة وتمارين الفصل الرابع

1- ما المقصود بالمستندات وما المقصود بالدفاتر في المحاسبة؟

2- ما أهمية المجموعة المستندية في المحاسبة ؟ ما أهمية المجموعة الدفترية في المحاسبية؟

3- ما هي أسباب تنوع المستندات في المشروع.

4- ما هي المستندات الداخلية؟ وما هي المستندات الخارجية؟

5- ما هي أهم المستندات الثبوتية أو العامة؟

6- ما أنواع ودور مستندات القيد المحاسبي ؟

7- لماذا لا يمكن حصر أنواع المستندات وإشكالها ؟

8- ما الفرق بين الإشعارات المدينة والاشعارات الدائنة؟

9- ما هي الدفاتر المحاسبية الإلزامية؟ وما هي الدفاتر المحاسبية الاختيارية؟

10- بين المجموعة الدفترية لكل طريقة من الطرق المحاسبية؟

11- فيما يلي بعض العمليات المالية التي تمت خلال شهر أيلول/ 2001 في مشروع الضلال التجاري:

- في 2/ منه شراء أثاث من محلات البدري بمبلغ 4000 دينار نقدا.
- في 10/ منه بيع بضاعة إلى شركة الحنين بمبلغ 3000 دينار بشيك.
- في 20/ منه اشترى المشروع بضاعة من مشروع السلمان بمبلغ 3500 دينار بالأجل.

المطلوب: أ- ما أنواع المستندات الثبوتية أو العامة التي تستخدم في كل عملية من العمليات أعلاه.

ب-إعداد مستندات القيد المحاسبي الخاصة بكل عملية من العمليات أعلاه.

12- فيما يأتي مستند تم اعداده في مشروع النسمة لعملية مالية تمت مع شركة البلاد التجارية :

مشروع النسمة

مستند ....

الرقم / 4562

التاريخ / 2002/3/12

فلس دينار

\- **3000**

استلمنا من شركة البلاد التجارية المبلغ اعلاه وقدره ثلاثة آلاف دينار نقدا وذلك عن مبيعات بضاعة

المبلغ		الحساب الدائن	البيـــــان
فلس	دينار		
-	3000	المبيعات	1000 وحدة بسعر 3 دينار بضاعة صنف AB
-	3000	المجموع	

التوقيع

1- لدى مشروع النسمة بيان ما يلي :

أ. نوع المستند المستخدم في العملية اعلاه .

ب. المستندات السابقة للمستندات اعلاه اللازم اعدادها في المشروع .

ج. العمليات اللاحقة للمستند وأين تتم .

2- لدى شركة البلاد التجارية بيان ما يلي :

أ. اعداد المستند المقابل للمستند اعلاه المعد في مشروع النسمة .

ب. ما هي المستندات السابقة للمستند المذكور .

ج. ما هي العمليات اللاحقة واين تتم .

الحل :

1- لدى مشروع النسمة :

أ. المستند المذكور في مشروع النسمة هو مستند استلام نقدية .

ب. ان المستندات السابقة لمستند استلام النقدية هي :

- خطاب او طلب العميل (شركة البلاد التجارية) بتوريد البضاعة .
- فاتورة بيع .
- مستند اخراج مخزني .

ج. ان العمليات اللاحقة لمستند استلام النقدية في مشروع النسمة ، هي التسجيل ي دفاتر المشروع بدءا من دفتر اليومية .

2- لدى شركة البلاد التجارية :

أ. المستند المقابل الذي يتم اعداده هو مستند صرف او دفع نقدي وكما يلي:

شركة البلاد التجارية

سند صرف نقدي

الرقم / 3435

التاريخ / 2001/3/11

فلس	دينار
-	3000

دفعنا الى مشروع النسمة فقط ثلاثة آلاف دينار عن مبيعات بضاعة

المبلغ		الحساب المدين	البيان
فلس	دينار		
-	3000	المشتريات	1000 وحدة بسعر 3 دينار بضاعة صنف AB
-	3000	المجموع	

التوقيع

ب. المستندات السابقة لمستند الصرف النقدي في شركة البلاد التجارية هي:

- خطاب او طلب شراء البضاعة .
- تقرير استلام وفحص البضاعة المشتراه .
- مستند ادخال مخزني .
- فاتورة البيع الصادرة من مشروع النسمة .

ج. العمليات اللاحقة لمستند الصرف النقدي في شركة البلاد التجاري هي التسجيل في الدفاتر بدءا من دفتر اليومية .

دفتر اليومية شهر			
	منه	له	البيـــان
	تاريخ	حياة المشروع	

الفصل الخامس

تسجيل العمليات المالية - دفتر اليومية

JOURNAL

- دفتر اليومية العامة .
- دفاتر اليومية المساعدة والأصلية .

دفتر اليومية من الـدفاتر التجاريـة الإلزاميـة ، ويسـمى أيضا بـدفتر القيـد الأولي حيث يجب إثبات كافة العمليات المالية التي يقوم بها المشروع.

تتفق غالبية القوانين على الشروط العامة الواجـب توافرهـا في هـذا الـدفتر شـأنه شأن الدفاتر التجارية الإلزامية، أما التفاصيل الشكلية فتركت للمشروع وحسب طبيعة عمله أو أهدافه .

دفتر اليومية العامة :

أيا كان المشروع وأيا كان شكل دفتر اليومية لديه لا بد من توفر عدد من الشروط في هذا الدفتر ليكون دفترا نظاميا مقبولا من الناحية القانونية . ويمكن توضيح هذه الشروط في ناحيتين :

أ. **الناحية الشكلية :** وأهم النواحي الشكلية التي يجب أن تراعى في مسك دفتر اليومية هي:

1- ترقيم صفحات الدفتر بصورة متسلسلة .

2- ختم كل صفحة من صفحات الدفتر بختم المراقب التجاري (كاتب العدل) في منطقة عمل المشروع والتوقيع عليها من قبله .

3- استخدام قلم الحبر الجاف في تسجيل العمليات المالية.

4- يقدم الدفتر إلى المراقب التجاري (كاتب العدل) عند انتهاء العمل بعد آخر قيد فيه أو إذا دعت الضرورة لذلك .

5- يحتفظ بالدفتر مدة مناسبة تكون عادة(10) سنوات من تاريخ انتهاء العمل به.

ب. **الناحية الفنية :** أما أهم الشروط الفنية لدفتر اليومية فتشمل :

1- تسجيل أو إثبات القيود بصورة متسلسلة وأولا بأول ودون ترك فراغات أو بياض بين قيد وآخر .

2- خلو الدفتر من عمليات الشطب والكشط والتحشية بين السطور .

3- قيام أشخاص مؤهلين بمسك هذا الدفتر وفقا للمبادئ العلمية والنواحي القانونية.

وأخذا بالاعتبار لتلك الشروط يصبح دفتر اليومية سجل :

1- يمثل تاريخ حياة المشروع وبالتالي يمكن استعماله كدليل مادي موثوق به لفض الكثير من المنازعات أمام القضاء .

2- يساعد المشروع على منع حدوث الخطأ والغش والتزوير والتلاعب أو اكتشافها عند حدوثها .

3- يوفر البيانات الأولية اللازمة لقياس نتيجة عمل المشروع ومركزه المالي بصورة سليمة . إضافة إلى كثير من البيانات الملائمة لحاجة الكثير من الجهات الخارجية والداخلية .

في العديد من المشروعات لا يتطلب العمل إلا دفتر يومية واحد ، يسمى عندئذ بدفتر اليومية العامة والذي يمكن عرضه بالشكل التالي :

مشروع ....

دفتر اليومية

رقم الصفحة **شهر...............**

المبلغ				البيان	المستند المحاسبي			رقم القيد	رقم صفحة الاستناد
المدين		الدائن							
فلس	دينار	فلس	دينار		نوعه	رقمه	تاريخه		
				مجموع ما قبله . . .					
				مجموع ما بعده					

ويلاحظ في الشكل :

- اسم المشروع ورقم الصفحة في أعلى الصفحة كذلك الشهر ، حيث يستمر جمع المبالغ من صفحة إلى أخرى لغاية نهاية الشهر ، ثم تدوير الرصيد للشهر التالي ولغاية نهاية السنة .
- حقل للمبلغ المدين وآخر للمبلغ الدائن (أو منه وله) تمييزا للطرف المدين والطرف الدائن لكل قيد أو عمليه .
- خانة البيانات يذكر فيها الحساب أو الحسابات المدينة والحساب أو الحسابات الدائنة لكل عملية ، كذلك الرصيد بداية الشهر (مجموع ما قبله) مقابل المبلغ في خانة المدين أو الدائن ، كذلك شرح موجز للعملية .
- نوع المستند المحاسبي الخاص بالعملية ، أي مستند قيد أو صرف أو قبض لتوثيق العملية وتسهيل عملية الرجوع إلى الأوليات .
- رقم القيد ، أي تسلسل القيد في دفتر اليومية .
- رقم صفحة الأستاذ لتسهيل عملية الرجوع إلى صفحة الأستاذ الخاصة بكل حساب .

مثال : في 2005/7/17 ابتدأ مشروع الصديق التجاري أعماله لأول مرة برأسمال قدره 17000 دينار مكون من بضاعة بمبلغ 4000 دينار ، ووسائط نقل البضائع بمبلغ 13000 دينار .

- في 21/منه قام مالك المشروع بزيادة رأس مال المشروع بمبلغ نقدي قدره 5000 دينار أودع منه 3000 دينار في البنك لحساب المشروع و2000 دينار في صندوق المشروع .

- في 22/منه ، اشترى المشروع أثاث للاستخدام الذاتي لـه بمبلـغ 2500 دينـار تـم دفعـه بموجـب شيك مسحوب على حساب المشروع في البنك .

المطلوب : تسجيل العمليات أعلاه في دفتر اليومية النظامي لمشروع الصديق .

الحل : بعد إعداد المستندات المحاسبية بالعمليات أعلاه وعلى ضوء المستندات الثبوتية لها والتي هي :

- مستند قيد يومية بالعملية الأولى لعدم وجود صرف أو قبض نقدي .
- مستند استلام أو قبض بالعملية الثانية .
- مستند صرف أو دفع بالعملية الثالثة .

يتم بعد ذلك تسجيل العمليات المذكورة في يومية المشروع وكما يلي :

مشروع ....

دفتر اليومية

رقم الصفحة **شهر...............**

المبلغ		البيان	المستند المحاسبي			رقم القيد	رقم صفحة الاستاذ
المدين	الدائن		نوعه	رقمه	تاريخه		
		من مذكورين	قيد	1	7/17	1	
4000		حـ/البضاعة					1
13000		حـ/وسائط النقل					2
	17000	إلى حـ رأس المال					3
		بدأ المشروع العمل برأس مال عيني قدره 17000 دينار	قبض				
		من مذكورين					
		حـ/الصندوق		1	7/21	2	
2000		حـ/البنك					4
3000		إلى حـ/رأس المال					5
	5000	زيادة رأس المال بمبلغ نقدي قدره 5000 دينار	صرف				3
		من حـ/الأثاث					
2500		إلى حـ/البنك					
	2500	شراء أثاث بموجب شيك بمبلغ 2500 دينار		1	7/22	3	6
							5
24500	24500	مجموع ما بعده					

دفاتر اليومية المساعدة :

قد يحتاج المشروع العمل بعدد من دفاتر اليومية المساعدة لدفتر اليومية العامة ليختص كل منها بمجموعة من العمليات المتشابهة كما في الطريقة الفرنسية، وفي هذه الحالة يصبح دفتر اليومية العامة بمثابة يومية مركزية تدون فيها الحسابات الإجمالية أو العامة للحسابات التي يمسك لها دفاتر يومية مساعدة والتي هي في واقعها تفصيلية لتلك الحسابات الإجمالية ، مثال ذلك أن يكون الحساب الإجمالي في دفتر اليومية المركزية هو حساب الموردين أو الدائنين وفي دفتر يومية الموردين المساعد هناك تفاصيل أو حسابات لهؤلاء الموردين بحيث تمسك صفحة لكل منهم ، ذلك زيادة في الدقة والرقابة على هذه العمليات ، كذلك الحال بالنسبة للعملاء أو المدينون وغيرهم، أما الحسابات التي لا يمسك لها دفتر يومية مساعد فتسجل في دفتر اليومية المركزية وعادة تكون كحساب عام او غير متكرر.

يختلف عدد الدفاتر اليومية المساعدة باختلاف طبيعة وحجم العمل في المشروع وأهدافه ، عموما ومع اتساع نطاق الأعمال وكثرة تكرار العمليات المتشابهة في المشروع الواحد اصبح من غير المناسب قيد كل عملية من هذا النوع في اليومية العامة وإنما في يوميات مساعدة أو فرعية لليومية المركزية لتحقيق المزايا التالية :

- توفير قاعدة كبيرة من البيانات التفصيلية أو المحللة على أساس أنواع المشتريات أو المبيعات والموردين والعملاء ...... الخ .
- توفير بالجهد والكلفة نتيجة السرعة والسهولة في قيد العمليات والرجوع إليها من خلال الفصل بين القيود الخاصة بالعمليات المالية المتشابهة والمتكررة وبين تلك غير المتشابهة وغير المتكررة . ومن هذه الدفاتر :
- دفتر اليومية المساعد للمشتريات الآجلة .
- دفتر اليومية المساعد لمردودات المشتريات .
- دفتر اليومية المساعد للمبيعات الآجلة .
- دفتر اليومية المساعد لأوراق القبض (أ.ق) .
- دفتر اليومية المساعد لأوراق الدفع (أ.د) .
- دفتر اليومية المساعد للمصروفات النثرية .
- دفتر اليومية المساعد للنقدية .

مع التأكيد على أن العمليات التي لا تشمل بدفتر يومية مساعد ، يتم قيدها مباشرة في دفتر اليومية العامة . عند مسك المشروع لدفتر يومية مساعد يتم قيد طرف واحد من القيد المحاسبي في هذا الدفتر ، فإذا كان الموضوع يتعلق مثلا

بالمشتريات الآجلة فلا يقيد إلا الطرف الدائن من القيد باعتبار ان الدفتر مخصص للمشتريات الاجلة وهي الطرف المدين من القيد ، والعكس بالنسبة للمبيعات وهكذا.

وحيث أن الهدف هنا هو التركيز على النواحي الأساسية والعامة بما يرتبط بها من مستندات ودفاتر ، من جهة ولأن الفهم الشامل والمتقن للدفاتر المساعدة يتطلب فهم لكافة العمليات المالية ذات العلاقة بها من جهة أخرى ، نورد فيما يلي نماذج مبسطة من دفاتر اليومية المساعدة وكيفية العمل بها على أن يتم إغناء الموضوع بتقدم فصول هذا الكتاب في عمليات الشراء وعمليات البيع ومردوداتهما ومسموحاتهما وعمليات الاوراق التجارية .

ومن الجدير بالذكر أن هذه الدفاتر لا تمسك جميعها بالضرورة وإنما حسب حاجة المشروع المقترنة بحجم العمليات وتكرارها .

1- دفتر اليومية المساعد للمشتريات الآجلة

مشروع ......

اليومية المساعد للمشتريات الآجلة

رقم الصفحة **شهر ......**

رقم المستند	القيد		الفاتورة		المورد	رقم صفحة الاستاذ	شروط		البيانات التحليلية						
	رقم	تاريخ	رقم	تاريخ			تسليم	دفع	صنف	كمية	سعر	مبلغ	صنف		
											الإجمالي				

2- دفتر اليومية المساعد للمبيعات الآجلة : ويخصص للمبيعات بالأجل وحسب أصناف البضاعة المباعة مثلا :

مشروع ......

اليومية المساعد للمبيعات الآجلة

رقم الصفحة **شهر ......**

رقم المستند	القيد		الفاتورة		العميل	رقم صفحة الاستاذ	شروط		البيانات التحليلية						
	رقم	تاريخ	رقم	تاريخ			تسليم	دفع	صنف	كمية	سعر	مبلغ	صنف		
											الإجمالي				

3- دفتر اليومية المساعد للنقدية

وهناك أشكال مختلفة لهذا الدفتر وقد يكون هناك دفتر لمقبوضات الصندوق و آخر لمدفوعات الصندوق ودفتر لايداعات البنك وآخر لمدفوعاته أو جمع كل تلك العمليات بدفتر واحد كما في الشكل التالي :

مشروع .... دفتر اليومية المساعد للنقدية شهر									
المقبوضات					المدفوعات				
الصندوق	البنك	اسم الحساب الدائن	رقم المستند	التاريخ	الصندوق	البنك	رقم الحساب المدين	رقم المستند	التاريخ
		الإجمالي				الإجمالي			

4- دفتر اليومية المساعد للمصروفات النثرية

حيث أن مثل هذه المصروفات تتكرر كثيرا وهي في نفس الوقت قليلة أو زهيدة القيمة فيمسك بها دفتر يومية مساعد، في جانبه الأيمن الوارد أو المقبوض وفي جانبه الأيسر المصروف وكما في الشكل التالي :

مشروع ...... دفتر اليومية المساعد للمصاريف النثرية رقم الصفحة شهر									
الوارد				المصروف					
المبلغ	البيان	رقم المستند	التاريخ	طوابع	ضيافة	...	...	رقم المستند	التاريخ
	الرصيد								

إعداد قيد اليومية المركزية

على ضوء المجاميع في دفتر كل يومية مساعدة وفي نهاية كل فترة زمنية معينة عادة شهر يقوم المشروع بإعداد قيد يومية مركزية ليتم إثباته في اليومية المركزية للمشروع من واقع كل دفتر يومية مساعد تم العمل به ، عدا دفتر اليومية المساعد للنقدية حيث يتم إعداد قيدين مركزيين له أحدهما للمقبوضات والآخر للمصروفات .

مثال : في 2001/3/1 كان هناك مبلغ 200 دينار في صندوق المصروفات النثرية لمشروع السليم وخلال الشهر تمت العمليات النثرية التالية :

- في 5/منه تم دفع مبلغ 30 دينار نقدا عن تنظيف مباني المشروع و 15 دينار عن مصروفات ضيافة .
- في 9/منه تم دفع مبلغ 12 دينار عن طوابع بريدية لمراسلات المشروع و 10 دنانير عن مصروفات ضيافة .
- في 15/منه تم دفع مبلغ 20 دينار عن طوابع لمراسلات تمت مع الموردين والعملاء ومبلغ 10 دنانير مصروفات ضيافة و 17 دينار مصروفات تنظيف .
- في 20/منه تم دفع مبلغ 15 دينار عن مصروفات ضيافة ومبلغ 10 دنانير عن مصروفات تنظيف .
- في 30/منه تم دفع مبلغ 10 دنانير عن طوابع بريدية لأعمال المشروع و 5 دنانير مصروفات تنظيف .

الحل :

1- في دفتر اليومية المساعد للمصاريف النثرية

مشروع السليم

دفتر اليومية المساعد للمصاريف النثرية

شهر / آذار /2001 — **رقم الصفحة**

الوارد				المصروف					
المبلغ	البيان	رقم المستند	التاريخ	طوابع	ضيافة	تنظيف	إجمالي	رقم المستند	التاريخ
200	رصيد		3/1	-	15	30	45		3/5
				12	10	-	22		3/9
				20	10	17	47		3/15
				-	15	10	25		3/20
				10	-	5	15		3/30
154				42	50	62	154	إجمالي	
46	رصيد 1 / 4								

2- قيد اليومية المركزية

		من مذكورين
42		حـ/ مصروفات طوابع بريدية
50		حـ/ مصروفات ضيافة
62		حـ/ مصروفات تنظيف
	154	إلى حـ/ الصندوق

دفاتر اليومية الأصلية:

قد يمسك المشروع دفاتر يومية تسمى بدفاتر يومية أصلية كما في الطريقة الإنجليزية، وهذه الدفاتر:

- لا يشكل أي منها دفتر يومية عامة أو مركزية.
- لا يشكل أي دفتر منها يومية مساعدة أو فرعية وان كانت تشبه في تصميمها دفاتر اليومية المساعدة المارة الذكر لعدم وجود يومية عامة أو مركزية لها.
- كل منها يعتبر دفتر يومية اصلي أو حساب قائم بحد ذاته لتغطية عمليات معينة.

- إذا كانت هناك عمليات أخرى لم يخصص لها دفتر يومية اصلي خاص بها فيخصص لها دفتر يومية اصلي يسمى دفتر يومية العمليات الاخرى وهو شبيه بدفتر اليومية العامة ولكنه يختلف من حيث الغرض.

- شأنها شأن دفاتر اليومية المساعدة يثبت فيها الطرف المتغير من القيد المحاسبي فقط أما الطرف المتكرر من القيد المحاسبي فيحذف باعتبار أن اسم الدفتر يدل على ذلك وهي لا تختلف في التفاصيل عن دفتر اليومية المساعد.

تبسيط عمليات القيد والتسجيل في اليومية:

لأغراض تدريبية فقط وللسرعة في حل الأمثلة والتمرينات وسواء كان ذلك يتعلق:

- بمستندات القيد المحاسبي (صرف، فيض، قيد يومية)

- أم بدفتر اليومية النظامي .

فانه سيتم الجمع بين مستندات القيد وعمليات التسجيل في دفتر اليومية النظامي بأسلوب واحد وعلى النحو التالي:

1000		من حـ/الصندوق	1
	1000	إلى حـ/ البنك	
		سحب مبلغ نقدي من البنك وايداعه الصندوق	
		من مذكورين	2
18000		حـ/ البنك	
4000		حـ/الصندوق	
		إلى حـ/ راس المال	
	12000	قيام مالك المشروع بزيادة راس المال بمبلغ 12000 دينار	

ويعد هذا الأسلوب أسلوبا غير نظامياً ولكنه كما يتضح مفيد لأغراض تعليمية بالسرعة والبساطة المناسبين.

أسئلة وتمارين الفصل الخامس

1- ما المقصود بدفتر اليومية ؟ وما أهميته؟

2- ما هي الشروط الواجب توافرها بدفتر اليومية؟

3- ما الفرق بين اليومية العامة واليومية المركزية واليومية المساعدة واليومية الأصلية؟

4- ما هي مزايا دفاتر اليومية المساعدة؟ وما أهم هذه الدفاتر؟

5- كيف يتم القيد بدفتر اليومية المساعد ؟ وبدفتر اليومية الأصلية؟

6- متى يتم إعداد قيد اليومية المركزية؟ وما الفائدة منه؟

7- كيف يتم تبسيط عمليات القيد والتسجيل لأغراض تدريبية.

8- فيما يأتي العمليات التي تمت في مشروع الخالد منذ تأسيسه في 1998/8/18 ولغاية نهاية الشهر الأول من تأسيسه؟

- في 8/18 ابتدأ المشروع عمله لأول مرة بالموجودات والمطلوبات التالية:

5000 صندوق	6000 بضاعة
11000 بنك	8000 دائنون
2000 أثاث	

- في 19/ منه تم سداد نصف الدين الذي بذمة المشروع للدائنون بشيك.
- في 21/ منه تم تحويل مبلغ 1000 من الصندوق إلى البنك.
- في 30/ منه دفع مبلغ 120 دينار نقدا عن مصروفات عامة.
- في 31/منه دفع مبلغ 720 دينار بشيك عن أجور العاملين في المشروع.

المطلوب: إثبات (تسجيل) العمليات أعلاه في اليومية العامة النظامي للمشروع مرة، ومرة أخرى بالاسلوب غير النظامي .

9 -في 1 /11 / 2001 ابتدأ مشروع الصلاح التجاري أعماله بالموجدات التالية:

29000 دينار بضاعة و7000 دينار البنك و22000 وسائط نقل بضائع ، واعتباراً من هذا التاريخ يبدأ سريان عقد إيجار البناية التي يستخدمها المشروع ويبدل إيجار شهري قدره 200 دينار وخلال الشهر تمت العمليات التالية :

- في 2/منة قام مالك المشروع بايداع مبلغ 8000 دينار في صندوق المشروع كإضافة لرأس مال المشروع .
- في3/منة تم صرف مبلغ 10 دينار عن تنظيف البناية و5 دنانير عن طوابع بريدية لمرسلات المشروع.
- 5/منة دفع مبلغ 170 دينار بشك إلى أحد مؤسسات الإعلان للترويج عن بضاعة المشروع ودفع مبلغ 8 دنانير نقداً عن مصروفات ضيافة .
- في 9/منة دفع مبلغ 11 دينار نقداً عن طوابع بريدية ومبلغ 6 دنانير عن ضيافة.
- في 12/منة قام مالك المشروع بزيادة راس المال بمبلغ 8000 دينار أودع 2000 دينار في صندوق المحل و 6000 دينار في البنك لحساب المشروع .
- في 16/منة تم دفع 6 دنانير تنظيف و 10 دنانير ضيافة نقداً .
- في 22/منة تم دفع 7 دنانير نقداً طوابع بريدية .
- 25/منة اشترى المشروع سيارة للنقل العاملين بمبلغ 9500 دينار دفع 3500 دينار نقداً والباقي بشيك.
- في 29/ منه تم دفع رواتب العاملين في المشروع عن الشهر والبالغة 550 دينار نقداً.
- في 30/ منه تم دفع فاتورة الماء البالغة 11 دينار نقداً. وفاتورة الكهرباء 20 دينار نقدا ، وفاتورة الهاتف 60 دينار بشيك وبدل إيجار المبنى 200 دينار بشيك.

المطلوب: قيد العمليات أعلاه في دفاتر يومية المشروع النظامية على فرض أن المشروع يمسك:

أ-دفتر يومية عامة فقط.

ب-دفتر يومية مركزية ودفاتر يومية مساعدة وعلى فرض أن المشروع منح سلفة لأحد الموظفين للمصروفات النثرية(ضيافة، وطوابع، وتنظيف) بمبلغ 150 دينار بتاريخ 2001/11/4.

ج-دفاتر يومية أصلية.

الحل: أ-المشروع يمسك فقط يومية عامة:

مشروع الصلاح التجاري

دفتر اليومية العامة

صفحة رقم /1 **شهر/ تشرين ثاني/ 2001**

المبلغ		البيان	المستند المحاسبي			رقم القيد	رقم صفحة الأستاذ
المدين	الدائن		نوعه	رقمه	تاريخه		
-	-	من مذكورين	قيد	1	11/1	1	
29000	-	حـ/البضاعة					
22000	-	حـ/وسائط نقل					
7000	-	حـ/ البنك					
	58000	الى حـ/ رأس المال					
-		بـدا المشـروع أعمالـه بـالموجودات أعلاه					
8000	-	من حـ/الصندوق	قبض	1	11/2	2	
-	8000	إلى حـ/راس المال					
		زيادة راس المال نقدا					
		من مذكورين	صرف	1	11/3	3	
10	-	حـ/ مصروفات تنظيف					
5	-	حـ/ مصروف طوابع					
-	15	إلى حـ/الصندوق					
		مصروفات تنظيف وطوابع					
170	-	من حـ/مصروفات إعلان	صرف	2	11/5	4	
-	170	إلى حـ/البنك					
		مصروفات إعلان بشيك					
8	-	من حـ/مصروفات ضيافة	صرف	3	11/5	5	
-	8	إلى حـ/الصندوق					
		مصروفات ضيافة					
		من مذكورين	صرف	4	11/9	6	
11	-	حـ/مصروف طوابع					
6	-	حـ/مصروفات ضيافة					
-	17	إلى حـ/الصندوق					
		مصروفات طوابع وضيافة					
		من مذكورين	قبض	2	11/12	7	
2000	-	حـ/الصندوق					
6000	-	حـ/البنك					
	8000	إلى حـ/رأس المال					
		زيادة رأس المال					
74210	74210	مجموع ما بعده					

مشروع الصلاح التجاري

دفتر اليومية العامة

صفحة رقم /2 شهر/ تشرين ثاني/ 2001

المبلغ: المدين	المبلغ: الدائن	البيان	المستند المحاسبي: نوعه	المستند المحاسبي: رقم	المستند المحاسبي: تاريخه	رقم القيد	رقم صفحة الأستاذ
74210	74210	مجموع ما قبله					
		من مذكورين	صرف	5	11/16	8	
6	-	حـ/مصروفات تنظيف					
10	-	حـ/مصروفات ضيافة					
	16	إلى حـ/ الصندوق					
		مصروفات تنظيف وضيافة نقداً					
7		حـ/ مصروف طوابع	صرف	6	11/22	9	
	7	إلى حـ/الصندوق					
		مصروف طوابع نقداً					
9500	-	من حـ/وسائط نقل	صرف	7	11/25	10	
		إلى مذكورين					
-	4000	حـ/البنك					
-	5500	حـ/الصندوق					
		شراء واسطة لنقل العاملين					
550	-	من حـ/مصروف رواتب	صرف	8	11/29	11	
-	550	إلى حـ/الصندوق					
		دفع مصروفات الرواتب نقداً					
		من مذكورين	صرف	9	11/30	12	
11	-	حـ/مصروفات ماء					
20	-	حـ/مصروفات كهرباء					
60	-	حـ/مصروفات هاتف					
200	-	حـ/مصروف إيجار مباني					
-		إلى مذكورين					
	31	حـ/الصندوق					
-	260	حـ/البنك					
		دفع مصروفات الماء والكهرباء نقداً ومصروف الهاتف ومصروف إيجار المباني بالشيك رقم ...تاريخ					
84574	84574	المجموع					

ب-دفاتر يومية مساعدة

يسبب العمليات المتكررة لدى المشروع نفترض انه سيعمل بعدد من دفاتر اليومية المساعدة ولأغراض التمرين سيحتاج إلى:

- يومية النقدية المساعدة.
- يومية المصاريف النثرية المساعدة.

وذلك إضافة إلى اليومية العامة أو المركزية التي ستعد بها القيود العامة والقيود المركزية لليوميات المساعدة وكما يلي:

1-اليوميات المساعدة.

مشروع الصلاح التجاري

دفتر اليومية المساعد للنقدية

صفحة رقم /1 **شهر/ تشرين ثاني/ 2001**

المقبوضات					المدفوعات				
الصندوق	البنك	الحساب الدائن	رقم المسند	التاريخ	الصندوق	البنك	الحساب الدائن	رقم المسند	التاريخ
8000	-	راس المال		11/2	150	-	سلفة نثرية		11/4
2000	6000	راس المال		11/12		170	إعلان		11/5
					5500	4000	وسائط نقل		11/25
					550	-	رواتب العاملين		11/29
					11	-	ماء		11/30
					20	-	كهرباء		11/30
					-	60	هاتف		11/30
					-	200	إيجار مباني		12/30
10000	6000	المجموع			6231	4430	المجموع		

مشروع الصلاح التجاري

دفتر اليومية المساعد للمصاريف النثرية

صفحة رقم /1 **شهر/ تشرين ثاني/ 2001**

الوارد				المصروف					
المبلغ	البيان	رقم المسند	التاريخ	طوابع	ضيافة	تنظيف	البيان	رقم المستند	التاريخ
150	الصندوق		11/4	5	-	10			11/3
				-	8	-			11/5
				11	6	-			11/9
				-	10	6			11/16
				7	-	-			11/22
63				23	24	16	المجموع		
87	الرصيد 12/1								

2- قيود اليومية المركزية

- قيد اليومية المركزية للمقبوضات النقدية

مستند قيد اليومية		
		من مذكورين
10000	-	حـ/ الصندوق
6000	-	حـ/البنك
-	16000	إلى حـ/ راس المال

-قيد اليومية المركزية للمدفوعات النقدية

مستند قيد اليومية		
		من مذكورين
150		حـ/ سلفة نثرية
170		حـ/إعلان
9500		حـ/ وسائط نقل
550		حـ/رواتب العاملين
11		حـ/مصروف ماء
20		حـ/ مصروف كهرباء
60		حـ/مصروف هاتف
200		حـ/مصروف إيجار مباني
		الى المذكورين
	6231	حـ/الصندوق
	4430	حـ/البنك

-قيد اليومية المركزية لدفتر اليومية المساعد للمصروفات النثرية

مستند قيد اليومية		
		من مذكورين
23		حـ/ مصروف طوابع
24		حـ/مصروفات ضيافة
16		حـ/مصروفات تنظيف
	63	إلى حـ/ الصندوق
		مصروفات نثرية

-اليومية المركزية

مشروع الصلاح التجاري

دفتر اليومية المركزية

شهر/ تشرين ثاني/ 2001 — **صفحة رقم /1**

المبلغ		البيان	المستند المحاسبي			رقم القيد	رقم صفحة الأستاذ
المدين	الدائن		نوعه	رقمه	تاريخه		
		من مذكورين	قيد		11/1	1	
29000	-	حـ/البضاعة					
22000	-	حـ/وسائط نقل					
7000	-	حـ/الأثاث					
-	58000	إلى حـ/رأس المال					
		بدء المشروع أعماله بالموجودات أعلاه					
		من مذكورين	قيد مركزي		11/31	2	
10000	-	حـ/ الصندوق					
6000	-	حـ/البنك					
-	16000	إلى حـ/ راس المال					
		المقبوضات النقدية					
		من مذكورين	قيد مركزي		11/31	3	
150	-	حـ/سلف نثرية					
170	-	حـ/إعلان					
9500	-	حـ/وسائط النقل					
250	-	حـ/رواتب العاملين					
11	-	حـ/مصروف ماء					
20	-	حـ/مصروف كهرباء					
60	-	حـ/مصروف هاتف					
200		حـ/مصروف إيجار مباني					
		إلى مذكورين					
	6231	حـ/الصندوق					
	4430	حـ/البنك					
		المدفوعات النقدية					
		من مذكورين	قيد مركزي		11/31	4	
23	-	حـ/مصروف طوابع					
24	-	حـ/مصروف ضيافة					
16	-	حـ/مصروفات تنظيف					
	63	إلى حـ/الصندوق					
		مصروفات نثرية					
84724	84724	مجموع ما بعده					

نلاحظ أن الفرق بين اليومية المركزية في (ب-3) وبين اليومية العامة في (أ) هو أن مجموع اليومية العامة كان 84574. بينما مجموع اليومية المركزية هو 84724 وبالتالي فان الفرق هو 150 ويمثل السلفة النثرية. التي لم تثبت في اليومية العامة لعدم وجود دفاتر اليومية المساعدة في (أ) وعلى هذا الاساس أصبحت هناك عملية واحدة اكثر في (ب) .

ج-دفاتر اليومية الأصلية:

عندما يمسك المشروع دفاتر يومية أصلية فلا يختلف الحال عما هو عليه باليوميات المساعدة ، ففي المثال السابق هناك دفتر يسمى بدفتر يومية العمليات النقدية لا يختلف عن دفتر يومية العمليات النقدية المساعد ، ودفتر آخر يسمى بدفتر يومية المصروفات النثرية وهو لا يختلف عن دفتر يومية المصروفات النثرية المساعد . ولكن إضافة إلى ذلك هناك دفتر يومية اصلي آخر للعمليات الأخرى ويشمل العمليات التي لم ترد في الدفترين السابقين وفي المثال سيتضمن دفتر العمليات الأخرى العملية المذكورة في القيد الأول من اليومية العامة أو اليومية المركزية.

10- لا يجوز تسجيل أية عملية مالية في دفتر اليومية بدون مستند اثبات وذلك تطبيقاً لمبدأ :

أ- التحقق ج- التحفظ

ب- الموضوعية د- الافصاح

T ACCOUNT

تلخيص بيانات الحساب - دفتر الاستاذ

تلخيص بيانات الحساب - دفتر الاستاذ LEDGER

- تنظيم العمل بدفتر الأستاذ العام .
- دفاتر الأستاذ المساعدة .

إذا كان دفتر اليومية يعتبر من أهـم الـدفاتر الإلزاميـة، فـان دفـتر الأسـتاذ يـؤدي وظيفة جمع وتلخيص البيانات على مستوى كل حساب من الحسابات في المشروع ، وهذا أمر ضروري في إعداد البيانات المحاسبية . وحسب الحاجة يمكن مسك دفـتر أسـتاذ واحـد ليكـون بمثابة سجل أستاذ عام ، أو أن يستخدم إضافة لذلك عدد من دفاتر الأستاذ المساعدة .

تنظيم العمل بدفتر الأستاذ العام

- شكل دفتر الأستاذ العام .
- الترحيل لدفتر الأستاذ .
- الترصيد في دفتر الأستاذ .

شكل دفتر الأستاذ العام **General Ledger**

أن الغرض من دفتر الأستاذ هو توحيد أو تجميع بيانات كافة العمليات ذات العلاقة بكل حساب من الحسابات التي يستخدمها المشروع ، والظاهرة في دفتر اليومية ، تجميعها بصفحة واحدة تشمل الرصيد والزيادة والنقصان (الحركة المدنية والدائنة) وبذلك يتم الحصول على صورة أو خلاصة عن وضع كل حساب خلال فترة زمنية معينة ، ولا يمكن تحقيق ذلك بالسهولة والدقة اللازمين دون دفتر الأستاذ .

وعمليا يمكن أن يكون دفتر الأستاذ كالدفاتر المألوفة أو على شكل أوراق سائبة (بايندر) وهي اكثر سهولة في الاستخدام، وليس هناك شكلا محددا لدفتر الأستاذ العام وإنما يصمم بناء على حاجة المشروع، وعموما يكون وفقا للشكل التقليدي التالي :

مشروع ....

دفتر الأستاذ العام

رقم الصفحة : **اسم الحساب :** **رقم الحساب :**

مدين						دائن					
المبلغ		البيان	تسلسل قيد اليومية	تاريخ القيد	رقم صفحة اليومية	المبلغ		البيان	تسلسل قيد اليومية	تاريخ القيد	رقم صفحة اليومية
فلس	دينار					فلس	دينار				

ويلاحظ من الشكل :

1- تخصص صفحة في الدفتر لكل حساب وتعطى رقما خاصا بالحساب لتسهيل عملية الرجوع والمطابقة ، وليس المقصود بالصفحة أن تكون صفحة واحدة فقط ، وإنما قد يكون هناك اكثر من صفحة ولكن الرقم يبقى كما لو كانت صفحة واحدة .

2- يعطى رقم للحساب في أعلى الصفحة ، عندما يعتمد المشروع دليل أو ترميز للحسابات التي يستخدمونها .

3- يكون شكل الصفحة كحرف (T) باللاتينية وتطبيقا لنظرية القيد المزدوج ودليلا على وجوب توازن العمليات المالية .

والجانب الأيمن من الصفحة ، هو الجانب المدين (منه) للحساب ويتضمن :

- المبلغ للعمليات المدينة للحساب .
- اسم الحساب المقابل في قيد اليومية للحساب المعني بهذه الصفحة يوضع في خانة البيان.

أما الجانب الأيسر من الصفحة ، وهو الجانب الدائن (له) للحساب ويتضمن :

- المبلغ للعمليات الدائنة للحساب .
- اسم الحساب المقابل في قيد اليومية للحساب المعني بهذه الصفحة ، يوضع في خانة البيان.

ولكلا الجانبين هناك :

- خانة رقم القيد كما هو في دفتر اليومية .
- خانة لتاريخ قيد اليومية .
- خانة لرقم صفحة اليومية .
- قد يكون في حقل المبلغ رصيد للحساب ، مدينا أو دائنا في نهاية فتر ماضية والذي هو أيضا رصيد لبداية الفترة الحالية .

وتنظيم العمل بدفتر الأستاذ يتضمن أساسا ، الترحيل للبيانات من دفتر اليومية إلى دفتر الأستاذ ، ثم ترصيد هذه البيانات :

أ. الترحيل Posting

ويعنى نقل البيانات من واقع القيود المسجلة بدفتر اليومية إلى دفتر الأستاذ، وهو أيضا تبويب وتصنيف Classification لأثر العمليات المالية الورادة في دفتر اليومية ، للحسابات المعنية في دفتر الأستاذ ، ووفقا للخطوات التالية :

1- الاطلاع على القيود المسجلة في دفتر اليومية قيدا بعد قيد منذ بداية الفترة ولغاية نهايتها .

2- معرفة الحساب المعني بالقيد المسجل في اليومية ، ورقم الصفحة الخاصة به في دفتر الأستاذ ، وان لم تخصص له صفحة فتفتح له صفحة جديدة .

3- تحديد موقع الحساب من القيد ، أي هل تأثر الجانب المدين أو الدائن منه ، من ثم إدخال المبلغ في الجانب المعني من الحساب وفي خانة المبلغ .

4- إدخال اسم الحساب المقابل للحساب الذي ترحل إليه البيانات وكما جاء بقيد اليومية في خانة البيانات ، وإذا كان هناك اكثر من حساب في الطرف المقابل فيذكر من أو إلى مذكورين وحسب الحالة .

5- إدخال رقم متسلسل قيد اليومية وتاريخ القيد ، ورقم صفحة اليومية كما ورد بدفتر اليومية ، وفي الجانب الذي تأثر بعملية الترحيل (أي المدين أو الدائن).

مثال : فيما يأتي القيود المسجلة في دفتر يومية مشروع النبأ لشهر نيسان/ 2001:

 2500 3500 4000	 10000	من مذكورين حـ/ الصندوق حـ/ البنك حـ/ البضاعة إلى حـ/ رأس المال قيد بدء العمل	2001/4/1
600	600	من حـ/ الأثاث إلى حـ/ الصندوق شراء أثاث نقدا	2001/4/9
1400	1400	من حـ/ الصندوق إلى حـ/ البنك تحويل من البنك إلى الصندوق	2001/4/18
900	900	من حـ/ مصروفات عامة إلى حـ/ الصندوق دفع المصروفات العامة نقدا	2001/4/30

المطلوب : ترحيل قيود اليومية أعلاه الخاصة بحساب الصندوق فقط الى الصفحة الخاصة بهذا الحساب في دفتر الاستاذ .

الحل : دفتر الأستاذ العام

مشروع النبأ دفتر الأستاذ العام شهر / نيسان /2001							
رقم الصفحة....			اسم الحساب / الصندوق			رقم الحساب /....	
مدين				دائن			
المبلغ	البيان	رقم القيد	تاريخ القيد	المبلغ	البيان	رقم القيد	تاريخ القيد
2500	إلى حـ/ رأس المال	1	4/1	600	من حـ/ الأثاث	2	4/9
1400	إلى حـ/ البنك	3	4/18	900	من حـ/ مصروفات عامة	4	4/30

ويلاحظ من عملية الترحيل ، أن كل عملية تعكس ومن مجرد الاطلاع عليها واقع اليومية فمثلا (إلى حـ/ رأس المال) يعني أن القيد كان (من حـ/ الصندوق ... إلى حـ/ رأس المال) لأن الترحيل تم في الجانب المدين للحساب ، ومن حـ/ الأثاث يعني أن قيد اليومية كان (من حـ/ الأثاث ... إلى حـ/ الصندوق) لأن الترحيل تم في الجانب الدائن للحساب .

ب. الترصيد

الترصيد هو حساب الفرق أو الرصيد Balance بين الجانبين المدين والدائن لكل حساب من الحسابات الظاهرة في سجل الأستاذ في نهاية فترة زمنية معينة ، عليه يكون هذا الرصيد ووفقا للناتج :

- رصيد مدين ، عندما يكون مجموع الجانب المدين أكبر من مجموع الجانب الدائن للحساب ، وعموما يظهر مثل هذا الرصيد للأصول والمصروفات والحسابات الشخصية المدينة والخسائر .
- رصيد دائن ، عندما يكون مجموع الجانب الدائن أكبر من مجموع الجانب المدين للحساب ، وعموما يظهر مثل هذا الرصيد للخصوم والحسابات الشخصية الدائنة والإيرادات والأرباح .
- الرصيد صفرا ، عندما يتساوى مجموع الجانب المدين مع مجموع الجانب الدائن للحساب.

وعملية الترصيد تبدأ بالمساواة بين المدين والدائن للحساب بوضع المبلغ الاكبر في كلا الجانبين ، ثم يوضع في الجانب الآخر الفرق (المتمم الحسابي) وهذا الفرق أو المتمم الحسابي سيكون هو الرصيد ، ويكون مدينا عندما يكون المتمم الحسابي في الجانب الدائن ورصيدا دائنا عندما يكون المتمم الحسابي في الجانب المدين للحساب.

أما معنى الرصيد من حيث التاريخ فهنالك :

- الرصيد الظاهر للحساب في بداية السنة المالية أي في 1/1 أو الذي جاء من 12/31 السنة السابقة ومثل هذا الرصيد يجب أن يدخل ضمن القيد الافتتاحي في يومية المشروع لتصبح أرصدة الحسابات في نهاية السنة السابقة ، جزء من حسابات السنة الحالية .
- الرصيد الظاهر للحساب خلال السنة كان يكون في نهاية كل شهر مثلا ، وهذا الرصيد هو جزء من بيانات السنة الحالية ويستخرج لأغراض إعداد موازين المراجعة ، ويشمل الرصيد في بداية السنة زائدة العمليات لغاية تاريخه .
- الرصيد الظاهر للحساب في نهاية السنة المالية أي في 12/31 ولا يختلف عما سبقه ولكنه اكثر شمولية لاحتوائه بيانات عن السنة كاملة .

ومن الجدير بالذكر هناك موعد مثالي للقيام بعمليات الترحيل والترصيد، إلا انه على الأقل يجب إجراء تلك العمليات في الموعد المناسب لإعداد موازين المراجعة .

مثال : على ضوء البيانات الخاصة بمشروع النبأ في المثال السابق ، تتم عملية الترصيد لحساب الصندوق كما يلي :

مشروع النبأ

دفتر الأستاذ العام

شهر / نيسان /2001

صفحة / **اسم الحساب / الصندوق** **رقم الحساب/....**

مدين		دائن	
المبلغ	**البيانات**	**المبلغ**	**البيان**
2500	إلى حـ/ رأس المال	600	من حـ/ الأثاث
1400	إلى حـ/ البنك	900	من حـ/ مصروفات عامة
		2400	رصيد مرحل (مدين) 4/30
<u>3900</u>		<u>3900</u>	
2400	رصيد 5/1		

الأرصدة الشاذة

كحالة طبيعية تكون أرصدة حسابات الأصول وكما ذكرنا مدينة أو موجبة (≤ 0) والعكس بالنسبة للخصوم حيث طبيعتها دائنة . ومع ذلك قد تظهر أرصدة بعض الحسابات بصورة شاذة وخلافا لطبيعتها ،كأن يظهر رصيد حساب المدينين دائنا وليس مدينا ولسبب من الأسباب ، أو أن يظهر رصيد حساب الدائنين رصيدا مدينا وليس دائنا . ومثل هذه الأرصدة وان كانت لا تؤثر على توازن العمليات المالية ، إلا انه لا بد من أحكام الرقابة عليها ومتابعة معالجتها كأرصدة شاذة لأنها قد تعطي انطباعا غير حقيقيا عن البيانات المحاسبية للمشروع .

دفتر الأستاذ العام ذو الرصيد المتحرك

ربما يعتمد المشروع نموذجا آخر لدفتر الأستاذ العام يسمى دفتر الأستاذ ذو الرصيد المتحرك ، حيث يظهر الرصيد بعد ترحيل كل عملية وبصورة مستمرة . وللمثال السابق يكون :

مشروع النبأ
دفتر الأستاذ العام
شهر / نيسان /2001
رقم الصفحة / اسم الحساب / الصندوق رقم الحساب/

الرصيد		حركة الحساب		البيان	تسلسل قيد اليومية		
مدين	دائن	مدين	دائن				
2500	-	2500	-	إلى حـ/ رأس المال	1		
1900	-	-	600	من حـ/ الأثاث	2		
3300	-	1400	-	إلى حـ/ البنك	3		
2500	-	-	900	من حـ/ مصروفات عامة	4		

مثال : فيما يأتي العمليات المالية المسجلة في دفتر اليومية العامة لمشروع الرباح التجاري لشهر آب / 2001

مشروع الرباح التجاري

دفتر اليومية العامة

شهر آب /2001 رقم الصفحة/ 1

المبلغ		البيان	المستند المحاسبي			رقم القيد المحاسبي	صفحة الأستاذ
المدين	الدائن						
		من مذكورين				1	
1000	-	حـ/ الصندوق					1
2000	-	حـ/ البنك					2
3000	-	حـ/ البضاعة					3
2000	-	حـ/ الأثاث					4
13000	-	حـ/ وسائط النقل					5
-	21000	إلى حـ/ رأس المال					6
		قيد بدأ العمل لأول مرة					
1000	-	من حـ/ الأثاث				2	4
-	1000	إلى حـ/ البنك					2
		شراء أثاث					
5000	-	من حـ/ البنك				3	2
-	5000	إلى حـ/ رأس المال					6
		زيادة رأس المال					
60	-	من حـ/ مصروفات هاتف وبريد				4	7
-	60	إلى حـ/ الصندوق					1
		دفع مصروفات عامة نقدا					
700	-	من حـ/ الصندوق				5	1
-	700	إلى حـ/ البنك					2
		سحب مبلغ من البنك وإيداعه الصندوق					
27760	27760	مجموع ما بعده					

مشروع الرباح التجاري
دفتر اليومية العامة

رقم الصفحة/2 **شهر آب /2001**

المبلغ		البيان	المستند المحاسبي	رقم القيد	صفحة الأستاذ
المدين	الدائن				
27706	27760	مجموع ما قبله		6	
350	-	من حـ/ رواتب			8
-	350	إلى حـ/ الصندوق			1
		دفع رواتب العاملين			
250	-	من حـ/مصروف أيجار مباني		7	9
-	250	إلى حـ/البنك			2
		دفع بدل إيجار المباني			
40	-	من حـ/ مصروفات ماء وكهرباء		8	10
-	40	إلى حـ/ الصندوق			
		دفع مصروفات الماء والكهرباء			
28400	28400	مجموع ما بعده			

والمطلـوب : اجـراء عمليـات الترحيـل والترصـيد في سـجل الأسـتاذ للمشـروع لشـهر آب / 2001 (تصـوير الحسابات المختصة في سجل الاستاذ) :

الحل : يتضح من عدد صفحات الأستاذ المثبتة في اليومية العامة أن عدد الحسابات والتـي سـتفتح صـفحة لكل منها في الأستاذ العام هي 10 حسابات .

مشروع الرباح التجاري
سجل الأستاذ العام

صفحة /1 **شهر آب /2001** **حساب / الصندوق**

مدين					دائن				
المبلغ	البيان	رقم قيد اليومية	تاريخ القيد	صفحة اليومية	المبلغ	البيان	رقم قيد اليومية	تاريخ القيد	صفحة اليومية
1000	إلى حـ/ رأس المال	1		1	60	من حـ/ مصروفات هاتف	4		1
700	إلى حـ/ البنك	5		1	350	من حـ/ رواتب	6		2
					40	من حـ/ مصروفات ماء وكهرباء			
					1250	رصيد مرحل (مدين)			
1700					1700				
1250									

مشروع الرباح التجاري
سجل الأستاذ العام
شهر آب /2001

صفحة /2 حساب / البنك

مدين		دائن	
2000	إلى حـ/ رأس المال	1000	من حـ/الأثاث
5000	إلى حـ/ رأس المال	700	من حـ/ الصندوق
		250	من حـ/مباني
		5050	رصيد مرحل (مدينا)
7000		7000	
5050	رصيد 9/1		

مشروع الرباح التجاري

صفحة /3 حساب / البضاعة

3000	إلى حـ/رأس المال	3000	رصيد مرحل (مدين) 8/31
3000	رصيد 9/1	3000	

مشروع الرباح التجاري

صفحة /4 حساب / الاثاث

2000	إلى حـ/رأس المال	3000	رصيد مرحل (مدين) 8/31
1000	إلى حـ/ البنك		
3000		3000	
3000	رصيد 9/1		

مشروع الرباح التجاري

صفحة /5 حساب / وسائط النقل

13000	إلى حـ/رأس المال	13000	رصيد مرحل (مدين) 8/31
13000		13000	
13000	رصيد 9/1		

مشروع الرباح التجاري

حساب / رأس المال — **صفحة /6**

21000	رصيد مرحل (دائن) 8/31				21000	من مذكورين			
21000					21000				
					21000	رصيد 9/1			

مشروع الرباح التجاري

حساب / مصروفات هاتف وبريد — **صفحة /7**

60	إلى حـ/الصندوق				60	رصيد مرحل (مدين) 8/31			
60					60				
60	رصيد 9/1								

مشروع الرباح التجاري

حساب / رواتب — **صفحة /8**

350	إلى حـ/الصندوق				350	رصيد مرحل (مدين) 8/31			
350					350				
350	رصيد 9/1								

مشروع الرباح التجاري

حساب / إيجار مباني — **صفحة /9**

250	إلى حـ/البنك				250	رصيد مرحل (مدين) 8/31			
250					250				
250	رصيد 9/1								

مشروع الرباح التجاري

حساب / مصروفات ماء وكهرباء — **صفحة /10**

40	إلى حـ/ الصندوق				40	رصيد مرحل (مدين) 8/31			
40					40				
40	رصيد 9/1								

دفاتر الأستاذ المساعدة :

حسب حاجة المشروع واستنادا للطريقة المحاسبية المتبعة ، قد يمسك المشروع دفترا أو اكثر من دفاتر الأستاذ المساعدة إضافة إلى دفتر الأستاذ العام .

ودفتر الأستاذ المساعد هو دفتر تحليلي لدفتر الأستاذ العام يشمل مجموعة من الحسابات المتشابهة في طبيعتها عند تكرار العمليات المالية الخاصة بها . وترحل البيانات لهذا الدفتر من واقع اليوميات أو حتى من خلال الاعتماد على دفتر اليومية المساعد أو اليوميات الأصلية وعندئذ تظهر الحسابات بصورة إجمالية في اليومية العامة وفي دفتر الأستاذ العام .

لا يختلف شكل الصفحة في دفتر الأستاذ المساعد عنها في دفتر الأستاذ العام ، ومن أهم دفاتر الأستاذ المساعدة :

- دفتر الأستاذ المساعد للموردين (الدائنين) وبموجبه تخصص صفحة لكل مورد أو دائن ، حـ/ الدائنون – شركة .... ، حـ/ الدائنون – مشروع ....

- دفتر الأستاذ المساعد للمدينين (الزبائن أو العملاء) ، وبموجبه تخصص صفحة لكل زبون أو مدين ، حـ/ المدينون – شركة ....، حـ/ المدينون – مشروع ....
- دفتر الأستاذ المساعد للأصول الثابتة ، وتخصص فيه صفحة لكل نوع من أنواع الأصول الثابتة مثل حـ/ أراضي ، حـ/ مباني .
- دفتر أستاذ مساعد للمصروفات العامة مثل حـ/ ماء وكهرباء وهاتف..........

مثال : لنفترض أن مشروع الرباح التجاري في المثال السابق يعمل بالدفاتر التالية :

- دفتر يومية مركزية ، خاص بالعمليات المركزية ، التي لم يخصص لها دفتر يومية مساعد ، وكذلك تثبت فيه قيود اليومية المركزية الخاصة بدفاتر اليومية المساعدة .
- دفتر أستاذ عام ، ترحل إليه البيانات المسجلة في اليومية المركزية وتمثل حسابات إجمالية .
- دفتر يومية مساعد للنقدية للعمليات الخاصة بالمقبوضات والمدفوعات النقدية من الصندوق أو بشيكات .
- دفتر أستاذ مساعد للمصروفات العامة ، كدفتر تحليلي للمصروفات العامة وبالاعتماد على دفاتر اليومية المساعد للنقدية .

الحل :

أ. دفتر اليومية المساعد للنقدية

مشروع الرباح التجاري

دفتر اليومية المساعد للنقدية

صفحة / **شهر آب / 2001**

المقبوضات

صندوق	بنك	الحساب الدائن	رقم المستند	التاريخ
1000	2000	إلى حـ/ رأس المال		
-	5000	إلى حـ/ رأس المال		
700	-	إلى حـ/ البنك		
1700	7000	المجموع		

المدفوعات

صندوق	بنك	الحساب المدين	رقم المستند	التاريخ
-	1000	من حـ/ الأثاث		
60	-	من حـ/ مصروف هاتف		
-	700	من حـ/ الصندوق		
350	-	من حـ/ رواتب		
-	250	من حـ/ إيجار مباني		
40	-	من حـ/ مصروف ماء وكهرباء		
450	1950	المجموع		

ب. قيود اليومية المركزية لدفتر اليومية المساعد للنقدية

قيد يومية المقبوضات

		من مذكورين
1000	-	حـ/ الصندوق
7000	-	حـ/ البنك
-	8000	إلى حـ/ رأس المال

قيد يومية المدفوعات

		من مذكورين
1000	-	حـ/ الأثاث
700	-	حـ/ المصروفات العامة
		إلى مذكورين
-	450	حـ/ الصندوق
-	1250	حـ/ البنك

قيد التحويل بين الصندوق والبنك

700	-	من حـ/ الصندوق
-	700	إلى حـ/ البنك

جـ اليومية المركزية

مدين	دائن	البيان	صفحة الأستاذ
		من مذكورين	
3000	-	حـ/ البضاعة	1
2000	-	حـ/الأثاث	2
13000	-	حـ/ وسائط نقل	3
-	18000	إلى حـ/ رأس المال	4
		قيد بدء العمل (عدا الصندوق والبنك)	
		من مذكورين	
1000	-	حـ/ الصندوق	3
7000	-	حـ/ البنك	6
-	8000	إلى حـ/ رأس المال	4
		قيد يومية مركزية ليومية النقدية المساعدة (مقبوضات)	
		من مذكورين	
1000	-	حـ/ الأثاث	2
700	-	حـ/ المصروفات العامة	7
		إلى مذكورين	
-	450	حـ/ الصندوق	5
-	1250	حـ/ البنك	6
		قيد يومية مركزية ليومية النقدية المساعدة (مدفوعات)	
700	-	من حـ/ الصندوق	5
-	700	إلى حـ/ البنك	6
		قيد يومية مركزية ليومية النقدية المساعدة (تحويل)	
28400	28400	مجموع ما بعده	

د. الترحيل لدفتر الأستاذ العام وترصيد الحسابات

مشروع الرباح التجاري

الحساب / البضاعة — **صفحة /1**

3000	إلى حـ/رأس المال	3000	رصيد مرحل (مدين) 8/31
3000		3000	
3000	رصيد 9/1		

مشروع الرباح التجاري

الحساب / الأثاث — **صفحة /2**

2000	إلى حـ/رأس المال	3000	رصيد مرحل (مدين) 8/31
1000	إلى / مذكورين		
3000		3000	
3000	رصيد 9/1		

مشروع الرباح التجاري

الحساب / وسائط نقل — **صفحة /3**

13000	إلى حـ/رأس المال	13000	رصيد مرحل (مدين)8/31
13000		13000	
13000	رصيد 9/1		

مشروع الرباح التجاري

الحساب / رأس المال — **صفحة /4**

26000	رصيد مرحل (دائن) 8/31	18000	من مذكورين
		8000	من مذكورين
26000		26000	
		26000	رصيد 9/1

مشروع الرباح التجاري

الحساب / الصندوق — **صفحة /5**

1000	إلى حـ/رأس المال	450	من مذكورين
700	الى حـ/ البنك	1250	رصيد مرحل 8/31
1700		1700	
1250	رصيد 9/1		

مشروع الرباح التجاري

صفحة /6 — الحساب / البنك

7000	إلى حـ/رأس المال	1250	من مذكورين
		700	من حـ/ الصندوق
		5050	رصيد مرحل (مدين)8/31
7000		7000	
5050	رصيد 9/1		

مشروع الرباح التجاري

صفحة /7 — الحساب / المصروفات العامة

700	إلى مذكورين	700	رصيد مرحل (مدين) 8/31
700		700	
700	رصيد 9/1		

هـ- دفتر الأستاذ المساعد للمصروفات العامة

مشروع الرباح التجاري

سجل الأستاذ المساعد للمصروفات العامة

الصفحة / 1 — لشهر آب /2001 — حـ/ مصروفات الهاتف

60	إلى حـ/ الصندوق	60	رصيد مرحل (مدين) 8/31
60		60	
60	رصيد 9/1		

مشروع الرباح التجاري

سجل الأستاذ المساعد للمصروفات العامة

الصفحة / 2 — لشهر آب /2001 — حـ/ الرواتب

350	إلى حـ/ الصندوق	350	رصيد مرحل (مدين) 8/31
350		350	
350	رصيد 9/1		

مشروع الرباح التجاري

سجل الأستاذ المساعد للمصروفات العامة

صفحة / 3 — لشهر آب /2001 — حـ/مصروفات ايجار مباني

250	إلى حـ/ البنك	250	رصيد مرحل (مدين) 8/31
250		250	
250	رصيد 9/1		

<table>
<tr><th colspan="4">مشروع الرباح التجاري
سجل الأستاذ المساعد للمصروفات العامة
صفحة / 4 لشهر آب /2001 حـ/ مصروفات ماء وكهرباء</th></tr>
<tr><td>40</td><td>إلى حـ/ الصندوق</td><td>40</td><td>رصيد مرحل (مدين) 8/31</td></tr>
<tr><td><u>40</u></td><td></td><td><u>40</u></td><td></td></tr>
<tr><td>40</td><td>رصيد 9/1</td><td></td><td></td></tr>
</table>

وهكذا نلاحظ :

- أن مجموع ما بعده في دفتر اليومية المركزية والبالغ **28400** هو نفسه الذي ظهر في دفتر اليومية العامة ، لأن استخدام الدفاتر التحليلية لا يغير من المجموع الكلي لمبالغ العمليات المالية التي حصلت في المشروع خلال فترة زمنية معينة .
- أن مجموع مبالغ الحسابات التفصيلية أو التحليلية لحساب المصروفات العامة والظاهرة في دفتر الأستاذ المساعد لتلك المصروفات هو 700 دينار ، وهو مساوي لمبلغ حساب المصروفات العامة كحساب إجمالي والظاهر في دفتر الأستاذ العام .

تبسيط العمل بدفتر الأستاذ

لأغراض السرعة والتبسيط في حل الأمثلة والتمارين ولأغراض تدريبية فقط ، يمكن العمل بالأسلوب المسمى (T- account) ، وكمثال عن التبسيط المذكور يكون حساب الصندوق في المثال السابق :

حـ/ الصندوق

1000	إلى حـ/ البنك	450	من مذكورين
700	الى حـ/البنك	1250	رصيد مرحل (مدين) 8/31
<u>1700</u>		<u>1700</u>	
1250	رصيد 9/1		

وهكذا لبقية الحسابات ذات العلاقة .

أسئلة وتمارين الفصل السادس

1- كيف يتم تلخيص البيانات على مستوى الحساب الواحد ؟ وما هو الدفتر المستخدم لهذا الغرض ؟ وما فائدة ذلك ؟

2- ما الفرق بين دفتر الأستاذ العام ودفاتر الأستاذ المساعدة ؟ ومتى يستخدم كل منهم ؟

3- ما المقصود بعملية الترحيل ؟ وما المقصود بعملية الترصيد ؟

4- ما الفرق بين الأرصدة الظاهرة في بداية السنة وبين الأرصدة الظاهرة خلال السنة ونهايتها لكافة الحسابات ؟

6- كيف يتم تبسيط العمل بسجل الأستاذ ؟

7- فيما يلي العمليات المالية المثبتة في اليومية العامة لمشروع الخير التجاري لشهر أيلول /2004 .

مشروع الخير التجاري

سجل اليومية العامة

رقم الصفحة /1 **شهر أيلول /2001**

المبلغ		البيان	المستند المحاسبي			رقم القيد	صفحة الأستاذ
مدين	دائن				تاريخ		
-	-	مجموع ما قبله					
		من مذكورين			17	1	
4000	-	حـ/الصندوق					1
6000	-	حـ/ البنك					2
12000	-	حـ/البضاعة					3
-	22000	إلى حـ/رأس المال					4
		بدأ المشروع أعماله لأول مرة					
2000	-	من حـ/ أثاث			20	2	5
		إلى مذكورين					
	1000	حـ/ البنك					2
	1000	حـ/ الدائنون (محلات الأثير)					6
		شراء أثاث					
500	-	من حـ/ الدائنون (محلات الأثير)			25	3	6
-	500	إلى حـ/البنك					
		دفع نصف الدين لمحلات الأثير بشيك					2
1600	-	من حـ/مصروفات عامة			30	4	7
-	1600	إلى حـ/الصندوق					1
		دفع مصروفات عامة نقدا					
26100	26100	مجموع ما بعده					

المطلوب :

أ. إعداد (تصوير) الحسابات المختصة في سجل الأستاذ العام للمشروع (سجل نظامي) لشهر أيلول .

ب. إعداد (تصوير) الحسابات المختصة في سجل الأستاذ العام للمشروع (سجل غير نظامي/مبسط) لشهر أيلول .

8- ابتدأ مشروع المصطفى التجاري أعماله في بداية السنة 2001 ، ولغاية 2001/11/1 كانت أرصدة الحسابات الظاهرة في سجل الأستاذ العام كما يلي :

2400	صندوق	4200	بنك	6000	أثاث
14000	بضاعة	3000	مدينون	4830	دائنون
5600	مصروف رواتب	2800	مصروف ايجار مباني	500	مصروفات إعلان
300	مصروف قرطاسية	18000	وسائط نقل	7000	آلات
160	مصروفات ماء	220	مصروفات كهرباء	650	مصروف هاتف
60000	رأس المال				

وخلال الشهر/ 11 تمت العمليات التالية :

- في 4/منه تم استلام شيك بمبلغ 2000 دينار من المدينين أودع في البنك لحساب المشروع.
- في 7/ منه ام استلام مبلغ 500 دينار نقدا من المدينين .
- في 10/ منه تم دفع مبلغ 120 دينار نقدا عن مصروفات إعلان .
- في 15/ منه شراء آلات بمبلغ 750 دينار بشيك .
- في22/ منه دفع المشروع مبلغ 1830 دينار بشيك للدائنين .
- في 30/ منه تم دفع المصروفات التالية بشيكات ، 20 دينار ماء ، 30 دينار كهرباء، 40 دينار هاتف .

المطلوب :

أ. تسجيل العمليات التي تمت خلال الشهر (تشرين ثاني) في اليومية العامة النظامية للمشروع.

ب. تصوير الحسابات الظاهرة في سجل الأستاذ العام النظامي للمشروع في نهاية الشهر .

9- على فرض أن المشروع في التمرين السابق (7) يعتمد دفتر الأستاذ العام ذو الرصيد المتحرك .

المطلوب: تصوير الحسابات الظاهرة في الأستاذ العام لشهر تشرين ثاني/ 2001.

10- على فرض أن المشروع في التمرين (8) يعتمد دفتر يومية مساعدة للعمليات النقدية ودفتر يومية مساعدة للمصروفات العامة (رواتب ، قرطاسية ، ماء، كهرباء، هاتف) .

المطلوب : أ. تسجيل العمليات أعلاه في دفاتر اليومية المعنية للشهر .

ب. تصوير الحسابات في الأستاذ للشهر .

11- في 2000/10/10 تأسس مشروع الكمال وبدأ أعماله لأول مرة برأس مال نقدي قدره 10000 دينار أودع في البنك لحساب المشروع .

- في 20/منه ، تم سحب مبلغ 2000 دينار من البنك وأودعت الصندوق لتمشية أعمال المشروع .
- في 16/منه ، شراء أثاث للمشروع بمبلغ 1500 دينار بشيك .
- في 30/منه ، دفع 180 دينار نقدا عن مصروفات عامة .

المطلوب : تسجيل العمليات أعلاه وفقاً للطريقة الامريكية في دفتر اليومية العامة والأستاذ العام (Kalamazoo)الذي يمسكه المشروع لتسجيل كافة العمليات المالية فيه .

الحل :

مشروع الكمال التجاري

دفتر اليومية العامة والأستاذ العام

رقم الصفحة /1 **شهر / تشرين أول /2000**

تاريخ	الحساب		البيان	رقم القيد	إجمالي المبلغ	الصندوق		البنك		الأثاث		مصروفات عامة		رأس المال	
	مدين	دائن				من	إلى	من	إلى	من	إلى	من	إلى	من	إلى
			مجموع ما قبله	-	-	-	-	-	-	-	-	-	-	-	-
10	البنك	رأس المال	ايـــداع رأس المال	1	10000	-	-	10000	-	-	-	-	-	-	10000
12	الصندوق	البنك	سحب	2	2000	2000	-	-	2000	-	-	-	-	-	-
16	أثاث	البنك	شراء أثاث	3	1500	-	-	-	1500	1500	-	-	-	-	-
30	مصرـــوفات عامة	صندوق	دفع	4	180	-	180	-	-	-	-	180	-	-	-
مجموع ما بعده					133680	2000	180	10000	3500	1500	-	180	-	-	10000
الرصيد					1030	820	-	6500	-	1500	-	180	-	-	10000

12- ان عملية تحويل او نقل البيانات من اليومية الى الاستاذ تسمى :

أ- التسجيل ب- التقرير ج- الترحيل د- التحليل

13- الجهة اليمنى من أي حساب في سجل الاستاذ :

أ- الجهة المدينة للحساب ج- رصيد الحساب

ب- الجهة الدائنة للحساب د- الجهة المدينة أو الدائنة

14- الحسابات التي بطبيعتها ذات ارصدة مدينة هي :

أ- الاصول والمصروفات والايرادات

ب- الاصول والالتزامات والمسحوبات

ج- الاصول والمصروفات ورأس المال

د- الاصول والمسحوبات والمصروفات

15- أي من الحسابات التالية يكون رصيده دائن بطبيعته:

أ- الصندوق ب- المبيعات ج- المصروفات د- الاثاث

16- ان رصيد أي حساب في سجل الاستاذ يكون بصورة طبيعية :

أ- مدين ب- دائن ج- صفراً د- أ أو ب أو ج

17- ان الرصيد الطبيعي لحسابات الاصول:

أ- مدين ب- دائن ج- صفراً د- أ أو ب أو ج

18- ادناه صفحة حـ/ البنك في سجل استاذ مشروع سعد للاستشارات القانونية لشهر نيسان

منه **حـ/ البنك** **له**

8000	رصيد 4/1	5000	من حـ/ مصروفات عامة 4/19
7000	الى حـ/ المدينين 4/7	2000	من حـ/ الرواتب 4/30
13000	الى حـ/ ايراد وخدمات 4/20	21000	رصيد 4/30
28000		28000	

المطلوب: تسجيل قيود اليومية التي اعدت اساساً ورحلت الى حـ/ البنك كما مبين في صفحة حـ/ البنك مع شرح القيد .

19- في 2006/6/1 اسس قحطان مكتب للاستشارات المحاسبية وخلال الشهر حدثت العمليات التالية :

- في 6/1 بدأ المكتب اعماله بمبلغ 22000 دينار قدمها المالك على شكل اثاث بقيمة 6000 والباقي نصفه اودع في صندوق المكتب والنصف الآخر في البنك.
- في 6/3 دفع مبلغ 500 دينار عن مصروفات ترخيص المكتب الى نقابة المحاسبين والمدققين نقداً.
- في 6/6 عين المكتب محاسباً براتب شهري 600 دينار .
- في 6/10 تم شراء اجهزة ومعدات بمبلغ 3000 دينار بشيك .
- في19/منه ارسل فاتورة للزبون خلدون عن خدمات استشارية له بمبلغ 1440.
- في 29/منه دفع راتب المحاسب نقداً .
- في 30/منه استلم المكتب ما بذمة الزبون خلدون بشيك.

المطلوب: أ- تسجيل (قيد) العمليات اعلاه في يومية مكتب قحطان.

ب- ترحيل وترصيد الحسابات المختصة في سجل الاستاذ.

20- ان الرصيد (دائن أو مدين) لأي حساب هو عبارة عن :

أ- مجموع الجانب المدين (منه) - مجموع الجانب الدائن (له)

ب- مجموع الجانب الدائن (له) - مجموع الجانب المدين (منه)

ج- مجموع الجانب المدين + مجموع الجانب الدائن

د- مجموع الجانب الاكبر (مدين او دائن) - مجموع الجانب الاصغر

21- ان الطرف الايسر لأي حساب في سجل الاستاذ هو :

أ- الطرف الدائن   ج- رصيد الحساب المدين

ب- الطرف المدين   د- رصيد الحساب الدائن

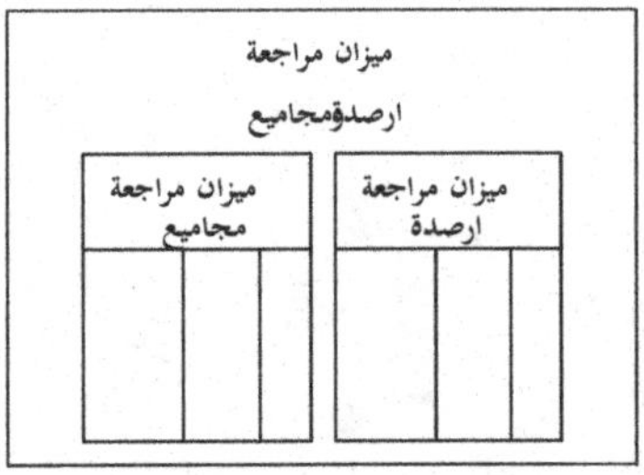

الفصل السابع

اعداد ميزانية المراجعة

TRIAL BALANCE

- أغراض ومتطلبات إعداد ميزان المراجعة .
- طرق إعداد ميزان المراجعة

ميزان المراجعة هو قائمة أو كشف يتم إعداده وفقا لطرق معينة لتلخيص العمليات التي حدثت خلال فترة زمنية معينة بقصد التأكد من صحة تسجيل وتلخيص البيانات ، وإعطاء صورة أولية ومبسطة عن وضع المشروع .

أغراض ومتطلبات إعداد ميزان المراجعة

يحقق إعداد ميزان المراجعة بعض الأغراض الهامة جدا للمشروع ، اما إعداده فيستلزم توفير عدد من المتطلبات الضرورية .

الغرض من إعداد ميزان المرجعة

يمكن توضيح الغاية أو الغرض من إعداد ميزان المراجعة بما يلي :

1- تلخيص الكميات الكبيرة وربما الهائلة من البيانات الخاصة بحسابات المشروع في نهاية كل فترة مالية معينة من اجل إعطاء صورة ولو أولية عن وضع المشروع ككل .

2- الاطمئنان قدر الإمكان عن توازن العمليات لغاية الانتهاء من تصوير الحسابات في دفتر الأستاذ (ترحيل وترصيد) ، وبخلافه يعني ذلك وجود أخطاء أو حالات غش أو تزوير ، يستدعي الأمر الكشف عنها وتصحيحها وفقا للمبادئ المحاسبية المقبولة ، لتعبر من ثم عن حقيقة أداء المشروع خلال فترة زمنية معينة ، وإلا فان حسابات النتيجة والمركز المالي للمشروع تكون قد أعدت وفقا لبيانات خاطئة .

نعم قد تكون هناك أخطاء لا يمكن الكشف عنها بواسطة ميزان المراجعة ولأسباب سيتم التطرق لها في موضع الأخطاء المحاسبية ، إلا أن ذلك لا يقلل من دور ميزان المراجعة في الكشف الأولي عن صحة العمليات المالية .

3- تسهيل عملية الانتقال إلى الخطوة اللاحقة في موضوع إعداد البيانات المحاسبية، حيث بدون وجود ميزان مراجعة يكون العمل مكلفا وبطيئا إضافة إلى احتمال اكتنافه كثير من الأخطاء .

متطلبات إعداد ميزان لمراجعة

هناك عدد من المتطلبات اللازمة لإعداد ميزان المراجعة نوجزها بالآتي :

1- تحديد الموعد المناسب لإعداد ميزان المراجعة بشكل دوري ليتسنى الانتهاء من عملية الترحيل والترصيد في دفتر الأستاذ ، والواقع ليس هناك تاريخ معين لإعداد ميزان المراجعة ، باستثناء ما يسمى بميزان المراجعة الختامي الذي يعد في نهاية السنة المالية لغرض إعداد حسابات النتيجة والمركز المالي ، وعدا ذلك وخلال السنة يمكن إعداد ميزان المراجعة فصليا أو شهريا ....

ولا شك انه كلما قصرت فترة ميزان المراجعة كلما ساعد ذلك على سرعة اكتشاف عمليات الخطأ والغش وتصحيحها ، ولكن لا بد من الموازنة بين ذلك وبين الوقت والجهد والكلفة في إعداد الميزان ، إضافة إلى طبيعة عمل المشروع والعمليات المالية المرافقة لها . وعلى هذا الأساس اصبح من الشائع جدا إعداد ميزان المراجعة شهريا وبصورة دورية (كل شهر) .

2- أن تكون البيانات تراكمية لكل حساب من الحسابات بدءا من 1/1 من السنة بحيث تعكس المبالغ الظاهرة أمام الحساب في نهاية الشهر الثاني ، تعكس المبالغ الخاصة به للشهر الثاني إضافة لتلك عن الشهر الأول ، وما يخص الشهر الثالث تشمل الثالث والثاني والأول وهكذا ، وليس لكل شهر بمعزل عن الأشهر السابقة وبهذه الصورة تكون البيانات الظاهرة بميزان المراجعة شاملة لعمليات المشروع لغاية تاريخه (تاريخ اعداد الميزانية).

3- حساب المجاميع المدينة والمجاميع الدائنة لمعرفة الرصيد (الفرق بين المجاميع المدينة والمجاميع الدائنة) لكل حساب ، وقد يرافق هذا بعض الاختلاف وفقا للطريقة المحاسبية المعتمدة فإذا كان المشروع يمسك بدفتر يومية عامة ودفتر أستاذ عام (الطريقة الإيطالية) أو يمسك يومية مركزية ويوميات مساعدة ودفتر أستاذ عام ودفاتر أستاذ مساعدة (الطريقة الفرنسية) أو يمسك يوميات للعمليات النقدية ، ودفتر أستاذ عام (الطريقة الألمانية) أو بدفتر لليومية والأستاذ وفقا (الطريقة الأمريكية) ، فيتم عندئذ الاعتماد على دفتر الأستاذ العام في كل تلك الطرق لحساب المجاميع المدينة والمجاميع الدائنة والرصيد لكل حساب من الحسابات الظاهرة في الدفتر .

أما إذا اعتمدت الطريقة على مجموعة من الدفاتر الأصلية لليومية إضافة إلى دفتر الأستاذ العام (الطريقة الإنكليزية) فيتم الاعتماد على دفتر الأستاذ العام لحساب المجاميع المدينة والمجاميع الدائنة والرصيد لبعض الحسابات ، وعلى دفاتر اليومية الأصلية للحسابات الأخرى كالصندوق والبنك والمصاريف النثرية للحسابات الأخرى .

4- ترصيد الحسابات التحليلية أو التفصيلية الظاهرة في دفاتر الأستاذ المساعدة أن وجدت ومطابقتها مع أرصدة الحسابات الإجمالية في سجل الأستاذ العام للتأكد من صحتها ، مثال ذلك مطابقة أرصدة الحسابات الإجمالية للمدينين في سجل الأستاذ العام مع أرصدة الحسابات التحليلية للمدينين في دفاتر الأستاذ المساعدة، وأرصدة الحسابات الإجمالية للدائنين في سجل الأستاذ العام مع أرصدة الحسابات التحليلية للدائنين في دفتر الأستاذ المساعد .

طرق إعداد ميزان المراجعة

يمكن أن يعد ميزان المراجعة أما على أساس أرصدة الحسابات أو على أساس مجاميع تلك الحسابات أو بكليهما معاً .

1- ميزان المراجعة بطريقة الأرصدة :

بموجب هذه الطريقة نعتمد فقط أرصدة الحسابات الظاهرة في الدفاتر وكما يلي :

مشروع .... ميزان مراجعة لشهر					
الأرصدة المدينة		الأرصدة الدائنة		اسم الحساب	رقم صفحة الأستاذ
فلس	دينار	فلس	دينار		
				المجموع	

أن اتباع هذه الطريقة في إعداد ميزان المراجعة يتطلب أولا ترصيد جميع الحسابات في دفاتر المشروع ثم على ضوء ذلك تدرج المبالغ الخاصة بالأرصدة المدينة للحسابات في خانة الأرصدة المدينة من ميزان المراجعة ، وتدرج المبالغ الخاصة بالأرصدة الدائنة للحسابات في خانة الأرصدة الدائنة من ميزان المراجعة ، ويوضع أمام كل رصيد اسم الحساب المعني في خانة اسم الحساب .

وكقاعدة عامة (وللحالة الطبيعية) هنالك حسابات تظهر أرصدتها دائما مدينة وهي الحسابات الحقيقية (الأصول ....) والحسابات الشخصية المدينة (المدينون ......) والحسابات الوهمية المدينة (المصروفات ....) وهناك حسابات تظهر أرصدتها دائما (وللحالة الطبيعية)، أرصدة دائنة مثل الحسابات الشخصية الدائنة (الدائنون........) والحسابات الوهمية الدائنة (الإيرادات.......) والقروض ورأس المال .

عند تساوي المجموع النهائي لخانة الأرصدة المدينة مع المجموع النهائي لخانة الأرصدة الدائنة في ميزان المراجعة فهذا يعني توازن ميزان المراجعة وانه دليل أولي على صحة العمليات المالية في القيد واليومية والأستاذ وبخلافه قد يكون هناك خطأ يمكن أن يبدأ من ميزان المراجعة بحد ذاته رجوعا إلى كافة العمليات السابقة .

تمتاز هذه الطريقة ببساطتها لاعتمادها بشكل مباشر على أرصدة الحسابات الظاهرة في دفاتر المشروع ودون القيام بأية إجراءات اخرى .

2- ميزان المراجعة بالمجاميع :

بموجب هذه الطريقة تحسب مجاميع العمليات المدينة ومجاميع العمليات الدائنة لكل حساب من الحسابات الظاهرة في دفاتر المشروع ، ثم على ضوء ذلك يتم إدراج المجموع للعمليات المدينة للحساب في خانة المجاميع المدينة في ميزان المراجعة ، وإدراج المجموع للعمليات الدائنة لنفس الحساب في خانة المجاميع الدائنة في ميزان المراجعة .

مشروع ....
ميزان مراجعة
لشهر ....

المجاميع المدينة		المجاميع الدائنة		اسم الحساب	رقم صفحة الأستاذ
فلس	دينار	فلس	دينار		
				المجموع	

وطبيعي عند تساوي المجموع النهائي للمجاميع المدينة مع المجموع النهائي للمجاميع الدائنة يتوازن ميزان المراجعة ويدل ذلك بصورة أولية على صحة العمليات المالية ، وبخلافه قد يكون هناك خطأ يتطلب المراجعة بدءا من ميزان المراجعة ونزولاً للمرحلة التي سبقته وهكذا .

ومن البديهي وحسب طبيعة الحسابات وطبيعة العمل أن نلاحظ :

- ربما تساوي المجاميع المدينة مع المجاميع الدائنة للحساب الواحد .
- أن المجاميع المدينة اكبر من المجاميع الدائنة للحساب الواحد ،وهذا هو الامر الغالب في الحسابات الحقيقية والشخصية المدينة والوهمية المدينة .
- أن المجاميع الدائنة اكبر من المجاميع المدينة للحساب الواحد ،وهذا هو الأمر الغالب في الحسابات الشخصية الدائنة والوهمية الدائنة أيضا .

يلاحظ أن ميزان المراجعة بطريقة المجاميع يعطي وضوح اكثر عن وضع الحساب الواحد كما هو عن وضع المشروع ككل لتضمنه حركة البيانات في طرفي الحساب ، وليس الرصيد فقط كما كان في طريقة الأرصدة بما يتيح فرصة اكبر للمطابقة إلا انه بالمقابل تتطلب هذه الطريقة عمل إضافي يتمثل في حساب المجاميع للجانب الأقل والتي لم يتم حسابها في طريقة الأرصدة (المدين أو الدائن وحسب طبيعة الحساب) .

3- ميزان المراجعة بالأرصدة والمجاميع معا .

وتجمع هذه الطريقة بين المجاميع والأرصدة للحساب الواحد ووضع كل منها في عامود أو خانة خاصة به ، وتوفر هذه الطريقة زيادة في الدقة ، مع إتاحة بيانات اكثر فائدة .

مشروع ميزان مراجعة لشهر / /									
مجاميع مدينة		مجاميع دائنة		أرصدة مدينة		أرصدة دائنة		اسم الحساب	رقم صفحة الأستاذ
فلس	دينار	فلس	دينار	فلس	دينار	فلس	دينار		
								المجموع	

يلاحظ انه من نفس خانات المجاميع يمكن استخراج البيانات الخاصة بخانات الأرصدة للميزان .

ومن الطبيعي أن تكون الموازنة بين كل عامودين على انفراد لعدم تساوي المجاميع مع الأرصدة .

مثال : فيما يأتي الحسابات الظاهرة في دفاتر مشروع الميس التجاري لشهر حزيران /2000.

المطلوب إعداد ميزان المراجعة :

أ. بطريقة الأرصدة .

ب. بطريقة المجاميع.

ج. بطريقة الأرصدة والمجاميع .

صفحة /1 — حـ/الصندوق

1880	رصيد		6/1	350	من حـ/ مصروفات عامة		6/10
1000	إلى حـ/ رأس المال		6/5	1000	من حـ/ المشتريات		6/20

صفحة /2 — حـ/البنك

5500	رصيد		6/1	4400	من حـ/ الدائنون		6/16
3000	إلى حـ/ رأس المال		6/5				
500	إلى حـ/المدينون						

صفحة /3 — حـ/المشتريات

7700	رصيد		6/1				
1000	إلى حـ/ الصندوق		6/20				

صفحة /4 — حـ/المدينون

3300	رصيد		6/1	500	من حـ/ البنك		6/30
1700	إلى حـ/ المبيعات		6/18				

صفحة /5 — حـ/الدائنون

4400	إلى حـ/ البنك		6/16	4400	رصيد		6/1

صفحة /6 — حـ/المبيعات

				9600	رصيد		6/1
				1700	من حـ/ المدينون		6/18

صفحة 7/	**حـ/الأثاث**						
4000	رصيد		6/1				

صفحة 8/	**حـ/رأس المال**						
				10000	رصيد		6/1
				4000	من مذكورين		6/5

صفحة 9/	**حـ/المصروفات العامة**						
1620	رصيد		6/1				
350	إلى حـ/ الصندوق		6/10				

الحل :

أ. إعداد ميزان المراجعة بطريقة الأرصدة

يتطلب إعداد ميزان المراجعة بهذه الطريقة استخراج أرصدة الحسابات أولاً والتي ستكون وفقا للأسلوب المبسط كما يلي :

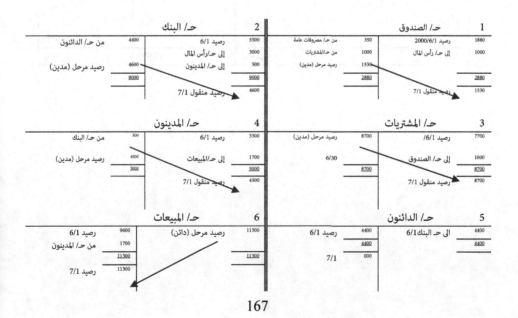

1 حـ/ الصندوق

1880	رصيد 2000/6/1	350	من حـ/ مصروفات عامة
1000	إلى حـ/ رأس المال	1000	من حـ/المشتريات
		1530	رصيد مرحل (مدين)
2880		2880	
1530	رصيد منقول 7/1		

2 حـ/ البنك

5500	رصيد 6/1	4400	من حـ/ الدائنون
3000	إلى حـ/رأس المال		
500	إلى حـ/ المدينون	4600	رصيد مرحل (مدين)
9000		9000	
4600	رصيد منقول 7/1		

3 حـ/ المشتريات

7700	رصيد 6/1/	8700	رصيد مرحل (مدين)
1000	إلى حـ/ الصندوق		6/30
8700		8700	
8700	رصيد منقول 7/1		

4 حـ/ المدينون

3300	رصيد 6/1	500	من حـ/ البنك
1700	إلى حـ/المبيعات	4500	رصيد مرحل (مدين)
5000		5000	
4500	رصيد منقول 7/1		

5 حـ/ الدائنون

4400	الى حـ البنك6/1	4400	رصيد 6/1
4400		4400	
		000	7/1

6 حـ/ المبيعات

11300	رصيد مرحل (دائن)	9600	رصيد 6/1
		1700	من حـ/ المدينون
11300		11300	
		11300	رصيد 7/1

7 حـ/ الأثاث

4000	رصيد 6/1	4000	رصيد مرحل (مدين)
4000		4000	
4000	رصيد منقول 7/1		

8 حـ/ المصروفات العامة

1620	رصيد 6/1	1970	رصيد مرحل (مدين)
350	البحـ/ الصندوق		
1970		1970	
1970	رصيد 7/1		

9 حـ/ رأس المال

14000	رصيد مرحل (دائن) 6/30	10000	رصيد
		4000	من مذكورين
14000		14000	
		14000	رصيد منقول 7/1

مشروع الميس التجاري ميزان المراجعة لشهر حزيران 2000			
صفحة الأستاذ	اسم الحساب	الرصيد	
		دائن	مدين
1	حـ/الصندوق	-	1530
2	حـ/البنك	-	4600
3	حـ/المشتريات	-	8700
4	حـ/المدينون	-	4500
5	حـ/الدائنون	00	-
6	حـ/المبيعات	11300	-
7	حـ/الأثاث	-	4000
8	حـ/رأس المال	14000	-
9	حـ/المصروفات العامة	-	1970
	المجموع	25300	25300

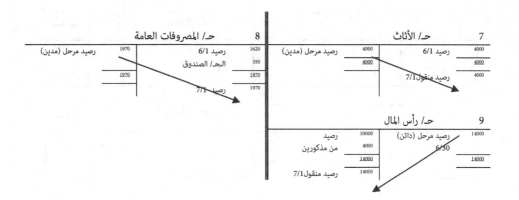

ب. إعداد ميزان المراجعة بطريقة المجاميع

يتطلب إعداد ميزان المراجعة بهذه الطريقة حساب المجموع للجانب المدين من الحساب من جهة ، وحساب المجموع للجانب الدائن من الحساب من جهة اخرى وكما مبين بالشكل المبسط التالي :

1 حـ/ الصندوق

1880	رصيد 6/1	350	من حـ/ مصروفات عامة
1000	إلى حـ/ رأس المال	1000	من حـ/المشتريات
2880		1350	

2 حـ/ البنك

5500	رصيد 6/1	4400	من حـ/ الدائنون
3000	إلى حـ/ رأس المال		
500	إلىحـ/المدينون		
9000		4400	

3 حـ/ المشتريات

7700	رصيد 6/1		
1000	إلى حـ/الصندوق		
8700		000	

4 حـ/ المدينون

3300	رصيد 6/1	500	من حـ/ البنك
1700	إلى حـ/ المبيعات		
5000		500	

5 حـ/ الدائنون

4400	إلى حـ/ البنك	4400	رصيد 6/1
4400		4400	

6 حـ/ المبيعات

		9600	رصيد 6/1
		1700	من حـ/ المدينون
000		11300	

7 حـ/ الأثاث

4000	رصيد 6/1		
4000		000	

8 حـ/ المصروفات العامة

1620			
350			
1970		000	

9 حـ/رأس المال

		10000	رصيد 6/1
		4000	من مذكورين
000		14000	

مشروع الميس التجاري
ميزان المراجعة
لشهر حزيران /2000

مجاميع مدينة	مجاميع دائنة	اسم الحساب	صفحة الأستاذ
2880	1350	حـ/ الصندوق	1
9000	4400	حـ/ البنك	2
8700	-	حـ/ المشتريات	3
5000	500	حـ/ المدينون	4
4400	4400	حـ/ الدائنون	5
-	11300	حـ/ المبيعات	6
4000	-	حـ/ الأثاث	7
-	14000	حـ/ رأس المال	8
1970	-	حـ/المصروفات العامة	9
35950	35950	المجموع	

جـ- إعداد ميزان المراجعة بطريقة الأرصدة والمجاميع

وهذا يعتمد على المجاميع المدنية والمجاميع الدائنة والفرق بينهما يكون الرصيد (مدين أو دائن) لكل حساب .

مشروع الميس التجاري
ميزان المراجعة
لشهر حزيران /2000

المجاميع		الأرصدة		اسم الحساب	صفحة الأستاذ
المدينة	الدائنة	المدينة	الدائنة		
2880	1350	1530	-	حـ/ الصندوق	1
9000	4400	4600	-	حـ/ البنك	2
8700	-	8700	-	حـ/ المشتريات	3
5000	500	4500	-	حـ/ المدينون	4
4400	4400	-	-	حـ/ الدائنون	5
-	11300	-	11300	حـ/ المبيعات	6
4000	-	4000	-	حـ/ الأثاث	7
-	14000	-	14000	حـ/ رأس المال	8
1970	-	1970	-	حـ/المصروفات العامة	9
35950	35950	25300	25300	المجموع	

الموازين المستقلة لدفاتر الأستاذ المساعدة:

قد تقوم بعض المشروعات بإعداد موازين مراجعة خاصة بكل دفتر من دفاتر الأستاذ المساعدة تسمى (دفاتر الأستاذ ذات الموازين المستقلة) وعلى هذا الأساس تعد صفحة لما يسمى بحساب الميزان لدفتر الأستاذ المساعد في كل دفتر من تلك الدفاتر ترحل إليها كافة العمليات المالية الخاصة بالحسابات التحليلية لهذا الدفتر ، بحيث يكون مجموع أرصدة الحسابات التحليلية مساويا لرصيد حساب الأستاذ المساعد أو أن يكون المجموع للطرف المدين والمجموع للطرف الدائن للحسابات التحليلية مساويا لمجموع الطرف المدين ومجموع الطرف الدائن لدفتر الأستاذ المساعد.

وتجري عملية إعداد ميزان المراجعة لدفتر الأستاذ المساعد وفقا للخطوات التالية:

1- يتم ترحيل ما سجل في الطرف المدين من الحسابات التحليلية إلى الطرف الدائن من حساب الميزان (أي بالعكس) وكذلك بطبيعة الحال ما مسجل في الطرف الدائن من الحسابات التحليلية إلى الطرف المدين من حساب الميزان.

2- إجراء المطابقة بين رصيد ميزان دفتر الأستاذ المساعد والرصيد الإجمالي في الأستاذ العام للحساب المعني.

3- إعداد الميزان المستقل لدفتر الأستاذ المساعد وفقا للأساليب المتعارف عليها.

مثال: في مشروع السلمان يتضمن دفتر الأستاذ المساعد للمدينين ثلاث حسابات تحليلية هي:

حـ/الفاروق و حـ/شركة الخوالي و حـ/جمعية الحرمين وكان رصيد حساب إجمالي المدينون في سجل الأستاذ العام 8500 دينار ولشهر مايس/ 2000 توفرت البيانات التالية:

الرصيد 5/1	الحركة خلال الشهر		الحساب التحليلي
مدين	مدين	دائن	
2200	9000	6000	شركة الفاروق
3300	14000	8000	مشروع الغزالي
00	7000	3000	جمعية الحرمين
5500	30000	17000	الإجمالي

عليه يمكن إعداد ميزان مراجعة دفتر الأستاذ المساعد للمدينين كما يلي:

(أ)-

حـ/ ميزان الأستاذ المساعد للمدينين			
مدين		**دائن**	
17000	شهر مايس	5500	رصيد 5/1
18500	رصيد مرحل 5/31		
		30000	خلال الشهر
35500		35500	
		18500	رصيد 6/1

(ب)- اعداد ميزان الاستاذ المساعد للمدنيين بالارصدة

رصيد مدين	رصيد دائن	اسم الحساب
5200	-	حـ/ شركة الفاروق
9300	-	حـ/ مشروع الخوالي
4000	-	حـ/ جمعية الحرمين
-	18500	حـ/ ميزان الأستاذ المساعد للمدينيين
18500	18500	المجموع

أسئلة وتمارين الفصل السابع

1- ما هو ميزان المراجعة ؟ وما الغرض من إعداده؟

2- ما العلاقة بين ميزان المراجعة وبين المرحلة السابقة والمرحلة اللاحقة له؟

3- ما هو الاختلاف بين طرق إعداد ميزان المراجعة؟

4- ما هي الأرصدة الشاذة لبعض الحسابات وما اثرها على إعداد ميزان المراجعة؟

5- ما هو الموعد المناسب لإعداد ميزان المراجعة؟ ولماذا؟

6- كيف يتم إعداد ميزان المراجعة في ظل الطرق المحاسبية المختلفة؟

7- كيف يتم إعداد ميزان مراجعة مستقل لكل دفتر من دفاتر الأستاذ المساعدة؟

8- كانت أرصدة الحسابات الظاهرة في دفاتر مشروع الجابري التجاري في 2005/3/31 كما يلي:

الأرصدة المدينة	الأرصدة الدائنة	اسم الحساب
1200	-	الصندوق
6200	-	البنك
2300	-	أ.ق
3500	-	المدينون
5400	-	بضاعة
6000	-	اثاث
8000	-	آلات
2600	-	رواتب
150	-	قرطاسية
230	-	إعلان
320	-	مصروفات عامة
-	2500	دائنون
-	2000	أ.د
-	24000	رأس المال
-	7400	مبيعات

المطلوب: إعداد ميزان المراجعة للمشروع لشهر آذار/2001 بالطرق الممكنة

الحل: على ضوء البيانات المتاحة لا يمكن إعداد ميزان المراجعة للمشروع إلا بطريقة الأرصدة.

مشروع الجابري التجاري ميزان المراجعة لشهر آذار			
الأرصدة		اسم الحساب	صفحة الأستاذ
المدينة	الدائنة		
1200	-	الصندوق	
6200	-	البنك	
2300	-	أ.ق	
3500	-	المدينون	
5400	-	بضاعة	
6000	-	اثاث	
8000	-	آلات	
2600	-	رواتب	
150	-	قرطاسية	
230	-	إعلان	
320	-	مصروفات عامة	
-	2500	دائنون	
-	2000	أ.د	
-	24000	رأس المال	
-	7400	مبيعات	
35900	35900	المجموع	

9- فيما يأتي المجاميع المدينة والمجاميع الدائنة للحسابات الظاهرة في دفاتر مشروع الليث لشهر نيسان/2006.

المجاميع المدينة	المجاميع الدائنة	اسم الحساب
5000	3000	الصندوق
9000	6000	البنك
8000	7500	المدينون
10000	-	البضاعة
11000	15000	الدائنون
2000	12000	راس المال
12000	-	المشتريات
-	25000	المبيعات
7000	2500	الأثاث
6600	1600	الآلات
70000	70000	المباني
1000	-	المصروفات العامة
300	-	المصروفات النثرية
700	-	مصروفات إعلان

المطلوب: إعداد ميزان المراجعة للمشروع لشهر نيسان/2006 بطريقة الأرصدة

10- فيما يأتي ميزان مراجعة مشروع الهديل لشهر شباط /2003 بطريقة المجاميع.

مشروع الهديل التجاري ميزان المراجعة لشهر شباط /2003			
مجاميع مدينة	**مجاميع دائنة**	**اسم الحساب**	**صفحة الأستاذ**
4000	1000	صندوق	
4000	3000	بنك	
14000	-	بضاعة	
20000	10000	مدينون	
-	48500	مبيعات	
10000	80000	راس مال	
7000	700	اثاث	
95000	15000	مباني	
3300	-	رواتب	
2000	-	إعلان	
1400	-	مصروفات عامة	
-	2500	دائنون	
160700	160700	المجموع	

المطلوب : إعداد ميزان المراجعة للمشروع لشهر شباط /2003 بطريقة الأرصدة

11- ميزان المراجعة هو :

أ- سجل لاثبات ان كافة العمليات قد تم تسجيلها في المشروع.

ب- قائمة لاثبات الدقة في العمليات المسجلة في دفاتر المشروع.

ج- قائمة أو كشف باسماء الحسابات وارصدتها او مجاميعها بتاريخ معين.

د- قائمة او كشف بالمركز المالي للمشروع بتاريخ معين.

12- يعد ميزان المراجعة :

أ- قبل تسجيل العمليات في اليومية

ب- قبل ترحيل وترصيد العمليات في سجل الاستاذ

ج- بعد التسجيل في اليومية

د- بعد الترحيل او الترحيل والترصيد في سجل الاستاذ

13- لن يتوازن ميزان المراجعة في حالة :

أ- ترحيل جانب واحد من قيد اليومية

ب- ترحيل قيد يومية مرتين

ج- عدم ترحيل قيد يومية

د- خطأ بترحيل اسماء الحسابات او بالمبالغ لطرفي القيد

14- فيما يأتي ارصدة الحسابات الظاهرة في سجل استاذ مشروع العدل للاستشارات الهندسية لشهر آب/ 2006 (دينار):

6000	صندوق	3000	دائنون
26000	بنك	8000	أ. ق
10000	مدينون	50000	ايرادات
7000	أ. د	60000	عقارات
2000	مسحوبات شخصية	8000	اثاث
1000	مصروفات عامة	4000	رواتب
؟؟	راس المال		

المطلوب: اعداد ميزان المراجعة بالارصدة للمشروع لشهر آب / 2006

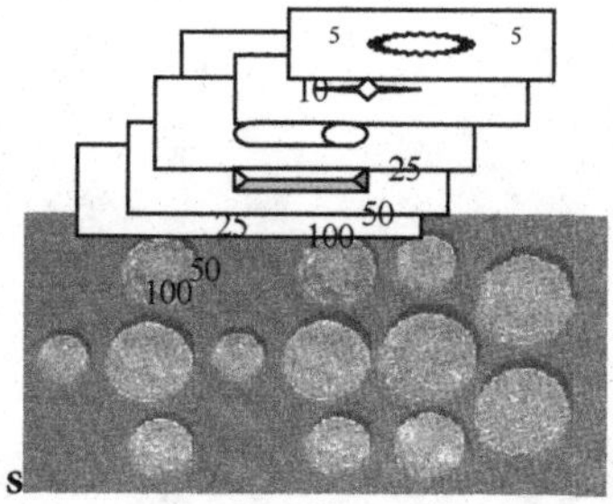

الفصل الثامن

تحليل وقيد العمليات التمويلية

FINANCING OPERATIONS

- مصادر تمويل المشروع .
- عمليات رأس المال .
- عمليات القروض والائتمان .

إن العمليات التمويلية هي من العمليات البالغة الأهمية بالنسبة للوحدة الاقتصادية ، بل قد تكون أكثرها أهمية أحيانا وسواء كان ذلك قبل بدء العمل أو أثناء مزاولة النشاط. وتختلف طرق وأساليب التمويل كما تختلف مصادره .

مصادر التمويل

يمكن تصنيف مصادر التمويل على النحو التالي :

- **مصادر تمويل طويلة الأجل : مثل :**
  - القروض طويلة الأجل .
  - رأس المال .
- **مصادر تمويل متوسطة الأجل ، مثل :**
  - القروض متوسطة الأجل .
  - تمويل شراء المعدات .
  - الإيجار الرأسمالي أو الإيجار التمويلي .
- **مصادر تمويل قصيرة الأجل ، مثل :**
  - القروض قصيرة الأجل .
  - الائتمان التجاري .

وهناك أسباب عديدة تدعوا إلى اللجوء لمصدر معين من مصادر التمويل دون غيره أهمها :

- كلفة الحصول على الأموال ، فكلفة التمويل طويل الأجل أعلى من كلفة التمويل متوسط الأجل وهذا بدوره أعلى كلفة من التمويل قصيرة الأجل ، ولكن عامل الكلفة ليس هو العامل المحدد دائما وإنما ،
- مدى الحاجة المقترنة بإمكانية أو وضع المشروع المالي ، ومدى استمرارية هذه الحاجة في الأمد القصير أم المتوسط أم الطويل .

وأيا كان مصدر التمويل يتطلب الأمر فهم العملية التمويلية وتحليلها تمهيدا لقيدها وقيد ما يترتب عليها في دفاتر المشروع .

عمليات رأس المال **Operations Of Capital**

وهذه العمليات هي من أولى العمليات التي يقوم بها المالك وتسمى بعملية التمويل الداخلي، وربما جنبا إلى جنب مع الإجراءات التأسيسية للمشروع ، كما قد يلجأ المالك إلى إجراء عمليات اخرى على رأس المال بالزيادة أو التخفيض أثناء مزاولة المشروع لنشاطاته .

أولا : عمليات رأس المال عند بدء عمل المشروع

عند تأسيس المشروع يقوم المالك بتحويل أصل أو اكثر من أمواله الخاصة إلى ملكية المشروع وذلك لتوفير الأموال اللازمة للمشروع لتمشية نشاطاته ، وعلى أساس الشخصية المعنوية أو الاعتبارية للوحدة الاقتصادية لا بد من قيد حق مالك المشروع وبما يساوي رأس المال المقدم من قبله ، وهذا الحق يزداد بزيارة الأرباح والإضافات وينقص جراء الخسائر أو التخفيضات والمسحوبات الشخصية . وتأخذ عمليات تكوين رأس المال أشكال مختلفة نوجزها بما يلي :

أ. رأس المال النقدي **Cash Capital**

وهنا يسدد المالك كامل مبلغ رأس المال نقدا في صندوق المشروع أو في البنك ولحساب المشروع .

مثال : في 2001/12/9 ، بدأ مشروع الكمال أعماله برأسمال نقدي قدره 7000 دينار ، أودعه المالك بالكامل في صندوق المشروع .

الحل : يومية المشروع

7000	-	من حـ/ الصندوق
-	7000	إلى حـ/ رأس المال
		بدء المشروع عمله برأسمال نقدي 7000 دينار

مثال : في 2002/2/11 ابتدأ مشروع الأنس عمله التجاري برأسمال نقدي قدره 19000 دينار أودعه المالك في البنك لحساب المشروع .

الحل : يومية المشروع

19000	-	من حـ/ البنك
-	19000	إلى حـ/ رأس المال
		بدء المشروع ....

مثال : في 2002/3/15 ابتدأ مشروع الرائد عمله برأسمال نقدي قدره 12000 دينار، أودع منه 4000 دينار في صندوق المشروع والباقي في البنك لحساب المشروع .

الحل : يومية المشروع

		من مذكورين
4000	-	حـ/ الصندوق
8000	-	حـ/ البنك
-	12000	إلى حـ/ رأس المال
		بدء المشروع ....

ب. رأس المال العيني Physical Capital

قد يقدم مالك المشروع رأس المال على شكل أصول عينية وليست نقدية، ومن الطبيعي إن يتم تقييم تلك الأصول بصورة عادلة والأصح الاعتماد في ذلك على القيمة السوقية لتلك الأصول .

مثال : في 2001/3/13 قرر أحد المستثمرين مزاولة نشاطه التجاري بعد إن قدم لذلك من ماله الخاص الأصول التالية :

6000 بضاعة ، 8000 أثاث ، 32000 مباني

الحل : يومية المشروع

		من مذكورين
6000	-	حـ/ البضاعة
8000	-	حـ/ الأثاث
32000	-	حـ/ المباني
-	46000	إلى حـ/رأس المال
		بدء المشروع ....

جـ رأس المال المختلط

وهذا يكون رأس المال خليط من أصول نقدية وأخرى عينية ذات قيمة مالية مهيئة للاستخدام يقدمها المالك كرأسمال للمشروع .

مثال : في 2001/6/6 قدم مالك مشروع النسيم الأصول التالية كرأس مال لمشروعه :

2000	نقدية في الصندوق	5000	أثاث
4000	نقدية في البنك	10000	وسائط نقل
8000	بضاعة		

الحل : يومية المشروع

		من مذكورين
2000	-	حـ/ الصندوق
4000	-	حـ/ البنك
8000	-	حـ/البضاعة
5000	-	حـ/ الأثاث
10000	-	حـ/وسائط نقل
-	29000	إلى حـ/ رأس المال
		بدء المشروع ....

ثانيا : عمليات زيادة وتخفيض رأس المال

ربما يقوم مالك المشروع بزيادة رأس المال أو تخفيضه خلال مرحلة التشغيل ولسبب من الأسباب أهمها توسيع النشاط أو توفير السيولة اللازمة لاستمرارية النشاط القائم .

أ. زيادة رأس المال :

عندما تكون هناك ضرورة لزيادة رأس مال المشروع ، أما بقصد التوسع في النشاط أو لتحسين الأداء ، ويرى المالك تمويل هذه الزيادة من مالة الخاص بدلا من اللجوء إلى مصادر اخرى ، فان هذه الزيادة :

- تعتبر عملية تمويلية طويلة الأجل لا تختلف عن عملية تمويل تكوين رأس المال عند بدء المشروع عمله لأول مرة .
- قد تكون نقدية أو عينية أو مختلطة .

مثال 1 : في 2001/7/11 بدء مشروع الاحمد عمله برأس مال قدره 10000 دينار مكون من بضاعة بمبلغ 2000 دينار ، نقدية في الصندوق بمبلغ 5000 دينار، و نقدية في البنك بمبلغ 3000 دينار .

- في 2001/8/8 قرر مالك المشروع زيادة رأس المال من ماله الخاص بمبلغ 8000 دينار أودع منها 2000 دينار في صندوق المشروع ، و6000 دينار أودعت البنك لحساب المشروع .

الحل : يومية المشروع - القيود الخاصة برأس المال

		من مذكورين
2000	-	حـ/ الصندوق
3000	-	حـ/ البنك
5000	-	حـ/ البضاعة
-	10000	إلى حـ/ رأس المال
		بدء مشروع الاحمد عمله برأس مال 10000 دينار
		من مذكورين
2000	-	حـ/ الصندوق
6000	-	حـ/ البنك
-	8000	إلى حـ/ رأس المال
		زيادة رأس المال بمبلغ نقدي قدره 8000 دينار

مثال 2 : في 2001/12/14 قرر مالك مشروع الخليل زيادة رأس المال من خلال تزويد المشروع بأثاث من ماله الخاص بمبلغ 3000 دينار .

الحل : يومية المشروع

3000	-	من حـ/ الأثاث
-	3000	إلى حـ/ رأس المال
		زيادة رأس المال بمبلغ 3000 دينار على شكل اثاث

مثال 3: في 2001/11/1 وجد مالك مشروع النعمة حاجة مشروعه إلى زيادة في رأس المال على شكل مباني وأموال نقدية فقدم لذلك عقار بمبلغ 17000 دينار ومبلغ نقدي قدره 3000 دينار في صندوق المشروع كلها من ماله الخاص .

الحل : يومية المشروع

		من مذكورين
3000	-	حـ/ الصندوق
17000	-	حـ/ المباني
-	20000	إلى حـ/ رأس المال

ومن الجدير بالذكر إن عمليات الزيادة تلك على رأس المال تختلف عن عمليات اخرى قد تؤدي إلى نفس الزيادة في أصول المشروع ، فمثلا شراء الآلات للاستخدام الذاتي للمشروع وباستخدام نقدية المشروع وبمبلغ 1500 دينار تقييد :

الحل : يومية المشروع

1500	-	من حـ/ الآلات
-	1500	إلى حـ/ الصندوق
		شراء آلات نقدا

بينما كان في عمليات زيادة رأس المال يكون رأس المال دائنا وليس الصندوق أو الحسابات الأخرى للمشروع .

أما تأثير تلك العمليات على بيانات دفتر الأستاذ فنأخذ المثال الأول السابق (في مشروع الاحمد) لتوضيح ذلك .

مشروع الاحمد دفتر الأستاذ العام رقم الصفحة حـ/ رأس المال					
مدين			دائن		
المبلغ	الحساب الدائن		المبلغ	الحساب المدين	
18000	رصيد مرحل (دائن)		10000	من مذكورين	2001/1/1
	2001/12/31		8000	من مذكورين	2001/8/8
18000			18000		
			18000	رصيد	2002/1/1

ب. تخفيض رأس المال

ويقصد بالتخفيض ما يقوم به مالك المشروع من تخفيض أو إنقاص بصوره مباشرة على رأس مال المشروع ، وعندما تكون هنالك :

- زيادة في الأموال اكثر من حاجة المشروع التشغيلية .
- فرص استثمارية خارج المشروع تدر ربح اكبر للمالك .

لذا يتم سحب تلك الأموال غير المستغلة وقد يكون التخفيض نقدا أو عينيا أو مزيجا بينهما .

مثال: خلال سنة 2001 كان رأسمال مشروع الأصيل هو 88000 دينار مكون من الأصول التالية :

5000	صندوق	12000	بضاعة
15000	بنك	35000	مباني
10000	اثاث	11000	أراضى

- في 2001/12/31 ولوجود زيادة عن الحاجة في رأس المال وحسب تقديرات مالك المشروع ، تتمثل في الموجود النقدي في البنك وبمبلغ 10000 ومباني بمبلغ 12000 دينار قام المالك بسحب الزيادة المذكورة ليستثمرها في مشروع آخر .

الحل : في دفتر يومية مشروع الأصيل :

22000	-	من حـ/ رأس المال
		إلى مذكورين
-	10000	حـ/ البنك
-	12000	حـ/ المباني
		تخفيض رأس المال

- **في دفتر الأستاذ العام لمشروع الاصيل :**

حـ/ رأس المال

22000	إلى مذكورين 2001/12/31	88000	رصيد 2001/1/1
66000	رصيد مرحل (دائن) 2000/12/31		
88000		88000	
		66000	رصيد 2002/1/1

جـ المسحوبات الشخصية **With drawls (Drawings)**

حيث يقوم المالك بأخذ ما يحتاجه من أموال من المشروع ليس لأغراض المشروع وإنما لأغراضه واستخداماته الشخصية (هو أو أسرته) ، عليه يجب الفصل بين هذه العمليات والعمليات المالية المتعلقة بعمل المشروع وفقا لمبدأ الشخصية الاعتبارية ، عليه لا تعتبر المسحوبات الشخصية من ضمن مصروفات المشروع وإنما هي حساب مؤقت خاص بالمالك سيخفض بمقدارها حساب رأس

المال في نهاية الفترة المالية لذا يعتبر هذا الحساب بمثابة حساب مقابل لحساب راس المال .

ويمكن إن تحصل المسحوبات الشخصية بعدة صور :

1- المسحوبات الشخصية النقدية:

أي قيام المالك بسحب مبلغ نقدي معين من صندوق المشروع أو من حساب المشروع في البنك ليس لتمشية أعمال المشروع وإنما لأغراضه الخاصة .

مثال : في 2001/6/4 سحب مالك مشروع الأثير مبلغ نقدي قدره 750 دينار من صندوق المشروع لغرض دفع فاتورة الهاتف وبدل الإيجار للشقة التي يسكنها وعائلته عن شهر آذار :

750	-	من حـ/ المسحوبات الشخصية
-	750	إلى حـ/ الصندوق
		مسحوبات نقدية شخصية للمالك

2- المسحوبات الشخصية العينية :

قد تكون المسحوبات الشخصية لمالك المشروع عبارة عن أصول عينية وليست نقدية كالسيارات والأثاث والبضاعة .

مثال 1: في 2002/4/19 وبسبب حاجة مالك مشروع البهاء إلى سيارة يستخدمها لتنقلاته الشخصية قام بسحب إحدى سيارات المشروع الفائضة عن الحاجة ونقل ملكيتها باسمه لهذا الغرض ، وكانت قيمتها 6000 دينار بدفاتر المشروع .

الحل : يومية المشروع

6000	-	من حـ /المسحوبات الشخصية
-	6000	إلى حـ/السيارات
		مسحوبات شخصية للمالك – سيارة

مثال 2: في 2001/7/30 سحب مالك مشروع السالم بضاعة من المشروع لاستخداماته العائلية ، قدرت كلفتها بمبلغ 1500 وقيمتها البيعية 1700 دينار .

الحل : يكون تبعا لأساس تقييم البضاعة التي يعتمده المشروع لمثل هذه الحالات ، فقد يكون بالكلفة أو بسعر البيع في السوق .

يومية المشروع – البضاعة المسحوبة المقدرة بكلفة الشراء .

1500	-	من حـ/ المسحوبات الشخصية
-	1500	إلى حـ/المشتريات
		سحب بضاعة من قبل المالك

يومية المشروع – البضاعة المسحوبة مقدرة بسعر البيع .

1700	-	من حـ/ المسحوبات الشخصية
-	1700	إلى حـ/ المبيعات
		سحب بضاعة من قبل المالك

ويلاحظ إن الطريقة الثانية (بالقيمة البيعية) تضمن (ربح أو خسارة) وكأنها عملية بيع عادية وتفضل طريقة كلفة الشراء لسببين:

- إن مبالغ المسحوبات الشخصية تكون عادة ذات مبالغ زهيدة ولا تؤثر على نتائج عمل المشروع .
- إن مثل هذه العمليات لم تكن أساسا بقصد تحقيق أرباح أو تحمل خسائر .

عمليات القروض والائتمان : Loans & Credit Operations

في حالة عدم كفاية رأس المال لتمويل أصول المشروع في بداية عمله أو خلال مزاولته لنشاطه، تتم الاستعانة بمصادر خارجية للاقتراض أو الائتمان (تمويل خارجي) ووفقا لأشكال مختلفة من حيث الغرض والزمان.

أ. عمليات القروض والائتمان قصيرة الأجل: Short-term loans & credit

ومدة هذه العمليات تكون اقل من سنة عادة وهي تمثل في كثير من الأحيان شكل من أشكال الائتمان المصرفي أو التجاري ومن خلال مؤسسات أو جهات عديدة كالبنوك والموردين للبضائع ومن أمثلة القروض هنا:

- **القروض المضمونة:** وهي تمنح للمشروعات التي لم تتبين بعد جدارتها أو قدرتها على تسديد الديون ، والضمان هنا يكون من خلال رهن لأصل من

أصول المشروع كالمباني والآلات وأوراق القبض أو بكفالة معينة وذلك بقصد ضمان حقوق المقرض.

- **القروض غير المضمونة:** وهي مصدر من مصادر التمويل الميسرة للمشروعات والتي تمنح خصيصا لتغطية احتياجات موسمية أو عمليات معينة كالاعتمادات المستندية الخاصة بتسهيلات الاستيراد للبضائع من الخارج.

فيما يتعلق بعمليات الائتمان التجاري فسيتم تناول الموضوع بالتفصيل مع عمليات الشراء.

مثال : في 2001/7/1 وبالنظر لحاجة مشروع الباسم لمبلغ 5000 دينار لتمشية أعماله على الوجه المطلوب ولعدم قدرة المالك على ذلك لجأ إلى المصرف الذي يتعامل معه ، وبعد التفاوض حصل المشروع على قرض ميسر بالمبلغ مدته شهرين وبدون فوائد أودع في حسابه الجاري في البنك.

الحل: يومية المشروع

5000	-	من حـ/ البنك
-	5000	إلى حـ/ القروض
		الحصول على قرض ميسر

نلاحظ وبصورة عامة وأيا كان نوع القرض وشروطه إن حساب القرض يكون في الطرف الدائن من القيد المحاسبي فحاله حال أي دين بينما الحساب المقابل(المدين) للقرض هو اصل من الأصول كالصندوق أو البنك.

مثال: في 2001/6/14 لجأ مشروع السرور إلى أحد المصارف لإقراضه مبلغ 9000 دينار لحاجته الماسة للمبلغ وفعلا تم الحصول على القرض في 25/منه مقابل رهن لآلات المشروع البالغة قيمتها 14000 دينار أودع المبلغ في البنك لحساب المشروع.

الحل: يومية المشروع 6/25

14000	-	من حـ/ آلات برسم الرهن
-	14000	إلى حـ/ آلات
		رهن الآلات للحصول على القرض
9000	-	من حـ/ البنك
-	9000	إلى حـ/ القروض
		الحصول على مبلغ القرض

ب-القروض متوسطة الأجل : Mid-term loans

وتتراوح مدة هذه القروض من 1-5 سنوات واهم أشكالها:

- القروض المصرفية متوسطة الأجل: وهي قروض نقدية تسدد بأقساط دورية ربع أو نصف سنوية وتمتاز بأنها سهلة وميسرة يتفق على تفاصيلها من خلال التفاوض بين المشروع والبنك المانح للقرض.
- القروض الخاصة بتمويل شراء المعدات: يتم الحصول على مثل هذه القروض من البنوك والمؤسسات التجارية المالية أو من موردي المعدات وتعتمد شروط القرض على نوع المعدات وقيمتها أساسا.
- الإيجار الرأسمالي أو الإيجار التمويلي: Capital lease (direct financing lease)

وهو عبارة عن عقد غير قابل للإلغاء بين المؤجر (الدائن) وبين المستأجر(المدين) الذي يقوم بسداد عدد من الدفعات النقدية إلى المؤجر مقابل استخدام الأصل المستأجر (اصل ثابت) خلال فترة من الزمن يؤول بعدها الأصل إلى ملكية المستأجر.

مثال: في 2004/6/14 لجأ مشروع اليوسف إلى أحد المصارف لإقراضه مبلغ 11000 دينار لشراء آلات لتطوير نشاطه ، وفعلا قام البنك بدفع قيمة الآلات على شكل قرض ميسر وبعد رهن تلك الآلات لديه كضمان للقرض.

الحل: يومية المشروع

11000	-	من حـ/ آلات (برسم الرهن)
-	11000	إلى حـ/ القروض
		الحصول على الآلات على شكل قرض

دفتر الأستاذ في المشروع - لحساب القرض

صفحة/ حـ/القروض

	1100 من حـ/آلات برسم الرهن

ج- القروض طويلة الأجل: Long-term loans

لا تختلف عمليات الاقتراض أو التمويل طويل الأجل عن عمليات تمويل راس المال من حيث أنها تؤدي إلى زيادة في أصول المشروع لمواجهة مختلف الاحتياجات وخصوصا التوسع في النشاط بينما تختلف عنها في إن الأولى تمول من قبل المالك بينما الثانية تكون من مصادر خارجية ولقاء تكلفة أو مصروف يتحملها المشروع تمثل عائد بالنسبة للمقرض أو الممول .

المصروفات التمويلية:

إن الحصول عن القروض أو الأموال من جهات خارجية نادرا ما تتم بدون تحمل المشروع المقترض لتكلفة أو مصروف وتسمى هذه المصروفات بالمصروفات التمويلية أو مصروفات خدمة الديون وتتمثل أساسا بالفوائد المدفوعة عن القروض Interest ويطلق عليها مصروف الفوائد او مصروف الفوائد المدينة . (*) وهذا ما اندرجت عليه الحياة التجارية بصورة واسعة في الوقت الحاضر ، والفوائد يمكن إن تحسب(**) وتسدد بطرق مختلفة

مثال: في 2001/1/1 اقترض مشروع الهلال مبلغ 20000 دينار من أحد البنوك لمدة 6 سنوات بفائدة 10% سنويا تدفع في 12/31 من كل سنة ، والقرض يسد

(*) الفائدة: أسلوب من الأساليب الربوية يتنافى ومبادئ الشريعة الإسلامية السمحاء والشرائع السماوية الأخرى كونها تضر بالفرد والمجتمع وهناك عدة أساليب بديلة كالتي تتعامل بها البنوك الإسلامية:

- المشاركة في انشاء المشروعات أو شراء البضائع وبالتالي المشاركة بالأرباح.
- المرابحة من خلال البيع بثمن الشراء زائدا ربح معلوم يتفق عليه الطرفين والتورق أو التوريق هو شراء وتملك سلعة بثمن مؤجل ممن يملكها بقصد بيعها بثمن حاضر وتحويله الى نقد، والشروط اذن الشراء ممن يملكها وتملكها ثم بيعها.
- المضاربة في إن يكون المال من طرف والعمل من طرف آخر لإقامة مشروع معين.
- القرض الحسن في إن تقوم البنوك بإقراض المستثمرين والمحتاجين بدون فائدة ، وموارد هذا القرض تكون من الزكاة والتبرعات والهبات والصدقات ....الخ.
- نشاطات اخرى كفتح الاعتمادات والحوالات وغيرها لقاء عمولة مناسبة .

وستتم تغطية موضوع الفوائد ليس لأنه الأسلوب الأفضل وإنما تمشيا مع متطلبات الاطلاع والمعرفة.

(**)- الفائدة أما إن تكون فائدة بسيطة وتحتسب كالآتي : (أ × ع × ن)

حيث أ=اصل المبلغ ، ع = نسبة الفائدة ، ن = الزمن

- أو إن تكون فائدة مركبة وتحتسب كالآتي: أ $(1+ع)^{ن}$ وللدينار الواحد المقترض تحتسب $(1+ع)^{ن}$ -1

د بدفعه واحدة في موعد الاستحقاق (بعد 6 سنوات) وقد تم إيداع المبلغ في البنك بحساب المشروع.

الحل : يومية المشروع

20000	-	من حـ/ البنك	2001/1/1
-	20000	إلى حـ/ القروض	
		الحصول على قرض	
2000	-	من حـ/ مصروف فوائد القروض	2001/12/31
		إلى حـ/البنك	
-	2000	مصروف فوائد القروض	

حيث إن مصروف الفوائد = 20000 × 10%

= 2000 دينار سنويا

وعلى هذا الأساس فان الفائدة هي فائدة بسيطة تحتسب على اصل القرض.

دفتر الأستاذ:

حـ/مصروف فوائد القروض

2000 الى حـ/ البنك 2001/12/31	

حـ/ القروض

	20000 من حـ/ البنك 2001/1/1

عمليات تسديد القروض:

تختلف عمليات تسديد القروض التي يحصل عليها المشروع باختلاف الجهة المقرضة، ونوع القرض، وشكل الاتفاق المبرم بين الطرفين ، وبالتالي قد نجد أشكال عديدة لعمليات تسديد القروض منها:

-كالتسديد بدفعة واحدة للقرض والفائدة في نهاية مدة القرض.

-والتسديد بأقساط تشمل جزء من القرض مع الفائدة الخاصة بفترة القسط.

-التسديد بأقساط دورية متساوية بعد دفع الفائدة عند استلام القرض.

والأقساط قد تكون شهرية أو فصلية أو سنوية أو غير ذلك.

مثال: لنأخذ القرض الذي حصل عليه مشروع الهلال في المثال السابق حيث يسدد اصل المبلغ في موعد الاستحقاق في نهاية السنة السادسة بدفعة واحدة 2005/12/31 ولنفترض إن التسديد تم بموجب شيك.

الحل: يومية المشروع 2005/12/31 سيسدد القرض زائدا مصروف الفوائد للسنة الأخيرة للقرض حيث الفوائد للسنوات السابقة تسدد في نهاية كل سنة كما لاحظنا.

		من مذكورين
20000	-	حـ/القروض
2000	-	حـ/ مصروف فوائد القروض
	220000	إلى حـ/البنك
		تسديد القرض والفائدة للسنة الأخيرة

دفتر الأستاذ:

صفحة/ حـ/القروض

20000 إلى حـ/ البنك 2005/12/31	20000 من حـ/البنك 2001/1/1

وهكذا يصبح حساب القروض حسابا مغلقاً.

أسئلة وتمارين الفصل الثامن

1 - ما أهمية العمليات التمويلية بالنسبة للمشروع؟ ومتى تكون اكثر أهمية من غيرها من العمليات؟ وما هي أنواع مصادر التمويل؟

2- ما الفرق بين عمليات راس المال والقروض والائتمان من حيث طبيعتها ومن حيث قيدها في دفاتر المشروع؟

3- ما الاختلاف بين عمليات راس المال في بداية تأسيس المشروع وبين تلك العمليات خلال مزاولة المشروع لنشاطه. وكيف يظهر ذلك الاختلاف في دفاتر المشروع؟

4- وضح ما يلي:

- ليس هناك فرق بين عملية تخفيض راس المال عند زيادته عن حاجة المشروع وبين المسحوبات الشخصية؟
- هناك عدد من البدائل المناسبة التي يمكن اعتمادها بدلا من الفوائد.
- الفرق بين الفائدة البسيطة والفائدة المركبة.

5- اذكر ما أمكن من الطرق التي يمكن بموجبها تسديد القروض والفوائد المترتبة عليها؟

6- بتاريخ 2006/4/1 ابتدء مشروع البلال عمله براس مال نقدي قدره 19000 دينار أودعه المالك في البنك لحساب المشروع.

- في 6/20 وجد المالك إن راس مال المشروع بحاجة لزيادة قدرها 6000 دينار ولكنه لم يقدم من ماله الخاص إلا مبلغ 2000 دينار بشيك لحساب المشروع.
- في 6/25 لجأ المشروع إلى أحد المؤسسات المالية للحصول على قرض بالمبلغ اللازم لزيادة راس المال.
- في 7/1 تم الحصول على القرض البالغ 4000 دينار وأودع المبلغ في حساب المشروع في البنك وبفائدة قدرها 7% سنويا تسدد مع اصل القرض بدفعه واحدة في نهاية مدة القرض البالغة 6 شهور .

المطلوب: إعداد القيود اللازمة للعمليات أعلاه في يومية المشروع خلال السنة 2006.

7- في 2003/1/1 اقترض مشروع السليم مبلغ 12000 دينار أودعت في البنك لحساب المشروع.

المطلوب : قيد كافة العمليات الخاصة بالقرض في يومية المشروع وفقا لكل افتراض من الافتراضات التالية على انفراد:

أ-إن القرض يسدد (بشيك) وبدفعه واحدة بعد سنة من تاريخ الحصول عليه وبدون فائدة.

ب-إن القرض يسدد (بشيك) بثلاث أقساط نقدية سنوية متساوية وبدون فوائد.

ج-إن القرض يسدد (بشيك) بثلاث أقساط نقدية سنوية متساوية وبفائدة سنوية قدرها 10% تدفع مع كل قسط .

د-إن القرض والفائدة البالغة 10% سنويا يسددان في نهاية السنة الأولى (بشيك).

الحل: يومية المشروع -قيد الحصول على القرض ولكافة الافتراضات المذكورة:

12000	-	من حـ/ البنك	2003/1/1
-	12000	إلى حـ/ القروض	
		الحصول على قرض	

عند السداد : (أ)

12000	-	من حـ/ القروض	2003/12/31
-	12000	إلى حـ/البنك	
		تسديد القرض	

(ب)

4000	-	من حـ/ القروض	2003/12/31
-	4000	إلى حـ/ البنك	
		تسديد القسط الأول	
4000	-	من حـ/ القروض	2004/12/31
-	4000	إلى حـ/البنك	
		تسديد القسط الثاني	
4000	-	من حـ/ القروض	2005/12/31
-	4000	إلى حـ/البنك	
		تسديد القسط الثالث	

(ج)

		من مذكورين	2003/12/31
4000	-	من حـ/ القروض	
1200	-	حـ/مصروف فوائد القروض	
		إلى حـ/ البنك	
	5200	تسديد القسط الأول من القرض مع الفائدة	

مصروف الفوائد للسنة الأولى : 12000 × 10% = 1200 دينار

		من مذكورين	2004/12/31
4000	-	من حـ/ القروض	
800	-	حـ/مصروف فوائد القروض	
		إلى حـ/ البنك	
	4800	تسديد القسط الثاني من القرض مع الفائدة	

مصروف الفوائد للسنة الثانية : (12000 – 4000) × 10% = 800 دينار

		من مذكورين	2005/12/31
4000	-	من حـ/ القروض	
400	-	حـ/مصروف فوائد القروض	
	4400	إلى حـ/ البنك	
-		تسديد القسط الثالث من القرض مع الفائدة	

مصروف الفوائد للسنة الثالثة:[12000-(4000 + 4000)]× 10%= 400 دينار

(د)

		من مذكورين	2005/12/31
12000	-	حـ/ القروض	
1200	-	حـ/مصروف فوائد القروض	
	13200	إلى حـ/ البنك	
		تسديد القرض و الفائدة	

8- خلال السنة 2001 تمت العمليات التالية في مشروع الفرات ؟

- في 5/5 دفع مبلغ 120 دينار بشيك مسحوب على رصيد المشروع في البنك عن رسوم جامعية لأحد أبناء مالك المشروع.
- في 7/15 سحب المالك جزء من البضاعة الموجود في بداية المدة وكلفتها 230 دينار لاستخداماته العائلية.
- في 8/19 سحب المالك جزء من الأثاث العائد للمشروع وكلفته 650 دينار لاستخدامه في مسكنه الشخصي.

المطلوب:

أ- قيد العمليات أعلاه في يومية المشروع.

ب-تصوير حساب المسحوبات الشخصية في دفتر أستاذ المشروع.

9- في منتصف عام 2000 وبسبب حاجة مشروع الجميل إلى مزيد من الأموال لتمشية أعماله اقترض مبلغ 30000 دينار من أحد البنوك بفائدة سنوية 8% يسدد القرض والفوائد بأقساط نصف سنوية متساوية ومدة القرض هي 4 سنوات.

المطلوب:

أ- قيد كافة العمليات الخاصة بالقرض في دفتر يومية المشروع ولغاية السداد النهائي.

ب-تصوير حساب القرض في دفتر أستاذ المشروع طيلة مدة القرض.

10- في 2000/7/1 تأسس مشروع الهبة التجاري برأسمال نقدي قدره 10000 دينار وقرض 6000 دينار اودع في البنك لحساب المشروع .

- في 9/30 تم زيادة رأس المال بمبلغ 4000 دينار من المال الخاص للمالك اودع البنك لحساب المشروع .

فاذا علمت ما يلي :

- ان مدة القرض هي 6 سنوات بفائدة 6% سنويا .

- تدفع الفائدة الخاصة بالقسط الأول عند استلام القرض اما المتبقية فتسدد مع الاقساط .
- يسدد اصل القرض بأقساط نصف سنوية متساوية .
- تتم العمليات كافة بشيكات .

المطلوب : أ- قيد العمليات اعلاه في يومية المشروع لسنة 2000 .

ب- تصوير الحسابات في دفتر استاذ المشروع في 2000/12/31 .

11- في 2004/2/20 اقترض مشروع الفرح مبلغ 5000 دينار من احد البنوك التجارية ، بفائدة 5% سنويا تسدد مع اصل القرض بدفعة واحدة في نهاية مدة القرض البالغة 9 شهور ، وتمت العمليات بتوسيط حساب البنك (بشيكات) .

المطلوب : قيد العمليات الخاصة بالقرض للسنة 2004

الحل : يومية المشروع

5000	-	من حـ/ البنك	2004/2/20
-	5000	الى حـ/ القروض	
		من مذكورين	2004/11/20
5000	-	حـ/ القروض	
187.5	-	حـ/ مصروف فوائد القروض	
-	5187.5	الى حـ/ البنك	

حيث الفائدة لمدة 9 شهور : 5000 × 5% × (12/9) = 187.5 دينار

12- عندما يسحب مالك المشروع أي مبلغ أو أي أصل من المشروع ولاغراضه او استخداماته الخاصة فان ذلك يعتبر مسحوبات شخصية استناداً الى مبدأ :

أ- المقياس النقدي ج- الاساس النقدي

ب- اساس الاستحقاق د- استقلالية الوحدة المحاسبية

13- اذا باع مالك المشروع داراً يملكها شخصياً بمبلغ 70000 دينار نقداً، اودع منها 30000 دينار في البنك لحساب المشروع فان ذلك يعني :

أ- 70000 دينار زيادة رأس المال

ب- 30000 دينار زيادة رأس المال

ج- 40000 دينار زيادة رأس المال

د- لا توجد زيادة في رأس المال

14- اقترض مشروع الأئمة مبلغ 10000 دينار بفائدة 7% لمدة 9 شهور، فالمبلغ الواجب السداد في نهاية المدة هو :

أ- 10700 دينار

ب- 10525

ج- 10900 دينار

د- يعتمد على شروط العقد كالاقساط مع الفائدة او بدونها ...الخ

15- سحب مالك مشروع الفلوجة مبلغ 900 دينار نقداً ودفعها عن رسوم تسجيل ولده في الجامعة، يكون القيد ....

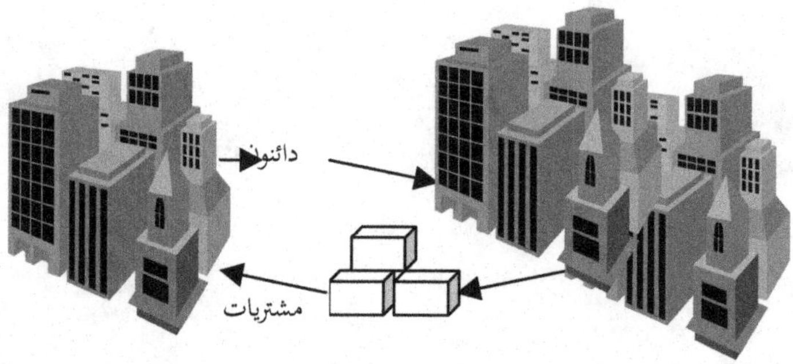

الفصل التاسع

العمليات الايرادية

تحليل وقيد عمليات البضائع

عمليات شراء البضائع PURCHASES OPERATIONS

- نظام الرقابة المحاسبية على البضائع .
- تسديد أثمان مشتريات البضائع .
- مصروفات الشراء .
- مردودات ومسموحات المشتريات .

تعتبر عمليات شراء البضائع بقصد البيع Merchandise من العمليات الايرادية الاعتيادية والرئيسية لتحقيق الإيرادات في المشروع التجاري . والشراء يعني انتقال ملكية البضاعة من البائع إلى المشتري لقاء دفع مبلغ نقدي أو الالتزام بالدفع في اجل محدد .

نظام الرقابة المحاسبية على البضاعة

إن عمليات شراء البضائع وعمليات إدارتها داخل المشروع وإعدادها للبيع ومن ثم عمليات بيعها ، هي عمليات متكاملة تجري في ظل نظام مناسب للرقابة بصورة عامة والرقابة المحاسبية بصورة خاصة على الشراء والخزن والصرف والمردودات والرصيد .

وغالبا ما تبدأ تلك العمليات بتحديد مقدار البضاعة المطلوب شراؤها من قبل قسم المبيعات ، وتأييد عدم توفر البضائع في مستودعات (مخازن) المشروع لتلبية الكمية المطلوبة ، ثم البحث عن المورد المناسب محليا أم خارجا .

وبعد الفحص والاستلام الأولى للبضاعة المشتراة للتأكد من مطابقتها للشروط ، تخضع العمليات المتبقية للبضاعة من تسديد لثمنها وخزنها وصرفها ومردوداتها وبيعها وغير ذلك إلى نظام محاسبي يتناسب وحاجة المشروع وإمكاناته في الرقابة على تلك العمليات ، ويتحدد بموجبه أيضا الحسابات التي تعتمد لأغراض القيد في الدفاتر المحاسبية لتشمل كل العمليات المالية ذات العلاقة بالبضاعة .

وهناك نظامين لتحقيق الرقابة المذكورة ، واستكمالا لفكرة تلك الرقابة والحسابات المعنية فيها ولفهم الموضوع لا بد من التطرق إلى كافة الحسابات الخاصة بعمليات البضاعة ولكل نظام وليس فقط تلك الخاصة بعمليات الشراء .

أ. نظام الجرد الدوري Periodic Inventory System

يتطلب هذا النظام قيام المشروع بعملية الجرد للبضاعة الموجودة في مخازنه ولو لمرة واحدة وفي نهاية السنة لتحديد قيمتها في هذا التاريخ (بضاعة آخر المدة) وعلى ضوء ذلك يمكن تحديد تكلفة البضاعة المباعة ، ولهذا الغرض يستخدم المشروع أربعة حسابات كما مر ذكره وهي :

- حساب البضاعة Beginning Inventory: ويمثل قيمة البضاعة لدى المشروع في بداية عمله لأول مرة أو المتبقية في نهاية السنة الماضية (وبداية السنة الجارية) .
- حساب المشتريات : Purchases Account ويمثل مشتريات البضاعة خلال السنة وبكلفة الحصول عليها .
- حساب المبيعات Sales Account ويمثل مبيعات البضاعة خلال السنة وبسعر البيع .

- حساب بضاعة آخر المدة Ending Inventory Account أي البضاعة المتبقية في مستودعات المشروع في 12/31 .

وعلى أساس تلك الحسابات:

بضاعة أول المدة + المشتريات = البضاعة المعروضة (المعدة أو المتاحة) للبيع

البضاعة المعدة للبيع - بضاعة آخر المدة = كلفة المبيعات (البضاعة المباعة) .

ولأن هذا النظام بسيط مقارنة بنظام الجرد المستمر لذلك تم اعتماده في أمثلة مبسطة في الفصول السابقة كما سيتم التركيز عليه في الفصول اللاحقة.

ب. نظام الجرد المستمر Perpetual Inventory System

بموجب هذا النظام يمكن معرفة كلفة المبيعات وبالتالي كلفة البضاعة المتبقية أولاً بأول عند كل عملية زيادة أو نقصان على مخزون البضاعة ودون الحاجة للجرد الفعلي ، ويتطلب هذا النظام ما يلي :

1- اختيار طريقة معينة مناسبة لحساب كلفة البضاعة المباعة أو الصادرة كأن تكون طريقة ما يرد أولاً يباع أولاً (FIFO) أو طريقة ما يرد آخراً يباع أولاً (LIFO) أو المعدل الموزون (W.A) وحسب سياسة المشروع المستندة أساساً إلى طبيعة البضاعة ووضع السوق وغير ذلك .

2- استخدام الحسابات التالية :

- حساب مراقبة المخزون السلعي للحصول على قيمة مخزون البضاعة (الرصيد) أولاً بأول وبالاعتماد على ما يسمى ببطاقة الصنف الخاصة بكل نوع من البضائع .
- حساب المبيعات أي مبيعات البضاعة (بثمن البيع) وكما في نظام الجرد الدوري.
- حساب كلفة المبيعات Cost of Goods Sold لكل عملية بيع .

مثال : في 2002/1/1 كان رصيد البضاعة لدى مشروع السامر (وهي من صنف AB) 100 وحدة بسعر 10 دينار للوحدة الواحدة .

- في 2002/4/15 اشترى المشروع 200 وحدة من البضاعة بسعر 15 دينار للوحدة بشيك .
- في 2002/9/15 تم بيع 150 وحدة من البضاعة بمبلغ كلي قدره 2000 دينار بشيك .

فإذا علمت إن المشروع يتبع نظام الجرد المستمر وطريقة FIFO ، **المطلوب :**

أ. إعداد بطاقة الصنف للبضاعة لدى المشروع .

ب. إعداد القيود اللازمة للعمليات أعلاه في يومية المشروع ، ومقارنتها بنظام الجرد الدوري .

الحل :

أ. بطاقة الصنف AB

سنة 2001

المستند	التاريخ	الوارد (المشتريات)			الصادر (المبيعات)			الرصيد		
		كمية	سعر	مبلغ	كمية	سعر كلفة	مبلغ	كمية	سعر	مبلغ
	1/1	-	-	-	-	-	-	100	10	1000
	4/15	200	15	3000	-	-	-	100 200	10 15	1000 3000
								300	-	4000
	9/15	-	-	-	150	10 ×100 15×50	1000 750	150	15	2250
الإجمالي		200		3000	150		1750	150		2250

ب. القيود المحاسبية اليومية (مقارنة بين الدوري والمستمر)

تاريخ العملية	نظام الجرد المستمر			نظام الجرد الدوري		
1/1	1000		رصيد	1000		رصيد
4/15	3000 -	- 3000	من حـ/ مراقبة المخازن إلى حـ/ البنك	3000	 3000	من حـ/المشتريات إلى حـ/البنك
9/15	2000 -	- 2000	من حـ/ البنك إلى حـ/ المبيعات	2000	 2000	من حـ/البنك إلى حـ/المبيعات
	1750	 1750	من حـ/تكلفة المبيعات إلى حـ/مراقبة المخازن			لا يوجد قيد

أساليب تسديد أثمان مشتريات البضائع

يمكن إن تنفذ عمليات الشراء أما نقدا أو بالأجل وربما بمزيج من الاثنين :

أ. **الشراء النقدي للبضائع :** وهنا يتم دفع ثمن البضاعة حال إكمال عملية الشراء ، ويعتمد هذا الأسلوب غالبا عندما تتوفر السيولة اللازمة لدى المشتري كذلك عند إمكانية الحصول على خصم مجزي للعملية .

مثال : في 2001/5/25 اشترى مشروع البركة بضاعة من محلات التمار بمبلغ 3500 دينار ، دفع ثمنها نقدا من صندوق المشروع .

الحل : على أساس المستندات اللازمة يتم التسجيل في يومية مشروع البركة وكما موضح أدناه :

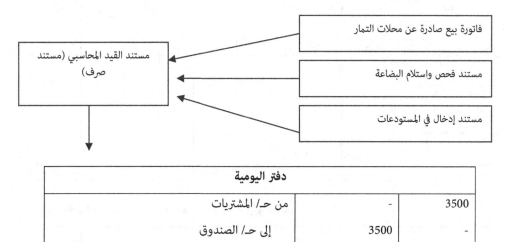

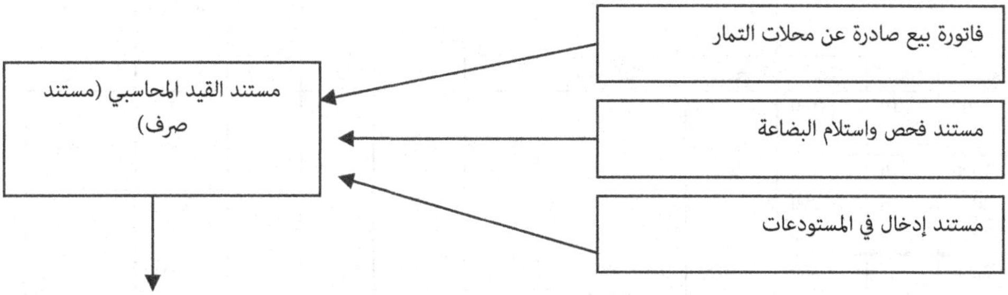

دفتر اليومية		
3500	-	من حـ/ المشتريات
-	3500	إلى حـ/ الصندوق

وإذا كان الشراء بموجب شيك مسحوب على رصيد حساب المشروع في البنك يكون القيد :

3500	-	من حـ/ المشتريات
-	3500	إلى حـ/ البنك

يلاحظ في كلا العمليتين إن المشتريات كانت في الطرف المدين لأنها تمثل زيادة في الأصول بينما كان الصندوق أو البنك في الطرف الدائن ليعني تخفيض في الأصول .

ب. الشراء بالأجل (الائتمان التجاري) **Credit Purchases**

الشراء الأجل هو الشراء بالدين أو ما يسمى بالشراء على الحساب وهو أيضا مصدر من مصادر التمويل طالما إن المشتري لا يدفع ثمن البضاعة المشتراة إلا بعد فترة زمنية من استلامها بالاتفاق مع المجهز لعدم قدرته على السداد النقدي أو لحاجته للأموال أو السيولة ، وان الشراء النقدي لا يمنحه خصم أو أرباح مناسبة. وقد يتحمل المشتري في بعض عمليات الشراء بالأجل مصروفات عن تأجيل التسديد هي بمثابة مصروفات فوائد وكما لاحظنا في فوائد القروض وفيما يلي أهم الأساليب ذات العلاقة .

1- الشراء وفق الحساب المفتوح :

اتفاق غير رسمي بين البائع والمشتري على تجهيز الأخير بالبضاعة المطلوبة، دون تحرير أية مستند أو وثيقة يبين فيها حقوق الأول والتزام الثاني، وهو أسلوب شائع أساسه الثقة ويتميز بالسهولة ويساعد المشتري على تخطي مشاكل السيولة النقدية .

مثال : في 2001/7/25 اشترى مشروع النيل بضاعة بمبلغ 5000 دينار من محلات أسوان على الحساب .

الحل :

5000	-	من حـ/ المشتريات
-	5000	إلى حـ/ الدائنين (محلات أسوان)

2- الشراء بموجب أوراق تجارية :

أي الشراء بموجب مستندات أو تعهدات كالكمبيالات بدلا من الشراء على الأساس السابق .

مثال : في 2002/2/2 اشترى مشروع الرافدين بضاعة من محلات النور بمبلغ 4000 دينار بموجب كمبيالة تستحق بعد 3 شهور .

الحل :

4000	-	من حـ/ المشتريات
-	4000	إلى حـ/ أوراق الدفع (أ .د)
		شراء بضاعة بموجب أ.د من محلات النور

يلاحظ إن الشراء بموجب ورقة دفع هو أيضا دين ، لهذا جاء في الطرف الدائن من القيد .

3- **الشراء بالتقسيط :**

قد تكون ظروف السوق مناسبة لعقد صفقات شراء بالأجل وتسديد ثمن البضاعة بموجب أقساط أو دفعات وليس دفعة واحدة :

مثال : في 2001/3/30 اشترى مشروع دجلة بضاعة بمبلغ 6000 دينار من محلات العودة تسدد بثلاث أقساط شهرية متساوية ، وفعلا تم التسديد نقدا وبالمواعيد المحددة .

الحل : قيد الشراء في يومية مشروع دجلة

6000		من حـ/المشتريات	2001/3/30
	6000	إلى حـ/ الدائنين (محلات العودة)	

قيد تسديد القسط الأول

2000		من حـ/الدائنين (محلات العودة)	2001/4/30
	2000	إلى حـ/ الصندوق	

القسط الثاني

2000		من حـ/الدائنين (محلات العودة)	2001/5/30
	2000	إلى حـ/ الصندوق	

القسط الثالث

2000		من حـ/الدائنين (محلات العودة)	2001/6/30
	2000	إلى حـ/ الصندوق	

يلاحظ : إن حساب الدائنين (محلات العودة) بقي اسمه كما هو وان تغير موقعه من القيد (مرة دائن ومرة مدين) وهذا ما يجب الانتباه إليه وكذلك الحال لبقية الحسابات.

وفي سجل أستاذ المشروع - حساب الدائنون (محلات العودة) يظهر :

حـ/ الدائنون - محلات العودة					
2000	إلى حـ/الصندوق	4/30	6000	من حـ/ المشتريات	3/30
2000	إلى حـ/الصندوق	5/30			
2000	إلى حـ/الصندوق	6/30			
6000			6000		

جـ شراء البضاعة يدفع جزء من الثمن نقدا

وعملية الشراء هنا ليست هي نقدية تماما كما أنها ليست بالأجل تماما ، وإنما جزء منها نقدي والآخر بالأجل ومن أمثلة ذلك :

1- الشراء بدفع جزء من الثمن نقدا والباقي بالأجل : أي إن المشتري غير قادر على سداد كامل المبلغ نقدا وإنما جزء منه ، والجزء الآخر يؤجل لموعد آخر .

مثال : في 2002/4/4 اشترى مشروع النعمة بضاعة من محلات صحارى بمبلغ 6500 ، دفع 500 دينار بشيك والباقي على الحساب .

الحل : يومية المشروع :

6500	-	من حـ/ المشتريات	
		إلى مذكورين	
-	500	حـ/البنك	
-	6000	حـ/ الدائنين (محلات صحارى)	

2- الشراء يدفع جزء من الثمن نقدا والباقي يسدد بأقساط :

مثال : في 2000/7/1 اشترى مشروع النهر بضاعة بمبلغ 3000 دينار من محلات الليث تسدد بثلاث دفعات نقدية ، الأولى عند الشراء والباقي نصف سنوية متساوية

3000		من حـ/المشتريات	2000/7/1
		إلى مذكورين	
	1000	حـ/الصندوق	
	2000	حـ/الدائنين (محلات الليث)	

القسط الثاني :

1000		من حـ/ الدائنين (محلات الليث)	2000/12/31
	1000	إلى حـ/الصندوق	

القسط الثالث :

1000	-	من حـ/ الدائنين (محلات الليث)	2001/6/30
-	1000	إلى حـ/الصندوق	

د. الشراء بعربون

في الواقع إن مثل هذه الحالة ليست عملية شراء كاملة ، حيث لا يمكن اعتبارها كذلك إلا بعد استلام البضاعة .

مثال 1: في 2002/2/1 دفع مشروع العاصي مبلغ 600 دينار نقدا كعربون عن شراء بضاعة من التاجر حمدان قيمتها 7600 دينار ، يسدد المبلغ المتبقي عند الاستلام .

- في 20/منه تم استلام البضاعة ودفع المبلغ المتبقي بشيك .

الحل : يومية المشروع - عند دفع العربون

600	-	من حـ/الدائنين (حمدان)	2002/2/1
-	600	إلى حـ/ الصندوق	

عند استلام البضاعة

7600	-	من حـ/المشتريات	2002/2/20
		إلى مذكورين	
-	600	حـ/الدائنين (حمدان)	
-	7000	حـ/البنك	

لقد ظهر حساب الدائنون (مدين) خلاف طبيعته (دائن) بموجب قيد العربون ولم يظهر على طبيعته إلا بموجب القيد الثاني عند استلام البضاعة .

مثال 2: في 2001/9/13 اشترى مشروع الباسم بضاعة من محلات التقوى بمبلغ 12400 دينار وبالشروط التالية .

- دفع عربون قدره 1400 نقدا .
- استلام البضاعة في 2001/9/30 .
- دفع المبلغ المتبقي بشيك في 2001/10/30 .

وفعلا تمت العمليات بالمواعيد المبينة أعلاه .

الحل : يومية مشروع الباسم

1400	-	من حـ/ الدائنين (محلات التقوى)	9/3
-	1400	إلى حـ/ الصندوق	
		دفع العربون	

12400	-	من حـ/ المشتريات	9/30
-	12400	إلى حـ/ الدائنين (محلات التقوى)	
		استلام البضاعة	

11000	-	من حـ/ الدائنين (محلات التقوى)	9/3
-	11000	إلى حـ/ البنك	
		تسديد ثمن البضاعة بعد خصم العربون	

تكرار عمليات الشراء واستخدام اليومية المساعدة للمشتريات الآجلة

قد تستدعي طبيعة العمل في المشروع وكما ذكرنا استخدام دفتر يومية مساعد للمشتريات الآجلة لغرض توفير معلومات تفصيلية ، إضافة إلى توفير الجهد والكلفة لمتابعة عمليات الشراء المتكررة مع عدد من الموردين . وعادة في نهاية اليوم ترحل العمليات إلى دفتر أستاذ المدينين ، ويعد قيد يومية مركزية بالمبيعات الشهرية ويرحل إلى دفتر الأستاذ العام .

مثال : فيما يأتي عمليات شراء البضائع التي جرت خلال شهر حزيران/2005 في مشروع الصلاح :

- في 4/منه شراء بضائع صنف A من شركة الثناء بمبلغ 2800 دينار بالأجل.
- في 9/منه شراء بضاعة صنف A من شركة الثناء بمبلغ 2400 دينار بالأجل.
- في 15/منه شراء بضاعة صنف B من محلات الزايد بمبلغ 3000 دينار بالأجل.
- في 20/منه شراء بضاعة صنف A من محلات الثامر بمبلغ 4000 دينار بالأجل.
- في25/منه شراء بضاعة صنف B من محلات الأصيل بمبلغ 3500 دينار بالأجل.

الحل : اليومية المساعد للمشتريات الآجلة

مشروع الصلاح
يومية المشتريات الاجلة
شهر حزيران

رقم المستند	القيد		المورد	رقم صفحة الأستاذ	شروط التسلم	شروط الدفع	البيانات التحليلية					
	رقم	تاريخ					صنف	كمية	سعر	مبلغ	صنف	
											A	B
		4/منه	شركة الثناء				A			2800	2800	-
		9/منه	شركة الثناء				A			2400	2400	-
		15/منه	محلات الزايد				B			3000	-	3000
		20/منه	محلات الثامر				A			4000	4000	-
		25/منه	محلات الأصيل				B			3500	-	3500
									الاجمالي	15700	9200	6500

ب. دفتر أستاذ الدائنين المساعد

حـ/ شركة الثناء

	5200 من حـ/ المشتريات

حـ/ محلات الزايد

	3000 من حـ/ المشتريات

حـ/ محلات الثامر

	4000 من حـ/ المشتريات

حـ/ محلات الأصيل

	3500من حـ/ المشتريات

جـ. قيد اليومية المركزية ودفتر اليومية المركزية

15700	-	من حـ/ المشتريات
-	15700	إلى حـ/ الدائنون

د. دفتر الأستاذ العام

حـ/ الدائنون

	15700 من حـ/ المشتريات

مصروفات الشراء Purchase Expenses

يتحمل المشروع عند شراءه البضائع وحسب الشروط المتفق عليها مع المجهز كل أو بعض المصروفات المبينة أدناه لضمان وصول البضاعة إليه إضافة إلى ذلك إضافة إلى ثمن الشراء بموجب فاتورة المجهر (المورد) Supplier ، والتي تضاف إلى صافي المشتريات للتوصل الى تكلفة المشتريات.

أ- مصروفات شحن ونقل المشتريات:

هناك ثلاث احتمالات للاتفاق بين البائع والمشتري حول هذه المصاريف وهي:

1-التسليم للبضاعة المشتراة محل البائع وفي هذه الحالة لا يتحمل البائع أية مصروفات عن نقل المشتريات لغاية محلات المشتري وانما العكس ، أي المشتري هو الذي يتحمل تلك المصروفات وتسمى هذه المصروفات أيضا بمصروفات النقل للداخل Forward Expenses.

مثال: في 2000/12/8 اشترى مشروع البسام بضاعة بمبلغ 3500 دينار دفع قيمتها بموجب شيك ودفع مصاريف نقلها لغاية محلاته والبالغة 100 دينار نقداً.

		من مذكورين
3500	-	حـ/المشتريات
100	-	حـ/ مصروفات نقل للداخل
		الى مذكورين
-	3500	حـ/البنك
-	100	حـ/الصندوق

2-التسليم للبضاعة المشتراة في مكان بين محل البائع ومحل المشتري وهنا لا يتحمل المشتري كل مصاريف نقل البضاعة المشتراة وانما جزء منها وحسب المكان الذي يتم الاتفاق عليه ولا فرق في قيد هذه العملية عن السابقة.

مثال: في 2001/8/18 دفع مشروع البسام مبلغ 40 دينار نقداً عن نقل البضاعة المشتراة من مكان التسليم المتفق عليه مع البائع إلى مستودعات المشروع.

40	-	من حـ/ مصروفات نقل للداخل (نقل للداخل)
-	40	إلى حـ/الصندوق

3-التسليم محل المشتري: في هذه الحالة يتحمل البائع كافة مصاريف نقل البضاعة لغاية محلات المشتري وبالتالي لا يدفع المشتري أية مبالغ عن نقل البضاعة ، ثم لا قيد لذلك في دفاتره واذا حصل وان دفع المشتري ذلك فيكون نيابة عن البائع لذلك يكون حـ/ الدائنون مدين بالمبلغ في سجلات المشتري كما هو الحال في العربون.

ب- مصروفات تامين على البضاعة المشتراة: Insurance

كما في الحالة (أ) وحسب شروط التسليم فإذا كان شرط التسليم هو محلات المشتري فلا يتحمل المشتري مصروفات تأمين على البضاعة المشتراة إن تطلب الأمر ذلك. أما إذا كان التسليم محلات البائع أو في مكان ما بين المحلين عندئذ يتحمل المشتري مبلغ التامين وحسب الحالة. ولا يختلف الأمر فيما يتعلق بعمليات استيراد البضاعة ، حيث Free on Board (F.O.B) يعني إن البائع يسلم البضاعة للمشتري في ميناءه (ميناء البائع) ، وشرط Cost Insurance and Freight (C.I.F) يعني إن البائع يسلم البضاعة في ميناء المشتري (المستورد) أي ان البائع يتحمل مصروفات الشحن والتأمين لغاية محلات المشتري، وحسب (C&F) فالتسليم يكون في ميناء المشتري ولكن دون تأمين .

وعند تحمل المشتري لأي مبلغ عن التأمين عن البضاعة عليه قيد ذلك في سجلاته.

مثال: في 2000/6/16 دفع المشروع مبلغ 1600 دينار بشيك عن تامين على البضاعة المشتراة من محلات الريف والتسليم محلات البائع.

160	-	من حـ/مصروفات تامين على المشتريات
-	160	إلى حـ/البنك

ج-الرسوم الجمركية على البضاعة المشتراة:

في حالة استيراد البضائع (شراء من خارج البلد) وكونها خاضعة للرسوم الجمركية أي أنها غير معفاة يتحمل المشروع تلك المصروفات كمصروفات رسوم جمركية.

مثال: في 2000/12/12 اشترى المشروع بضاعة بمبلغ 5000 دينار عليها رسوم جمركية 5% دفعها بشيك.

250	-	من حـ/رسوم جمركية على المشتريات
-	250	إلى حـ/البنك

د-عمولة وكلاء الشراء Commission

قد يقوم المشروع بتوسيط بعض المكاتب أو السماسرة لإتمام بعض صفقات الشراء ويحدد مبلغ العمولة حسب الاتفاق.

مثال: في 2000/4/30 اشترى مشروع الياسر بضاعة قيمتها 10000 دينار من خلال توسط أحد مكاتب السمسرة لقاء عمولة 2% من قيمة البضاعة دفعها المشروع نقداً.

200	-	من حـ/عمولة وكلاء الشراء
-	200	إلى حـ/الصندوق

هـ-**أية مصروفات اخرى** قد يتحملها المشروع عند شراء البضاعة فتسمى باسمها كمصروفات تفريغ البضائع ورسوم الاستيراد للبضائع وغيرها وتكون في الطرف المدين من القيد حالها حال كل المصروفات طالما أنها تمثل تخفيض في الأصول أو زيادة في الخصوم.

مردودات المشتريات Purchase Returns

عندما تكون البضاعة المشتراة أو جزء منها مخالفا للشروط المتفق عليها، أو عدم مطابقتها للمواصفات كوجود اختلاف في النوع أو وجود تلف أو عيب فيها يمكن ردها أو إرجاعها إلى المورد (البائع) بعد إبلاغه بأشعار مدين ، عن مردودات المشتريات أو ما يسمى بالمردودات الخارجة Returns out ward .

إن قيد اليومية الخاص بهذه المردودات يعتمد على:

- طبيعة الاتفاق بين البائع والمشتري عن رد كامل البضاعة المخالفة أو جزء منها أم الاحتفاظ بها.
- عملية التسديد المتفق عليها للمشتريات اصلا .

إن حساب مردودات المشتريات هو الحساب الدائن من القيد لأنه يمثل تخفيض على المشتريات.

مثال: في 2001/5/17 قام مشروع العبد الله بإرجاع ما قيمته 350 دينار من البضاعة المشتراة من مشروع الأمراء والمسددة قيمتها نقدا بسبب مخالفتها للشروط تم صرف المبلغ نقدا مع تحمل البائع لمصروفات نقل المردودات.

الحل: يومية مشروع العبد الله

350	-	من حـ/الصندوق
-	350	إلى حـ/مردودات المشتريات (مردودات خارجية)

ويمكن إن يعد قيدين بالعملية تمشيا مع الإجراءات في الحياة العملية:

350	-	من حـ/الدائنين (مشروع الأمراء)
-	350	إلى حـ/مردودات المشتريات

350	-	من حـ/الصندوق
-	350	إلى حـ/الدائنين (مشروع الأمراء)

مسموحات المشتريات Purchase Allowances

عندما تكون البضاعة المشتراة أو جزء منها تالفا أو فيه نقص أو عيب مخالفا للشروط ويكون بالإمكان ردها للبائع، ولكن من خلال التفاوض بين الطرفين قد يقرر المشتري الاحتفاظ بها عندما يتنازل البائع عن جزء من قيمتها لهذا تسمى بمسموحات المشتريات، وهي أيضا حساب دائن في القيد كمردودات المشتريات والتي تمثل تخفيض على كلفة المشتريات.

مثال1 : في 2001/6/9 بلغت قيمة البضاعة المشتراة من قبل مشروع الأثير والمخالفة للشروط 800 دينار ، وبعد التفاوض مع المجهز تم السماح للمشروع بنصف قيمتها مقابل عدم إرجاعها وصرف المبلغ نقدا.

400	-	من حـ/الصندوق
-	400	إلى حـ/مسموحات المشتريات
		مسموحات مشتريات نقدية

وقد يستخدم المشروع حساب واحد لمردودات ومسموحات المشتريات في نفس الوقت بدلاً من حسابين إحدى للمردودات وآخر للمسموحات.

مثال2: في 2001/7/11 بلغت مردودات المشتريات الآجلة لمشروع بردى 130 دينار ومسموحات المشتريات 120 دينار لعملياته مع شركة الصفاء .

250	-	من حـ/الدائنين
-	250	إلى حـ/مردودات ومسموحات المشتريات
		مردودات المشتريات الآجلة

تكرار عمليات مردودات ومسموحات المشتريات واستخدام دفتر اليومية المساعد:

عندما تتكرر عمليات مردودات ومسموحات المشتريات قد يجد المشروع انه من المفضل مسك دفتر يومية خاص بها وعلى غرار دفتر يومية المشتريات الآجلة.

مثال: لنأخذ البيانات الخاصة بمشروع الصلاح (المثال السابق في اليومية المساعدة للمشتريات الآجلة) ، حيث خلال شهر آب/2001 تمت العمليات التالية:

- في 6/منه إرجاع بضاعة قيمتها 150 دينار مشتراة من شركة الثناء بسبب مخالفتها للمواصفات (صنف A)
- في 10/منه حصل المشروع مسموحات مشتريات قدرها 200 دينار من محلات الزايد لوجود عيب في البضاعة المشتراة منهم بالأجل (صنف B)
- في 16/منه قام المشروع بإرجاع ما قيمة 650 دينار من البضاعة المشتراة بالأجل من محلات الثامر بسبب وجود تلف فيها (صنف A).

الحل: أ-دفتر يومية مردودات ومسموحات المشتريات -محلات السليماني شهر آب.

التاريخ	اسم المورد	صفحة أستاذ المورد	الأشعار	سبب الرد أو السماح	البيانات التحليلية					
					صنف	كمية	سعر	مبلغ	الصنف	
									A	B
8/6	شركة الثناء			مخالفة المواصفات				150	150	-
8/10	محلات الزايد			وجود عيب				200	-	200
8/16	محلات الثامر			وجود تلف				650	650	-
							الإجمالي	1000	800	200

ب-دفتر أستاذ الموردين (الدائنين)المساعد:

حـ/شركة الثناء

150 إلى حـ/ مردودات ومسموحات المشتريات آب/2001	5200 من حـ/المشتريات حزيران/2001
5050 رصيد (دائن) 8/31	ـــــ
5200	5200
	5050 رصيد 9/1

حـ/محلات الزايد

200 إلى حـ/ مردودات ومسموحات المشتريات آب/2001	3000 من حـ/المشتريات حزيران/2001
2800 رصيد مرحل (دائن) (8/31)	
3000	3000
	2800 رصيد 9/1

حـ/محلات الثامر

650 إلى حـ/ مردودات ومسموحات المشتريات آب/2001	4000 من حـ/المشتريات حزيران/2001
3350 رصيد مرحل (دائن) (8/31)	
4000	4000
	3350 رصيد 9/1

حـ/محلات الأَصيل

	3500 من حـ/المشتريات حزيران/2001

ج- قيد اليومية المركزية ودفتر اليومية المركزية

1000	-	من حـ/الدائنين (الموردين)	آب/2001
-	1000	إلى حـ/مردودات ومسموحات المشتريات	

د-دفتر الأستاذ العام

حـ/ الدائنون

1000 إلى حـ/ مردودات ومسموحات المشتريات آب/2001	15700 من حـ/المشتريات حزيران/2001
14700 رصيد مرحل (دائن) (8/31)	
15700	15700
	14700 9/1

أسئلة وتمارين الفصل التاسع

1- من أي نوع من العمليات تعتبر عمليات شراء البضائع في المشروع التجاري؟ وما متطلبات إنجازها؟

2- ما هي أنظمة الرقابة المحاسبية على المخزون السلعي؟ وما الفرق بينها؟

3- اذكر أساليب شراء البضاعة وطرق تسديد أثمانها؟

3- ما الفرق بين: المشتريات ومصروفات الشراء؟

وبين مردودات المشتريات ومسموحات المشتريات ؟

5- فيما يأتي العمليات الخاصة بشراء البضاعة في مشروع الحرير خلال شهر نيسان/2005 من محلات السعدي؟

- في 4/منه شراء بضاعة بمبلغ 4000 دينار نقداً
- في 6/منه شراء بضاعة بمبلغ 8000 دينار بشيك ، وعند استلام البضاعة وفحصها تبين إن ما نسبته 10% من البضاعة وجد تالفا ، تم إرسال أشعار مدين بذلك إلى البائع وتم الاتفاق على إعادتها له.
- في 8/منه قام المشروع بإعادة البضاعة التالفة للمجهز والذي دفع بمبلغ 90 دينار عن مصاريف نقلها.
- في 17/منه استلم مشروع الحرير قيمة مردودات المشتريات بشيك.

المطلوب : إعداد القيود اللازمة للعمليات أعلاه في يومية مشروع الحرير.

6- في 1999/9/19 اشترى مشروع الناصر بضاعة من شركة الريم بمبلغ 8850 دينار دفع 850 دينار بشيك والباقي على الحساب.

- في 20/منه دفع مشروع الناصر المصروفات التالية نقداً على البضاعة المشتراة 80 دينار مصاريف تامين ، 130 مصاريف نقل للداخل. 40 دينار مصاريف تفريغ وتنضيد.
- في 22/منه وجد المشروع إن ما قيمته 400 دينار من البضاعة المشتراة فيها تلف جزئي وتم أشعار شركة الريم بذلك ، وتم الاتفاق على احتفاظ المشروع بالبضاعة هذه مقابل مسموحات بمقدار 50 % من ثمنها.

- في 25/منه تم تسديد نصف الدين الذي بذمة المشروع إلى شركة الريم بشيك.
- في 30/منه تم تسديد نصف الدين الذي بذمة المشروع إلى شركة الريم بشيك.

المطلوب: أ-إعداد القيود اللازمة للعمليات أعلاه في يومية مشروع الناصر.

ب-تصوير حساب شركة الريم (الدائنون) في سجل أستاذ مشروع الناصر.

الحل: يومية مشروع الناصر :

8850		من حـ/المشتريات	9/19
		إلى مذكورين	
-	850	حـ/الصندوق	
-	8000	حـ/الدائنين-شركة الريم	
		من مذكورين	9/20
80		حـ/مصروف تامين على المشتريات	
130		حـ/مصروفات نقل المشتريات	
40		حـ/مصروفات تفريغ وتنضيد المشتريات	
-	250	إلى حـ/الصندوق	
200	-	من حـ/ الدائنين-شركة الريم	9/22
-	200	إلى حـ/مردودات ومسموحات المشتريات	
3900	-	من حـ/الدائنين – شركة الريم	9/25
-	3900	إلى حـ/ البنك	
1950	-	من حـ/ الدائنين- شركة الريم	9/30
-	1950	إلى حـ/البنك	

ب-سجل الأستاذ لمشروع الناصر

حـ/ الدائنون – شركة الريم					
200	إلى حـ/مردودات ومسموحات المشتريات	9/22	8000	من حـ/المشتريات	9/19
3900	إلى حـ/البنك	9/22			
1950	إلى حـ/البنك	9/30			
1950	رصيد مرحل (دائن)	9/30			
8000			8000		
			1950	رصيد 10/1	

7- في 2001/9/11 ابتدأ مشروع الأسعد أعماله بالأصول والخصوم التالية (دينار).

1000	صندوق	4000	قروض
3000	بنك	2900	دائنون محلات الميس
11000	بضاعة	؟؟	راس المال
3400	اثاث	6700	آلات ومعدات

- في15/منه أودع المالك مبلغ 4000 دينار نقداً في صندوق المشروع و6000 دينار في البنك لحساب المشروع كزيادة على راس المال.

- في 25/منه تم شراء بضاعة بمبلغ 3300 دينار من محلات الميس بموجب ورقة دفع (كمبيالة) تستحق بعد شهرين.

- في 27/منه تم دفع مبلغ 130 دينار نقداً تسديداً لفاتورة تلفون خاصة بالدار التي يسكنها مالك المشروع.

- في 28/منه تم شراء سيارة لأغراض المشروع بمبلغ 4000 دينار دفع منها 1000 دينار نقدا والباقي بموجب شيك.

- في 29/منه تم شراء بضاعة بمبلغ 3700 دينار من محلات الميس دفع منها 700 دينار نقدا والباقي بالأجل.

- في 30/منه دفع المصروفات العامة البالغة 140 دينار نقدا.

المطلوب: أ- إعداد القيود اللازمة للعمليات أعلاه في يومية المشروع.

ب- تصوير الحسابات في دفتر أستاذ المشروع.

ج- إعداد ميزان المراجعة بالأرصدة لشهر أيلول/2001.

8- في 1/ ك2 كانت أرصدة الحسابات في دفاتر مشروع الشهباني كما يلي (دينار):

7000	صندوق	16000	بضاعة
11000	بنك	3000	اثاث
37000	راس المال.		

- في 5/منه تم شراء بضاعة من محلات السلمان بمبلغ 4000 دينار دفع ¼ المبلغ نقدا والباقي على الحساب.

- في7/منه تم شراء 1000 وحدة بسعر 5 دنانير للوحدة من البضاعة من شركة النصر دفع نصف المبلغ بشيك والباقي على الحساب ، ودفع المشروع نصف مصروفات نقل البضاعة البالغة 120 دينار نقداً وحسب الشروط.

- في 10/منه تم إرجاع 100 وحدة من البضاعة المشتراة من شركة النصر لمخالفتها الشروط.

- في 15/منه تم شراء اثاث لاستخدام المشروع بمبلغ 600 دينار بشيك.

- في 20/ منه سدد المشروع كامل الدين الذي بذمته لحساب محلات السلمان ونصف ما بذمتـه لشركة النصر بموجب شيكات.
- في 29/منه دفع بدل إيجار المحل للشهر والبالغ 200 دينار بشيك.
- في 30/منه دفع رواتب العاملين البالغة 750 دينار نقداً.

المطلوب: أ-إعداد القيود اللازمة للعمليات أعلاه في يومية المشروع.

ب- تصوير الحسابات في دفتر أستاذ المشروع.

ج- إعداد ميزان المراجعة بالأرصدة لشهر ك2 .

9- رصيد واحد من الحسابات التالية دائن بطبيعته :

أ- المشتريات　　ج- مردودات المشتريات ومسموحاتها

ب- مصروفات نقل المشتريات　　د- مصروفات نقل للداخل

10- فيما يلي ارصدة بعض الحسابات لمشروع الجميلي (دينار):

50000 مبيعات	1000 مردودات مبيعات	500 خصم المبيعات
25000 مشتريات	2000 مردودات ومسموحات المشتريات	800 خصم المشتريات
900 نقل المشتريات	600 نقل المبيعات	400 تأمين على المشتريات

عليه تكون تكلفة المشتريات:

أ- 23100　ب- 23500　ج- 22200　د- 23000

11- حدد مما يلي الفقرات التي تتضمنها البضاعة المتبقية لدى المشروع في آخر المدة (بضاعة آخر المدة):

أ- البضاعة على سبيل الامانة لدى الغير　　و- بضاعة مباعة F.O.B

ب- بضاعة مشتراة F.O.B　　ز- بضاعة مباعة .C.I.F

ج- بضاعة مشتراة .C.I.F　　ح- بضاعة مباعة .C. & F

د- بضاعة مشتراة .C. & F

هـ- البضاعة على سبيل الامانة لدى المشروع

12- عمليات تسديد المشروع لحساب الموردين (الدائنين) يؤدي إلى :

أ- زيادة المطلوبات ج- زيادة الاصول

ب- تخفيض المطلوبات د- زيادة حقوق الملكية

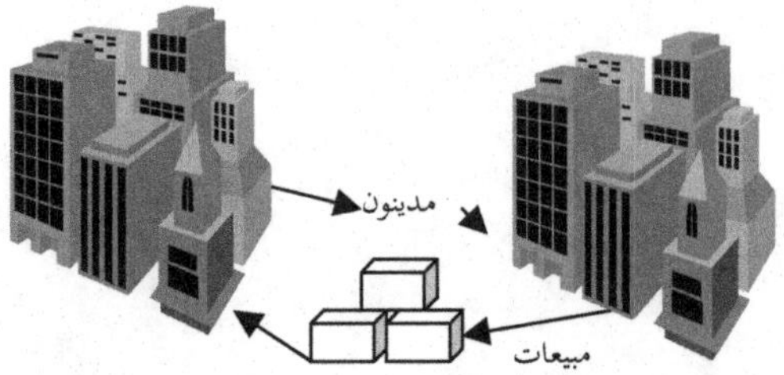

الفصل العاشر

العمليات الايرادية

تحليل وقيد عمليات بيع البضائع SALES TRANSACTIONS

- مقارنة عمليات البيع بعمليات الشراء .
- مصروفات المبيعات .
- مردودات ومسموحات المبيعات .

إن عمليات بيع البضائع هي أيضا من العمليات الايرادية الاعتيادية (الجارية) والرئيسية في المشروع التجاري ، وتتم عملية البيع عندما تتحول ملكية البضاعة من البائع إلى المشتري لقاء استلام ثمن البضاعة أو التزام المشتري بالتسديد في تاريخ لاحق .

مقارنة عمليات البيع بعمليات الشراء للبضائع

لعل المقارنة بين العمليتين تعطي تصورا أوضح في التحليل وبما يسهل فهم عمليات القيد المحاسبي ، والتي نوجزها بالآتي :

- تبدأ عملية البيع للبضاعة باستلام البائع لخطاب أو طلب من المشتري وبالطرق المتعارف عليها ، بينما عملية الشراء تبدأ بتحديد الحاجة للبضاعة قبل إرسال الخطاب إلى المورد ، عليه الأولى تعتبر خارجية بينما الثانية داخلية بالنسبة للمشروع من حيث القرار .
- يقوم البائع بإصدار فاتورة بيع بعد الاتفاق مع المشتري على شروط التسليم وتسديد ثمن البضاعة ، بينما يكون المشتري متسلما لتلك الفاتورة .
- يعد مستند إصدار مخزني للبضاعة المباعة بينما يعد مستند إدخال مخزني بالبضاعة المشتراة (بضاعة صادرة وبضاعة واردة) .
- عملية شراء البضاعة تمثل زيادة على مخزون المشروع بينما مبيعات البضاعة تمثل تخفيض له .
- يجري قيد عمليات شراء البضاعة بالكلفة بينما مبيعاتها بسعر البيع (في نظام الجرد المستمر قيدين أحدهما بكلفة المبيعات والآخر بسعر البيع) . كما أن سعر البيع يجب أن يغطي أساسا كل ما ينفق على عمليات شراء البضاعة لغاية إعدادها للبيع إضافة إلى ثمن الشراء ومعدل أو هامش ربح معقول .
- تختلف مسميات الحسابات بين المشتريات والمبيعات بما يتناسب وطبيعة العملية فهناك مردودات المشتريات بالنسبة للمشتريات ومردودات المبيعات بالنسبة للمبيعات ، وكذلك هنالك مصروفات نقل للداخل (للمشتريات) ، ومصروفات نقل للخارج (المبيعات) ... الخ.
- يختلف أيضا موقع الحساب من القيد فالمشتريات في الطرف المدين بينما المبيعات في الطرف الدائن ، ومردودات ومسموحات المشتريات بالطرف الدائن بينما مردودات ومسموحات المبيعات بالطرف المدين عدا المصروفات ففي كلا العمليتين تكون في الطرف المدين ، حالها حال بقية المصروفات .

أما **أساليب استلام أثمان مبيعات البضائع** ، فكما هو الحال بالنسبة لمشتريات البضائع ، هناك أسلوبين لاستلام أثمان البضائع المباعة ، نقدا أو بالأجل أو مزيج بينهما .

أ. **البيع النقدي للبضائع** . حيث يتم استلام ثمن البضاعة حال إكمال عملية البيع، ويعتمد هذا الأسلوب على مدى توفر السيولة النقدية لدى المشتري (الزبون)، وسياسة البائع في البيع والائتمان .

مثال : في 2001/5/25 باعت محلات التمار بضاعة بمبلغ 3500 دينار إلى مشروع البركة.

الحل : على أساس المستندات اللازمة للعملية يتم التسجيل في يومية مشروع التمار وكما موضح أدناه :

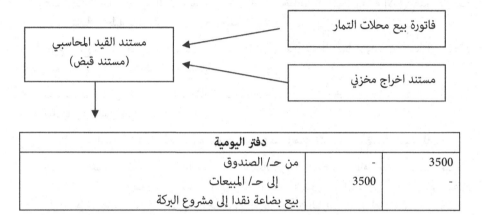

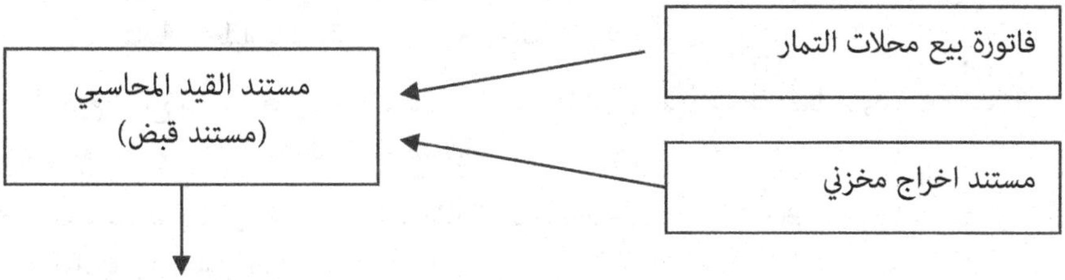

دفتر اليومية		
3500	-	من حـ/ الصندوق
-	3500	إلى حـ/ المبيعات
		بيع بضاعة نقدا إلى مشروع البركة

ب. **البيع بالأجل (الائتمان التجاري) Credit Sales**

عملية بيع البضاعة بالأجل أو على الحساب ، هي من العمليات الشائعة خصوصا عندما لا تتوفر السيولة النقدية الكافية لدى الزبائن ، أو أن البائع يرغب بتصريف بضاعته بالسرعة الممكنة ، ومن المعلوم أن ثمن البيع بالأجل يكون عادة أعلى من ثمن البيع النقدي للأسباب التالية :

- تحمل البائع لمصاريف مختلفة لإدارة الديون كرواتب العاملين ومصاريف المراسلات وغيرها.
- احتمال تحمل البائع لبعض الخسائر جراء عدم تسديد بعض الزبائن للديون المترتبة بذمتهم .
- منح البائع شيء من التعويض عن الأرباح التي يخسرها عند عدم استثمار ذلك الجزء من المال الذي اصبح لدى المشتري في مجال آخر ، كما إن تأخر

المشتري في تسديد ثمن البضاعة قد يحمله فوائد تعتبر إيرادات بالنسبة للبائع ، والبيع بالأجل يمكن أن يأخذ أشكال عديدة أهمها :

1- البيع وفق الحساب المفتوح :

وهو نوع شائع من أنواع البيع بالأجل ، أساسه الثقة ، حيث يجهز البائع البضاعة المطلوبة للمشتري دون أية مستندات توثق ذلك ، وهذا الأسلوب من الأساليب الميسرة للزبون تساعده في تخطي مشاكل السيولة النقدية لديه .

مثال : في 2001/3/4 باع مشروع الأريج بضاعة بمبلغ 4400 دينار بالأجل إلى محلات الريم .

الحل : يومية مشروع الأريج

4400	-	من حـ/ المدينين (محلات الريم)
-	4400	إلى حـ/ المبيعات
		بيع بضاعة بالأجل إلى محلات الريم

يلاحظ أن حساب المدينون هو اصل من أصول المشروع حل محل أصول اخرى كالنقد في الصندوق أو البنك ، لذلك اصبح مدين في القيد لأن العملية تمثل زيادة على هذا الأصل . بينما المبيعات في الطرف الدائن لأنه عبارة عن إيراد للمشروع .

2- البيع بموجب أوراق تجارية :

أي بيع بالأجل وبموجب تعهدات أو كمبيالات أو سندات بدلاً من البيع نقدا أو على أساس الثقة.

مثال : في 2002/2/2 باعت محلات النور بضاعة إلى مشروع الرافدين بمبلغ 4000 دينار بموجب كمبيالة تستحق بعد 3 شهور .

الحل : يومية محلات النور

4000	-	من حـ/ أوراق القبض (أ.ق)
-	4000	إلى حـ/ المبيعات
		بيع بضاعة بموجب أ.ق إلى مشروع الرافدين

وهنا فان أ.ق أصل حل محل الأصول الأخرى ، ، صندوق ، أو بنك أو مدينون استنادا إلى طبيعة العملية التي تمت بموجب كمبيالة .

3- **البيع بالتقسيط :**

وهنا يتم الاتفاق بين البائع والمشتري على قيام الثاني بتسديد ثمن البضاعة بموجب عدد من الأقساط وحسب ظروف السوق التي سادت عند عقد الصفقة ، ومثل هذا الأسلوب غالبا ما يؤدي إلى رفع سعر البيع نتيجة زيادة مصروفات التحصيل التي تزداد بزيادة المدة وعدد الأقساط .

مثال : في 2001/7/1 باع مشروع الاحمدي بضاعة بمبلغ 9000 دينار إلى محلات النورس تسدد بقسطين شهريّن ، مبلغ الأول 3000 دينار وفعلا تم الاستلام وحسب الاتفاق .

الحل : يومية مشروع الاحمدي

9000	-	من حـ/ المدينين (محلات النورس)	2001/7/1
-	9000	إلى حـ/ المبيعات	
		بيع بضاعة إلى محلات النورس بالأجل وبأقساط شهرية	

عند استلام القسط الأول :

3000	-	من حـ/ الصندوق	7/30
-	3000	إلى حـ/ المدينين (محلات النورس)	

عند استلام القسط الثاني :

6000	-	من حـ/ الصندوق	8/30
-	6000	إلى حـ/ المدينون (محلات النورس)	

دفتر الأستاذ - مشروع الاحمدي

حـ/ المدينون - محلات النورس

9000 إلى حـ/ المبيعات 2001/7/1	3000 من حـ/ الصندوق 7/30
	6000 من حـ/ الصندوق 8/30
9000	9000

ج. بيع البضاعة لقاء دفع جزء من الثمن نقدا والباقي بأساليب اخرى : وعملية البيع هذه تأخذ أحد الحالتين :

1- بيع البضاعة باستلام جزء من ثمنها نقدا والباقي إلى اجل محدد أو متفق عليه:

مثال: في 2002/8/18 باع مشروع المنى بضاعة بمبلغ 6300 دينار إلى شركة الصالح تم استلام 1000 دينار نقدا والباقي على الحساب .

الحل يومية مشروع المنى

		من مذكورين
5300	-	حـ/ المدينين – شركة الصالح
1000	-	حـ/ الصندوق
-	6300	إلى حـ/ المبيعات

2- بيع البضاعة لقاء استلام جزء من الثمن نقدا والباقي بأقساط وحسب الاتفاق:

مثال : في 2001/8/19 باعت محلات الأمين بضاعة بمبلغ 3300 دينار إلى شركة الصلاح تسدد بخمسة دفعات متساوية ، الأولى عند الشراء والباقي شهريا. تم الاستلام في المواعيد المحددة .

الحل : يومية محلات الأمين

		من مذكورين	2001/8/19
660	-	حـ/ الصندوق	
2640	-	حـ/ المدينين/ شركة الصلاح	
-	3300	إلى حـ/ المبيعات	
660	-	من حـ/ البنك	2001/9/19
-	660	إلى حـ/ المدينين /شركة الصلاح	
660	-	من حـ/ البنك	2001/10/19
-	660	إلى حـ/ المدينين / شركة الصلاح	
660	-	من حـ/ البنك	2001/11/19
-	660	إلى حـ/ المدينين شركة الصلاح	
660	-	من حـ/ البنك	2001/12/19
-	660	إلى حـ/ المدينين شركة الصلاح	

دفتر أستاذ – محلات الأمين

حـ/ المدينون / شركة الصلاح

2640	إلى المبيعات	2001/8/19	660	من حـ/ البنك	2001/9/19
			660	من حـ/ البنك	2001/10/19
			660	من حـ/ البنك	2001/11/19
			660	من حـ/ البنك	2001/12/19
2640			2640		

د. بيع البضاعة بعربون

لا يمكن اعتبار هذه العملية عملية بيع كاملة إلا عند تسليم البضاعة :

مثال : في 2000/10/10 استلم مشروع الخالد مبلغ 1500 دينار بشيك كعربون من مشروع الأسيل عن تجهيز بضاعة قيمتها 7000 دينار . يستلم المبلغ المتبقي حال تسليم البضاعة .

- في 20/منه تم تسليم البضاعة للمشتري واستلام المبلغ المتبقي بشيك .

الحل : يومية مشروع الخالد

1500	-	من حـ/ البنك	2000/10/10
-	1500	إلى حـ/ المدينين /مشروع الأسيل	
		استلام عربون عن بيع بضاعة	
		من مذكورين	2000/20/20
5500	-	حـ/ البنك	
1500	-	حـ/ المدينين / مشروع الأسيل	
-	7000	إلى حـ/ المبيعات	
		تسليم البضاعة المباعة واستلام ثمنها	

يلاحظ أن حساب المدينون (مشروع الأسيل) ظهر في القيد الأول خلاف طبيعته ، وعند استلام ثمن البضاعة ظهر عكس ذلك فاصبح رصيده صفرا وكما مبين في دفتر الأستاذ أدناه:

دفتر الأستاذ - مشروع الخالد

حـ/ المدينون - مشروع الأسيل

1500 إلى حـ/ المبيعات 2000/10/20	1500 من حـ/ البنك 2000/10/10
1500	1500

تكرار عمليات البيع بالأجل واستخدام دفتر يومية مساعد ، في حالة تكرار البيع بالأجل واستوجب العمل مسك دفتر يومية مساعدة لها ، يتم :

- ترحيل العمليات من هذا الدفتر إلى دفتر أستاذ المدينين في نهاية اليوم .

- جمع المبلغ الإجمالي للمبيعات الأصلية شهريا وترحيله إلى دفتر الأستاذ العام (الجانب الدائن) .

مثال : فيما يأتي عمليات بيع البضائع التي تمت خلال شهر كانون ثاني /2002 في مشروع الربيع :

- في 4/منه بيع بضاعة صنف (A) بمبلغ 3000 دينار إلى محلات المكارم بالأجل .
- في 6//منه بيع بضاعة صنف (B) بمبلغ 4000 دينار إلى محلات المكارم بالأجل .
- في 9/منه بيع بضاعة صنف (A) بمبلغ 2000 دينار إلى شركة طيبة بالأجل .
- في 15/منه بيع بضاعة صنف (B) بمبلغ 3600 دينار إلى مشروع البهاء بالأجل.
- في 23/منه بيع بضاعة صنف (B) بمبلغ 4200 دينار إلى محلات المكارم بالأجل .

الحل : أ. دفتر اليومية المساعدة للمبيعات الآجلة – مشروع الربيع

مشروع الربيع

صفحة : **شهر ك2 /2002**

رقم المستند	القيد		فاتورة البيع		العميل	صفحة الاستاذ	شروط التسليم	شروط الدفع	البيانات التحليلية			الصنف	
	رقم	تاريخ	رقم	تاريخ					الكمية	السعر	المبلغ	A	B
		4/منه			محـــلات المكارم						3000	3000	-
		6/منه			محـــلات المكارم						4000	-	4000
		9/منه			شركـــة طيبة						2000	2000	-
		15/منه			مشـــروع البهاء						3600	-	3600
		29/منه			محـــلات المكارم						4200	-	4200
										الاجمالي	16800	5000	11800

ب. دفتر أستاذ المدينون المساعد :

حـ/ محلات المكارم

11200 إلى حـ / المبيعات	

حـ/ شركة طيبة

2000 إلى حـ/ المبيعات	

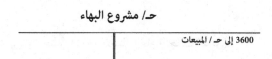

حـ/ مشروع البهاء

3600 إلى حـ / المبيعات	

ج. قيد اليومية المركزية ودفتر اليومية المركزية

16800	-	من حـ/ المدينين	2002/1/31
-	16800	إلى حـ/ المبيعات	

د. **دفتر الاستاذ العام**

حـ/ المدينون

16800 إلى حـ / المبيعات 2002/1/31	

مصروفات البيع Selling Expenses

قد يتحمل البائع لعدد من أنواع المصروفات لغرض إتمام عملية بيع البضائع على الوجه المطلوب ، ومن هذه المصروفات ما يخضع للاتفاق بينه وبين المشتري ومنها ما لا يخضع لذلك وفيما يلي أهمها :

- مصروفات شحن ونقل البضاعة وتوزيعها .
- مصروفات الدعاية والإعلان عن البضاعة .
- عمولات وكلاء ورجال البيع .
- مصروفات التعبئة والتغليف والحزم والعلامات التجارية .
- مصروفات التأمين على البضاعة المباعة .

مصاريف شحن ونقل البضاعة وتوزيعها :

كما لاحظنا في موضوع المشتريات ، هناك ثلاث أشكال لإتمام عمليات تسليم البضاعة للمشتري وهي :

- التسليم محل البائع - التسليم محل المشتري - التسليم في مكان ما بين المحلين

إلا انه في حالة البيع تختلف عناصر القيد وموقع الحساب من القيد .

التسليم محلات البائع : يتحمل المشتري مصروفات نقل البضاعة لغاية محلاتـه، وبالتـالي لا يوجـد قيـد في سجلات البائع في هذه الحالة ، أما إذا قام البائع بنقل البضاعة نيابة عن المشتري أو لحسابه فلا تعتبر هذه مصروفات مبيعات وإنما بمثابة دين بذمة الزبون .

مثال : في 2001/3/14 دفع مشروع الاحمد مبلـغ 110 دينـار نقـدا عـن مصرـوفات نقـل البضـاعة المباعـة للزبون سالم ، نيابة عنه فتم قيدها على حسابه .

الحل : يومية مشروع الاحمد

110	-	من حـ/ المدينين – سالم
-	110	إلى حـ/ الصندوق

التسليم محلات المشتري

وطبيعي أن يتحمل البائع هنـا مصرـوفات نقـل البضـاعة مـن محلاتـه لغايـة محـلات المشـتري (مصروفات نقل للخارج) .

مثال : في 2001/1/1 باع مشروع الشماسي بضاعة بالأجل إلى الزبون ماهر وتحمل مصرـوفات نقلهـا لغايـة محلات الزبون والبالغة 65 دينار نقدا .

الحل : يومية المشروع الشماسي

65	-	من حـ/ مصروفات نقل للخارج
-	65	إلى حـ/ الصندوق

التسليم في مكان بين محلات البائع ومحلات المشتري

وهنا لا يختلف الأمر من الناحية القيدية عن التسليم محلات المشـتري إلا انـه بالتأكيـد يختلـف من حيث حجم المبلغ .

مثال : في 2001/7/27 دفع مشروع العامر مبلغ 140 دينار بشيك عن مصروفات نقـل المبيعـات إلى المكـان المتفق عليه مع الزبون .

الحل : يومية مشروع العامر

240	-	من حـ/ مصروفات نقل للخارج
-	240	إلى حـ / البنك

ب. **مصروفات ترويج البضائع:** وتمثل مصروفات دعاية وإعلان ، من خلال الصحف والإذاعة والتلفزيون وغيرها من الوسائل لتوعية الزبائن وخلق شعور إيجابي بخصوص البضائع المعدة للبيع .

مثال :

في 2006/6/13 قام مشروع النور بنشر إعلان ولعدد من المرات في إحدى الصحف المحلية لترويج بضاعته المعدة للبيع وكلفة ذلك 200 دينار دفعها بشيك.

الحل : يومية مشروع النور

200	-	من حـ/ مصروفات دعاية وإعلان
-	200	إلى حـ/ البنك

ج. مصروفات التأمين على البضاعة المعدة للبيع

قد يضطر المشروع إلى التأمين على البضاعة المعدة للبيع والموجودة في مستودعاته ، ذلك خشية من تعرضها لخطر معين كالحريق أو السرقة وحتى عند نقلها عندما يتحمل هو المبلغ و ليس المشتري .

مثال : في 2000/3/30 دفع مشروع البدر مبلغ 750 دينار بشيك عن التأمين ضد الحريق على البضائع المعدة للبيع .

الحل : يومية مشروع البدر

750	-	من حـ / مصروفات تأمين على البضائع
-	750	إلى حـ/ البنك

د. مصروفات عمولات وكلاء البيع :

وهي المصروفات التي تدفع لمكاتب السمسرة أو التوسط في عقد صفقات البيع عند حاجة المشروع لهم .

مثال : في 2002/1/21 دفع مشروع الهادي مبلغ 220 دينار نقدا لأحد وكلاء البيع عن توسطه في عقد صفقة بيع بضاعته لمحلات الساير .

الحل : يومية مشروع الهادي

220	-	من حـ/ مصروفات عمولات وكلاء البيع
-	220	إلى حـ/ الصندوق

هـ مصروفات إدارة معارض البيع

وتشمل هذه المصروفات بدلات إيجار المعارض ورواتب العاملين فيها وغير ذلك.

مثال : في 2004/4/30 دفع مشروع الرمزي 800 دينار بشيك عن بدل الإيجار الشهري لمعرض بيع البضائع ومبلغ 600 دينار عن رواتب العاملين في المعرض نقدا .

الحل : يومية مشروع الرمزي

800	-	من حـ/ مصروف إيجار معارض البيع
-	800	إلى حـ/ البنك
600		من حـ/ رواتب العاملين في معارض البيع
-	600	إلى حـ/ الصندوق

مردودات ومسموحات المبيعات Sales Returns & Allowances

قد يجد المشتري للبضاعة أنها مخالفة للشروط المتفق عليها مع المورد (البائع) ، كلا أو جزءاً وبالتالي يقوم البائع بقبول ردها اليه فتسمى هذه بمردودات المبيعات ، أو أن يحتفظ المشتري بالبضاعة المباعة إليه كلا أو جزءاً مقابل التنازل عن جزء من ثمنها فتسمى بمسموحات المبيعات .

مردودات المبيعات Sales Returns

عندما يقوم المشتري للبضاعة بردها أو إرجاعها إلى البائع كلها أو لجزء منها ، بسبب مخالفتها للشروط المتفق عليها بين الطرفين ، كوجود عيب أو تلف فيها فهي إذن مردودات مبيعات أو ما يسمى بالمردودات الداخلة Returns Inward، يقوم البائع بإرسال إشعار دائن Credit Note إلى الزبون يعلمه فيه بجعل حسابه دائنا لديه بمقدار قيمة البضاعة المعادة أو المرتجعة .

إن حساب مردودات المبيعات يكون في الطرف المدين من القيد ذلك لأنه يمثل إعادة للبضاعة للمشروع وبالتالي زيادة أصوله (من البضاعة) مقابل التزام أو دين على المشروع لحساب الزبون أو تقليل مديونيته للمشروع .

مثال : في 2001/9/29 باع مشروع البادية بضاعة إلى مشروع المدينة بمبلغ 3330 دينار ، استلم مبلغ 330 نقدا والباقي على الحساب

- في 2001/10/4 رد مشروع المدينة ما قيمته 130 دينار من البضاعة التي اشتراها بتاريخ 9/29 لمخالفتها الشروط .
- في 2001/10/9 تم استلام ما بذمة مشروع المدينة بشيك .

الحل : يومية مشروع البادية

		من مذكورين	
330	-	حـ/ الصندوق	2001/9/29
3000	-	حـ/ المدينين	
-	3330	إلى حـ/ المبيعات	
130	-	من حـ/ مردودات المبيعات	2001/1/4
-	130	إلى حـ/ المدينين	
2870	-	من حـ/ البنك	2001/10/9
-	2870	إلى حـ/ المدينين	

دفتر الأستاذ- مشروع البادية

حـ/ المدينون-مشروع المدينة					
صفحة/					
3000	إلى حـ/المبيعات	2001/9/29	130	من حـ/مردودات المبيعات	2001/1/4
			2870	من حـ/البنك	2001/10/9
3000			3000		

مسموحات المبيعات Sales Allowances

ربما يجد البائع من المناسب الاتفاق مع الزبون على الاحتفاظ بالبضاعة المخالفة للشروط وعدم إرجاعها ، وفي هذه الحالة لابد له من التنازل عن شيء من ثمن البضاعة لتشجيع الزبون بعدم ردها والتمكن من تحقيق ربح مناسب من بيعها تسمى هذه العملية بمسموحات المبيعات حيث يرسل البائع إشعار دائن للزبون يعلمه فيه بمنحه مسموحات بمبلغ معين أو نسبة معينة من قيمة البضاعة المخالفة للشروط.

وحساب مسموحات المبيعات يكون في الطرف المدين من القيد ذلك انه يمثل تخفيض على المبيعات التي هي في الطرف الدائن وهو بالتالي يمثل خسائر للبائع وموقع الخسائر من القيد كموقع المصروفات.

مثال: في 2001/3/27 ، ومن ضمن البضاعة التي باعها مشروع الزاهر الى شركة الهدى ، وجدت الشركة ان ما قيمته 1500 دينار مخالفا للمواصفات المتفق عليها ، وقد تم الاتفاق على منح الشركة سماح بنسبة 50% من القيمة لقاء عدم رد البضاعة المخالفة للمواصفات .

في 29/منه تم دفع المبلغ المستحق لشركة الهدى نقداً.

الحل: يومية مشروع الزاهر

750	-	من حـ/مسموحات المبيعات	2001/3/27
-	750	إلى حـ/المدينين-شركة الهدى	
750	-	من حـ/المدينين-شركة الهدى	2001/3/29
-	750	إلى حـ/الصندوق	

حساب مردودات ومسموحات المبيعات:

قد يستخدم المشروع حساب واحد يجمع فيه مردودات المبيعات مع مسموحاتها بدلا من وجود حساب منفصل لكل منهما ، وذلك حسب طبيعة عمل المشروع وحاجته لمثل هذه البيانات.

مثال: في 2001/11/11 استلم مشروع بنغازي مردودات بضاعة مباعة إلى محلات الشامي بقيمة 400 دينار.

-في 2001/11/18 أعطى مشروع بنغازي سماحات بمبلغ 250 دينار إلى محلات المغربي لقاء عدم رد بضاعة فيها عيب سبق وان بيعت لهم بتاريخ سابق.

الحل: يومية مشروع بنغازي.

400	-	من حـ/مردودات ومسموحات المبيعات	2001/11/11
-	400	إلى حـ/المدينين-محلات الشامي	
250	-	من حـ/ مردودات ومسموحات المبيعات	2001/11/18
-	250	إلى حـ/المدينين-محلات المغربي	

تكرار عمليات مردودات ومسموحات المبيعات واستخدام دفتر يومية مساعد:

عندما تتكرر عمليات رد البضاعة المباعة ، قد يخصص المشروع دفتر يومية مساعد لهذا الغرض.

مثال: لنفترض أن في المثال السابق لليومية المساعدة للمبيعات الآجلة، حصلت المردودات التالية خلال شهر شباط /2002 على مبيعات مشروع الربيع.

- في 12/منه ردت محلات المكارم ما قيمته 350 دينار من البضاعة A لمخالفتها الشروط.
- في 18/منه ردت شركة طيبة ما قيمته 120 دينار من البضاعة A لتلفها.
- في 22/منه تم منح مشروع البهاء مسموحات بمبلغ 280 دينار لقاء احتفاظه ببضاعة معابة جزئيا.

الحل : أ-دفتر يومية مردودات ومسموحات المبيعات المساعد

مشروع الربيع
دفتر يومية مردودات ومسموحات المبيعات
شهر/ شباط /2002

التاريخ	اسم العميل	صفحة أستاذ العميل	الإشعار الدائن	رقم الفاتورة	سبب الرد أو السماح	البيانات التحليلية				الصنف	
						صنف	كمية	سعر	مبلغ	A	B
12/منه	محـــلات المكارم					A			350	350	-
18/منه	شركة طيبة					A			120	120	-
22/منه	مشـــروع البهاء					B			280	-	280
								الإجمالي	750	470	280

ب-دفتر الأستاذ المساعد للمدينين

حـ/المدينون- محلات المكارم

11200 إلى حـ/ المبيعات ك2002/1	350 من حـ/مردودات ومسموحات المبيعات شباط/2002
	10850 رصيد مرحل (مدين) 2/29
11200	11200
10850 رصيد 3/1	

حـ/المدينون-شركة طيبة

2000 إلى حـ/ المبيعات ك2002/1	120 من حـ/مردودات ومسموحات المبيعات شباط/2002
	1880 رصيد مرحل (مدين) 2/29
2000	2000
1880 رصيد 3/1	

حـ/المدينون - شركة البهاء

3600 إلى حـ/ المبيعات ك2002/1	280 من حـ/مردودات ومسموحات المبيعات شباط/2002
____	3320 رصيد مرحل (مدين) 2/29
3600	3600
3320 رصيد 3/1	

ج-قيد اليومية المركزية ودفتر اليومية المركزية

750	-	من حـ/مردودات ومسموحات المبيعات	شباط /2002
-	750	إلى حـ/المدينون	

د-دفتر الأستاذ العام

حـ/ المدينون (العملاء)

16800 إلى حـ/ المبيعات ك2002/1	750 من حـ/مردودات ومسموحات المبيعات شباط/2002
____	16050 رصيد مرحل (مندين) 2/28
16800	16800
16050 رصيد 3/1	

ضريبة المبيعات

تفرض هذه الضريبة على البضائع والخدمات المباعة ويتحملها الزبون لحساب الجهات المعنية بتحصيل الضريبة ويكون المشروع البائع بمثابة وسيط،

وبالتالي فان المبلغ المستلم من قبل المشروع عن الضريبة يمكن اعتباره امانات لديه لحين التسديد لتلك الجهات، اما بالنسبة للمشتري فهي كلفة أو مصروف.

مثال : في 2006/9/27 باع مشروع النوفل بضاعة نقداً ثمنها 1000 دينار وتخضع لضريبة مبيعات بنسبة 8% . وفي 9/30 سدد المشروع الامانات المستحقة لدائرة الضريبة.

يومية المشروع :

1080	-	من حـ/ الصندوق	9/27
		الى مذكورين	
	1000	حـ/ المبيعات	
	80	حـ/ امانات ضريبة المبيعات	
80	-	من حـ/ امانات ضريبة المبيعات	9/30
-	80	الى حـ/ الصندوق	

أسئلة وتمارين الفصل العاشر

1- ما هي أوجه الاختلاف بين عمليات البيع وعمليات الشراء؟ وما أثر ذلك من الناحية القيدية في المحاسبة؟

2- ما هي اوجه التشابه بين عمليات البيع وعمليات الشراء؟ وما اثر ذلك على الناحية القيدية في المحاسبة؟

3- ما هي الأساليب الشائعة لاستلام أثمان المبيعات؟ وهل هناك اختلاف بينها من الناحية القيدية؟

4- متى يستخدم دفتر يومية مساعد لعمليات البيع بالأجل؟ وكيف يتم استخدامه؟

5- ما هي مصروفات المبيعات؟ ومتى تتحقق وهل تختلف عملية قيدها عن بقية المصروفات؟

6- وضح المقصود بمردودات المبيعات؟ ومسموحات المبيعات؟ ومتى يتم الجمع بينهما بحساب واحد؟

7- ابتدأ مشروع الشهد عمله التجاري في 2005/5/4 بالأصول والخصوم التالية (دينار) :

11000 صندوق	21000 بنك	31000 بضاعة
11000 اثاث	41000 وسائط نقل	115000 راس مال

- في 10/ منه باع بضاعة بمبلغ 5000 دينار إلى محلات الأثير استلم 500 دينار بشيك والباقي على الحساب.
- في 15/منه باع بضاعة بمبلغ 3000 دينار إلى مشروع السجا يسدد بخمسة دفعات نقدية شهرية متساوية واستلام الدفعة الأولى عند البيع.
- في 17/منه استلم المشروع عربون قدره 250 دينار نقداً عن بيع بضاعة إلى محلات المصطفى.
- في 19/منه وجدت محلات الأثير أن ما نسبته 10% من البضاعة التي اشترتها من المشروع في 10/ منه مخالفة للشروط وتم الاتفاق على الاحتفاظ بها لديهم مقابل سماح قدره 50% من قيمة البضاعة المخالفة للشروط.
- في 21/منه سدد مشروع الأثير ما بذمته بشيك إلى المشروع.

المطلوب: قيد العمليات أعلاه في يومية مشروع الشهد لشهر 5 .

8- كانت أرصدة الحسابات الظاهرة في دفتر الأستاذ لمشروع العلي في 2001/9/1 كما يلي (دينار) :

3000 صندوق	5000 بنك		7000 اثاث
28000 بضاعة	30000 مباني		19000 مبيعات
12000 مدينون /محلات العباس		2500 رواتب وأجور	1500 مصروفات عامة
700 مسموحات مبيعات	600 مردودات مبيعات		13000 مشتريات
400 مصروفات نقل المبيعات		10700 دائنون	15000 قروض
59000 راس المال			

وخلال الشهر تمت العمليات التالية:

- في 2/منه بيع بضاعة بمبلغ 2200 دينار إلى محلات العباس استلم 200 دينار نقدا والباقي على الحساب.
- في 7/منه ردت محلات العباس بضاعة بمبلغ 200 دينار وتم قبولها لمخالفتها الشروط.
- في 9/منه استلام نصف الدين الذي بذمة محلات العباس بشيك.
- في 18/منه دفع مبلغ 500 دينار نقدا عن مصروفات عامة.
- في 25/منه بيع بضاعة إلى محلات القدري بمبلغ 1500 دينار استلم 300 دينار نقدا والباقي بشيك وقد تحمل المشروع مبلغ 100 دينار نقدا عن مصروفات نقل البضاعة لمحلات المشتري.
- في 30/منه دفع رواتب العاملين البالغة 1300 دينار نقدا.
- **المطلوب:** أ-قيد العمليات أعلاه في يومية المشروع .
- ب-تصوير الحسابات الظاهرة في دفتر الأستاذ العام للمشروع في 9/30.
- ج-عداد ميزان المراجعة للمشروع لشهر أيلول/2000 (بالأرصدة).

قبل الحل لابد من الانتباه الى أن الارصدة الظاهرة في 9/1 لا يعد بها قيد لانها تمثل عمليات قد حصلت وقد تم قيدها وليس كبداية السنة أو بدأ العمل لاول مرة.

الحل :

أ: يومية المشروع

		من مذكورين	9/2
200	-	حـ/الصندوق	
2000	-	حـ/المدينين- محلات العباس	
-	2200	الى حـ/المبيعات	
200		من حـ/ مردودات المبيعات	9/7
	200	إلى حـ/المدينين- محلات العباس	
6900	-	من حـ/البنك	9/9
-	6900	إلى حـ/المدينين-محلات العباس	
500	-	حـ/ مصروفات عامة	9/18
-	500	إلى حـ/الصندوق	
		من مذكورين	9/25
300	-	حـ/الصندوق	
1200	-	حـ/البنك	
-	1500	إلى حـ/المبيعات	
100	-	من حـ/ مصروفات نقل للخارج (المبيعات)	9/25
-	100	إلى حـ/الصندوق	
1300	-	من حـ/مصروفات رواتب العاملين	9/30
-	1300	إلى حـ/الصندوق	

يلاحظ انه في 9/9 تم استلام نصف الدين أي كل الدين من رصيد بداية الشهر زائداً ما حصل خلال الشهر .

ب- دفتر الأستاذ العام

حـ/الصندوق

3000 رصيد 2001/9/1	500 من ح /مصروفات عامة 9/18
200 إلى حـ/المبيعات 9/2	100 من ح/نقل للخارج 9/25
300 إلى حـ/ المبيعات 9/25	1300من ح/ رواتب وأجور 9/30
3500	1600 رصيد مرحل 9/30
1600 رصيد/10	3500

حـ/البضاعة

28000 رصيد 9/1	28000 رصيد مرحل 9/30
——	——
28000	28000
28000 رصيد 10/1	

حـ/المدينون

12000 رصيد 9/1	200 من حـ/مردودات المبيعات 9/7
2000 إلى حـ/ المبيعات 9/2	6900 من حـ/البنك 9/7
——	6900 رصيد مرحل 9/30
14000	14000
6900 رصيد 10/1	

حـ/مسموحات المبيعات

700 رصيد 9/1	700 رصيد مرحل 9/30
700	700
700 رصيد 10/1	

حـ/مصروفات نقل المبيعات

400 رصيد 9/1	500 رصيد مرحل
100 إلى حـ/ الصندوق 9/2	—— 9/30
500	500
500 رصيد 10/1	

حـ/ البنك

5000رصيد 9/1	13100 رصيد مرحل (مدين)
6900 إلى حـ/المدينين 9/9	9/30
1200 إلى حـ/المبيعات 9/25	——
13100	13100
13100 رصيد 10/1	

حـ/المباني

30000 رصيد 9/1	30000 رصيد مرحل (مدين)
——	—— 9/30
30000	30000
30000 رصيد 10/1	

حـ/ رواتب وأجور

2500 رصيد 9/1	3800 رصيد مرحل 9/30
1300 إلى حـ/الصندوق	
—— 9/30	——
3800	3800
3800 رصيد 10/1	

حـ/مردودات المبيعات

600 رصيد 9/1	800رصيد مرحل (مدين) 9/30
200 إلى حـ/ المدينون 9/7	
800	800
800 رصيد 10/1	

حـ/ الدائنون

10700 رصيد مرحل (دائن) 9/30	10700 رصيد 9/1
10700	10700
	10700 رصيد 10/1

حـ/الأثاث

7000 رصيد 9/1	7000 رصيد ـمرحل(مدين) 9/30
7000	7000
7000 رصيد 10/1	

حـ/ المبيعات

22700 رصيد مرحل (دائن) 9/30	19000 رصيد 9/1
	2200 من مذكورين 9/2
	1500 من مذكورين 9/25
22700	22700
	22700 رصيد 10/1

حـ/مصروفات عامة

1500 رصيد 9/1	2000 رصيد مرحل 9/30
500 إلى حـ/ الصندوق 9/8	
2000	2000
2000 رصيد 10/1	

حـ/ المشتريات

13000 رصيد 9/1	13000 رصيد مرحل 9/30
13000	13000
13000رصيد 10/1	

حـ/القروض

15000 رصيد دائن 9/30	15000 رصيد 9/1
15000	15000
	15000 رصيد 10/1

حـ/ راس المال

59000 رصيد مرحل دائن 9/ 30	59000 رصيد 9/1
59000	59000
	59000 رصيد 10/1

يلاحظ ان الحسابات في سجل الاستاذ بدأت بالارصدة من أول الشهر سواء أكانت مدينة أم دائنة ثم رحلت اليها العمليات ذات العلاقة خلال الشهر وانتهت بالارصدة المدورة للشهر التالي .

ج-ميزان المراجعة

مشروع الشهد ميزان المراجعة لشهر أيلول 2001			
رصيد مدين	رصيد دائن	اسم الحساب	صفحة الأستاذ
1600	-	حـ/ الصندوق	
28000	-	حـ/ البضاعة	
6900	-	حـ/ المدينون	
-	22700	حـ/المبيعات	
500	-	حـ/مصروفات نقل المبيعات	
13100	-	حـ/البنك	
30000	-	حـ/المباني	
3800	-	حـ/ رواتب وأجور	
800	-	حـ/ مردودات المبيعات	
-	10700	حـ/ الدائنون	
700	-	حـ/ مسموحات المبيعات	
7000	-	حـ/ الاثاث	
2000	-	حـ/ مصروفات عامة	
13000	-	حـ/ المشتريات	
-	15000	حـ/ القروض	
-	59000	حـ/ راس المال	
107400	107400	المجموع	

9- فيما يلي بعض العمليات المالية التي حصلت لدى مشروع الرحمن لشهر كانون أول 2006.

- في 5/منه استلم المشروع مبلغ 1450 دينار بشيك من محلات الهدى سدادا لجزء من الدين الذي بذمتهم للمشروع.
- في 9/منه باع المشروع بضاعة بمبلغ 3500 دينار إلى محلات الهدى استلم 500 دينار نقدا والباقي يسدد بأقساط شهرية 200 دينار للقسط الواحد.
- في 11/ منه دفع مبلغ 120 دينار نقدا عن عمولة وكلاء البيع.

- في 15/منه بلغت مردودات ومسموحات المبيعات المتفق عليها بين المشروع ومحلات الهدى 300 دينار.
- في 30/منه استلم المشروع 3/1 الدين الذي بذمة محلات الهدى نقدا.

المطلوب: أ- في دفاتر مشروع الرحمن (البائع):

- قيد العمليات أعلاه في دفتر اليومية.
- تصوير حساب محلات الهدى في دفتر الأستاذ في 12/31.

ب-في دفاتر محلات الهدى (المشتري):

- قيد العمليات ذات العلاقة من العمليات أعلاه في دفتر اليومية.
- تصوير حساب مشروع الرحمن في دفتر الأستاذ في 12/31.

علما أن رصيد حساب محلات الهدى في دفاتر مشروع الرحمن في 12/1 كان 2450 دينار.

10- يصنف حساب مردودات المبيعات ومسموحاتها :

أ- حساب مقابل (معاكس) لايراد ب- حساب مقابل (معاكس) لأصل

ج- حساب مصروفات د- حساب أصل

11- تسديد المدينين للمشروع يؤدي إلى :

أ- زيادة الاصول ب- زيادة المطلوبات

ج- زيادة حقوق الملكية د- تخفيض أصل وزيادة اصل آخر

12- اذا كان رصيد حـ/ المدينين في 12/31 هو 33000 دينار وفي 1/1 هو 8000 دينار والذي تم تحصيله خلال السنة هو 15000 دينار، فان مبيعات السنة وعلى فرض كل المبيعات تتم بالاصل هي :

أ- 40000 ب- 48000 ج- 23000 د- 15000

13- أن حساب مردودات المبيعات ومسموحاتها يعتبر حساب:

أ- مصروف ب- مقابل (معاكس) لايراد ج- مقابل لاصل د- أصل

14- ان مبلغ ضريبة المبيعات يعتبر :

أ- جزء من قيمة المبيعات　　　　ج- جزء من الدين بذمة الزبون

ب- جزء من المبلغ المستلم من الزبون　　　　د- ب + ج

15- بيع بضاعة بالأجل ثمنها 4000 دينار تخضع لضريبة مبيعات بنسبة 6%

المطلوب: اعداد قيد اليومية مرة في دفاتر البائع ومرة اخرى في دفاتر المشتري.

الخصم

السلعة	السعر القديم	الشروط	نوع الخصم	السعر الجديد
أ	10	%10	تجاري	9
ب	100	تاريخ الدفع	نقدي	؟
ج	110	حجم الكمية	كمية	؟

الفصل الحادي عشر

العمليات الايرادية

تحليل وقيد عمليات الخصم

DISCOUNT

- الخصم التجاري .
- الخصم النقدي .
- خصم الكمية .

الخصم يعني تخفيض أو إنقاص لقيمة الشيء موضوع المبادلة، يمنحه البائع ولسبب من الاسباب مثلا لكسب المزيد من الزبائن ، أو زيادة كمية المبيعات ،أو تشجيع الزبون في التعجيل بسداد الديون وبالتالي تقليل نفقات متابعة الديون وتحصيلها إضافة إلى تقليل نسبة الديون المعدومة .

والخصم أساسا يمثل خسارة للبائع وربح للمشتري ، ويمكن أن يكون أساسا لما تقدم مزيجا لأكثر من نوع في آن واحد. وعمليات الخصم من العمليات المتعلقة بالعمليات الايرادية الاعتيادية والرئيسية في المشروع التجاري.

الخصم التجاري Trade Discount

أن السعر الذي يحدده البائع يشمل ثمن البضاعة وتكلفة الاحتفاظ بها زائدا هامش من الربح ، ويعلن عن هذا السعر على اصل البضاعة المعروضة للبيع أو بموجب كتلوكات أو قوائم خاصة ، وإذا تنازل البائع عن نسبة أو جزء معين من ذلك السعر ولسبب أو اكثر من الأسباب التالية :

- منح تنزيلات على كل أصناف البضائع أو أصناف معينة منها بقصد تصريفها، كما يحصل في بعض مواسم السنة للتخلص من الكميات المكدسة من البضاعة القديمة بعد انتهاء موسمها أو ظهور ابتكارات جديدة .
- نية البائع في جذب زبائن جدد .
- قيام الزبائن بشراء كميات كبيرة من البضاعة ، ليخفض السعر على أساس أن البيع اصبح بالجملة وليس بالتجزئة أو المفرق .
- قيام الزبائن بمساومة البائع على تخفيض السعر .
- علاقات شخصية بين البائع والمشتري .

يسمى ذلك التنازل عندئذ بالخصم التجاري ، وهو يظهر فقط في فاتورة البيع وليس في العمليات القيدية سواءا لدى البائع أو لدى المشتري ، والسعر الذي يظهر في الفاتورة هو السعر النهائي والذي تم تحديده بعد تنزيل الخصم وبالتالي فانه لا يمثل ربحا للمشتري ولا خسارة للبائع .

ويمنح الخصم التجاري على أساس نسبة أو مقدار معين من السعر المحدد للسلعة كما هو مبين في قوائم الأسعار أو الكتلوكات .

مثال : في 2001/11/11 كان السعر المعلن لدى محلات الأفراح لأحد الأجهزة الكهربائية هو 600 دينار ، وبسبب الابتكارات العلمية الجديدة قامت المحلات في 2001/11/12 بالإعلان عن حملة تنزيلات على سعر الجهاز المذكور ليصبح 450 دينار للجهاز الواحد . وعلى اثر ذلك تم بيع 10 وحدات من الجهاز نقدا في اليوم الأول من الإعلان .

الحل : يومية محلات الأفراح

4500	-	من حـ/ الصندوق
-	4500	الى حـ/ المبيعات

مثال 2 : في 2001/11/15 باعت محلات الأفراح 200 وحدة من الجهاز المذكور الى محلات السعد بالسعر الجديد وبالأجل .

الحل : يومية محلات الأفراح (البائع)

9000	-	من حـ/ المدينين – محلات السعد
-	9000	الى حـ/ المبيعات

يومية محلات السعد (المشتري)

9000	-	من حـ/ المشتريات
-	9000	الى حـ/ الدائنين – محلات الأفراح

مثال 3 : في 2001/3/3 باعت محلات الشروق بضاعة الى مشروع الكمال بخصم 5% من قيمتها البالغة 3000 دينار بعد مساومة بين الطرفين ، وتم تسديد صافي المبلغ بشيك .

الحل : مقدار الخصم التجاري = 3000 × 5% = 150 دينار

صافي المبلغ = 3000 – 150 = 2850 دينار

يومية محلات الشروق – البائع

2850	-	من حـ/ البنك
-	2850	إلى حـ/ المبيعات

يومية مشروع الكمال – المشتري

2850	-	من حـ/ المشتريات
-	2850	الى حـ/ البنك

الخصم التجاري المتسلسل :

قد يقوم البائع بمنح خصم تجاري بنسبة معينة على الطلبيات العادية للزبائن، ثم يمنح خصم تجاري إضافي بنسبة معينة اخرى إذا زاد حجم الطلبية عن حد معين وهكذا . وهذا يسمى بالخصم التجاري المتسلسل .

مثال : في 2001/10/10 باعت محلات الرياحين 200 وحدة من سلعة معينة إلى مشروع الفارس بالأجل حيث كان سعر الوحدة الواحدة 10 دينار في قوائم الأسعار.

علما أن محلات الرياحين تمنح خصم تجاري قدره 10% على الطلبيات العادية التي تصل كمياتها الى 150 وحدة من السلعة وما زاد عن ذلك فيمنح خصم إضافي بمعدل 5% .

ثمن البضاعة حسب قوائم الأسعار 200 × 10 = 2000

خصم تجاري 10% 2000 × 10% = 200

1800

خصم تجاري إضافي 5% 1800 × 5% = 90

صافي المبلغ 1710

يومية محلات الرياحين (البائع)

1710	-	من حـ/ المدينين
-	1710	الى حـ/ المبيعات

يومية مشروع الفارس (المشتري)

1710	-	من حـ/ المشتريات
-	1710	الى حـ/ الدائنين

ب. الخصم النقدي Cash Discount

وهو الخصم الذي يمنح للمشتري تشجيعا له على السداد في مواعيد مناسبة وكما يراها البائع ، لهذا سمي أيضا بخصم تعجيل الدفع لأن تسديد أثمان البضائع يتم قبل انتهاء الأجل المسموح به ، والفرق بين سعر البيع الأجل وسعر البيع العاجل أو النقدي هو أن السعر الأجل يكون أعلى من السعر العاجل للأسباب التالية:

- تعويض البائع عن الأرباح التي يفقدها خلال فترة الانتظار الواقعة بين البيع والتسديد نتيجة عدم استثماره للأموال المتمثلة بقيمة البضاعة المباعة .

- تغطية نفقات متابعة وتحصيل الديون من رواتب وعمولات .
- التعويض عن الخسائر الناجمة عن حصول الديون المعدومة بسبب إعسار أو إفلاس بعض المدينون .

ويمكن إيجاز أسباب الخصم النقدي على النحو التالي :

- أن البائع بحاجة إلى السيولة النقدية اللازمة لتمشية أعماله الاعتيادية .
- أن البائع يبحث من خلال الأموال المحصلة نقدا على فرص استثمارية مواتية تدر عليه مزيدا من الأرباح .
- محاولة البائع التخلص من نفقات تحصيل الديون وخسائر عدم تحصيلها .

شروط منح الخصم النقدي

أن شروط منح هذا الخصم ، توضع من قبل البائع حسب ظروف العمل التي تأخذ بالاعتبار عامل الزمن حيث تذكر وعلى اصل فاتورة البيع :

- نسبة الخصم لكل فترة .
- وفترة سريان الخصم النقدي .
- وآخر مهلة لسداد ثمن البضاعة المباعة .

مثال على ذلك يذكر في فاتورة البيع بشروط : 7/10 و 15/5 .... و ن/30

أي أن هناك خصم قدره 10% من قيمة البضاعة إذا تم الدفع خلال سبعة أيام من تاريخ الشراء . وخصم قدره 5/% من قيمة البضاعة إذا تم الدفع خلال 15 يوم من تاريخ الشراء ، وان آخر مهلة للسداد هي 30 يوما من تاريخ الشراء ، وهي ن أو كما يسمى بـ (الصافي) .

قيد الخصم :

أن الخصم النقدي يمثل خسارة للبائع لأنه عبارة عن تنازل لجزء من إيراداته أو هو تخفيض لقيمة المبيعات وبالتالي أرباحه ، بسبب حاجته للسيولة النقدية ، وليس مجرد تخفيض للسعر المعلن كما هو الحال بالنسبة للخصم التجاري، بينما يمثل هذا الخصم ربحا للمشتري طالما انه كان خسارة للبائع أو انه يمثل تخفيض لكلفة المشتريات ، ويسمى الخصم النقدي لدى البائع بالخصم النقدي المدين أو الخصم المسموح به Discount Allowed بينما يسمى لدى المشتري بالخصم النقدي الدائن أو الخصم المكتسب Discount Earned .

وبالتالي بالنسبة للبائع يكون هذا الخصم في الطرف المدين من قيد عملية البيع، بينما يكون في الطرف الدائن من القيد لعملية شراء البضاعة لدى المشتري. وتبرير ذلك هو أن الخسائر تمثل تخفيض على الأصول أو على رأس المال حالها حال المصروفات بينما الأرباح تمثل زيادة على الأصول أو على رأس المال حالها حال الإيرادات . وكلاهما ،الأول وهو الخصم المسموح به ، هو وهمي مدين والثاني وهو حساب الخصم المكتسب هو حساب وهمي دائن.

وهناك طريقتين لإثبات الخصم في الدفاتر وهما :

- طريقة إجمالي الفاتورة .
- طريقة صافي الفاتورة .

1- طريقة إجمالي المبيعات (إجمالي الفاتورة) Gross Invoice Method

بموجب هذه الطريقة تقيد العملية الخاصة بالبضاعة (بيع بالنسبة للبائع وشراء بالنسبة للمشتري) في الدفاتر بالمبلغ الإجمالي للفاتورة أي قبل الخصم ، وبالتالي لا يظهر الخصم في الدفتر عند البيع وإنما عند استلام ثمن البضاعة وخلال الفترة الممكن الحصول على الخصم أثناءها .

مثال : في 2000/2/2 باع مشروع الأحلام بضاعة قيمتها الإجمالية 10000 دينار الى محلات الحنان بموجب فاتورة عليها الشروط التالية : 10/5 و ن/20 .

في 2000/2/10 قامت محلات الحنان بسداد قيمة الفاتورة المرسلة من مشروع الأحلام بموجب شيك .

يومية البائع مشروع الأحلام : بتاريخ إرسال الفاتورة

10000	-	من حـ/ المدينين (محلات الحنان)		2/2
-	10000	إلى حـ/ المبيعات		

بتاريخ استلام المبلغ

مقدار الخصم 10000 × 2% = 200 دينار

صافي المبلغ 10000 - 200 = 9800 دينار

		من مذكورين	2/10
9800	-	حـ/ البنك	
200	-	حـ/ خصم مسموح به (خصم المبيعات)	
	10000	إلى حـ/ المدينون (محلات الحنان)	

يومية المشتري محلات الحنان : بتاريخ استلام الفاتورة

10000	-	من حـ/ المشتريات	2/2
-	1000	إلى حـ/ الدائنين (مشروع الأحلام)	

بتاريخ سداد المبلغ

10000	-	من حـ/ الدائنين (مشروع الأحلام)	2/10
		إلى مذكورين	
-	200	حـ/ الخصم المكتسب (خصم المشتريات)	
-	9800	حـ/ البنك	

وإذا تم التسديد بعد انتهاء الفترة أو المهلة الممنوحة للخصم وهي عشرة أيام، كان يكون التسديد في المثال السابق بتاريخ 2000/2/14 ، فليس هناك خصم يظهر في الدفاتر وإنما يسدد مبلغ الفاتورة الإجمالي وخلال مدة لا تزيد عن 20 يوم من تاريخ الشراء 2/2 .

يومية البائع – مشروع الأحلام

10000	-	من حـ/ البنك	2000/2/14
-	10000	إلى حـ/ المدينين – محلات الحنان	

يومية المشتري – محلات الحنان

10000	-	من حـ/ الدائنين - مشروع الأحلام	2000/2/14
-	10000	إلى حـ/ البنك	

2- طريقة صافي المبيعات (صافي الفاتورة)

وبموجب هذه الطريقة تثبت البضاعة المباعة بصافي قيمة الفاتورة ، ولا يريد البائع هنا تضخيم سعر البيع اكثر من حقيقته ، وبالتالي لا يعتبر الخصم الذي يمنحه كخسارة ، بل في حالة عدم تمكن العميل من السداد خلال فترة الخصم ، يعتبر وبما يعادل الخصم أرباح (خصم دائن ، أو إيرادات متفرقة) ، وهي بالنسبة للعميل خسارة (خصم مدين أو خسائر متفرقة) .

مثال : مطلوب حل المثال السابق بين مشروع الأحلام ومحلات الحنان وباتباع طريقة صافي الفاتورة:

الحل : **يومية البائع** - مشروع الأحلام - في تاريخ الفاتورة

9800	-	من حـ/ المدينين (محلات الحنان)	2/2
-	9800	إلى حـ/ المبيعات	

في تاريخ استلام المبلغ

9800	-	من حـ/ البنك	2/10
-	9800	إلى حـ/ المدينين - محلات الحنان	

أما إذا تم استلام المبلغ بعد فترة الخصم وليكن 2000/2/14

10000	-	من حـ/ البنك	2/14
		إلى مذكورين	
-	9800	حـ/ المدينين - محلات الحنان	
-	200	حـ/ خصم دائن (أرباح)	

يومية المشتري - محلات الحنان - في تاريخ الفاتورة

9800	-	من حـ/ المشتريات	2/2
-	9800	إلى حـ/ الدائنين - مشروع الاحلام	

في تاريخ السداد

9800	-	من حـ/ الدائنين – مشروع الأحلام	2/10
-	9800	إلى حـ/ البنك	

أما إذا تم السداد بعد انتهاء فترة الخصم وليكن 2000/2/14

		من مذكورين	2/14
9800	-	حـ/ الدائنين – مشروع الأحلام	
200	-	حـ/ خصم مدين (خسائر)	
-	10000	إلى حـ/ البنك	

وعلى ضوء ما تقدم يمكن عمل المقارنة التالية لدى البائع لبيان نتيجة الطريقتين : في حالة الخصم :

البيـــــان	طريقة إجمالي قيمة الفاتورة	طريقة صافي الفاتورة
المبيعات	10000	9800
يطرح		
الخصم المسموح به	200	-
الصافي	9800	9800
في حالة عدم منح الخصم		
المبيعات	10000	9800
يطرح		
الخصم المسموح به	-	-
	10000	9800
يضاف الخصم الذي فقده الزبون	-	200
الصافي	10000	10000

وبذلك تكون النتيجة واحدة في كلا الطريقتين ، إلا انه يفضل استخدام الطريقة الأولى (إجمالي الفاتورة) لأنها طريقة سهلة التطبيق وتبين العمليات المالية في السجلات المحاسبية بصورة اكثر وضوحا وواقعية .

اختلاف مقدار الخصم النقدي باختلاف حالة سداد قيمة البضاعة :

يختلف مقدار الخصم النقدي المحسوب من حالة لأخرى من الحالتين أدناه لسداد قيمة البضاعة .

1- الحالة الأولى : أن المبلغ المسدد يشمل كل المبلغ الأصلي لقيمة البضاعة أو لجزء منه زائدا الخصم الخاص بذلك المبلغ أو ذلك الجزء ، كأن يقال ، تم سداد كامل قيمة البضاعة ، أو نصفها أو ربعها ....

مثال : في 2002/1/1 اشترى مشروع الكرم بضاعة قيمتها 20000 دينار من شركة الريف ، مشمولة بخصم نقدي 5/4 و ن/10 .

في 3/ منه تم سداد كامل قيمة البضاعة بشيك .

الحل :

مقدار الخصم 20000 × 4% = 800 دينار

أما وعلى سبيل المثال ، إذا تم سداد نصف قيمة البضاعة يكون مقدار الخصم :

10000 × 4% = 400 دينار وهكذا .....

2- الحالة الثانية : أن المبلغ المسدد هو مبلغ محدد كأن يقال للمثال السابق :

- تم سداد مبلغ 10000 دينار بشيك .
- أو تم سداد مبلغ 5000 دينار بشيك .

عليه فان مقدار الخصم سيختلف هنا مقارنة بالحالة الأولى ، لأن المبلغ المسدد هنا سيكون عبارة عن صافي المبلغ المسدد بعد الحصول على الخصم .

عند سداد المبلغ 10000 :

	المبلغ الكلي	100%
	- الخصم	<u>4%</u>
اذن	المسدد	96% وهو 10000 دينار

إذن مقدار الخصم : $\frac{10000 \times 4}{96}$ = 416 دينار

أي : 10000 مقابل 96% اذن تقابل 4% = 416

والمبلغ 5000 : مقدار الخصم : $\frac{5000 \times 4}{96}$ = 208 دينار

مثال : في 2001/6/19 باع مشروع القدس بضاعة بمبلغ 4000 دينار إلى محلات الأنس بالشروط 6/10 و 10/5 و ن/15 .

في 24/منه استلم المشروع مبلغ 2700 دينار بشيك من محلات الأنس .

في 27/منه استلم المبلغ المتبقي بذمة محلات الأنس بشيك وتم منح الخصم 10%.

الحل : **يومية البائع** - مشروع القدس - بتاريخ الفاتورة

4000	-	حـ/ المدينين - محلات الأنس	2001/6/19
-	4000	إلى حـ/ المبيعات	

إجمالي المبلغ = صافي المبلغ + الخصم

%100 = %90 + %10

الخصم : $\frac{2700 \times 10}{90}$ = 300 دينار

وبالتالي فان إجمالي المبلغ الذي سينزل من ذمة العميل عند استلام مبلغ 2700 :

2700 + 300 = 3000 دينار

والمبلغ المتبقي بذمته هو : 4000 - 3000 = 1000 دينار

بتاريخ استلام الدفعة الأولى

		من مذكورين	
2700	-	حـ/ البنك	6/24
300	-	حـ/ خصم مسموح به	
-	3000	إلى حـ/ المدينين - محلات الأنس	

بتاريخ لاحق وعند استلام المبلغ المتبقي

		من مذكورين	
950	-	حـ/ البنك	6/27
50	-	حـ/ خصم مسموح به	
-	1000	إلى حـ/ المدينين - محلات الأنس	

يومية المشتري - محلات الأنس - بتاريخ الفاتورة

4000	-	من حـ/ المشتريات		6/19
-	4000	إلى حـ/ الدائنين – محلات الأنس		

بتاريخ سداد أول دفعة

3000	-	من حـ/ الدائنين – مشروع القدس		6/24
		إلى مذكورين		
-	300	حـ/ الخصم المكتسب		
-	2700	حـ/ البنك		

بتاريخ سداد المبلغ المتبقي

1000	-	من حـ/ الدائنين – مشروع القدس		6/27
		إلى مذكورين		
-	300	حـ/ الخصم المكتسب		
-	2700	حـ/ البنك		

جـ. خصم الكمية Quantity Discount

يمنح خصم الكمية وفقا لحجم تعامل الزبون خلال فترة زمنية معينة ، والسبب هو خوف البائع من كساد بضاعته أو تقادمها أو تلفها ، وعليه يختلف هذا الخصم عن غيره من أنواع الخصم من حيث :

- لا علاقة لخصم الكمية بالسعر كما هو الحال بالنسبة للخصم التجاري .
- لا علاقة لخصم الكمية بتعجيل الدفع كما هو الحال في الخصم النقدي، فالعملية، قد تكون آجله وقد تكون عاجلة .

ويمنح خصم الكمية عادة وفق نسب مئوية قد تتزايد (تتصاعد) بتزايد الكميات المشتراه وضمن فترة زمنية وليست مطلقة بطبيعة الحال .

يعتبر هذا الخصم كما هو الحال في الخصم النقدي ربحا للمشتري وخسارة للبائع طالما انه يمثل تنازل البائع عن جزء من أرباحه لقاء تصريف بضاعته وبالمقابل فهو ربحا للمشتري .

شروط أو أساليب منح خصم الكمية

وان كان خصم الكمية يمنح أساسا وكما ذكرنا وفقا لحجم تعامل العميل، إلا أن شروط منح هـذا الخصم تأخذ أشكال عديدة :

1- خصم الكمية يمنح كنسبة مئوية من كمية البضاعة وعلى أساس صفقة البضاعة المباعـة لمـرة واحـدة وإذا بلغت حدا معينا ، نقدا أو بالأجل .

مثال (1): في 2001/3/30 بلغت المبيعات الآجلة لمشروع الصديق إلى محلات البكـري 1000 وحـدة بسـعر 10 دينار للوحدة الواحدة ، وهذه الكمية هي التي أعلن .

عنها المشروع بأنها مشمولة بخصم كمية قدره 5%.

عليه :

الإجمالي المبلغ: 1000 × 10 = 10000 دينار.

مقدار خصم الكمية : 10000 × 5% = 500 دينار.

صافي المبلغ: 10000 - 500 = 9500 دينار.

2-خصم الكمية يمنح كنسبة مئوية من كمية البضاعة المباعة ضمن صفقة معينة خلال فترة زمنية معينة وبما يزيد عن حد معين.

مثال(2): خلال شهر ت2001/1 بلغت المبيعات الآجلة لمشروع السليم إلى محلات الأصيل 2000 وحدة بسعر 10 دينار والمشروع أعلن أن شراء ما زاد عن 1300 وحدة خلال الشهر مشمول بخصم قدره 10%.

عليه: إجمالي المبلغ: 2000 × 10 = 20000 دينار.

مقدار خصم الكمية : (20000 – 13000) × 10 % = 700 دينار.

صافي المبلغ: 20000 - 700 = 19300 دينار.

3-خصم الكمية يمنح كنسبة مئوية تصاعدية خلال فترة زمنية معينة وسواء تم ذلك بدفعة واحدة أو عدد من الدفعات خلال الفترة المعنية.

مثال(3): في 2001/6/4 باعت محلات السامح إلى مشروع الزكي 500 وحدة من البضاعة بسعر 10 دينار للوحدة الواحدة بالأجل علما أن محلات السامح أعلنت عن منح خصم كمية خلال الشهر على النحو التالي:

100 وحدة الأولى بدون خصم

100 وحدة الثانية بخصم 5 %.

100 وحدة الثالثة بخصم 7 %

ما زاد بخصم 10 % عليه:

إجمالي المبلغ	**مقدار خصم الكمية**	**صافي المبلغ**
100 × 10 = 1000	100 وحدة الأولى × 10 × 0% = لا يوجد	1000
100 × 10 = 1000	100 وحدة الثانية × 10 × 5% = 50 دينار	950
100 × 10 = 1000	100 وحدة الثالثة × 10 × 7% = 70 دينار	930
200 × 10 = 2000	200 (ما زاد) × 10 × 10% = 200 دينار	1800
500 5000	320 دينار	4680

مثال (4): كانت مبيعات مشروع النسيم إلى شركة النور خلال شهر تموز /2001 كما يلي:

300 وحدة بتاريخ 2001/7/10 و 100 وحدة بتاريخ 2001/7/20

و 100 وحدة بتاريخ 2001/7/25

علما أن مشروع النسيم يعلن عن خصم كمية خلال شهر تموز/2001 على النحو التالي:

200 وحدة الأولى بدون خصم

200 وحدة الثانية بخصم 5 %

ما زاد بخصم 7 % وسعر بيع الوحدة الواحدة هو 10 دينار

وعليه: لا يختلف هنا الأساس في حساب الخصم عن المثال السابق.

إجمالي المبلغ: 500 × 10 = 5000 دينار.

مقدار خصم الكمية : 200 وحدة الأولى = لا يوجد.

200 وحدة الثانية × 10 × 5 % = 100 دينار

100 (ما زاد) × 10 × 7 % = 70 دينار

170 دينار

صافي المبلغ: 5000 - 170 = 4830 دينار.

قيد عمليات خصم الكمية

يحسب المشروع البائع مقدار خصم الكمية الخاص بكل زبون عن مشترياته خلال فترة زمنية معينة ، ويرسل له الإشعار الدائن بذلك في نهاية تلك الفترة مبينا فيه مقدار الخصم الممنوح له.

وعلى ضوء ذلك ولأن هذا الخصم يمثل خسارة للبائع ، فيسمى أيضا خصم مسموح به (خصم الكمية المسموح به) أو خصم مدين (خصم الكمية المدين) وبالتالي يكون في الطرف المدين من القيد لديه .

أما بالنسبة للمشتري فهذا الخصم يعتبر ربح ويسمى خصم مكتسب (خصم الكمية المكتسب) أو خصم دائن (خصم الكمية الدائن) ويظهر في الطرف الدائن من القيد لديه .

وعلى ضوء الأمثلة المذكورة في خصم الكمية تكون القيود في اليومية كما يلي:

مثال (1) :

يومية البائع – مشروع الصديق

		من مذكورين
9500	-	حـ/ المدينين – محلات البكري
500	-	حـ/ خصم كمية مسموح به
-	10000	إلى حـ/ المبيعات

يومية المشتري – محلات البكري

10000		من حـ/ المشتريات
		إلى مذكورين
-	9500	حـ/ الدائنين – مشروع الصديق
-	500	حـ/ خصم الكمية المكتسب

مثال (2):

يومية البائع – مشروع السليم

		من مذكورين
19300	-	حـ/ المدينين – محلات الأصيل
700	-	حـ/ خصم كمية مسموح به
-	20000	إلى حـ/المبيعات

يومية المشتري - محلات الأصيل

20000	-	من حـ/المشتريات
		إلى مذكورين
-	19300	حـ/ الدائنين - مشروع السليم
-	700	حـ/خصم الكمية المكتسب

مثال(3): يومية البائع - محلات السامح

		من مذكورين
4680	-	حـ/ المدينين - مشروع الزكي
320	-	حـ/ خصم كمية مسموح به
-	5000	إلى حـ/المبيعات

يومية المشتري - مشروع الزكي

5000	-	من حـ/المشتريات
		إلى مذكورين
-	4680	حـ/ الدائنين -محلات السامح
-	320	حـ/خصم الكمية المكتسب

تعدد أنواع الخصم لعملية تجارية واحدة:

1-عمليات الخصم التجاري والخصم النقدي معاً:

قد يمنح البائع لزبائنه خصما تجاريا وخصما نقدياً في أن واحد عن صفقة تجارية معينة إذا تم السداد النقدي في مواعيد محددة:

مثال: في 2001/1/1 باع مشروع الرازي بضاعة إلى محلات المهند قيمتها 6000 دينار مشمولة بخصم تجاري قدره 4% وخصم نقدي قدره 15 % إذا تم السداد خلال أسبوع من تاريخه

-في 2001 /1/6 سددت محلات المهند ما بذمتها إلى محلات الرازي بشيك .

الحل:

يجب أولا حساب صافي المبلغ بعد تنزيل الخصم التجاري

الخصم التجاري 6000 × 4 % = 240 دينار

صافي المبلغ بعد الخصم التجاري: 6000 – 240 = 5760 دينار

الخصم النقدي: 5760 × 15 % = 864 دينار

صافي المبلغ بعد الخصم النقدي: 5760 – 864 = 4896 دينار

يومية البائع – مشروع الرازي بتاريخ الفاتورة

2001/1/1	من حـ/ المدينين – محلات المهند	-	5760
	إلى حـ/ المبيعات	5760	-

بتاريخ السداد

2001/1/6	من مذكورين		
	حـ/ البنك	-	4896
	حـ/خصم مسموح به	-	864
	إلى حـ/ المدينين (محلات المهند)	5760	-

يومية المشتري – محلات المهند- بتاريخ الفاتورة

2001/1/1	من حـ/ المشتريات	-	5760
	إلى حـ/ الدائنين (مشروع الرازي)	5760	

بتاريخ السداد

2001/1/6	من حـ/ الدائنين (مشروع الرازي)	-	5760
	إلى مذكورين		
	حـ/البنك	4896	-
	حـ/ خصم مكتسب	864	-

2-عملية الخصم التجاري وخصم الكمية معا:

كما أن الخصم التجاري قد يمنح مع الخصم النقدي فانه أيضا يمنح مع خصم الكمية عندما يجد البائع السبب اللازم لمنح الخصمين معا.

مثال: باعت محلات الياسمين بضاعة قيمتها 8000 دينار إلى محلات الروضة مشموله بخصم تجاري 5% وخصم كمية قدره 10% لأية كمية تزيد عن 700 وحدة من البضاعة خلال الفترة التي تم فيها البيع وبسعر 8 دينار للوحدة الواحدة وتم دفع صافي المبلغ بشيك.

الخصم التجاري 8000 × 5 % = 400 دينار.

صافي المبلغ بعد الخصم التجاري 8000 – 400 = 7600 دينار .

عدد الوحدات المشتراة 8000 / 8 = 1000 وحدة

عدد الوحدات المشمولة بخصم الكمية = 1000 – 700 = 300 وحدة

سعر الوحدة بعد الخصم التجاري = 7600 ÷ 1000 = 7.6% دينار

خصم الكمية 300 × 7.6 × 10 % = 228 دينار

صافي المبلغ بعد الخصم التجاري وخصم الكمية = 7600 – 228 = 7372 دينار

يومية البائع – محلات الياسمين

		من مذكورين
7372	-	حـ/ البنك
228	-	حـ/ خصم الكمية المسموح به
-	7600	إلى حـ/المبيعات

يومية المشتري – محلات الروضة

7600	-	من حـ/المشتريات
		إلى مذكورين
-	7372	حـ/ البنك
-	228	حـ/خصم الكمية المكتسب

وقد يقوم المشروع بتكوين مخصص يسمى **مخصص الخصم المسموح به** لتغطية ما يقع من خصم محتمل ، وكما سنلاحظ في موضوع التسويات الجردية .

أسئلة وتمارين الفصل الحادي عشر

1- وضح المقصود بما يلي:

- الخصم - الخصم النقدي
- الخصم التجاري - خصم الكمية
- الخصم التجاري المتسلسل - اكثر من نوع من الخصم معا

2- بين أسباب منح كل نوع من أنواع الخصم؟

3- خلال شهر ت2001/1 تمت العمليات التالية في مشروع الآفاق:

- في 7/ منه شراء بضاعة من شركة السامر قيمتها 15000 دينار على الحساب مشمولة بخصم تجاري قدرة 5 %.
- في 19 / منه استلم المشروع مبلغ 6580 دينار نقدا عن بيع بضاعة إلى محلات الزين مشمولة بخصم تجاري قدره 6%.

المطلوب: قيد العمليات أعلاه في يومية مشروع الآفاق.

4- في 2005/10/20 باع مشروع النجوم التجاري بضاعة بمبلغ 3000 دينار من الصنف (أ) وبمبلغ 2000 دينار للبضاعة من الصنف (ب) نقدا إلى محلات الماهر ومنحه خصم تجاري متسلسل وكما يلي:

5 % على كل البضاعة و10% للبضاعة من صنف (ب)

المطلوب: أ-قيد العمليات أعلاه في يومية البائع.

ب- قيد العمليات أعلاه في يومية المشتري.

5- في 2001/10/10 اشترى مشروع الغازي بضاعة قيمتها 8000 دينار من محلات الرياض مشمولة بخصم نقدي وفقا للشروط 7/5 و 2/ 14 و ن/21.

- في 15/منه تم سداد نصف قيمة البضاعة بشيك.
- في 20/منه تم دفع مبلغ 2000 دينار نقداً عن نفس عملية الشراء.
- في 21/منه تم سداد بقية المبلغ نقدا.

المطلوب : أ- قيد العلمليات أعلاه في يومية البائع.

ب-قيد العمليات أعلاه في يومية المشتري.

6- منحت محلات البهاء خصم على مبيعاتها لزبائنها خلال السنة 2003 ووفقا للشرائح التالية:

1000 وحدة الأولى خصم 5 %

1000 وحدة الثانية خصم 7 %

ما زاد خصم 10 %

وقد بلغت مبيعاتها السنوية النقدية للزبون اسعد 4000 وحدة بينما بلغت للزبون احمد 6000 وحدة بالأجل وسعر بيع الواحدة هو 2 دينار :

المطلوب: أ-إعداد قيود اليومية في سجلات البائع.

ب-تصوير حسابات دفتر الأستاذ للبائع.

7- يمنح مشروع المدينة خصم كمية لزبائنه بمعدل 10% في آخر كل شهر على مشترياتهم التي تزيد عن 1000 وحدة من البضاعة التي يتعامل بها المشروع وخلال شهر آذار/2001 بلغت مشتريات محلات الحنين 1700 وحدة بالأجل بسعر 4 دينار للوحدة .

المطلوب: إثبات العملية في دفاتر يومية كل من البائع والمشتري.

8- بلغت مبيعات مشروع الإمارات إلى مشروع الضاري ما قيمته 10000 دينار بالآجل خلال الفصل الأول من السنة 2000 ، ويمنح مشروع الإمارات خصم كمية للمشتريات الفصلية على النحو التالي:

200 وحدة الأولى بدون خصم

200 وحدة الثانية بخصم 5 %.

200 وحدة الثالثة بخصم 10%

ما زاد بخصم 15 %.

علما أن سعر بيع الوحدة الواحدة هو 4 دينار.

المطلوب: أ-الثبات العمليات أعلاه في يومية كل من البائع والمشتري.

ب-تصوير حساب المدينون وحساب الدائنون في دفاتر أستاذ كل من البائع والمشتري.

9- بتاريخ 2001/10/24 باع مشروع الفادي 2000 وحدة من البضاعة بسعر 20 دينار للوحدة الواحدة إلى محلات البلسم مشمولة:

أ. بخصم تجاري قدره 3 %.

ب. خصم كمية وكما يلي:

- لغاية 500 وحدة الأولى بدون خصم
- من 501 – 1000 وحدة 10 % خصم
- من 1001 – 2000 وحدة 20 % خصم
- ما زاد %25 خصم
- في 25/منه ردت محلات البلسم 100 وحدة من البضاعة لمخالفتها الشروط.
- في 26/منه تم استلام نصف ثمن البضاعة المباعة بشيك.
- في 30/منه تم استلام المبلغ المتبقي من ثمن البضاعة نقدا.

المطلوب: أ- قيد العمليات أعلاه في يومية البائع.

ب- قيد العمليات أعلاه في يومية المشتري.

ج- تصوير حساب المدينون في دفتر أستاذ البائع.

د- تصوير حساب الدائنون في دفتر أستاذ المشتري.

10- في 2006/9/1 كانت أرصدة الحسابات الظاهرة في دفاتر مشروع الحسن كما يلي (دينار):

أرصدة مدينة		أرصدة دائنة	
2000	الصندوق	2200	دائنون
4000	البنك	300	مردودات مشتريات
6000	البضاعة	21800	مبيعات
4000	الأثاث	1200	الخصم المكتسب
5000	المدينون	6500	القروض
16000	المشتريات	9000	رأس المال
500	مصروفات نقل المشتريات		
1500	مردودات المبيعات		
2000	الخصم المسموح به		

وخلال الشهر تمت العمليات التالية:

- في 2/ منه تم بيع بضاعة بمبلغ 7000 دينار إلى الزبون خليل بالأجل مشمولة بخصم تجاري 5 %.
- في 5/ منه بيع بضاعة قيمتها 6000 دينار إلى محلات الرائد استلم ¼ المبلغ بشيك والباقي على الحساب ، والبضاعة مشمولة بخصم نقدي 5/5 و 10/2 ون/15.
- في 15 / منه تم شراء بضاعة من محلات البادية كميتها 2000 وحدة بمبلغ 10000 دينار مشمولة بخصم كمية بمعدل 7% على أي كمية :
- في 17/ منه تم استلام المبلغ الذي بذمة الزبون خليل بشيك.
- في 18/ منه تم استلام ما بذمة محلات الرائد بشيك.

المطلوب: أ-قيد العمليات أعلاه في يومية مشروع الحسن.

ب- تصوير الحسابات المعنية بدفتر أستاذ المشروع في 9/30.

ج- إعداد ميزان المراجعة لشهر أيلول (بالأرصدة).

11- في 2007/2/1 أعلن مشروع البركات عن منح خصم كمية على مبيعاته من البضاعة وبنسبة 10% اذا بلغت 1000 وحدة فأكثر خلال فترة لا تتجاوز نهاية الشهر الحالي.

- في 4/منه باع المشروع الى محلات السلامي 400 وحدة بسعر 5 دينار للوحدة بالآجل.
- في 14/منه باع المشروع الى محلات السلامي 400 وحدة ثانية بنفس السعر بالآجل.
- في 24/منه باع المشروع الى محلات السلامي 400 وحدة ثالثة بنفس السعر بالآجل.
- في 28/منه ردت محلات السلامي 50 وحدة من البضاعة لمخالفتها للشروط.
- في 29/منه استلم المشروع المبلغ المستحق على محلات السلامي بشيك.

المطلوب: أ- قيد العمليات اعلاه في يومية مشروع البركات.

ب- قيد العمليات اعلاه في يومية محلات السلامي

ج- تصوير الحسابات المختصة بدفتر استاذ مشروع البركات.

د- تصوير الحسابات المختصة بدفتر استاذ محلات السلامي.

12- يعتبر الخصم التجاري للمشتري

أ- ربحاً ب- خسارة

ج- لا ربح ولا خسارة د- ربحاً أو خسارة

13- واحداً من الحسابات التالية رصيده دائن بطبيعته :

أ- المشتريات

ب- عمولات الشراء

ج- مردودات ومسموحات المبيعات

د- خصم المشتريات (الخصم المكتسب)

14- الغاية من الخصم النقدي هي:

أ- التوصل الى سعر الصفقة بين البائع والمشتري

ب- التعجيل في عملية دفع قيمة الصفقة

ج- تصريف كميات البضاعة

د- زيادة كمية المبيعات

15- اشترت محلات الرصافة بضاعة من محلات الكرخ بمبلغ 18000 دينار خصم تجاري 10% وخصم نقدي 4% اذا تم السداد خلال 10 أيام، وفعلاً تم السداد بشيك خلال اسبوعين، عليه فان المبلغ الذي تدفعه محلات الرصافة الى محلات الكرخ هو : ....

16- مطلوب اعداد القيد اللازم للعملية في السؤال (15) مرة بدفاتر المشتري ومرة اخرى بدفاتر البائع.

17- لو أن محلات الرصافة في السؤال (15) ردت ما يعادل 5% من البضاعة لمخالفتها للشروط خلال المدة، فان مبلغ الشيك سداداً للمبلغ سيكون ....

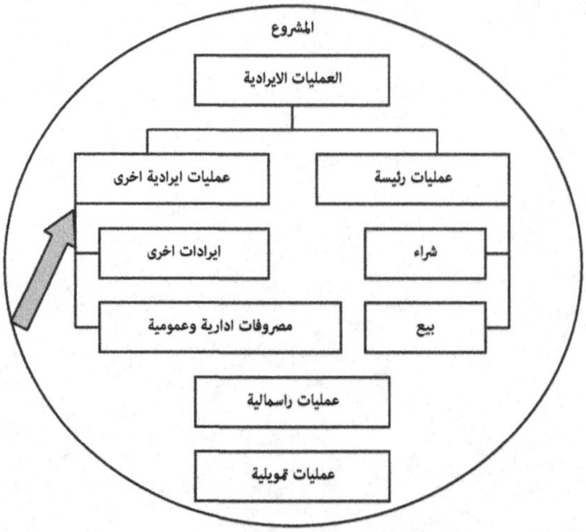

الفصل الثاني عشر

تحليل وقيد العمليات المالية الايرادية الأخرى

ANOTHER FINANCIAL TRANSACTIONS

- العمليات غير الاعتيادية (الثانوية أو غير الجارية) .
- العمليات الإدارية والعمومية (الجارية).

من غير العمليات التي تمت دراستها سابقا هناك عمليات اخرى هي ليست عمليات رئيسية إلا انه لا يمكن التقليل من أهميتها أو الاستغناء عنها وهي تشكل جزءا هاما من عمليات الصرف وتحقق الإيراد في المشروع .

ومن هذه العمليات ما هو ثانوي أو استثنائي كشراء وبيع الاستثمارات المالية اضافة إلى النشاط التجاري السلعي (الرئيسي)، ومنها ما هو جاري أو مستمر أو اعتيادي كالعمليات الإدارية والعمومية (مصروفات) .

العمليات الايرادية غير الاعتيادية Extra-ordinary Transactions

وهي العمليات المالية المتعلقة بنشاطات ثانوية أو غير متكررة او عرضية أو غير جارية وعليه فإنها ليست العمليات التي وجد من اجلها المشروع وإنما من اجل أهداف رئيسية (ينفق عليها طيلة الفترة المالية وبالتالي تقاس نتائجها في نهاية تلك الفترة)، أما العمليات غير الاعتيادية فيجب قياسها ومعالجتها أولاً بأول بمعزل عن العمليات الرئيسية ، وأهم تلك العمليات (من غير العمليات الخاصة بالأصول الثابتة التي ستتطرق لها ضمن العمليات الرأسمالية) ما يلي :

- عمليات الاستثمار في الأوراق المالية .
- عمليات خاصة بتقديم خدمات للغير .
- عمليات إبداع الأموال في البنوك وغيرها .

الاستثمارات في الأوراق المالية Securities

تتكون الاستثمارات المالية من الأسهم Stocks (Shares) والسندات Bonds، (تسمى محفظة الأوراق المالية Portfolio) ، والأولى تقتنيا للحصول على أرباح من المشروعات المستثمرة بها الأموال ، أو المضاربة بالأسعار أما الثانية فيستفاد من الفوائد التي تمنح عليها اضافة الى عمليات المضاربة .

مثال(1): في 2001/1/1 اشترى مشروع العلاء 1000 سهم من اسهم شركة البراق بسعر (قيمة اسمية) 10 دينار للسهم، وتحمّل مبلغ 1000 دينار عمولة شراء.

-في 2001/7/31 باع المشروع نصف الأسهم بمبلغ 6400 دينار.

وتمت كافة العمليات بموجب شيكات

الحل: كلفة نصف الأسهم: [(1000 × 10) + 1000] /2 = 5500 دينار

النتيجة: 6400 – 5500 = 900 ربح (مكاسب)

يومية المشروع :

11000	-	من حـ/الاستثمارات المالية –اسهم شركة البراق	2001/1/1
-	11000	الى حـ/البنك	
6400	-	من حـ/ البنك	2001/7/31
		إلى مذكورين	
-	5500	حـ/الاستثمارات المالية –اسهم شركة البراق	
-	900	حـ/ ارباح (مكاسب) بيع الاستثمارات المالية	

مثال(2): في 1999/1/1 اشترى مشروع السدير 100 سند من سندات مشروع الصحة العامة، بسعر (قيمة اسمية) 100 دينار للسند يحمل السند فائدة 10% سنويا تدفع في نهاية كل سنة ومدة السند سنتين وقد تمت العمليات بموجب شيكات.

يومية المشروع-عند الشراء

10000	-	من حـ/الاستثمارات المالية -سندات مشروع الصحة العامة	1999/1/1
-	10000	الى حـ/البنك	

عند الحصول على الفوائد في نهاية السنة الأولى

1000	-	من حـ/البنك	1999/12/31
-	1000	الى حـ/إيراد فوائد السندات	

عند الحصول على الفوائد واطفاء (إرجاع) السندات في نهاية السنة الثانية

11000	-	من حـ/ البنك	
		إلى مذكورين	
-	10000	حـ/الاستثمارات المالية-سندات مشروع الصحة العامة	2000/12/31
-	1000	حـ/إيراد فوائد السندات	

عمليات تقديم الخدمات للغير

هناك العديد من الخدمات التي يمكن أن يقدمها المشروع للغير ويحصل لقاء ذلك على إيرادات معينة دون أن يكون هذا النشاط نشاطا رئيسيا له، مثال ذلك تأجير الأصول الثابتة، والتوسط في إنجاز بعض العمليات التجارية.

أ-تأجير الأصول الثابتة:

عندما تكون بعض الأصول الثابتة فائضة عن حاجة المشروع لسبب من الأسباب وليكن موسمية العمل يقوم بتأجيرها للغير عند توفر الفرصة.

مثال(1): في 2001/1/31 استلم مشروع المصطفى مبلغ 450 دينار نقدا عن بدل إيجار العقار لمحلات الصباح منذ بداية الشهر.

يومية المشروع

450	-	من حـ/الصندوق
-	450	إلى حـ/إيراد تأجير عقارات

مثال (2): في 2007/2/25 قام مشروع الهديل بتأجير واسطة نقل فائضة عن حاجته إلى شركة النادر بمعدل 20 دينار لليوم الواحد ولمدة 6 أيام استلم المبلغ نقدا.

يومية المشروع

120	-	من حـ/الصندوق
-	120	إلى حـ/إيراد تأجير وسائط نقل

ب-عمليات التوسط في إنجاز العمليات التجارية.

من خلال ما لديه من خبرة وكفاءة في التوسط أو تقديم الاستشارة لإنجاز العمليات التجارية، يحصل المشروع على إيراد عمولات أو سمسرة.

مثال: في 2006/8/14 توسط مشروع البتراء التجاري بعقد صفقة تجارية قيمتها 30000 دينار مقابل حصوله على عمولة قدرها 7% من قيمة الصفقة استلمها بشيك.

يومية المشروع

2100	-	من حـ/البنك
-	2100	إلى حـ/إيراد عمولات

عمليات إيداع الأموال في البنوك وغيرها.

يمكن للمشروع أن يستثمر أمواله الفائضة عن حاجة نشاطه الرئيسي بمجالات عديدة منها الأوراق المالية كما لاحظنا ومنها إيداع الأموال في البنوك للحصول على إيرادات الفوائد، كذلك إيراد الفوائد عن عمليات الائتمان بالأوراق التجارية (أ.ق).

مثال(1): في 2001/12/31 استلم مشروع الوليد إشعار دائن من البنك الذي يودع فيه أمواله منذ بداية السنة والبالغة 20000 دينار بفائدة 6% سنويا يتضمن قيد مبلغ 1200 دينار لحسابه كإيراد فوائد.

يومية المشروع

1200	-	من حـ/البنك
-	1200	حـ/إيراد فوائد (فوائد دائنة)

ونلاحظ أن قيد إيراد الفوائد هنا لا يختلف عن إيراد فوائد اخرى ناتجة عن الاستثمار في السندات أو في الكمبيالات (أ.ق) أو غيرها.

ثانياً: العمليات الإدارية والعمومية Administrative & General Operations

ليتمكن المشروع من القيام بنشاطاته الرئيسية منها والثانوية لا بد من توفر ما يلزم من عمل وخدمات إدارية وعمومية ، وهي عمليات اعتيادية ومتكررة تبدأ مع بداية تأسيس المشروع وخلال أداء نشاطه وحتى انتهاء الفترة المالية وبعد ذلك لغاية تصفية المشروع.

وتتصف هذه العمليات بالعمومية لأنها لم تقدم خصيصا لعملية معينة أو لقسم معين أو لفترة معينة ضمن السنة المالية للمشروع لذلك يسمى الإنفاق عليها بالمصروفات الإدارية والعمومية. ولذلك وردت في كثير من الموضوعات السابقة وفيما يلي توضيح موجز لهذه العمليات وقيدها.

1-مصروفات الرواتب والأجور Wages & Salaries

وتشمل رواتب الموظفين وأجور العمال والفنيين وتعتمد تفاصيل قيد هذه المصروفات على حجم العمل وحاجة المشروع للبيانات. وتصرف عادة في نهاية كل شهر أما نقدا أو بشيكات تودع في حسابات العاملين.

مثال: عن شهر شباط/2002 بلغت أجور العمال في مشروع الزهراء 2500 دينار ورواتب الموظفين 1600 دينار تم دفعها نقدا من صندوق المشروع في 28/منه.

		من مذكورين
1600	-	حـ/رواتب الموظفين
2500	-	حـ/أجور عمال
	4100	إلى حـ/الصندوق

ولو تم سحب المبلغ المذكور من البنك فيخول باستلامه أمين الصندوق ليقوم بتوزيعه نقدا على العاملين فيكون حساب البنك هو الحساب الدائن وكذلك الحال عند الإيداع في حسابات العاملين في البنك عن استحقاقاتهم.

2-مصروفات استئجار الأصول الثابتة.

وهي المصروفات التي يتحملها المشروع عن استئجار خدمات الأصول الثابتة من الغير كالمباني والآلات وغيرها.

مثال: في 2001/6/30 دفع مشروع العمار مبلغ 650 دينار بشيك عن بدل إيجار المبنى الذي يستغله لشهر حزيران.

650	-	من حـ/مصروف استئجار مباني
-	650	إلى حـ/البنك

3-مصروفات الماء والكهرباء والهاتف والبريد والبرق.

4-مصروفات الصيانة والتصليح للأصول الثابتة.

5-مصروفات الوقود والزيوت لوسائط النقل والمكائن والآلات.

6-مصروفات التأمين على العاملين وعلى الأصول.

7-مصروفات القرطاسية والمستلزمات المكتبية.

وكل هذه المصروفات ترد عادة بموجب فواتير عند الطلب أو الحاجة أو شهريا ولا تختلف عملية قيدها عن بقية المصروفات

...	-	من حـ/مصروف.........
-	...	إلى حـ/الصندوق.........

المصروفات التشغيلية وغير التشغيلية

ان المصروفات الايرادية (غير المصروفات الرأسمالية والتمويلية) التي تطرقنا لها وبمختلف انواعها هي مصروفات تشغيلية Operating Expenses عندما ترتبط بدورة تشغيل المشروع لاداء نشاطه الرئيسي او الاعتيادي في تحقيق الايراد وتشمل:

- المصروفات البيعية والتسويقية من عمولات واعلان وترويج للبضائع ونقلها والتأمين عليها.. الخ.
- المصروفات الادارية والعمومية.

وعليه فان المصروفات غير التشغيلية هي المصروفات التي لا علاقة لها بالنشاط الايرادي الجاري او الاعتيادي للمشروع كمصروفات الضرائب ومصروفات الفوائد (الفوائد المدينة) وكما يرى البعض في انها اعباء لا علاقة لها بدورة التشغيل في المشروع.

وقيد هذه العمليات في يومية المشروع لا يختلف فيما اذا كانت المصروفات تشغيلية ام غير تشغيلية، فالمصروف وحسب نوعه يكون في الطرف المدين من القيد والنقدية في الصندوق او البنك في الطرف الدائن منه.

مثال : لشهر آب/ 2005 حصلت المصروفات التالية لمشروع البصري

- تأمين بمعدل 20 دينار لكل عامل من العاملين البالغ عددهم 100.
- تأمين على الاصول الثابتة بنسبة 2% من قيمتها البالغة 200000 .
- مصروفات وقود وزيوت 1300 دينار لوسائط نقل العاملين.
- مصروفات صيانة وادامة الاصول الثابتة 3200 دينار.
- تمت جميع العمليات بشيكات.

يومية المشروع

		من مذكورين
2000	-	حـ/ مصروف تأمين على العاملين
4000	-	حـ/ مصروف تأمين على الأصول الثابتة
1300	-	حـ/ مصروف وقود وزيوت وسائط نقل العاملين
3200	-	حـ/ مصروف صيانة وادامة الاصول الثابتة
-	10500	الى حـ/ البنك

مثال : منذ تأسيس مشروع الروشيد في 2005/9/1 ، يعمل فيه 60 موظف بمعدل راتب شهري 250 دينار للموظف الواحد تدفع نقداً.

المطلوب: أ- اعداد قيم اليومية اللازم بالرواتب الشهرية.

ب- تصوير حـ/ الرواتب في سجل استاذ المشروع في 2005/12/31

الحل: يومية المشروع :

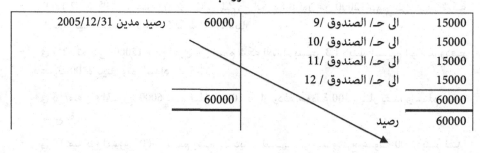

15000 -	- 15000	من حـ/ مصروف الرواتب إلى حـ/ الصندوق دفع الرواتب لشهر .... نقداً

سجل الاستاذ :

حـ/ الرواتب

15000	الى حـ/ الصندوق /9	60000	رصيد مدين 2005/12/31
15000	الى حـ/ الصندوق /10		
15000	الى حـ/ الصندوق /11		
15000	الى حـ/ الصندوق / 12		
60000		60000	
60000	رصيد		

أسئلة وتمارين الفصل الثاني عشر

1- ما معنى العمليات المالية الثانوية في المشروع؟ وما انواعها؟

2- ما هي العمليات الادارية والعمومية في المشروع؟ وما هي المصروفات المرتبطة بها.

3- في 2002/12/1 كانت محفظة الأوراق المالية لمشروع الكرامة تتكون من 12000 سهم من اسهم شركة الاسراء قيمة اسمية 1 دينار وكلفة شراء 1.5 دينار.

- في 12/4 تم شراء 12000 سهم اخرى من اسهم شركة الاسراء بسعر 1.3 دينار للسهم الواحد ودفع عمولة 2400 دينار وتم السداد بشيكات.
- في 16/منه باع المشروع 6000 سهم بمبلغ 10000 دينار ودفع عمولة 400 دينار نقداً واستلم صافي المبلغ نقداً.
- في 18/منه باع المشروع 3000 سهم بسعر 2 دينار للسهم الواحد ودفع عمولة 300 دينار نقداً واستلام صافي المبلغ نقداً.
- في 30/منه باع المشروع 2000 سهم بسعر 1.5 دينار للسهم الواحد ودفع عمولة 100 دينار نقداً واستلام صافي المبلغ نقداً.

المطلوب: أ- اعداد قيد اليومية اللازمة للعمليات اعلاه خلال شهر 2002/12

ب- تصوير حـ/ الاستثمارات المالية – اسهم شركة الاسراء في سجل استاذ المشروع في 2002/12/31

الحل: أ- يومية المشروع :

20400		من حـ/ الاستثمارات المالية – اسهم شركة الاسراء	12/4
	20400	إلى حـ/ البنك	
9600		من حـ/ الصندوق	12/16
	9600	إلى حـ/ الاستثمارات المالية- اسهم الاسراء	
		البيع بالكلفة (10000-400-9600=00)	

5700		من حـ/ الصندوق	12/18
		إلى مذكورين	
	4800	حـ/ الاستثمارات المالية - اسهم الاسراء	
	900	حـ/ ارباح (مكاسب) بيع الاستثمارات المالية	
		البيع بربح [(1.6×3000)-300-(2×3000)]	
		من مذكورين	12/30
2900		حـ/ الصندوق	
300		حـ/ خسائر بيع استثمارات مالية	
	3200	إلى حـ/ الاستثمارات المالية- اسهم الاسراء	
		البيع بخسارة	

ب- سجل الاستاذ :

حـ/ الاستثمارات المالية - اسهم شراء الاسراء

18000	رصيد 12/1	9600	من حـ/ الصندوق 12/16
20400	إلى حـ/ البنك 12/4	4800	من حـ/ الصندوق 12/18
		3200	من مذكورين 12/30
		20800	رصيد مدين
38400		38400	

4- اذا كانت محفظة الأوراق المالية تتكون من 5000 سند بكلفة 100000 دينار، وتم شراء 5000 سند أخرى بكلفة 125000 دينار مع دفع عمولة 5000 دينار، فان معدل تكلفة السهم :

أ- 22.5 دينار   ج- 23 دينار

ب- 20.5 دينار   د- 25 دينار

5- اذا تم بيع السند الواحد في السؤال (4) اعلاه بسعر 25 دينار للسند الواحد فان ذلك يعني:

أ- خسارة قدرها .... للسند الواحد

ب- ربح قدره .... للسند الواحد

ج- لا ربح ولا خسارة

6- ان عناصر المصروفات التشغيلية في المشروع هي:

أ- المصروفات الادارية ج- المصروفات العمومية

ب- المصروفات التسويقية والبيعية د- أ + ب + ج

7- ان ايرادات الفوائد عن الودائع المالية للمشروع في البنوك هي:

أ- الفوائد المدينة ج- أ + ب

ب- الفوائد الدائنة د- غير ما ذكر

8- واحداً مما يلي خطأ فيما يتعلق بالمصروفات الادارية والعمومية

أ- انها تمثل عمليات جارية او اعتيادية

ب- انها تمثل عمليات ايرادية

ج- انها تمثل عمليات تشغيلية

د- انها تمثل عمليات غير جارية أو غير متكررة

9- تمرين شامل: فيما يلي ارصدة الحسابات الظاهرة في سجل استاذ مشروع أم الربيعين التجاري في 2005/12/1 (دينار):

10000	صندوق	3500	أ. د
20000	بنك	2500	ارباح بيع اسهم
30000	بضاعة (اول المدة)	91500	مبيعات
40000	مشتريات	1200	مردودات ومسموحات مشتريات
3000	مردودات ومسموحات مبيعات	300	خصم المشتريات (مكتسب)
2000	خصم المبيعات (مسموح به)	4000	دائنون
8000	رواتب	9000	قروض
1000	مصروفات عامة	؟؟	راس المال
6000	أ. ق		
5000	مدينون		
35000	استثمارات مالية لاسهم		

وخلال الشهر تمت العمليات التالية :

1- استلام ما بذمة المدينين بشيك بعد منحهم خصم نقدي 5% .

2- شراء بضاعة بمبلغ 7000 دينار بخصم تجاري 10% بالآجل.

3- مردودات المشتريات النقدية بلغت 400 دينار.

4- بيع نصف الاسهم بمبلغ 19000 دينار ودفع عمولة 500 دينار العمليات تمت بشيكات.

5- دفع بدل استئجار المبنى المؤثث الذي يشغله المشروع لاداء نشاطه بشيك، علماً ان المشروع مستأجر للعقار منذ بداية السنة وبمعدل 400 دينار شهرياً.

6- دفع قسط القرض البالغ 3000 دينار والفائدة 10% للسنة (7/1- 12/31) بشيك.

7- استلام ايرادات الفوائد عن وديعة لاموال المشروع قدرها 16000 دينار بمعدل فائدة 5% عن 4 شهور اودعت البنك .

8- دفع مبلغ 350 دينار نقداً عن مصروفات تنظيف ودهان المباني.

9- دفع مصروفات الهاتف 250 ومصروفات كهرباء 150 دينار ومصروفات الماء 50 دينار جميعها نقداً .

10- دفع رواتب العاملين عن الشهر والبالغة 2000 دينار نقداً .

المطلوب: أ- اعداد القيود اللازمة في يومية المشروع.

ب- تصوير الحسابات المختصة في سجل استاذ المشروع.

ج- اعداد ميزان المراجعة بتاريخ 2005/12/31 .

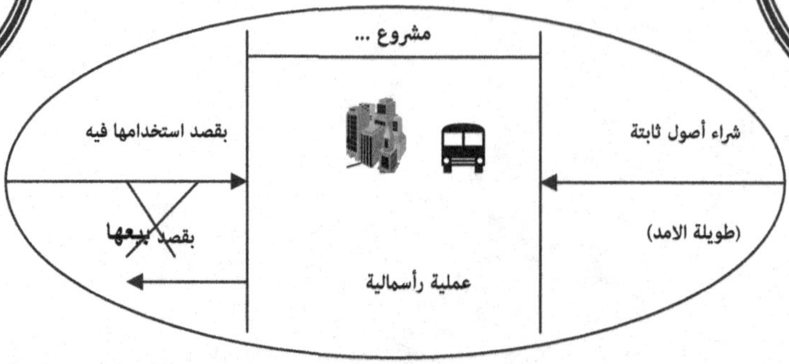

الفصل الثالث عشر

تحليل وقيد العمليات الرأسمالية

CAPITAL EXPENDITURE

- الاقتناء او الحصول على الأصول الثابتة .
- استخدام الاصول الثابتة (الاستفادة منها).
- الاضافات والتحسينات على الأصول الثابتة.
- الاستغناء عن الاصول الثابتة.

العمليات الرأسمالية تعني العمليات الخاصة بالحصول على الاصول الثابتة (طويلة الأمد) بقصد استخدامها داخل المشروع وبالاضافات والتحسينات عليها، واستخدامها او الاستفادة منها وكذلك عمليات الاستغناء عنها.

وتعتبر هذه العمليات من العمليات غير الاعتيادية (أو غير الجارية أو غير الرئيسية أو غير المتكررة) وربما يمكن تسميتها بالنادرة أو الاستثنائية مقارنة بالعمليات الايرادية الجارية في المشروع، وبالتالي لابد وان تكون لها معالجة محاسبية مختلفة.

اقتناء الأصول الثابتة (طويلة الأمد أو المعمرة) :

وهو أما أن يكون من خلال الشراء (أو الإنشاء أو التكوين الذاتي داخل المشروع)، أو المنح والهبات ، بقصد استكمال الطاقات الإنتاجية والبيعية للمشروع ، أو توسيعها أو تحديثها وتطويرها وفي كل الأحوال يجب مراعاة ما يلي :

- أن يسمى الأصل الثابت باسمه أو بالاسم المناسب للمجموعة التي ينتمي إليها عند الحصول عليه ، ذلك تميزا له عن بقية الأصول وبقية العمليات ، مثل حـ/ الأراضي (اصول ثابتة ملموسة غير مستهلكة).

  حـ/ الآلات و حـ/ العقارات (أصول ثابتة ملموسة مستهلكة)

  حـ/ شهرة المحل (اصول معنوية)، حـ/ آبار النفط و حـ/ مناجم الفحم (اصول مستنفذة او ناضبة) .

- أن يشمل حساب الأصل كل ما انفق عليه لغاية جاهزيته ووضعه موضع الاستخدام الذاتي من قبل المشروع ، مثل مصاريف النقل والتأمين والنصب والتشغيل إضافة إلى ثمن الشراء بموجب فاتورة البيع .

مثال 1 : في 2005/7/1 اشترى مشروع تبارك واسطة لنقل البضائع ثمنها بموجب فاتورة البيع من السوق المحلية 60000 دينار تم دفعه بشيك ، ومصروفات رسوم تحويل ملكية وتسجيل لدى الدوائر المختصة 1000 دينار نقدا .

الحل : يومية المشروع

61000	-	من حـ/ وسائط نقل البضائع
		إلى مذكورين
-	60000	حـ/ البنك
-	1000	حـ/ الصندوق

مثال 2 : في 2001/9/2 اشترى مشروع النسمة بناية بمبلغ 70000 دينار بشيك لاستخدامها كمعرض لبيع منتجاته ، ودفع مبلغ 500 دينار نقدا كعمولة لمكتب السمسرة ، ومبلغ 1500 دينار نقدا عن ضرائب ورسوم تسجيل في دوائر الطابو.

الحل : يومية المشروع

72000	-	من حـ/ المباني إلى مذكورين
-	500	حـ/ الصندوق
-	71500	حـ/ البنك

استخدام الأصول الثابتة المستهلكة : (*)

ونقصد باستخدام الأصول الثابتة هو الحصول على خدمتها او المنفعة منها وبالتالي كلفة (أو مصروف) استخدام هذه الأصول لفترة مالية معينة باستثناء الارض لانها اساساً أصل غير مستهلك، وهناك عديد من الطرق يمكن اعتمادها لحساب هذا المصروف كما هناك اكثر من طريقة لقيد هذا المصروف وحيث سنركز هنا على كلفة استخدام الاصول الثابتة والمستهلكة لاهميتها . تختلف طرق حساب مصروف الإهلاك باختلاف :

- طبيعة نشاط المشروع حيث يختلف استخدام اصل ثابت معين من مشروع لآخر.
- طبيعة الأصل الثابت ونوعه، فيمكن أن يحسب مصروف الإهلاك للمكائن والآلات بطريقة غير التي يحسب بها مصروف إهلاك المباني مثلا .
- درجة الدقة التي يتوخاها المشروع من البيانات ، حيث تختلف الطرق بينها من حيث الدقة . وفيما يلي أهم طرق حساب مصروف الإهلاك Depreciation للأصول الثابتة المستهلكة :

(*) أن هذا الموضوع في الواقع يقع ضمن موضوع التسويات الجردية (الفصل السادس عشر) التي تتم في نهاية السنة المالية لتحميلها بنصيبها من المصروفات والإيرادات بصورة عادلة ، ولكن استوجب الأمر تناوله للأسباب التالية :

- أن عمليات الاستغناء عن الأصول الثابتة بالبيع أو الاستبدال أو غيرها لا يمكن إعداد القيود المحاسبية اللازمة بها إلا بعد حساب كلفة استخدامها (مصروف الاستهلاك ومجمع الاهلاك) .
- التسلسل المنطقي للعمليات يقتضي تناول موضوع العمليات المالية قبل موضوعات تصحيح أخطاء والتسويات الجردية وإعداد الحسابات الختامية .
- وان كانت كلفة استخدام الأصول الثابتة (مصروف الإهلاك) عادة تحسب في نهاية السنة ، إلا أن عمليات الاستغناء عن الأصول الثابتة يمكن أن تتم في أي وقت خلال السنة وبالتالي تستوجب المعالجة .

1- طريقة القسط الثابت Straight - Line Method

حيث يكون مقدار مصروف الإهلاك بموجب هذه الطريقة ثابتا لكل فترة أو سنة من سنوات عمر الأصل ، كأن يذكر أن الأصل يستهلك بنسبة مئوية معينة ثابتة سنويا مثلا 5% وبنفس المعنى إذا قيل قسط ثابت طيلة عمر الأصل البالغ 20 سنة = (1 /20 × 100 = 5%) وهكذا

مثال 1: يمتلك مشروع النداء مباني بكلفة 150000 دينار ، تستهلك بطريقة القسط الثابت وبنسبة 7% سنويا ، إذن قسط الإهلاك السنوي : 150000 × 7% = 10500 دينار

مثال 2 : يمتلك مشروع النيل اثاث كلفته 10000 دينار عمره المقدر 20 سنة .

إذن قسط الإهلاك السنوي : 10000 ÷ 20 = 500 دينار

في نهاية السنة الأخيرة من عمر الأصل تصبح قيمته في دفاتر المشروع صفرا ، وتمتاز هذه الطريقة بالبساطة والسهولة وهي تناسب طبيعة كثير من الأصول الثابتة ، كما أنها تناسب طبيعة عمل كثير من المشروعات . واكثر ما يعاب عليها هو إنها تفترض الثبات في إنتاجية الأصل طيلة عمره المقدر .

وإذا تم تقدير قيمة للانقاض أو الخردة Residual Value المتبقية من الأصل في نهاية عمره أو بعد استهلاكه فيجب اخذ ذلك بالاعتبار في حساب مصروف الإهلاك .

مثال : يمتلك مشروع الهادي آلات بكلفة 25000 دينار قدر عمرها الإنتاجي 10 سنوات ، وقيمة الإنقاض في نهاية العمر 1000 دينار ، إذن قسط الإهلاك السنوي:

$$\frac{25000 - 1000}{10} = 2400 \text{ دينار}$$

ويجب معرفة تاريخ اقتناء أو تملك الاصل الثابت فاذا كان في منتصف السنة فأن مصروف الاهلاك للمثال السابق يكون 1200 دينار .

2- طريقة القسط المتناقص Diminishing - Value Method

وتفترض هذه الطريقة أن كفاءة الأصل الثابت تتناقص بمرور الزمن ، وعليه يتناقص مقدار مصروف الإهلاك السنوي فترة بعد اخرى حتى يصبح رصيد الأصل في نهاية السنة الأخيرة من العمر مساويا أو قريبا من الصفر . ويعاب

عليها إنها لا تأخذ بالاعتبار الأداء أو الإنتاج أو الاستخدام الفعلي للأصل ، ويحتسب القسط بعدة أساليب منها :

- **قسط متناقص بنسبة مئوية ثابتة :**

مثال : في 2000/1/1 اشترى مشروع الثرى ماكنة بلغت كلفتها 25000 دينار تستهلك بطريقة القسط المتناقص وبنسبة 40% سنويا ، وقيمة الإنقاص المقدرة في نهاية العمر هي 700 دينار .

الحل :

مصروف الإهلاك للسنة الأولى	25000 × 40%	= 10000 دينار
مصروف الإهلاك للسنة الثانية	(25000 - 10000) × 40%	= 6000 دينار
مصروف الإهلاك للسنة الثالثة	[25000 – (10000 + 6000)] × 40%	= 3600 دينار
مصروف الإهلاك للسنة الرابعة	[25000 – (10000 + 6000 + 3600)] × 40%	= 2160 دينار
مصروف الإهلاك للسنة الخامسة	[25000 – (10000 + 6000 + 3600 + 2160)] × 40 %	= 1296 دينار
مصروف الإهلاك للسنة السادسة	[25000 – (10000 + 6000 + 3600 + 2160 + 1296)] × 40 %	= 778 دينار
مصروف الإهلاك للسنة السابعة	[25000- (10000 + 6000 + 3600 +2160 + 1296 + 778)] × 40%	= 466 دينار
مجموع مصروف الإهلاك المتراكم (مجمع الاهلاك المتراكم)		= 24300 دينار
قيمة الإنقاص		= 700 دينار
كلفة الأصل		= 25000 دينار

عندما يكون الاهلاك بطريقة القسط المتناقص هذه أو مضاعف القسط الثابت فان قيمة الخردة لا تطرح من كلفة الأصل عند حساب مصروف الاهلاك كما في طريقة القسط الثابت، ويتوقف حساب الاهلاك حتى تصبح القيمة الدفترية مساوية للخردة او غير مهمة نسبياً اذا لم تكن هناك خردة والسبب في اهمال الخردة هنا هو انها اخذت بالاعتبار عند حساب معدل (نسبة) الاهلاك السنوي كما في المعادلة ادناه.

وبالتالي مصروف الاهلاك السنوي = القيمة الدفترية × نسبة الاهلاك

القيمة الدفترية = كلفة الاصل – مجمع الاهلاك المتراكم للأصل

ويمكن حساب النسبة السنوية الثابتة لقسط الاهلاك المتناقص من البيانات الخاصة بالاصل الثابت كما في المثال :

كلفة شراء واسطة نقل 20000 دينار وقيمة الخردة المقدرة في نهاية العمر هي 1250 دينار والعمر المقدرة للأصل الثابت هو 4 سنوات .

النسبة المئوية السنوية الثابتة = $1 - \sqrt[\text{عمر}]{\frac{\text{الخرده}}{\text{الكلفة}}}$

= $1 - \sqrt[4]{\frac{1250}{20000}}$ = [(5 ÷ 1) ^ (0.0625)] = 50%

20000

وبالتالي: اهلاك السنة الاولى 20000 × 50 % = 10000 دينار

اهلاك السنة الثانية 10000 × 50% = 5000 دينار

اهلاك السنة الثالثة 5000 × 50% = 2500 دينار

اهلاك السنة الرابعة 2500 × 50% = 1250 دينار

الاهلاك المتراكم	18750	
الخردة		1250
الكلفة		20000

القيمة الدفترية = كلفة شراء الاصل – الاهلاك المتجمع (المتراكم)

1250 = 20000 - 18750

كما يمكن حساب القيمة الدفترية في حالة القسط المتناقص ولأي سنة كما يلي :

ق = ت $(1-\text{هـ})^{\text{ن}}$

حيث ق = القيمة الدفترية ت = كلفة الشراء

هـ = معدل الاهلاك ن = عدد السنوات السابقة

إذا ق = 20000 $(1-0.5)^{4}$

= 1250 دينار القيمة الدفترية لواسطة النقل في نهاية العمر وهي بطبيعة الحال تتساوى هنا مع قيمة الخردة .

- **مجموع أرقام سنوات عمر الأصل الثابت Sum- of – the years' digits (SOYD).**

لا تختلف هذه الطريقة عن سابقتها من حيث حساب إهلاك اكبر في السنوات الأولى من عمر الأصل وبما يتناسب والأوضاع التضخمية للسوق ، إلا إنها تستخدم مجموع أرقام السنوات لذلك الغرض .

مثال : في 1998/1/1 اشترى مشروع السالم آلة بمبلغ 14000 دينار وعمرها الإنتاجي المقدر هو 4 سنوات ، ولا قيمة لإنقاضها (الخردة) .

الحل : مجموع أرقام السنوات : 4+3+2+1=10

والاسهل تطبيق قانون المتوالية العددية عندما يكون عدد الحدود كبيرا : $\frac{ن}{2} \times$ (أ + ل)

حيث ن = عدد الحدود أ = الحد الاول ل = الحد الاخير

وبالتالي : $\frac{4}{2}$ (1+4) = 10

إذا :مصروف إهلاك السنة الأولى :	14000 × 4 /10 = 5600 دينار
مصروف إهلاك السنة الثانية :	14000 × 3 /10 = 4200 دينار
مصروف إهلاك السنة الثالثة :	14000 × 2 /10 = 2800 دينار
مصروف إهلاك السنة الرابعة :	14000 × 1 /10 = 1400 دينار
كلفة الأصل	= 14000 دينار

3- طريقة عدد الوحدات المنتجة Production Units

وتتناسب هذه الطريقة خاصة مع عمل المكائن والآلات ، حيث يتم تقدير العمر الإنتاجي الكلي للأصل الثابت بعدد من الوحدات كالطن أو الكغم أو الكيلو متر .... الخ أي على أساس حجم النشاط .

مثال : إذا أنتجت ماكنة خلال السنة 5000 وحدة من اصل عمرها الإنتاجي الكلي المقدر بـ 20000 وحدة ، ما مقدار مصروف الإهلاك للسنة إذا كانت كلفته شراء الماكنة 15000 دينار .

الحل : مصروف الإهلاك للسنة = كلفة الماكنة × عدد الوحدات المنتجة خلال السنة
عدد الوحدات المنتجة المقدرة لكل عمر الماكنة

(20000 / 5000) × 15000=

= 3750 دينار

4- **طريقة عدد ساعات العمل : Labour Hours**

ولا تختلف هذه الطريقة عن سابقتها إلا باستبدال عدد الوحدات المنتجة بعدد ساعات العمل وتتناسب هذه الطريقة مع أنواع اخرى من الأصول الثابتة وخاصة عمل الآلات خلال الورديات .

مثال : عملت آلة 9000 ساعة خلال السنة وكان عمرها الإنتاجي الكلي المقدر هو 40000 ساعة عمل وكلفة شراءها 20000 دينار .

مصروف الإهلاك للسنة 20000 × (9000 / 40000) = 4500 دينار

أو نحسب كلفة (معدل) إهلاك الساعة الواحدة 20000 / 40000 = 0.5 دينار

مصروف الإهلاك 9000 × 0.5 = 4500 دينار

التغير في التقديرات المحاسبية: قد يتطلب الأمر اعادة تقدير العمر الانتاجي للأصل لسبب ما. ويجب أن لا يؤثر هذا على مصروف الاهلاك للسنوات السابقة.
مثال ذلك: سيارة سبق وان قدر عمرها الانتاجي 5 سنوات كلفتها 21000 دينار ومجمع اهلاكها 8000 دينار وقيمة النفاية 1000 دينار ، اعيد تقدير عمرها ليصبح 6 سنوات، وعليه:
مصرف الاهلاك القديم السنوي : (2100 – 1000) ÷ 5 = 4000
العمر المنقضي : 8000 ÷ 4000 = 2
قسط الاهلاك السنوي الجديد : كلفة – مجمع الاهلاك – النفاية
العمر الجديد – العمر المنقضي
= 3000 دينار

طرق قيد مصروف الإهلاك

1- الطريقة المباشرة في قيد الإهلاك Direct Method بموجب هذه الطريقة يخفض رصيد الأصل الثابت مباشرة بمقدار مصروف الإهلاك للفترة المعنية.

مثال : في 2000/12/31 بلغ مصروف إهلاك المباني لمشروع الرشيد 6000 دينار ، والمباني تم الحصول عليها في 2000/1/1 بمبلغ 60000 دينار وتستهلك بطريقة القسط الثابت وبنسبة 10% سنويا .

يومية المشروع

6000	-	من حـ/ مصروف إهلاك المباني	2000/12/31
-	6000	إلى حـ/ المباني	

دفتر الأستاذ :

حـ/ المباني

60000	إلى حـ/ البنك	2000/1/1	6000	من حـ/ مصروف إهلاك المباني	2000/12/31
			54000	رصيد مرحل (مدين)	2000/12/31
60000			60000		
54000	رصيد 1/1				

وستظهر هذه الطريقة الأصل الثابت بصافي قيمته الدفترية (كلفة الشراء - مجموع الإهلاك المتراكم لغاية تاريخه) في نهاية الفترة المالية .

2- الطريقة غير المباشرة في قيد الإهلاك Indirect Method

وهنا يتم توسيط حساب يسمى حساب مخصص أو مجمع الإهلاك المتراكم للأصل الثابت بدلا من حساب الأصل نفسه .

وهذا الحساب الوسيط هو مجمع Accumulated لانه يمثل تراكم لمصروف الاهلاك فترة بعد أخرى أو ما استهلك او ما انقضى من عمر الأصل الثابت من جهة، وهو ايضا مخصص Provision لمقابلة نقص مؤكد في قيمة الاصل لاظهار الارباح الفعلية من جهة اخرى.

مثال : للمثال السابق - يومية المشروع :

6000	-	من حـ/ مصروف إهلاك المباني	2000/12/31
-	6000	إلى حـ/ مخصص إهلاك المباني	

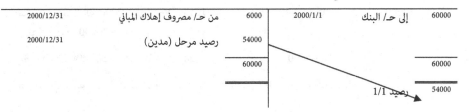

وعليه تستخدم ثلاثة حسابات في دفاتر المشروع هي،مصروف الإهلاك،ومخصص الإهلاك المتراكم والأصل الثابت بدلا من حسابين فقط كما في الطريقة المباشرة .

دفتر أستاذ المشروع :

حـ/ المباني

	60000 إلى حـ/ البنك 2000/1/1

حـ/ مصروف إهلاك المباني

	60000 إلى حـ/مخصص إهلاك مباني 12/31

حـ/ مجمع (مخصص) إهلاك متراكم المباني

6000 من حـ/ مصروف إهلاك مباني 2000/12/31	

وهنا نلاحظ أن حساب المباني لم يتغير لعدم تأثره بالقيد كما في الطريقة المباشرة ، لذلك سيظهر حساب الأصل في نهاية الفترة المالية بصورة مختلفة من طريقة لأخرى . ومن الجدير بالذكر **ان المبادئ المحاسبية المقبولة توصي باتباع الطريقة غير المباشرة في قيد مصروف الاهلاك (أي توسيط حـ/ مجمع (مخصص) الاهلاك المتراكم) .**

الاضافات والتحسينات المستهلكة Additions & Improvements

قد تتطلب طبيعة العمل او عند توسع النشاط او طبيعة الاصل، ان يقوم المشروع ببعض الاضافات أو التحسينات على الأصول الثابتة، كاضافة ملحق لبناء او عقار قائم، او استبدال هيكل أو محرك قديم لآلة أو لسيارة بآخر جديد عند استهلاكه (عدم كفاءته او انتهاء عمره الانتاجي)، والمبدأ هو انه اذا كانت العملية المالية تؤدي إلى زيادة الكلفة او القيمة الدفترية للأصل وتغيير في كفاءة الاصل او زيادة عمره الانتاجي المتبقي، يقتضي ذلك اجراء التعديل في مصروف الاهلاك لذلك الاصل بعد هذه الاضافات او التحسينات، وبطبيعة الحال تختلف هذه العملية المالية عن ما ينفقه المشروع من صيانة او ادامة دورية او جارية على الاصول

الثابتة لأن الاخيرة تدخل ضمن المصروفات التشغيلية الجارية للمشروع كما في العمليات الايرادية الاخرى.

مثال (اضافات) : في 1991/1/1 اشترى مشروع رضا معرض لبيع البضائع بمبلغ 60000 دينار وقدر عمره الانتاجي 20 سنة (يستهلك 5% سنوياً) في 2001/1/1 تم اضافة طابق آخر للمعرض بكلفة 15000 دينار، وتم اجراء تحسينات على المعرض القديم بكلفة 5000 دينار وعلى ضوء ذلك قدرت الزيادة بالعمر الانتاجي المتبقي 5 سنوات (الاستهلاك 6.5% سنوياً) وقيمة الانقاض (الخردة) في نهاية العمر 1250 دينار . اذن مصروف الاهلاك السنوي اعتباراً من 2001/12/31 :

القيمة الدفترية للاصل 2000/12/31 = 60000 – (60000 × 5% ×10) = 30000 دينار

القيمة الدفترية للاصل 2001/1/1 = 30000 + 15000 + 5000 = 50000 دينار

العمر الانتاجي الجديد = (20 – 10) + 5 = 15 سنة

مصروف الاهلاك السنوي الجديد = $\frac{50000 - 1250}{15}$ = 3250 دينار

أو = 50000 – 1250 × 6.5% = 3250 دينار

وتوصي معايير المحاسبة الدولية حساب اهلاك الاضافات والتحسينات بصورة منفصلة عن الأصل نفسه كلما أمكن ذلك.

الاستغناء عن الأصول الثابتة المستهلكة :

قد يستغني المشروع عن الأصل الثابت لسبب من الأسباب كعدم كفايته الإنتاجية أو لتقادمه ، ويتم الاستغناء أما بالبيع أو الاستبدال أو الشطب ويهمنا هنا الحالتين الأوليتين ، وتتطلب المعالجة القيدية الكاملة لعملية الاستغناء معرفة ما يلي:

- كلفة شراء الأصل الثابت .
- مصروف الإهلاك المتراكم للأصل لغاية تاريخ الاستغناء (مجمع الاهلاك المتراكم).
- القيمة الدفترية للأصل الثابت Book Value = كلفة الشراء – الإهلاك المتراكم
- الطريقة المتبعة لقيد مصروف الإهلاك .
- القيمة البيعية أو الاستبدالية للأصل الثابت .
- نتيجة عملية الاستغناء (ربح أم خسارة) .

مثال 1 : لدى مشروع الغيث عقار كلفة شراؤه 80000 دينار بتاريخ 1999/7/1 ، يستهلك بطريقة القسط الثابت وبنسبة 10% سنويا ، وتم بيعه بمبلغ 90000 دينار بتاريخ 2000/12/31 واستلم المبلغ بشيك .

المطلوب: اعداد القيود اللازمة في يومية المشروع وتصوير حسابات الاستاذ.

الحل : منذ شراء العقار ولغاية البيع

يومية المشروع : الطريقة غير المباشرة في قيد الإهلاك

80000 -	- 80000	من حـ/ العقارات إلى حـ/ البنك	1999/7/1
4000 -	- 4000	من حـ/ مصروف إهلاك العقارات إلى حـ/ مجمع إهلاك العقارات	1999/12/31
8000 -	- 8000	من حـ/ مصروف إهلاك العقارات إلى حـ/ مجمع إهلاك العقارات	2000/12/31

سجل الأستاذ : الطريقة غير المباشرة :

حـ/ العقارات

80000 إلى حـ/البنك 99/7/1	

حـ/ مجمع (مخصص) إهلاك العقارات

	4000 من حـ/ مصروف الإهلاك 99/2/31
	8000 من حـ/ مصروف الإهلاك 2000/12/31
	12000 رصيد دائن 2000/12/31

نتيجة البيع : القيمة البيعية - القيمة الدفترية

قيد البيع : الطريقة غير المباشرة

		من مذكورين
90000	-	حـ/ البنك
12000	-	حـ/ مجمع (مخصص) إهلاك العقارات
		إلى مذكورين
-	80000	حـ/ العقارات
-	22000	حـ/ مكاسب (أرباح) بيع أصول ثابتة

وبعد ترحيل قيد البيع سيصبح حساب العقارات وحساب المخصص صفرا.

مثال 2 : ذا كان ثمن بيع العقار في المثال السابق هو 61000 دينار فالنتيجة هي : القيمة البيعية – القيمة الدفترية

61000 - 68000 = 7000 دينار (خسارة)

يومية المشروع :

الطريقة غير المباشرة

		من مذكورين
61000	-	**حـ/البنك**
12000	-	**حـ/ مخصص الإهلاك المتراكم للعقارات**
7000	-	**حـ/ خسائر بيع الأصول الثابتة**
-	**80000**	**إلى حـ/ العقارات**

وهكذا نلاحظ في المثالين ، أن الأصل يكون في الطرف الدائن من القيد عند البيع لأن ذلك يمثل إنقاص لممتلكات المشروع ، والأرباح تظهر في الطرف الدائن من القيد لأنها تمثل زيادة على رأس المال بينما تظهر الخسائر كالمصروفات في الطرف المدين من القيد لأنها تمثل تخفيض على رأس المال ، وحساب مخصص الإهلاك في الطريقة غير المباشرة يوضع في الطرف المدين من القيد لأنه كان دائنا وبهذا يصبح رصيده صفرا ، وبعبارة اخرى ، في الطريقة غير المباشرة للمثال (2) ، أن ما تم استلامه بشيك + مجمع الإهلاك المتراكم + خسائر البيع = قيمة العقارات .

أما عند **استبدال** الأصل الثابت بأصل آخر فلا تختلف المعالجة القيدية عموما عن عملية البيع.

مثال (1) لو أن العقارات في المثال السابق تم استبدالها في 2000/12/31 بوسائط نقل قدرت قيمتها بمبلغ 90000 دينار .

الطريقة غير المباشرة

		من مذكورين
90000		**حـ/وسائط النقل**
12000		**حـ/مخصص الإهلاك التراكم للعقارات**
		إلى مذكورين
-	**80000**	**حـ/العقارات**
-	**22000**	**حـ/أرباح (مكاسب) استبدال الأصول الثابتة**

مثال(2): إذا تم الاستبدال بوسائط نقل قدرت قيمتها بمبلغ 61000 دينار إذن هناك خسارة قدرها 7000 دينار.

الطريقة غير المباشرة

		من مذكورين
61000	-	**حـ/وسائط النقل**
12000	-	**حـ/مخصص الإهلاك التراكم للعقارات**
7000	-	**حـ/خسائر استبدال الأصول الثابتة**
-	**80000**	**الى حـ/العقارات**

الشطب للأصول الثابتة: اذا كان يجوز للمشروع شطب الأصول الثابتة وقرر شطب آلة كلفتها 15000 دينار ومجمع اهلاكها المتراكم 12000 دينار، اذن هناك خسارة شطب 3000 دينار ، لكون القيد

		من مذكورين
12000	-	**حـ/ مجمع الاهلاك المتراكم للآلة**
3000	-	**حـ/ خسائر شطب الآلة**
-	**15000**	**إلى حـ/ الآلة**

الاصول الاخرى طويلة الامد

من غير الاصول الثابتة المستهلكة المارة الذكر هناك :

1- **الاصول المستنفذة :** وتمثل الموارد الطبيعة Natural Resources أو الأصول الناضبة أو المستنزفة من مناجم الفحم والحديد وآبار النفط والغاز وغيرها، ولا يختلف قيد:

- الحصول على هذه الاصول او شراؤها عن الاصول المستهلكة بكل ما ينفق عليها حتى تصبح جاهزة .

......	-	من حـ/ آبار النفط ....
-	....	إلى حـ/ ....

- كلفة استخدامها السنوية او للفترة المالية وتسمى بالنفاد او النضوب Depletion

......	-	من حـ/ مصروف نفاذ ....
-	....	إلى حـ/ مجمع النفاذ المتراكم ....

والطرف الدائن هو حـ/ الاصل في الطريقة المباشرة و حـ/ مخصص النفاذ في الطريقة غير المباشرة، ويحتسب مصروف النفاذ على اساس وحدات الانتاج غالبا.

2- **الأصول المعنوية أو غير الملموسة** Intangible Assets مثل شهرة المحل Goodwill وبراءة الاختراع والعلامة التجارية وغيرها، ولا يختلف قيد :

- الحصول عليها أو شراؤها أو تقديرها والذي يتم بطرق مختلفة على أساس أرباح عدد من السنوات السابقة او متوسطها ... الخ

......	-	من حـ/ شهرة المحل ....
-	....	إلى حـ/ ....

كان من المتعارف عليه هو ان تحتسب تكلفة استخدامها السنوية او للفترة المالية وتسمى بالاطفاء Amortization

......	-	من حـ/ مصروف اطفاء شهرة محل
-	....	إلى حـ/ شهرة المحل

والطرف الدائن هو حـ/ الأصل (وفقاً للطريقة المباشرة) ويحتسب مصروف الاطفاء عادة بقسط ثابت عندما يمكن تحديد عمر انتاجي معين للأصل غير الملموس، وإلا بخلافه يبقى الأصل هذا بقيمته في الدفاتر طالما لم يحدد عمر انتاجي معين له **ويخضع لعملية تدني القيمة** أي خسائر انخفاض القيمة.

مثال (1) : بلغت تكلفة حقول الآبار النفطية منشأة الأوس 500 مليون دينار حتى بدأ الاستخراج في 2003/9/1 ، قدرت كمية الانتاج الكلية للآبار 250 مليون برميل، انتج منها لنهاية السنة 2.5 مليون برميل وتم انتاج 5 مليون برميل سنة 2004.

اما تكاليف الاصول الثابتة المستهلكة في المنشأة فكانت 300 مليون دينار تستهلك بمعدل 5% سنوياً تم الحصول عليها منذ بداية سنة 2003

اذن : معدل مصروف النفاد للبرميل الواحد = $\frac{500}{250}$ = 2 دينار

مصروف النفاد للسنة 2003 = 2.5 مليون برميل × 2 = 5 مليون دينار

مصروف النفاد للسنة 2003 = 5 مليون برميل × 2 = 10 مليون دينار

يومية المنشأة لسنة 2003 : (مليون دينار)

		من مذكورين	2003/12/31
5		حـ/ مصروف نفاد الآبار النفطية	
15		حـ/ مصروف اهلاك الاصول الثابتة	
		الى مذكورين	
	5	حـ/ مجمع نفاد الآبار النفطية	
	15	حـ/ مجمع اهلاك الاصول الثابتة	

وهناك مزيد من المعلومات والأمثلة والتمارين عن الاصول طويلة الأمد (الثابتة) في الفصل السادس عشر (الجرد والتسويات الجردية).

أسئلة وتمارين الفصل الثالث عشر

1- ما المقصود بما يلي:

- كلفة الحصول على الأصول الثابتة.
- كلفة استخدام الأصول الثابتة.
- الاستغناء عن الأصول الثابتة.
- الاضافات والتحسينات على الاصول الثابتة .

2- ما هي البيانات التي يجب معرفتها والحسابات ذات العلاقة بعملية بيع الأصول الثابتة أو استبدالها؟

3- ما الفرق بين طريقة القسط الثابت والقسط المتناقص في حساب إهلاك الأصول الثابتة؟

4- ما هي طرق قيد مصروف إهلاك الأصول الثابتة؟ وما الفرق بينهما؟

5- في 2000/10/1 اشترى مشروع الخالد واسطة لنقل البضائع بمبلغ 15000 دينار بموجب فاتورة البائع دفع عليها 1000 دينار رسوم تسجيل وتأمين، تمت العمليات بموجب شيكات؟ فإذا علمت أن المشروع:

- يتبع طريقة القسط الثابت وبنسبة 5% سنويا في إهلاك وسائط النقل.

- يتبع الطريقة غير المباشرة في قيد الإهلاك.

المطلوب: أ- قيد العمليات خلال السنة 2000 والخاصة بوسائط النقل في يومية المشروع. ب- تصوير حساب وسائط النقل في دفتر أستاذ المشروع في 2000/12/31.

الحل: يومية المشروع- عملية شراء الأصول الثابتة :

16000	-	من حـ/وسائط النقل	2000/10/1
-	16000	الى حـ/البنك	

الإهلاك للاصول الثابتة :

200	-	من حـ/مصروف إهلاك وسائط النقل	2000/12/31
-	200	الى حـ/ مجمع اهلاك وسائط النقل	

حيث أن الإهلاك لمدة ¼ سنة: (16000 × 5%) ÷ 4 = 200 دينار

دفتر أستاذ المشروع :

حـ/وسائط النقل

16000	إلى حـ/البنك	2000/10/1			
			16000	رصيد مرحل (مدين)	2000/12/31
16000			16000		
16000	رصيد	2001/1/1			

6- في 2000/12/31 كانت القيمة الدفترية للمباني في مشروع الزهير 85000 دينار وكلفة شراؤها 100000 دينار، وتاريخ الشراء هو 1999/6/30.

المطلوب: أ-ما هي نسبة (معدل) الاهلاك السنوي إذا كان المشروع يتبع طريقة القسط الثابت.

ب-إعداد قيد مصروف الإهلاك للمباني لسنة 1999 على فرض أن المشروع يتبع الطريقة غير المباشرة في قيد الإهلاك.

ج-تصوير حساب المباني في دفتر الأستاذ في 2000/12/31.

7- إذا كانت كلفة شراء آلة هي 22000 دينار، وعمرها الإنتاجي المقدر 88000 وحدة (من منتج معين) وأنتجت خلال السنتين الأولى والثانية 24000 وحدة، تم بيعها بعد ذلك بمبلغ 15000 دينار بشيك.

المطلوب : إعداد قيد عملية البيع للآلة

8- إذا كانت القيمة الدفترية لماكينة في 2000/1/1 هي 12000 دينار وتاريخ الشراء هو 1998/1/1 وتستهلك بقسط متناقص 10% سنويا .

المطلوب: أ- ما هي كلفة شراء الماكنة؟

ب- ما هو مصروف الإهلاك لكل سنة من السنوات الماضية؟

ج- إعداد قيد مصروف الإهلاك لسنة 2000

9- في 1999/7/1 اشترى مشروع المدينة اثاث بمبلغ 4000 دينار ومباني بمبلغ 44000 دينار. فإذا علمت أن العمر المقدر للأثاث هو 5 سنوات وللمباني هو 10 سنة ، وان المشروع يتبع طريقة مجموع إعداد السنوات في حساب مصروف الإهلاك.

المطلوب: أ-قيد مصروف الإهلاك للأصول الثابتة لسنة 2000.

ب-تصوير حسابات الأصول الثابتة في دفتر أستاذ المشروع لسنة 2000.

10- في 2006/10/20 تم استبدال البناية التي يمتلكها مشروع الشاكر وكلفتها 45000 دينار ومخصص الإهلاك المتراكم عليها 25000 دينار ، ببناية اخرى لدى مشروع الياسين قدرت قيمتها 30000 دينار ، ودفع مبلغ 6000 دينار بشيك لاتمام عملية الاستبدال.

المطلوب: إعداد القيد اللازم لعملية الاستبدال في يومية كل من المشروعين.

الحل:مشروع الشاكر: 45000 – 25000 = 20000 القيمة الدفترية

30000 – (20000 + 6000) = 4000 أرباح استبدال.

يومية المشروع :

		من مذكورين
30000	-	حـ/مباني جديدة
25000	-	حـ/مخصص إهلاك مباني قديمة
		إلى مذكورين
	45000	حـ/مباني قديمة
	6000	حـ/البنك
	4000	حـ/أرباح استبدال أصول ثابتة

11- كانت أرصدة حسابات الأستاذ لمشروع الفاضل في 2006/12/1 كما يلي:

4000	صندوق	60000	مباني	8000	رواتب وأجور
6000	بنك	15000	مشتريات	200	مصروفات ماء وكهرباء
7000	بضاعة	5000	دائنون	300	مصروفات هاتف
9000	مدينون	45500	مبيعات	؟؟	راس المال
5000	أثاث	2000	مجمع اهلاك الاثاث		
8000	مجمع اهلاك المباني				

وخلال الشهر تمت العمليات التالية:

- في 2/منه شراء بضاعة بمبلغ 2000 دينار بموجب كمبيالة تستحق بعد شهرين.
- في 5/منه بيع بضاعة بمبلغ 4000 دينار بموجب كمبيالة تستحق بعد ثلاثة شهور.
- في 30/منه بلغت قيمة الاضافات على المباني (توسيع)، 7000 دينار دفع 3000 بشيك والباقي على شكل قرض.
- في 30/منه تم دفع المصروفات التالية عن الشهر نقدا :

900 دينار رواتب العاملين ، 120 دينار هاتف ، 70 دينار ماء وكهرباء

فإذا علمت أن المشروع يتبع طريقة القسط المتناقص في إهلاك الأصول الثابتة وبنسبة 10% للأثاث و5% للمباني .

المطلوب: أ- قيد العمليات أعلاه في يومية المشروع.

ب- تصوير الحسابات في دفتر أستاذ المشروع لغاية 2006/12/31.

ج- إعداد ميزان المراجعة بالأرصدة لشهر ك2006/1.

12- يمتلك مشروع الحرمين سيارة لنقل البضائع كلفتها 30000 دينار وتاريخ شراؤها 1998/7/1 ، وعمرها 10 سنوات، في 2003/7/1 استهلك محرك السيارة وتم استبداله بآخر جديد تكلفته 4000 دينار كذلك استبدال بعض القطع

المعمرة بمبلغ 1000 دينار، وقد قدر ان تؤدي هذه التحسينات الى زيادة عمر السيارة بمدة 3 سنوات اضافية .

المطلوب: أ- كم هو العمر الجديد للسيارة

ب- كم هو مصروف الاهلاك للسنتين 2003 و 2004

13- استناداً الى مبدأ التكلفة تسجل الاصول عند الشراء :

أ- بسعر البيع ج- بالقيمة التقديرية

ب- بسعر التبادل (المدفوع) د- بسعر الكاتالوج

14- على المشروع عدم تغيير طرق اهلاك اصوله الثابتة بدون مبررات مقبولة وذلك استناداً لمبدأ :

أ- الموضوعية ب- الثبات (الاتساق)

ج- الاهمية النسبية د- التحقق

15- اشترى مشروع النهرين أرض بمبلغ 100.000 دينار ودفع عمولة وكيل الشراء 2000 دينار ورسوم تسجيل بالطابو 5000 دينار كما بلغت مصاريف هدم بناء قديم عليها 10000 دينار استعداداً لاقامة بناء جديد عليها، عليه تسجل الارض في يومية المشروع بمبلغ :

أ- 117000 ب- 100000 ج- 107000 د- 105000

16- اشترى مشروع النقل العام سيارة بمبلغ 14000 دينار في 2005/9/1 وقدرت قيمة النفاية 2000 دينار في نهاية العمر الانتاجي البالغ 10 سنوات، عليه باستخدام طريقة القسط الثابت للاهلاك يكون مصروف اهلاك السيارة في 2005/12/31 هو (دينار):

أ- 1200 ب- 600 ج- 400 د- 200

17- ان تكلفة الاصل طويل الاجل (الثابت) مطروحاً منها مجمع الاهلاك المتراكم تعطي:

أ- القيمة السوقية ب- القيمة الاصلية

ج- القيمة البيعية د- القيمة الدفترية

18- القيمة الدفترية للاصل الثابت تساوي :

أ- تكلفة الاصل مطروحاً منها مجمع الاهلاك (المتراكم)

ب- القيمة السوقية للاصل الثابت

ج- القيمة التقديرية للاصل الثابت

د- القيمة الاصلية للاصل الثابت

19- اشترى مشروع الخالد عقار في 2000/1/1 بمبلغ 90000 دينار، يستهلك قسط ثابت 10% سنويا، عليه يكون رصيد مجمع اهلاك العقار في 2004/6/30 هو:

أ- 9000 ب- 18000 ج- 45000 د- 40500

20- ان تسجيل اهلاك الاصول الثابتة لكل فترة هو تطبيق لمبدأ:

أ- التكلفة ب- المقابلة

ج- الاستمرارية د- المقياس النقدي

21- حساب مجمع الاهلاك (المتراكم) للاصل الثابت هو :

أ- حساب مصروف ب- حساب مطلوبات

ج- حساب ايراد د- حساب مقابل لأصل

22- آلة تم شراؤها في 2004/1/1 بمبلغ 19000 دينار قدرت النفاية بمبلغ 1000 دينار تستهلك بقسط ثابت 20% سنوياً، عليه عند شطبها في نهاية السنة الرابعة من عمرها سيتحمل المشروع خسارة قدرها (دينار):

أ- 19000 ب- 1000 ج- 4600 د- 3600

23- مقلع لحجارة البناء كلفته 150000 دينار وطاقته الانتاجية الكلية المقدرة لكل عمره 50000 طن ، انتج في السنة الاولى 3000 طن والسنة الثانية 4000 طن والثالثة 5000 طن، تم بيع المقلع في نهاية السنة الثالثة بمبلغ 110000 دينار.

المطلوب : أ- حساب مصروف النفاد السنوي للسنوات الثلاث

ب- اعداد قيد البيع في يومية مقلع الحجارة، وقيد الشراء في يومية المشتري

24- اذا قدرت شهرة المحل على اساس متوسط ارباح السنوات الاربعة الاخيرة وهي 20000 و 30000 و 15000 و 25000 دينار على التوالي، وقدر عمر الشهرة 10 سنوات .

المطلوب: أ- قيمة الشهرة

ب- قيد مصروف اطفاء الشهرة السنوي اذا قدرت بمبلغ 20000 في نهاية السنة الثانية.

25- اذا اشترى مشروع الكرخي ارض بمبلغ 66000 دينار ودفع عليها عمولة وكيل الشراء 600 دينار ورسوم التسجيل في الطابو 6000 دينار ومصروفات ازالة الانقاض والتسوية والتعديل 1000 دينار ، فاستناداً الى مبدأ التكلفة التاريخية تسجل الارض بدفاتر المشروع بمبلغ :

أ- 66000 ب- 72000 ج- 67000 د- 73600

26- واحداً من الحسابات التالية دائن بطبيعته :

أ- الاصل الثابت

ب- مصروف اهلاك الاصل الثابت

ج- مجمع (مخصص) اهلاك الاصل الثابت

د- مصروف التأمين على الاصل الثابت

27- شراء أصل ثابت بالآجل يعتبر :

أ- مصروف ايرادي ب- مصروف رأسمالي

ج- مصروف مستحق د- مصروف مقدم

28- ان عملية شراء السيارات بقصد بيعها تعتبر :

أ- عملية رأسمالية ب- عملية ايرادية

ج- عملية تمويلية د- أ أو ب

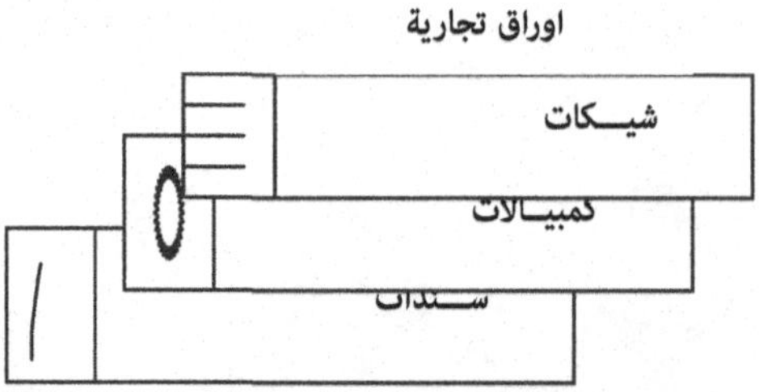

الفصل الرابع عشر

تحليل وقيد عمليات الأوراق التجارية

COMMERCIAL PAPERS

- أنواع الأوراق التجارية .
- خصائص الورقة التجارية وشروط إنشاؤها .
- قيد عمليات الأوراق التجارية

إن العمل بالأوراق التجارية يشكل ظاهرة واسعة الانتشار نتيجة توسع عمليات الائتمان وبدلا من الاعتماد الكلي على النقود بصورتها التقليدية، ولم يقتصر ذلك على المشروعات التجارية وإنما امتد ليغطي العديد من المعاملات المدنية . الورقة التجارية عموما هي صك يعترف بموجبه أحد أطراف العملية المالية بدين والتعهد بسداده في موعد محدد إلى الطرف الآخر في تلك العملية. لذلك فللورقة التجارية قوة قانونية في التداول لسداد الالتزامات، إضافة إلى القوة الذاتية في كونها مستند إثبات كغيرها من المستندات .

ويعد استخدام الأوراق التجارية من العمليات الاعتيادية المرتبطة بمختلف العمليات المالية من ايرادية وتمويلية ورأسمالية.

أنواع الأوراق التجارية

الشيك Check

وهو محرر يتضمن أمرا مكتوبا غير معلق على شرط صادر من شخص يسمى الساحب Drawee إلى شخص آخر يسمى المسحوب عليه (البنك) Drawer بأن يدفع وبمجرد الاطلاع إلى شخص ثالث أو لأمره أو لحامل الشيك يسمى المستفيد Payee مبلغا معينا من المال .

التاريخ : .... لأمر .... الرصيد فلس دينار قيمة الشيك .... الرصيد .... رقم الشيك	Date............ التاريخ فرع .... بنك المؤسسة العربية المصرفية (الأردن) ARAB BANKING CORPORATION (JORDAN) ادفعوا بموجب هذا الشيك أو لحامله PAY AGAINST THIS CHEQUE TO THE ORDER OF OR BEARER مبلغ فقط ....لا غير THE SUM OF J.D فلس Fills | دينار Dinar التوقيع رقم الشيك .... NO..........

ويلاحظ إن الشيك يتكون من جزأين ، الجزء الأساس والذي يتضمن البيانات التفصيلية الخاصة بالشيك ، ويسلم للمستفيد ، وجزء يبقى لدى المشروع مع دفتر الشيكات وهو الكعب ويتضمن بيانات تفيد في تسهيل عملية الرجوع لأغراض المتابعة والتدقيق .

ويتخذ الشيك أشكال عديدة يؤدي كل شكل منها غرض معين وأهمها :

- **الشيك لأمر** :والذي يتضمن أمرا من شخص هو الساحب إلى شخص آخر هو المسحوب عليه بدفع مبلغ معين لشخص ثالث أو لأمر الساحب نفسه يسمى المستفيد .
- **الشيك لحامله** : حيث يكون المستفيد هو حامل الشيك ، لذلك يمكن تظهيره على بياض وتسليمه لطرف آخر .

- **الشيك المصدق :** يتضمن ذكر عبارة من قبل المسحوب عليه (البنك) على الشيك بطلب من الساحب بما يفيد حجز المبلغ اللازم للوفاء لدى البنك لحين السداد .

- **الشيك المسطر :** لتجاوز مخاطر العمل بالشيكات ، وخصوصا الشيك لحامله يستخدم الشيك المسطر لأنه لا يصرف إلا بمعرفة شخصية كاملة ، والتسطير يعني وجود خطين متوازيين على وجه الشيك من قبل الساحب أو حامل الشيك

وهناك الشيكات السياحية والشيكات البريدية وغيرها

الكمبيالة Promissory Note

في المبيعات أو العمليات الآجلة قد يلجأ المشروع إلى إثبات حقه على عملائه ومدينيه بموجب مستندات قانونية مكتوبة هي الكمبيالة أو السفتجة ، وهي محرر غير معلق على شرط يتضمن أمرا مكتوبا موجه من شخص الى شخص آخر بدفع مبلغ معين من المال الى شخص ثالث او لأمره أو لحامله في موعد معين أو بمجرد الاطلاع أو عند الطلب وهكذا نجد في الكمبيالة ثلاثة أطراف هم :

- **الساحب :** وهو الشخص الذي يحرر الكمبيالة والذي يتعهد بتأمين مبلغ معين في زمان ومكان معين إلى المستفيد .

- **المسحوب عليه :** وهو الشخص الموجهة إليه الكمبيالة ليقوم بسداد قيمتها إلى الشخص المستفيد .

- **المستفيد :** وهو الشخص الذي تم تحرير الكمبيالة لمصلحته وهو حامل الكمبيالة أو لأمره أو لشخص معين آخر .

اسم المدين	عنوان المدين ....
اسم الكفيل	تاريخ الاستحقاق ....
.... والدفع بها <u>فلس</u> <u>دينار</u>	<u>رقم</u> 8785
فقط مبلغ .... لا غير	
بموجب هذه الكمبيالة وبتاريخ .... ادفع لأمر السيد	
المبلغ المرقوم أعلاه وقدره فقط .... لا غير	
والقيمة وصلتني .... بموجب فاتورة رقم .... وبعد	
المعاينة والاختبار والقبول ، وإذا تأخرت عن الدفع في الاستحقاق اضمن لحامل هذه الكمبيالة أيضا وبدون حاجة لأي إنذار استحقاق جميع الكمبيالات الأخرى التي تحمل توقيعي .	
توقيع الكفيل	توقيع المدين ....

عندما يكون الساحب نفسه الشخص المستفيد ، فيكون في الكمبيالة شخصين فقط ، عندئذ يكون نص الكمبيالة :

ادفعوا لي أو لأمري .... بدلا من ادفعوا لـ .... أو لأمر ....

السند الاذني أو لحامله Bill of Exchange

السند الاذني أو ما يسمى بسند السحب ، هو أيضا محرر مكتوب يتعهد بموجبه شخص وهو المدين (المحرر) بدفع مبلغ من المال في تاريخ معين ، أو يحدد لاحقا لأذن شخص آخر أو لحامله وهو الدائن أو المستفيد ، وبهذا يختلف هذا المستند عن الكمبيالة في إن فيه شخصين وليست ثلاثة .

خصائص الأوراق التجارية وشروط إنشاؤها

للورقة التجارية عدد من الخصائص أو الوظائف ، كما إن هناك شروط معينة يجب إن تتوفر في إعدادها ، لا بد من الإحاطة بها تمهيدا لتحليل العمليات الخاصة بها وقيدها .

خصائص الورقة التجارية

1- تمثل الورقة التجارية عقد بين الساحب أو المحرر وبين المستفيد ، يتضمن هذا العقد الاتفاق على وفاء مبلغ معين في تاريخ معين ، أو سيتم تعينه لاحقا وعلى هذا الأساس تكون الورقة التجارية أداة للائتمان ، وهي في نفس الوقت أداة للوفاء من خلال إمكانية الحصول على قيمتها قبل موعد الاستحقاق عند خصمها لدى أحد البنوك .

2- تقوم الورقة التجارية مقام النقود بصورتها التقليدية في الوفاء بالديون وبالتالي فهي تغني عن استخدام النقود أو نقلها ، وتفيد في مبادلة النقود الحاضرة بنقود غائبة أو في مكان آخر ، وفي هذا مزايا إيجابية كثيرة تنعكس أساسا في خفض الكلفة و المخاطرة ، وكل ذلك ناتج عن الثقة الكبيرة المتوفرة في الورقة التجارية .

3- يمكن تداول الورقة التجارية من خلال ما يسمى بالتظهير أو نقل الملكية، عندما تكون محررة لأذن المستفيد أو لأمره ، أو بالتسليم إذا كانت الورقة لحاملها .

4- تضمن الورقة التجارية حقوق حاملها من خلال مسؤولية كافة الموقعين عليها وبالتضامن بموجب القانون ودون الحاجلة لوجود شرط ينص على ذلك وسواء كان الحامل تاجرا أم غير تاجر .

شروط إنشاء الورقة التجارية

هناك عدد من الشروط ، إذا فقدتها الورقة التجارية تعتبر سند عادي لا ينطبق عليه أحكام الأوراق التجارية في القانون ، منها شكلية وأخرى موضوعية .

الناحية الشكلية :

واهم النواحي الشكلية الواجب توافرها في الورقة التجارية ما يلي :

- إن تحرر الورقة التجارية كتابة ، ولا يجوز إثباتها بأية طريقة اخرى .
- إن تتضمن الورقة التجارية البيانات الكافية لتحديد الالتزام بالصرف وان تكون الورقة بذاتها كافية في بيان ذلك تمهيدا لتداولها .
- إن تكون البيانات المذكورة كما وردت بموجب القانون وإلا انعدمت فيها صفة الورقة التجارية ، ومن هذه البيانات ما هو إلزامي ومنها ما هو اختياري وذلك حسب نوع الورقة التجارية :

البيانات الإلزامية في الشيك :

- كلمة (شيك) في متن الشيك وباللغة التي كتب بها .
- أمر غير معلق على شرط يدفع مبلغ معين من النقود .
- اسم المسحوب عليه (البنك) ومكانه (الفرع مثلا) .
- تاريخ ومحل إنشاء الشيك .
- توقيع الساحب (الذي انشأ الشيك).
- اسم المستفيد الذي سيستلم المبلغ .

البيانات الإلزامية في الكمبيالة :

- اسم الساحب وتوقيعه . - محل الدفع للكمبيالة .
- اسم المسحوب عليه . - شرط الأذن أو لأمر أو لحامل الكمبيالة .
- اسم المستفيد . - ميعاد الاستحقاق .
- تاريخ سحب الكمبيالة . - عدد النسخ .
- مبلغ الكمبيالة .

ولا يختلف السند الاذني أو لحامله عن الكمبيالة سوى أن الكمبيالة تتضمن اسم المسحوب عليه .

البيانات الاختيارية :

والبيانات الاختيارية للورقة التجارية هي كل البيانات الأخرى من غير البيانات الإلزامية والتي لا تتعارض معها ، مثال ذلك وضع شروط إخطار أو عدم إخطار المسحوب عليه بالسحب .

الناحية الموضوعية :

واهم ما تتضمنه الناحية الموضوعية في الورقة التجارية ما يلي :

- **الرضا في الالتزام :** أي عدم وجود عيب او نقص في الرضا ، كالإكراه أو التدليس حتى يكون الالتزام صحيحا .
- **المحل والسبب للالتزام :** إن يكون هناك مبلغ من النقود هو محل الالتزام ، وان يكون السبب في وجود العلاقة بين الأطراف المعنية في الورقة التجارية موجب لاعتبار شخص مدين وآخر دائن .

قيد عمليات الأوراق التجارية

قيد عمليات الشيكات

هناك عمليتين رئيستين يقوم بهما المشروع فيما يتعلق بالشيكات وأيا كان نوعها ، أولاهما إصدار الشيكات لحساب الغير لقاء الحصول على سلعة أو خدمة (الشيكات الصادرة) ، وثانيهما استلام الشيكات لقاء بيع سلعة أو تقديم خدمة للغير (الشيكات الواردة) .

قيد الشيكات الصادرة

وهي الشيكات التي يحررها المشروع لموردي البضائع ومقدمي الخدمات بأنواعها ، وذلك على أساس :

- وجود حساب جاري للمشروع (الساحب) لدى أحد البنوك وحصوله على دفاتر للشيكات لاستخدامها في عمليات الدفع أو السحب من البنك .
- توفر الرصيد اللازم للساحب (المشروع) لدى المسحوب عليه (البنك) .

إن إصدار الشيكات يعني تخفيض لرصيد حساب المشروع لدى البنك، وبالتالي يكون البنك في الطرف الدائن من القيد .

مثال : في 2001/12/13 ، اشترى مشروع النعيم بضاعة بمبلغ 8800 دينار تم سداده بموجب الشيك رقم 98234 والمؤرخ في 2001/12/13 سحبا على رصيد حسابه الرقم 5666515 لدى البنك التجاري الأهلي :

الحل : يومية مشروع النعيم

8800	-	من حـ/ المشتريات	
-	8800	إلى حـ/ البنك	
		دفع قيمة المشتريات بموجب الشيك رقم .... في	

قيد الشيكات الورادة

وهي الشيكات التي يتم تحريرها من قبل الغير كالمدينين ويتسلمها المشروع تحصيلا لدين عليهم عن سلعة أو خدمة . وعند استلام الشيك يمكن التصرف به وفقا لما يلي :

1- إرسال الشيك الواردة للبنك الذي يتعامل معه المشروع ليقوم بتحصيل قيمته وإضافتها إلى رصيد حسابه لديه (إيداع) .

مثال : في 2005/7/7 استلم مشروع المبارك شيك بمبلغ 3200 دينار عن مبيعات بضاعة إلى محلات السدير .

في 8/منه قام المشروع بإرسال الشيك إلى البنك لتحصيله .

في 9/منه استلم إشعارا من البنك يفيد بتحصيل المبلغ وايداعه في حسابه .

الحل : يومية مشروع المبارك - عند استلام الشيك

3200	-	من حـ/ الصندوق (شيكات ورادة)	7/7
-	3200	إلى حـ/ المبيعات	

إرسال الشيك للتحصيل

3200	-	من حـ/ شيكات برسم التحصيل	7/8
-	3200	إلى حـ/ الصندوق (شيكات ورادة)	

عند التحصيل والإيداع في حساب المشروع

3200	-	من حـ/ البنك	7/9
-	3200	إلى حـ/ شيكات برسم التحصيل	

عند التأكد من صحة العمليات وتوفر النواحي الشكلية والموضعية في الشيك، وايضا لأغراض التبسيط في قيد العمليات ، يمكن جمع القيود الثلاثة اعلاه ، بقيد واحد (بعد حذف الحسابات الوسيطة وهي حـ/ الصندوق - شيكات واردة، وحـ/ شيكات برسم التحصيل) ، ويكون القيد :

3200	-	من حـ/ البنك
-	3200	إلى حـ/ المبيعات

وهكذا الحال لكل العمليات المماثلة .

2- تقديم الشيك الوراد لتحصيل قيمته نقدا من البنك إذا أراد المشروع استلام ثمن الشيك نقدا بدلا من إيداعه في حسابه لدى البنك ، عندئذ يكون القيد البديل للقيد الثاني أعلاه هو :

3200	-	من حـ/ الصندوق	7/8
-	3200	إلى حـ/ الصندوق (شيكات واردة)	

3- تحويل الشيك الوراد أو نقل ملكيته إلى الغير من دائنين أو موردين وهذا ما يسمى بالتظهير أو التجيير Endorsement ، ويتم بالتوقيع على ظهر الشيك لأمر شخص مستفيد آخر ، وقد تأخذ عملية التظهير حالة من الحالات التالية :

تظهير تام : عندما يكون القصد من عملية التظهير للشيك هو نقل ملكية أو حق المستفيد من الشيك إلى جهة اخرى (مستفيد آخر) وفاءا لدين أو التزام . ويجب إن تتضمن عملية التظهير هنا كافة الشروط الموضوعية وأساسها الرضا وسبب ومحل مثل هذا الالتزام ، وغير ذلك من النواحي القانونية الخاصة بالأوراق التجارية التي توجب على المظهر ضمان الوفاء بقيمة الشيك للموقعين اللاحقين عليه .

مثال : في 2002/2/22 استلم مشروع التقوى شيك بمبلغ 2220 دينار من المدين - مشروع الميس وأودعه صندوق المشروع .

في 23/منه قام مشروع التقوى بتظهير الشيك أعلاه إلى المورد - شركة النور سدادا لدين عليه .

يومية مشروع التقوى

2220	-	من حـ/ الصندوق (شيكات واردة)	2002/2/22
-	2220	إلى حـ/ المدينين - مشروع الميس	
2220	-	من حـ/ الدائنون - شركة النور	2002/2/23
-	2220	إلى حـ/ الصندوق (شيكات واردة)	
		تظهير الشيك لآمر الدائنين	

تظهير توكلي : عندما لا يكون المقصود من عملية التظهير هو نقل ملكية الشيك إلى مستفيد آخر ، وإنما بقصد توكيل جهة اخرى أو شخص آخر في تحصيل قيمة الشيك من المسحوب عليه لحساب المستفيد . لهذا لا يعد قيد بهذه العملية في دفاتر المستفيد (المظهر) وإنما يكتفى بذكر عبارة تفيد التوكيل مع توقع المستفيد ، ليتمكن الوكيل من التصرف بالشيك بالسحب أو الإيداع نيابة عن المظهر .

تظهير تأميني : حيث يتم تظهير الشيك هنا من اجل إن يكون ضمان أو رهن لدين واقع على الساحب ، ويظهر الشيك بما يفيد الرهن لتاريخ معين مع توقيع المستفيد.

رفض الشيكات Dishonored Cheques

قد يرفض البنك الشيك المقدم إليه لصالح المستفيد لسبب من الأسباب، أهمها:

- عدم كفاية الرصيد للساحب لدى البنك لتغطية مبلغ الشيك المقدم .
- اختلاف التوقيع بين ما هو على اصل الشيك ويبين ما هو لدى البنك .
- وجود أخطاء شكلية في الشيك كما هو الحال بالنسبة للمبلغ رقما وكتابة .
- انقضاء الفترة القانونية لتقديم الشيك .
- وفاة الساحب وإخطار البنك قبل صرف الشيك .
- إخطار البنك من قبل الساحب بإيقاف صرف الشيك قبل صرفه .

قيد عمليات رفض الشيكات :

1- رفض الشيكات الصادرة

مثال : في 2003/3/23 حررت محلات البادية شيك بمبلغ 333 دينار لأمر المورد صالح سدادا لدين عليها . في 2003/3/24 رفض البنك الشيك أعلاه بسبب وجود أخطاء شكلية فيه .

333	-	من حـ/ الدائنون (صالح)	2003/3/23
-	333	إلى حـ/ البنك	
333	-	من حـ/ البنك	2003/3/24
-	333	إلى حـ/ الدائنون (صالح)	

نلاحظ أن القيد الثاني هو مجرد قيد عكسي للقيد الأول.

السحب على المكشوف Overdraft

قد يسمح البنك الذي يتعامل معه المشروع بتجاوز الصرف بأكثر من الرصيد وبحدود معينة ، لأسباب مقنعة وغير متكررة ، ذلك تقديرا لسمعة الزبون وحسن تعامله في الفترة الماضية ومعرفة البنك بوضعه . ولأن السحب هذا يكون بدون رصيد يسمى بالسحب على المكشوف .

مثال : في 2001/11/30 كان رصيد حساب البنك لمشروع الخلفاء هو 450 دينار، وبهذا التاريخ قام المشروع بتحرير شيك بمبلغ 750 دينار للمورد - محلات الهدى سدادا لدين عليه. وفي 2001/12/1 قدم المورد الشيك للبنك وتم صرفه له.

الحل : دفتر الأستاذ - قبل صرف الشيك

حـ/ البنك

450	رصيد	2001/11/30	

دفتر اليومية : صرف الشيك

750	-	من حـ/ الدائنين - محلات الهدى
-	750	إلى حـ/ البنك

دفتر الأستاذ - بعد صرف الشيك

حـ/ البنك

450	رصيد	2001/11/30	750	من حـ/ الدائنون – محلات الهدى	11/30
300	رصيد دائن	12/1			
750			750		
			300	رصيد 12/1	

وبهذا ظهر حساب البنك في دفتر أستاذ المشروع بتاريخ 12/1 رصيدا دائنا خلافا لطبيعته بسبب السحب على المكشوف .

2- رفض الشيكات الورادة :

وهنا يمكن ملاحظة عدة حالات للرفض :

- **الشيك مرفوض وهو موجود لدى المشروع المستفيد**

مثال : في 1999/9/19 كان لدى مشروع النابلسي شيك مستلم عن بيع بضاعة إلى الزبون علي بقيمة 555 دينار .

في 20/منه بلغ المشروع من قبل الساحب (علي) باعتبار الشيك مرفوض لنفاذ رصيده لدى البنك .

الحل : يومية مشروع النابلسي – عند الرفض

555	-	من حـ/ المدينين (علي)	9/20
-	555	إلى حـ/ الصندوق (شيكات واردة)	

- **الشيك يرفض عند تقديمه للتحصيل المباشر من البنك :**

لنفترض إن مشروع النابلسي في المثال السابق قد قدم الشيك للبنك لصرفه في نفس اليوم 9/19 ورفضه البنك لعدم توريد الرصيد اللازم .

يومية المشروع - عند الرفض

555	-	من حـ/ المدينين (علي)	9/19
-	555	إلى حـ/ الصندوق (شيكات واردة)	

- **الشيك مرفوض ولكنه مظهّر قبل الرفض :**

وليكن إن مشروع النابلسي في المثال الأول قام بتظهر الشيك لأحد الدائنين سدادا لـدين عليـه في نفس اليوم ، ثم بلغ بتاريخ 9/20 برفض الشيك .

يومية المشروع

555	-	من حـ/ الدائنين	9/19
-	555	إلى حـ/ الصندوق (شيكات واردة)	
		تظهير الشيك الوارد من علي	
555	-	من حـ/ المدينين (علي)	9/20
-	555	إلى حـ/ الدائنين	

- الشيك مرسل للتحصل ولكنه مرفوض قبل إرساله دون إعلام المشروع

للمثال السابق نفترض إن مشروع النابلسي أرسل الشيك في نفس اليوم للتحصيل من أحد البنوك القريبة :

يومية المشروع

555	-	من حـ/ شيكات برسم التحصيل	9/19
-	555	إلى حـ/ الصندوق (شيكات واردة)	
555	-	من حـ/ المدينين (علي)	9/19
-	555	إلى حـ/ شيكات برسم التحصيل	

مطابقة كشف حساب البنك:

إن التعامل بالشيكات يستوجب إجراء المطابقات الدورية بين دفاتر المشـروع وكشـف الحسـاب الوارد من البنك أو البنوك التي فتح المشـروع حسـاباته فيهـا، وذلـك للتأكـد مـن عـدم وجـود فروقـات أو اختلافات ، وعند وجودها لا بد من معرفة أسبابها ومعالجتها إن تطلب الأمر.

مثال: كان حساب البنك في دفتر أستاذ مشروع الصادق لشهر آب/2001 كما يلي:

حـ/ البنك

المبلغ	البيان	التاريخ	المبلغ	البيان	التاريخ
5000	رصيد	8/1	2000	من حـ/الدائنين	8/5
6000	إلى حـ/المبيعات	8/10	3000	من حـ/المشتريات	8/21
4000	الى حـ/المبيعات	8/16	1000	من حـ/المصروفات العامة	8/30
			9000	رصيد مرحل (مدين)	8/31
15000			15000		
9000	رصيد 9/1				

وجاء كشف الحساب المرسل من البنك للمشروع في نهاية شهر آب/2001 كما يلي:

بنك........................... صفحة / ....

كشف حساب رقم........... نوع ....

مشروع...................... تاريخ / ....

ت	التاريخ	رقم الشيك أو المستند	الشيكات الواردة (إبداعات)	الشيكات الصادرة (مسحوبات)	الرصيد Balance	البيـــــان
1	8/1	-	-	-	5000	رصيد مدور
2	8/3	-	-	2000	3000	شيك مسحوب
3	8/10	-	6000	-	9000	شيك محصل
4	8/16	-	4000	-	13000	شيك محصل
5	8/21	-	-	3000	10000	شيك مسحوب
6	8/30	-	-	1000	9000	شيك مسحوب
في حالة عدم الرد خلال .... يوم ستعتبر ادارة البنك انكم موافقين على صحة البيانات						

ووفقا للمثال أعلاه نلاحظ إن هناك مطابقة بين البيانات الظاهرة بدفاتر المشروع والخاصة بحساب البنك وبين نفس البيانات كما وردت بكشف الحساب المرسل من البنك والواقع هذا نادرا ما يحصل في الحياة العملية وخصوصا عند اتساع نشاط المشروع وكثرة استخدامه للشيكات الواردة أو الصادرة وعليه لا بد من حصول فروقات معينة:

مثال: لنفترض إن كشف الحساب الوارد من البنك في المثال السابق كان كما يلي:

بنك.......................... كشف حساب رقم............ مشروع....................						
ت	التاريخ	رقم الشيك أو المستند	الشيكات الواردة (إبداعات)	الشيكات الصادرة (مسحوبات)	الرصيد	الملاحظات
1	8/1	-	-	-	5000	رصيد مدور
2	8/3	-	-	2000	3000	شيك مسحوب
3	8/10	-	6000	-	9000	شيك محصل
4	8/16	-	4000	-	13000	شيك محصل
5	8/21	-	-	3000	10000	شيك مسحوب
6	8/30	-	-	100	9900	إشعار مدين عن مصروفات بنكية

فنلاحظ بموجب الكشف مقارنة بدفتر الأستاذ للمشروع ما يلي:

1- إن الشيك بمبلغ المصروفات العامة 1000 دينار لم يقدم للصرف للبنك بعد وبالتالي لم يظهر بالكشف في حين انه ظهر بدفتر الأستاذ.

2- إن البنك أرسل إشعار مدين إلى المشروع خاص بمصروفات بنكية 100 دينار خصمها البنك من رصيد حساب المشروع لديه ولكن الإشعار لم يرد بعد إلى المشروع ولذلك لم يظهر في دفتر الأستاذ للمشروع.

وبالتالي : أية فروقات ناتجة عن عمليات سواء تمت لدى البنك أو لدى المشروع ولم يتم قيدها لدى الطرف الاخر وهي صحيحة يجب معالجتها بقيود (تسمى قيود تسوية أو تعديل وكما سيلاحظ في موضوع التسويات الجردية)

وفي المثال السابق وان كان هناك اختلاف أو فروقات بين كشف البنك ودفاتر المشروع إلا إن العمليات كانت جميعها صحيحة ولا تحتاج إلى قيود تعديل باستثناء المصاريف البنكية التي خصمها البنك من رصيد حساب المشروع لديه ولم تقيد في دفاتر المشروع لعدم وصول الإشعار لديه ، إذن يجب إعداد قيد بها.

يومية مشروع الصادق

100	-	من حـ/ مصروفات بنكية
-	100	الى حـ/ البنك

وبترحيل هذا القيد إلى دفتر الأستاذ - يصبح حساب البنك في دفتر استاذ مشروع الصادق

حـ/ البنك

5000 رصيد 8/1	2000 من حـ/ الدائنون 8/5
6000 الى المبيعات 8/10	3000 من حـ/ المشتريات 8/21
4000 الى حـ/ المبيعات 8/16	1000 من حـ/ المصروفات العامة 8/30
<u>15000</u>	<u>15000</u>
9000 رصيد 9/1	100 من حـ/مصروفات بنكية
	8900 رصيد مرحل (مدين)
<u>9000</u>	<u>9000</u>
8900 رصيد 9/1	

وهناك عدة طرق لإجراء المطابقة:

أ - تعديل الرصيد الظاهر بدفاتر المشروع ليساوي الرصيد الوارد بكشف الحساب

الرصيد بموجب دفاتر المشروع 9000

يضاف: قيمة الشيك الذي لم يقدم للصرف للبنك عن المصروفات العامة 1000

يطرح: قيمة الإشعار بالمصروفات البنكية الذي لم يرد المشروع بعد <u>(100)</u>

الرصيد بموجب كشف البنك 9900

ب- تعديل الرصيد الوارد بكشف الحساب ليساوي الرصيد الظاهر بدفاتر المشروع

الرصيد بموجب كشف الحساب 9900

يضاف: قيمة الإشعار بالمصروفات البنكية الذي لم يرد للمشروع بعد 100

يطرح: قيمة الشيك الذي لم يقدم للصرف للبنك عن المصروفات العامة <u>(1000)</u>

الرصيد بموجب الدفاتر 9000

ج-الرصيد الصحيح (لكل من المشروع والبنك والذين يجب إن يتساويان)

1-الرصيد الصحيح للمشروع: الرصيد بموجب الدفاتر 9000

يضاف: -

يطرح: قيمة الإشعار بالمصروفات البنكية الذي لم يرد المشروع بعد <u>(100)</u>

الرصيد الصحيح 8900

2-الرصيد الصحيح للبنك: الرصيد بموجب كشف الحساب 9900

يضاف: -

يطرح: قيمة الشيك الذي لم يقدم للصرف للبنك (1000)

الرصيد الصحيح 8900

وهذه الطريقة هي الاهم ويفضل العمل بموجبها لاهميتها في توضيح ما يجب ان يكون عليه الرصيد في دفاتر المشروع ولتسهيل عمليات التسوية .

قيد عمليات الكمبيالات:

المشروع يكون أما طرفا مدنيا أو طرفا دائنا في العمليات الخاصة بالكمبيالات وبالتالي هناك أوراق قبض أو أوراق دفع في العملية المالية.

أوراق القبض Notes Receivable

إذا كان المشروع هو الجهة المستفيدة من الكمبيالة (الدائن) كأن يكون بائعاً لبضاعة بالأجل عليه تعتبر الكمبيالة لديه بمثابة ورقة لقبض مبلغ في اجل محدد. وهناك العديد من العمليات التي يمكن إن تحصل على أوراق القبض ويستوجب قيدها:

1- نشوء ورقة القبض (الكمبيالة)

2- تحصيل قيمة ورقة القبض بتاريخ الاستحقاق من قبل المستفيد.

3- تحصيل قيمة ورقة القبض عن طريق البنك لقاء مصاريف تحصيل كمبلغ محدد أو كنسبة مئوية معينة.

4- إرسال ورقة القبض إلى البنك لخصمها قبل موعد الاستحقاق.

5- تظهير ورقة القبض للحصول على سلعة أو خدمة لقاءها.

6- استبدال ورقة القبض بورقة اخرى عند تعذر السداد في موعد الاستحقاق.

7- إرسال ورقة القبض إلى أحد البنوك لرهنها مقابل الحصول على قرض معين.

مثال(1): في 2001/11/11 باع مشروع الزاهر بضاعة بمبلغ 6600 دينار إلى محلات الخليل وتم تحرير كمبيالة بالمبلغ تستحق السداد بعد شهرين.

الحل: يومية مشروع الزاهر

6600	-	من حـ/ أ.ق	2001/11/11
-	6600	إلى حـ/ المبيعات	

مثال(2): في 2002/1/11 حصل مشروع الزاهر قيمة الكمبيالة من محلات الخليل بشيك.

6600	-	من حـ/ البنك	2001/11/11
-	6600	إلى حـ/ أ.ق	

مثال(3): في 2005/8/8 باع مشروع النهضة بضاعة بالأجل إلى الزبون إسماعيل قيمتها 4400 بموجب كمبيالة تستحق الدفع في 2005/10/8

- في 2005/10/4 أرسل مشروع النهضة الكمبيالة إلى البنك ليحصل قيمتها بالنيابة عنه.
- في 2005/10/8 حصل البنك قيمة الكمبيالة وأودعها في الحساب الجاري لمشروع النهضة وأرسل له الاشعار الدائن بذلك مقابل مصاريف تحصيل قدرها 50 دينار

الحل : يومية مشروع النهضة:

4400 -	- 4400	من حـ/ أ.ق إلى حـ/ المبيعات نشوء ورقة القبض	2005/8/8
4400 -	- 4400	من حـ/أ.ق برسم التحصيل إلى حـ/أ.ق إرسال ورقة القبض للتحصيل	2005/10/4
 4350 50 -	 - - 4400	من مذكورين حـ/البنك حـ/مصاريف تحصيل أ.ق إلى حـ/ أ.ق برسم التحصيل تحصل قيمة ورقة القبض	2005/10/8

مثال (4): في 2000/6/16 بسبب حاجة مشروع الفارابي إلى السيولة النقدية قام بالتصرف بالكمبيالة التي لديه والمحررة من قبل الساحب محلات المهدي وبمبلغ 1750 دينار والتي تستحق بتاريخ 2001/6/16 (بعد سنة) ذلك بإرسالها إلى البنك لخصمها.

-في 2000/6/18 قام البنك بخصم الورقة لقاء عمولة قدرها 6% من قيمة الورقة وتم إرسال إشعار دائن للمشروع بذلك بعد إيداع صافي المبلغ بحسابه.

يومية مشروع الفارابي

1750	-	من حـ/ أ.ق برسم الخصم	2000/6/16
-	1750	إلى حـ/ أ.ق	
		من مذكورين	2000/6/18
1645	-	حـ/البنك	
105	-	حـ/عمولة خصم أ.ق	
-	1750	إلى حـ/ أ.ق برسم الخصم	

وإذا لم يتم تسديد المدين لقيمة ورقة القبض في تاريخ الاستحقاق فقد يقوم البنك أو الجهة الدائنة بالاحتجاج لدى المحاكم (بروتستو) وتحميل الزبون كل المصروفات اللازمة لغاية السداد إضافة إلى قيمة ورقة القبض.

مثال(5): في 2001/5/14 استلم مشروع اليماني ورقة قبض بمبلغ 1200 دينار من محلات الشامي تسديدا لدين عليه تستحق بتاريخ 2001/6/14 .

-في 16/منه تم تظهير ورقة القبض أعلاه إلى محلات الجزائري تسديدا لثمن بضاعة.

1200	-	من حـ/ أ. ق	2001/5/14
-	1200	إلى حـ/ المدينين	
1200	-	من حـ/ المشتريات	2001/5/16
-	1200	الى حـ/ أ . ق	

مثال(6): في 2003/8/18 استحقت ورقة القبض الموجودة لدى مشروع المغربي والمحررة لأمره من قبل محلات البكري وبمبلغ 3000 دينار إلا انه تعذر على المحلات المذكورة السداد في هذا التاريخ وتم الاتفاق على استبدال الورقة بورقة جديدة تستحق بعد شهر مع تحميل الزبون فوائد تأخيرية بمعدل 10% تدفع نقداً.

3000 × 10% × 12/1 = 25 دينار إيراد فوائد (فوائد دائنة)

		من مذكورين
3000	-	حـ/أ.ق جديدة (كمبيالة رقم ....)
25	-	حـ/ الصندوق
		إلى مذكورين
-	3000	حـ/ أ.ق قديمة (كمبيالة رقم ....)
-	25	حـ/فوائد دائنة (إيراد فوائد)

مثال(7): في 2001/3/30 أرسل مشروع الكرامة ما لديه من أوراق قبض وبقيمة 4850 دينار إلى البنك لقاء رهنها مقابل قرض يمنحه إياه قدره 2000 دينار.

- في اليوم التالي تم ذلك فعلا ويستحق القرض بعد 6 شهور وبفائدة 10% تدفع مع اصل المبلغ عند السداد في الموعد المحدد.

4850	-	من حـ/ أ.ق برسم الرهن	3/30
-	4850	إلى حـ/ أ.ق	
2000		من حـ/البنك	3/31
	2000	إلى حـ/ القروض	

تكرار عمليات أوراق القبض واستخدام دفتر يومية مساعد

عندما تتكرر عمليات أوراق القبض قد يجد المشروع من المناسب مسك دفتر يومية مساعد لها.

مثال: خلال شهر تموز/1999 تمت في مشروع السجّاد العمليات التالية:

-في 2/منه تم بيع بضاعة بالأجل إلى محلات النجاح بموجب كمبيالة تستحق في 1999/10/2 وقيمتها 7600 دينار.

في 5/منه تم استلام كمبيالة بالدين الذي بذمة الزبون حمدان والبالغ 2100 دينار تستحق في 1999/9/5.

في 30/منه تم بيع بضاعة إلى مشروع الناصر بمبلغ 3400 دينار بموجب كمبيالة تستحق السداد في 1999/11/12.

مشروع السجاد

دفتر يومية أوراق القبض

شهر ....

المبلغ	نوع الورقة	الساحب	المسحوب عليه	المستفيد	تاريخ تحرير الورقة	تاريخ استحقاق الورقة	صفحة أستاذ المدينون	المستند			ملاحظات
								نوع	رقم	تاريخ	
7600	كمبيالة	المشروع	محـــــلات النجاح	المشروع	99/7/2	99/10/2	1				
2100	كمبيالة	المشروع	حمدان	المشروع	99/7/5	99/9/5	2				
3400	كمبيالة	المشروع	مشـــــروع الناصر	المشروع	99/7/30	99/11/12	3				
13100	المجموع										

اليومية المركزية

13100	-	من حـ/ أ.ق	1999/7/30
		إلى مذكورين	
-	11000	حـ/ المبيعات	
-	2100	حـ/المدينين (حمدان)	

قيد عمليات اوراق الدفع Notes Payable

إذا كان المشروع هو الساحب أو الطرف المدين في الكمبيالة كأن يكون المشروع مشتريا لبضاعة بالأجل فالكمبيالة تمثل بالنسبة له ورقة دفع (أ.د) وفيما يلي أهم العمليات التي تتعلق بورقة الدفع:

1- إنشاء ورقة الدفع .

2- سداد ورقة الدفع في موعد الاستحقاق.

3- تجديد ورقة الدفع بورقة دفع اخرى تستحق في موعد لاحق.

4- رفض سداد قيمة ورقة الدفع.

وفيما يلي أمثلة لأهم تلك الحالات:

مثال(1): في 2001/1/15 اشترى مشروع الصواري بضاعة بالأجل بمبلغ 5000 دينار من محلات الزين بموجب كمبيالة تستحق الدفع بعد ثلاث شهور.

5000	-	من حـ/ المشتريات	1/15
-	5000	إلى حـ/ أ.د	

مثال(2): في 2001/4/15 سد مشروع الصواري في المثال (1) أعلاه قيمه الكمبيالة بموجب شيك.

5000	-	من حـ/ أ.د	2001/1/15
-	5000	إلى حـ/ البنك	

مثال(3): في 2002/10/10 تستحق على مشروع الأثير كمبيالة بمبلغ 2400 دينار للمستفيد محلات الأصيل ولتعذر تسديده للمبلغ اتفق مع المستفيد إلغاء الكمبيالة القديمة وتحرير كمبيالة جديدة بدلا عنها تستحق بعد شهرين وبفائدة 10% تدفع مع قيمة الكمبيالة نقداً.

يومية مشروع الأثير

2400	-	من حـ/أ.د قديمة (كمبيالة رقم......)	2002/10/10
-	2400	إلى حـ/ أ.د جديدة(كمبيالة رقم......)	

في موعد الاستحقاق سدد مشروع الأثير قيمة الكمبيالة والفوائد المستحقة عليه نقدا.

		من مذكورين	2002/12/10
2400	-	من حـ/ أ.د	
40	-	حـ/مصروف فوائد أ. د	
-	2440	إلى حـ/ الصندوق	

في حالة رفض سداد قيمة ورقة الدفع يقوم المستفيد بالاحتجاج (بروتستو) ويحق له تكبيد المدين كافة المصروفات لغاية استلام قيمة الورقة.

تكرار عمليات أوراق الدفع واستخدام دفتر يومية مساعد

قد يمسك المشروع دفتر يومية مساعد لأوراق الدفع (أ.د) عند تكرارها وكثرتها تسجل فيه جميع الكمبيالات وسندات السحب لأمر الدائنين.

مثال: فيما يأتي العمليات التي قام بها مشروع الحسين التجاري خلال شهر تشرين أول/2001.

- في 5/ منه تم شراء بضاعة بموجب كمبيالة بمبلغ 6000 دينار من محلات الصالح تستحق في 2002/11/5.
- في 15/ منه تم تحرير سند أذني بمبلغ 2500 دينار لمحلات العلاء لقاء دين سابق عن شراء بضاعة تستحق بتاريخ 2002/12/15.
- في 20/منه تم شراء اثاث للاستخدام الذاتي للمشروع من محلات اثاث الشرق بمبلغ 1900 دينار بموجب كمبيالة تستحق بتاريخ 2002/12/20.

الحل: يومية أوراق الدفع المساعدة.

مشروع الحسين التجاري
دفتر يومية أوراق الدفع
شهر ت 1 / 2001

المبلغ	نوع الورقة	الساحب	المسحوب عليه	المستفيد	تاريخ السحب	تاريخ الاستحقاق	تاريخ الدفع	صفحة أستاذ الدائنين	الملاحظات
6000	كمبيالة	محلات الصالح	المشروع	محلات الصالح	10/5	2002/11/5			
2500	سند إذني	محلات العلاء	المشروع	محلات العلاء	10/15	2002/12/15			
1900	كمبيالة	اثاث الشرق	المشروع	اثاث الشرق	10/20	2002/12/20			
10400	المجموع								

مشروع الحسين التجاري : اليومية المركزية:

		من مذكورين	2001/10/30
6000	-	حـ/ المشتريات	
2500	-	حـ/الموردين (محلات العلاء)	
1900	-	حـ/ اثاث	
-	10400	إلى حـ/ أ.د	

الفوائد على أوراق القبض وأوراق الدفع

قد تحمل الكمبيالات وسواءاً كانت أوراق قبض أم أوراق دفع فوائد بنسبة معينة وخصوصاً التي تطول مدة قبضها أو سدادها وتعتبر هذه الفوائد ايرادات بالنسبة لأوراق القبض بينما تعتبر مصروفات بالنسبة لأوراق الدفع.

مثال: في 2005/5/1 باع مشروع الزهـراء بضـاعة إلى محـلات المعـري بمبلـغ 9000 دينـار بموجـب كمبيالـة تستحق بعد 3 شهور بفائدة 10% سنوياً . وفي 2005/7/1 استلم مشروع الزهراء ثمن البضاعة بشيك

المطلوب: اثبات العمليات اعلاه في يومية البائع وفي يومية المشتري.

الحل: الفائدة = 9000 × 10% × $\frac{3}{12}$ = 225 دينار

اجمالي المبلغ = 9000 + 225 = 9225 دينار

يومية مشروع الزهراء (البائع):

9000		من حـ/ أ. ق	2005/5/1
	9000	إلى حـ/ المبيعات	
9225		من حـ/ البنك	2005/7/1
		الى مذكورين	
	9000	حـ/ أ. ق	
	225	حـ/ ايراد فوائد أ. ق	

يومية مشروع المعري (المشتري)

9000		من حـ/ المشتريات	2005/5/1
	9000	إلى حـ/ أ. د	
		من مذكورين	2005/7/1
9000		حـ/ أ. د	
225		حـ/ مصروف فوائد أ. د	
	9225	إلى حـ/ البنك	

أسئلة وتمارين الفصل الرابع عشر

1- ما هي الورقة التجارية ؟ وبماذا تمتاز؟

2- ما هي أنواع الأوراق التجارية؟ وما الفرق بينها؟

3- من هم الأشخاص المعنيين في كل من الشيك، الكمبيالة، والسند الاذني؟

4- ما هي الشروط الشكلية والموضوعية لإنشاء الشيك؟

5- ما هي الشروط الشكلية والموضوعية لإنشاء الكمبيالة؟

6- ما هي أهم خصائص الأوراق التجارية؟

7- ما أهمية دراستك للأوراق التجارية؟

8- ما الفرق الأساسي بين قيد عمليات الشيكات الصادرة وقيد عمليات الشيكات الواردة؟ وكيف يتم اختصارها؟

9- ما المقصود بالسحب على المكشوف؟ مثّل لذلك؟

10- ما هي أنواع التظهير الممكنة للشيكات؟

11- ماذا يتضمن كشف الحساب المرسل من البنك إلى العميل؟

12- كيف تتم المطابقة بين كشف الحساب المرسل من البنك وبين البيانات الظاهرة في دفاتر المشروع؟

13- ما هي أوراق القبض؟ وما هي أهم عملياتها؟

14- ما هي أوراق الدفع؟ وما هي أهم عملياتها؟

15- في 1/آب /2001 كان رصيد حساب البنك في دفاتر مشروع الهاشمي التجاري مدين بمبلغ 3000 دينار وخلال الشهر تمت العمليات التالية.

- في 11/منه تم بيع بضاعة بمبلغ 1100 دينار إلى الزبون خالد بموجب شيك.
- في 15/منه استلم المشروع شيك بمبلغ 700 دينار من الزبون عامر سدادا لدين سابق عليه.
- في 18/ منه تم دفع مبلغ 4050 دينار بموجب شيك إلى محلات المأمون تسديداً لجزء من قيمة البضاعة التي سبق شراؤها من المحلات بالأجل.

- في 20/منه أرسل المشروع الشيكات الموجودة لديه منذ 11/منه إلى البنك لإيداعها في حسابه.
- في 21/منه رفض البنك الشيك المقدم من الزبون عامر لعدم توفر الرصيد الكافي .

المطلوب: أ-قيد العمليات أعلاه في يومية مشروع الهاشمي التجاري لشهر آب/2001

ب- تصوير حساب البنك في دفتر أستاذ المشروع.

16- في 2000/4/1 كان رصيد حساب البنك لمشروع السويس مدين بمبلغ 11950 دينار وخلال الشهر تمت العمليات التالية:

-في 4/منه تم شراء بضاعة قيمتها 6000 دينار من محلات التقوى دفع نصف المبلغ بشيك والباقي على الحساب.

في 6/منه دفع 500 دينار بشيك عن بدل إيجار المبنى الذي يستغله المشروع و200 دينار نقدا عن بدل الدار التي يسكنها مالك المشروع.

في 12/منه استلم المشروع شيك بمبلغ 2450 دينار عن مبيعات بضاعة لمشروع الرافد.

في 14/منه قام المشروع بتظهير الشيك الذي استلمه من مشروع الرافد لأمر محلات التقوى سدادا لجزء من الدين الذي بذمته.

المطلوب: أ-قيد العمليات أعلاه في يومية مشروع السويس .

ب-تصوير حساب البنك لشهر نيسان/2000 في دفتر أستاذ المشروع.

17- في 2001/12/1 كانت أرصدة حسابات أ.ق وأ.د في مشروع الأمراء التجاري تتضمن ما يلي:

- ورقة قبض بمبلغ 1500 دينار مسحوبة على محلات الياسر عن بيع بضاعة تستحق القبض بعد أسبوع.
- ورقة قبض بمبلغ 2500 دينار مسحوبة على مشروع الفارس عن بيع بضاعة تستحق القبض بعد أسبوعين.

- ورقة دفع بمبلغ 1900 دينار لأمر محلات صحارى عن شراء بضاعة بالأجل تستحق الدفع بعد أسبوع.
- في 5/منه أرسل مشروع الأمراء ورقة القبض الخاصة بمحلات الياسر إلى البنك لتحصيلها.
- في 7/منه حصل البنك ورقة القبض المرسلة في 5/منه وأودع صافي المبلغ في حساب المشروع لديه بعد استقطاع مبلغ 20 دينار كمصاريف تحصيل واستلم المشروع الإشعار اللازم بذلك.
- في 8/منه سدد المشروع ورقة الدفع لمحلات صحاري بموجب شيك.
- في 16/منه دفع المشروع مبلغ 150 دينار نقداً عن مصاريف احتجاج لتأخر مشروع الفارس بالسداد.
- في 20/منه حصل المشروع قيمة ورقة القبض الخاصة بمشروع الفارس نقدا، مع مبلغ مصاريف الاحتجاج

المطلوب : قيد العمليات أعلاه في يومية مشروع الأمراء التجاري.

18- كانت العمليات الخاصة بالكمبيالات في مشروع التوفيق خلال سنة2004 كما يلي:

- في 7/1 باع المشروع بضاعة إلى شركة أور قيمتها 4000 دينار بموجب كمبيالة تستحق بعد 6 شهور بفائدة 5% سنوياً.
- في 7/6 اشترى المشروع بضاعة من شركة الواسطي بمبلغ 6000 دينار بموجب كمبيالة تستحق بعد 5 شهور بفائدة 6% سنوياً.
- في 10/منه تم ارجاع ما قيمته 1000 دينار من البضاعة التي تم شراؤها من شركة الواسطي، وتم تحرير كمبيالة جديدة بذلك وبنفس الشروط.
- في 10/1 (قبل الاستحقاق) تم استلام قيمة ورقة القبض المسحوبة على شركة النور بشيك .
- في 11/6 (قبل الاستحقاق) تم دفع قيمة ورقة الدفع المسحوبة لصالح شركة الواسطي نقداً .

المطلوب: اعداد القيود الخاصة بالأوراق التجارية في يومية مشروع التوفيق.

الحل : يومية مشروع التوفيق

4000		من حـ/ أ. ق	7/1
	4000	إلى حـ/ المبيعات	
6000		من حـ/ المشتريات	7/6
	6000	إلى حـ/ أ. د	
6000		من حـ/ أ. د (قديمة)	7/10
		الى مذكورين	
	1000	حـ/ مردودات المشتريات	
	5000	حـ/ أ. د (جديدة)	
4050		من حـ/ البنك	10/1
		الى مذكورين	
	4000	حـ/ أ. ق	
	50	حـ/ ايراد فوائد (فوائد دائنة)	
5000		من مذكورين	11/6
100		حـ/ أ. د	
		حـ/ فوائد مدينة (مصروف فوائد أ.د)	
	5100	إلى حـ/ الصندوق	

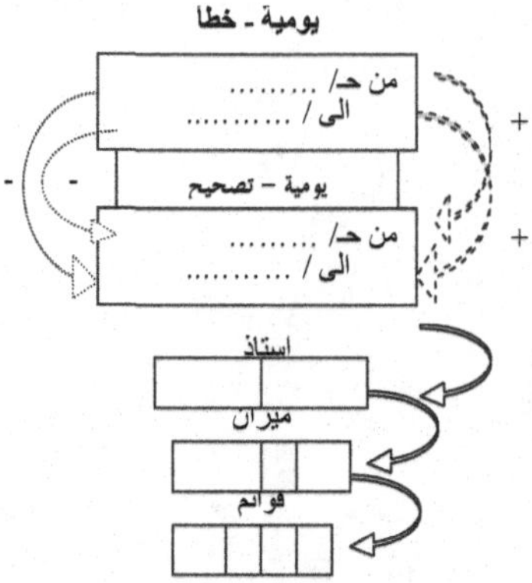

الفصل الخامس عشر

تحليل الأخطاء المحاسبية وتصحيحها

Analysis & Correction of Accounting Errors

- الخطأ والغش .
- أنواع الأخطاء المحاسبية .
- تصحيح الأخطاء المحاسبية .

إن الخطأ في السجلات والدفاتر المحاسبية أمر متوقع ومألوف في عمل يتسم بتنوع وتعدد في الإجراءات والطرق والأساليب والمراحل، بل لم يعد وقوع الأخطاء بالأمر الهام، وإنما اكتشافها وتصحيحها هو الأهم .

الغش والخطأ Fraud and Error

مع إن عبارة الأخطاء المحاسبية عامة لكل من الغش والخطأ ، إلا إن **الغش** يعني التلاعب أو التزوير للبيانات المحاسبية ولمستنداتها ، وهو متعمد أو مقصود ، ويكون في نواحي عديدة نوجزها بالآتي :

1- الاختلاس أو السرقة : أي قيام العاملين في المشروع بأخذ اصل أو اكثر من أصول المنشأة بطريقة غير مشروعة ، وسواء كان ذلك عينا أو نقدا ، ومن خلال أساليب مختلفة ، مثلا :

- عدم تسجيل بعض عمليات الاستلام للنقدية أو البضائع أو غيرها من الأصول في دفاتر المشروع .
- تسجيل بعض المصروفات بصورة وهمية معززة بمستندات صرف وهمية لتهيئة فرصة للاختلاس أو السرقة .
- المغالاة أو التضخيم في تسجيل بعض المصروفات الفعلية للتصرف من ثم بالزيادة .

2- التلاعب بالبيانات : والتلاعب هنا يعبر عن طريقة مباشرة لسوء التصرف، كالقيام ببعض التعديلات للبيانات المحاسبية بقصد إظهار نتيجة العمل والمركز المالي بوضع غير الوضع الحقيقي للمشروع من اجل إخفاء سوء تصرف معين، أو بقصد التهرب من التزامات معينة كالضريبة وغير ذلك .

أما **الخطأ** فيختلف عن الغش في انه يقع نتيجة جهل أو سهو أو عدم العناية وبالتالي فانه غير مقصود ، إلا إن آثاره قد تكون أيضا سلبية على المشروع ، وهو يقع في أنواع مختلفة وعلى امتداد مراحل إعداد البيانات المحاسبية ، ويمكن إيجاز أسباب وقوع الأخطاء المحاسبية بما يلي :

1- الجهل أو عدم الإلمام بالمبادئ المحاسبية التي يجب ان تتبع في مختلف مراحل إعداد البيانات المحاسبية ، وكذلك الجهل بالقوانين أو التعليمات نتيجة عدم كفاءة القائمين على العمل .

2- السهو أو الإهمال أو عدم بذل العناية اللازمة من قبل القائمين بالعمل المحاسبي، ولكن بصورة غير متعمدة .

أنواع الأخطاء المحاسبية

يمكن تصنيف الأخطاء المحاسبية من زوايا عديدة دون إن يكون هناك اختلاف في إطارها العام ، سيتم تناولها بإيجاز والتركيز على الأخطاء حسب الموقع لأنها اكثر سهولة وتعطي صورة اكثر وضوح عن الاخطاء المحاسبية .

أ. حسب السلوك أو الدافع وراء الخطأ :

1- أخطاء عمدية أو مقصودة Intentional Errors وأينما كانت ضمن مراحل العمل في إعداد البيانات المحاسبية .

2- أخطاء غير عمدية أو غير مقصودة Unintentional Errors نتيجة الجهل أو عدم الإلمام بالمبادئ المحاسبية والقوانين والتعليمات ذات العلاقة بالعمل .

ب. حسب تأثير الخطأ على ميزان المراجعة :

1- أخطاء تؤثر على ميزان المراجعة : مثال ذلك :

- نقل الأرصدة المدينة في دفتر الأستاذ إلى الأرصدة الدائنة في ميزان المراجعة والعكس صحيح ولطرف واحد من العملية .
- إهمال نقل بعض الأرصدة .
- تكرار نقل أرصدة اخرى .
- الخطأ في ترصيد الحسابات في دفتر الأستاذ .

2- أخطاء لا تؤثر على توازن ميزان المراجعة : مثال ذلك :

- الإهمال أو السهو في نقل عملية كليا (الطرف المدين أو الدائن) من دفتر الأستاذ إلى ميزان المراجعة .
- وضع الأرقام بصورة عكسية في ميزان المراجعة ولطرفي العملية .

ج. حسب مستوى التكافؤ أو التعويض :

1- أخطاء مكافئة أو معوضة **Compensating Errors** : أي وجود خطأ يعوض أو يمحو اثر خطأ آخر مثال ذلك :

- النقص أو الزيادة في كلا طرفي القيد في آن واحد وبنفس المقدار .
- الخطأ في ترصيد الحسابات بطرف معين مقابل الخطأ بترصيد حساب آخر بطرف آخر في دفتر الأستاذ

2- أخطاء غير مكافئة أو غير معوضة Non Compensating Errors: مثال ذلك وقوع خطأ في طرف واحد من القيد في اليومية دون الطرف الآخر .

د. حسب حالة كشف الخطأ عن نفسه :

1- أخطاء كاشفة عن نفسها Self - revealing Errors ، مثال ذلك الأخطاء التي تقع في جانب واحد من العملية في اليومية أو الأستاذ أو ميزان المراجعة .

2- أخطاء غير كاشفة عن نفسها Non Self - revealing Errors كالأخطاء الحاصلة في جانبي العملية ، كالمدين أو الدائن في اليومية وهكذا الأستاذ وميزان المراجعة .

هـ حسب النواحي الفنية Technical Errors (Errors of Principles) أي إن الأخطاء تقع نتيجة الجهل في المبادئ والأسس المحاسبية مثل :

1- خطأ في اسم الحساب : كحساب الأجور بدل حساب الإيجارات أو العكس .

2- خطأ في نوع الحساب كالمصروفات الايرادية بدل المصروفات الرأسمالية أو العكس .

3- خطأ في موقع الحساب من القيد كوضع الأرباح في الطرف المدين والخسائر في الطرف الدائن من القيد .

و. حسب درجة السهو أو الحذف Errors of Omission :

1- أخطاء حذف كلي : أي حذف كلي للبيانات ، مثال ذلك :

- عدم قيد عملية مالية معينة بالكامل في اليومية .
- عدم ترحيل عملية مالية معينة بطرفيها إلى دفتر الأستاذ .

2- أخطاء حذف جزئي : أي حذف جزئي للبيانات مثال ذلك :
- عدم القيد لأحد أطراف القيد في اليومية .
- عدم إثبات المبلغ لأحد أطراف القيد في اليومية .
- عدم الترحيل إلى دفتر الأستاذ لأحد أطراف العملية في اليومية .
- عدم نقل أو تدوين بيانات أحد الحسابات إلى ميزان المراجعة .

ز. حسب نوع الارتكاب Errors of Commission:

1- أخطاء ارتكاب كلية : مثال ذلك
- أخطاء في مبلغ في طرفي القيد في اليومية مثلا 650 بدلا من 560 .
- تكرار قيد عملية معينة في اليومية .
- تكرار ترحيل البيانات للأستاذ .

2- أخطاء ارتكاب جزئية : مثال ذلك :
- الخطأ في قيد المبلغ لأحد أطراف القيد فقط .
- الترحيل الخاطئ إلى دفتر الأستاذ لمبلغ أحد أطراف القيد فقط .

ح. أخطاء كتابية Clerical Errors ومن أمثلة الأخطاء الكتابية ما يلي :
- الترحيل إلى الجانب المعاكس من الحساب المعني بالترحيل في دفتر الأستاذ .
- الترحيل إلى حساب آخر غير الحساب المعني في دفتر الأستاذ .
- النقل إلى الجانب المعاكس من دفتر الأستاذ إلى ميزان المراجعة .
- النقل إلى حساب آخر غير الحساب المعني من دفتر الأستاذ إلى ميزان المراجعة .

ط. حسب مواقع أو موطن الخطأ : Ereas of Errors

إن الأخطاء المحاسبية يمكن إن تحصل في كافة مراحل إعداد البيانات المحاسبية وكما يلي :

1- الأخطاء في المستندات ومثال ذلك :
- عدم تسجيل عملية معينة سهوا أو عمدا .
- الخطأ في أحد أطراف القيد للمستند سواء بالمبلغ أو باسم الحساب أو بموقع الحساب أو بجميعها مرة واحدة .

- الخطأ في طرفي القيد سواء بالمبالغ أو بأسماء الحسابات أو بمواقعها أو بهما جميعا .
- حذف عملية كان يجب تسجيلها .
- تسجيل عملية كان يجب حذفها .

2- الأخطاء في دفتر اليومية ، ومثال ذلك :

- عدم قيد عملية مالية معينة بأكملها في اليومية .
- عدم القيد لأحد أطراف العملية المدين أو الدائن في اليومية .
- عدم القيد للمبلغ الخاص بأحد أطراف القيد في اليومية .
- الخطأ في قيد المبلغ لعملية مالية بأكملها في اليومية .
- الخطأ في قيد المبلغ لأحد أطراف العملية المالية في اليومية .
- الخطأ في اسم أو نوع الحساب لأحد أطراف العملية .
- الخطأ في اسم أو نوع الحساب لطرفي العملية .
- الخطأ في المجاميع المدينة أو المجاميع الدائنة أو في كليهما (مجموع ما قبله ومجموع ما بعده) .

3- الأخطاء في دفتر الأستاذ ومثال ذلك :

- عدم ترحيل عملية مالية معينة بطرفيها من اليومية إلى الأستاذ .
- عدم الترحيل لطرف من أطراف العملية المالية المدين أو الدائن من اليومية إلى الأستاذ .
- ترحيل عملية بأكملها من اليومية إلى حسابات اخرى في دفتر الأستاذ .
- ترحيل المبالغ للحساب أو الحسابات في اليومية إلى الجوانب غير الصحيحة في دفتر الأستاذ ولنفس الحسابات .
- تكرار ترحيل أحد أطراف القيد أو كليهما من اليومية إلى الأستاذ .
- الخطأ في ترصيد الحسابات .

4- الأخطاء في ميزان المراجعة .

- الخطأ في نقل مبلغ أحد الحسابات من الأستاذ إلى الميزان .
- الخطأ نتيجة نقل المبالغ إلى الحسابات غير المعنية من الأستاذ إلى الميزان .
- الإهمال أو السهو في نقل مبالغ الحسابات من الأستاذ إلى الميزان .
- الخطأ في جمع الجانب المدين أو الجانب الدائن أو كليهما في الميزان .

5- الأخطاء في التقارير المالية :

- إدراج مبالغ غير صحيحة لبند أو اكثر من البنود أو الحسابات الظاهرة في التقارير المالية.
- إدراج بنود غير صحيحة في التقارير .
- حذف أو عدم إدراج بعض البنود .
- الخطأ في المجاميع الجزئية أو الكلية للبنود .
- عدم الإفصاح الكافي عن البيانات المؤثرة على المركز المالي .

إجراءات اكتشاف الأخطاء المحاسبية

لا بد هنا من الإشارة إلى بعض الملاحظات الأساسية قبل الخوض في الإجراءات :

1- إن التركيز في اكتشاف الأخطاء وتصحيحها يجب أن يكون على اليومية والأستاذ وميزان المراجعة لأنها الأساس في هذا الموضوع .

2- إن الأخطاء الجزئية اسهل في الاكتشاف لأنها من حيث المبدأ تؤدي إلى عدم توازن ميزان المراجعة على عكس الأخطاء المتكافئة أو المعوضة .

3- عند معرفة الخطأ بصورة مباشرة ومن خلال وسيلة من الوسائل كالإشعارات الواردة للمشروع والمراجعات المباشرة للمدينين والدائنين وغيرهم ، فليس هناك إجراءات للكشف عن الخطأ لأنه يمكن إدراكه مباشرة .

4- في حالة عدم معرفة الخطأ مباشرة ، فلا بد من البحث بالوسائل الممكنة عنه وأهمها :

- مطابقة الإشعارات المدينة والدائنة الواردة للمشروع من جهات خارجية مع أرصدة الحسابات المعنية للمدينين والدائنين وغيرهم .
- التحقق من خلال المراجعة المستندية من صحة عمليات الصرف وعدم وجود مصروفات وهمية أو إهمال قيد إيرادات معينة .
- إرسال طلب المصادقات من المشروع إلى الغير ، ومطابقة المصادقات الواردة للمشروع مع أرصدة الحسابات المعنية .
- الاهتمام بالمعلومات التي يذكرها العاملين التي قد تشير إلى وجود تصرف معين ينتج عنه خطأ ما .

ومع الاهتمام بالوسائل المذكورة يمكن إن تأخذ عملية البحث عن أسباب الأخطاء المرور بالمراحل التالية بالترتيب وعند عدم اكتشاف الخطأ في أي مرحلة يجري الانتقال إلى المرحلة اللاحقة :

أولا : مراجعة العمليات الحسابية ، أي الجمع للجانب المدين والجانب الدائن في ميزان المراجعة ، فإذا تم اكتشاف الخطأ من خلال هذه المراجعة قد يغني ذلك عن الاستمرار في عملية البحث عن الأسباب .

ثانيا : مراجعة عمليات النقل أو إدراج البيانات من دفتر الأستاذ إلى ميزان المراجعة ، فإذا وجد الخطأ فربما يغني ذلك عن الانتقال إلى خطوات اخرى ، ويمكن هنا الاستعانة ببعض الأساليب لاكتشاف الأخطاء في ميزان المراجعة وكما مبين في المثال التالي :

مثال : لنفترض إن ميزان المراجعة لمشروع الصافي لشهر ت2000/1 قد تم إعداده كما يلي:

مشروع الصافي ميزان المراجعة شهر ت2000/1			
أرصدة مدينة	أرصدة دائنة	اسم الحساب	رقم صفحة الأستاذ
5900	-	حـ/ الصندوق	
3100	-	حـ/ البنك	
-	3000	حـ/المدينون	
6000	-	حـ/ البضاعة	
2000	-	حـ/ الأثاث	
4000	-	حـ/ مشتريات	
-	5000	حـ/ مبيعات	
1000	-	حـ/ مصروفات عامة	
-	20000	حـ/ رأس المال	
22000	28000	المجموع	

وكما يتضح إن هناك خطأ في إدراج حساب المدينون (بالطرف الدائن بدلا من الطرف المدين) وهو السبب في عدم مطابقة ميزان المراجعة .

ويمكن اكتشاف الخطأ المذكور من خلال :

- حساب الفرق بين مجموع الأرصدة المدينة وبين مجموع الأرصدة الدائنة و هو 28000-22000=6000

- عندما يقبل ذلك الفرق القسمة على 2 وهو فعلا كذلك 6000÷2=3000 . فانه يعني إن رصيد أحد الحسابات المدينة أو الدائنة قد نقل إلى الجانب الخطأ في ميزان المراجعة وهذا حصل فعلا لرصيد حساب المدينون .

كما يمكن اكتشاف خطأ من نوع آخر وهو الكتابة الخطأ للمبلغ كما في 97 بدلا من 79 و 65 بدلا من 56 وهكذا من خلال :

- حساب الفرق بين مجموع الأرصدة المدينة ومجموع الأرصدة الدائنة .

- وإذا كان الفرق يقبل القسمة على 9 فان ذلك يعني إن مبلغ أحد الأرصدة المدينة أو الدائنة قد نقل بصورة معكوسة .

مثال : على فرض إن رصيد حساب الصندوق الظاهر في دفتر الأستاذ لمشروع الصافي هو فعلا 5900 ولكنه نقل خطأ بمبلغ 9500 دينار إلى ميزان المراجعة وكما يلي :

مشروع الصافي ميزان المراجعة شهر ت2000/1		
اسم الحساب	أرصدة دائنة	أرصدة مدينة
حـ/ الصندوق	-	9500
حـ/ البنك	-	3100
حـ/ المدينون	-	3000
حـ/ البضاعة	-	6000
حـ/ الأثاث	-	2000
حـ/ المشتريات	-	4000
حـ/ المبيعات	5000	-
حـ/ مصروفات عامة	-	1000
حـ/ رأس المال	20000	
المجموع	25000	28600

28600 - 25000 = 3600 الفرق

3600 ÷ 9 = 400

وطالما إن الفرق يقبل القسمة على 9 فان الخطأ هو في النقل من الأستاذ إلى الميزان ، وهـو فعـلا كذلك حيث تم نقله 9500 بدلا من 5900 ، وعند التعديل يتطابق ميزان المراجعة .

ويمكن إن يكون الخطأين معا في نفس ميزان المراجعة ، مثال :

مشروع .... ميزان المراجعة		
اسم الحساب	أرصدة دائنة	أرصدة مدينة
حـ/ الصندوق	-	9500
حـ/ البنك	-	3100
حـ/ المدينون	3000	-
حـ/ البضاعة	-	6000
حـ/ الأثاث	-	2000
حـ/ المشتريات	-	4000
حـ/ المبيعات	5000	-
حـ/ مصروفات عامة	-	1000
حـ/ رأس المال	20000	-
المجموع	28000	25600

فتجد إن الفرق بين مجموع الأرصدة المدينة ومجموع الأرصدة الدائنـة هـو 2400 وهـو يقبـل القسمة على (2) ، إذن الإجراء الأول هـو إدراج المبلـغ الخـاص بالمـدينين في الموقـع الصـحيح وهـو ضـمن الأرصدة المدينة . ثم بعد ذلك لا يزال الميزان غير متوازن فيكون الفرق هو 3600 وهو يقبل القسـمة عـلى 9 فيكون الإجراء الثاني هو تعديل المبلغ الخاص بحساب الصندوق وجعلـه 5900 بـدلا مـن 9500 وبـذلك يتوازن ميزان المراجعة .

والجدير بالذكر إن هذه الأساليب ليست قطعية حيث يمكن إن يكون الفرق يقبل القسمة عـلى (2) وعلى (9) في نفس الوقت . عليه لا بد من المرور بأكثر من خطوة لمعالجة الخطأ.

ثالثا : إعادة عمليات الترصيد للحسابات الظاهرة في دفتر الأستاذ .

رابعا : مطابقة عمليات الترحيل من اليومية إلى دفتر الأستاذ .

خامسا : إعادة جمع الأعمدة المدينة والأعمدة الدائنة في دفتر اليومية (مجموع ما قبله وما بعده) .

سادسا : مراجعة قيد العمليات في دفتر اليومية .

ومن الضروري التأكيد على إن الخطأ قد يكتشف عند أي خطوة أو مرحلة مما ذكر في أعلاه عندئذ لا ضرورة للانتقال إلى المرحلة اللاحقة ، أما عند عدم اكتشافه أو اكتشاف جزء من الخطأ فلا بد من الانتقال للمرحلة اللاحقة وهكذا ، وفي كل الأحوال يجب الاستمرار في البحث عن الخطأ ولا يجوز تركه إلا بعد تصحيحه .

ويمكن إن تكون هناك أخطاء لا تؤثر على توازن ميزان المراجعة ولا يبّلغ عنها أو لم تذكر بشأنها معلومات معينة وبالتالي قد يطول موضوع اكتشافها، ويتوقف ذلك على نوع الخطأ والمهارات المحاسبية والتدقيقية في المشروع .

تصحيح الأخطاء المحاسبية

تختلف عمليات تصحيح الأخطاء باختلاف نوع الخطأ وموقعه ، فهي في ميزان المراجعة ودفتر الأستاذ يمكن إن تكون بالشطب أو التعديل المباشر ، أما في اليومية فلا يمكن إن تكون إلا بقيد وبموجب مستند قيد اليومية .

أ. تصحح الاخطاء في ميزان المراجعة: وفيما يلي امثلة على ذلك :

1- تصحيح الأخطاء في المجموع للأرصدة المدينة أو الأرصدة الدائنة أو كليهما.

مثال : فيما يأتي ميزان المراجعة لشهر ك2001/2 لمشروع العمري

مشروع العمري ميزان المراجعة شهر ك2001/2		
اسم الحساب	**أرصدة دائنة**	**أرصدة مدينة**
حـ/ الصندوق	-	1000
حـ/ البنك	-	2000
حـ/ أ.ق	-	3000
حـ/ المدينون	-	4000
حـ/ البضاعة	-	5000
حـ/ الأثاث	-	5500
حـ/ المصروفات العامة	-	500
حـ/ الدائنون	7000	-
حـ/ رأس المال	14000	-
المجموع	21000	12000

ويلاحظ إن الخطأ ناتج عن جمع الأرصدة المدينة والتصحيح يكون :

-	-	-
-	-	-
-	-	-
21000 ~~12000~~	21000	المجموع

2- تصحيح الخطأ الناتج عن النقل من سجل الأستاذ إلى ميزان المراجعة ، أي إن المجموع للأرصدة المدينة صحيحا وكذلك للأرصدة الدائنة مما تطلب الأمر الرجوع إلى عملية النقل من الأستاذ إلى الميزان فوجد إن أحد الحسابات وهو حساب الدائنون قد نقل بأكثر من رصيده الظاهر في دفتر الأستاذ وليكن مثلا نقل 16000 وهو أصلاً 6000 وكما في المثال:

-	-	
-	-	
-	6000 ~~16000~~	حـ/ الدائنون
40000	40000 ~~50000~~	المجموع

وهكذا يجري تصحيح الخطأ الناتج عن إدراج مبلغ الحساب في الطرف غير الطرف الذي ظهر في دفتر الأستاذ ، ورصيد حساب معين لحساب آخر ، وآية أخطاء من هذا النوع .

ب. تصحيح الأخطاء في دفتر الأستاذ : ومثال على ذلك :

1- الخطأ في عملية ترصيد الحسابات ، حيث يجب مراجعة عملية الترصيد للبحث عن الخطأ في حالة الانتهاء من ميزان المراجعة مثال :

حـ/ الصندوق

5000	رصيد 10/1	2000	من حـ/ مصروفات عامة
10000	إلى حـ/ المبيعات	5000	من حـ/ البنك
2000	الحـ/ إيرادات خدمات	1000	رصيد مرحل (مدين)30 /10
17000		17000	
1000	رصيد 11/1		

ويلاحظ إن عملية الترصيد كانت خطأ، حيث يجبان يكون الرصيد 10000 وليس 1000، ويتم التصحيح:

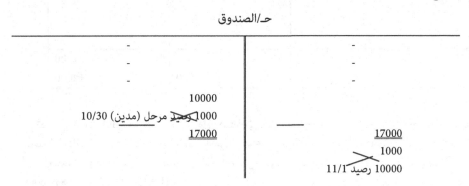

حـ/الصندوق

-	-
-	-
-	-
	10000
	~~1000 رصيد~~ مرحل (مدين) 10/30
17000	17000
~~1000~~	
10000 رصيد 11/1	

ثم يعدل ميزان المراجعة على ضوء ذلك، ولا بد إن يتوازن إذا كان الخطأ مقتصرا على هذا الرصيد.

وهكذا يتم تصحيح الخطأ الناتج عن عملية الترحيل من اليومية إلى الأستاذ لنفس الحساب وتصحيح الخطأ الناتج عن الترحيل لحساب آخر غير الحساب المعني وغيرها

ج- تصحيح الأخطاء المحاسبية في دفتر اليومية

إذ تم تعين موقع الخطأ مباشرة في دفتر اليومية لسبب من الأسباب المارة الذكر، أو إن ميزان المراجعة لم يتوازن مع إن عمليات الجمع وعمليات النقل من الأستاذ صحيحة وكذلك عمليات الترحيل والترصيد في دفتر الأستاذ ، فان اكتشاف الخطأ يقتضي الرجوع إلى دفتر اليومية وبصورة عامة تتبع الخطوات التالية :

1-إعادة عمليات الجمع للجانب المدين والجانب الدائن لكل صفحة من صفحات اليومية وكذلك المجاميع المدورة من صفحة لأخرى ، والصفحة التي لا تتطابق فيها مجاميع العمليات المدينة مع مجاميع العمليات الدائنة حتما يوجد فيها خطأ ما في العمليات القيدية.

مثال:كانت المجاميع لميزان المراجعة... كما يلي:

-	-	-
-	-	-
-	-	-
30000	30500	المجموع

وعلى فرض إن عمليات الجمع في ميزان المراجعة وعمليات الترحيل والترصيد في دفتر الأستاذ والنقل للميزان كلها كانت صحيحة وبالرجوع لدفتر اليومية لوحظ في أحد الصفحات ما يلي:

2000	-	من حـ/المشتريات
		إلى مذكورين
-	200	حـ/خصم مكتسب
-	1800	حـ/دائنين
		شراء بضاعة قيمتها 2000 دينار بالأجل مشمولة بخصم مكتسب 200 ينار
		من مذكورين
3000	-	حـ/المدينون
500	-	حـ/خصم مسموح به
	4000	إلى حـ/المبيعات
		بيع بضاعة بالأجل بمبلغ 4000 دينار وبخصم مسموح به 10%

وعلى فرض صحة الشرح للعمليات المسجلة في اليومية نلاحظ عدم التطابق بين الجانبين المدين والدائن، والسبب غير ناتج عن عملية الجمع وإنما خطأ في قيد مبالغ بعض الحسابات.

2- **البحث عن نوع الخطأ:** قد لا يكون الخطأ في اليومية ناتج عن سبب واحد وإنما:

- الخطأ في المبلغ لطرف من أطراف القيد أو لكيلهما.
- في أسماء الحسابات المعنية بالقيد.
- في موقع الحساب من القيد.
- في عدم شمول القيد لكل الحسابات المعنية بالعملية.
- مزيج من الأخطاء المارة الذكر وفي نفس الوقت.

3-تحديد طريقة تصحيح الخطأ.

- الطريقة المطولة.
- الطريقة المختصرة.

الطريقة المطولة لتصحيح الأخطاء المحاسبي

واستناداً إلى هذه الطريقة يتم تصحيح الخطأ في اليومية بخطوتين:

الخطوة الأولى: إلغاء القيد الخطأ وذلك بوضع الحساب المدين في الطرف الدائن والحساب الدائن في الطرف المدين أي عكس موقعه من القيد الخطأ.

الخطوة الثانية: إعداد القيد الصحيح بالعملية وكما كان يجب إن يكون وقبل الخطأ.

مثال: فيما يلي بعض العمليات المسجلة في دفتر يومية أحد المشروعات:

رقم القيد			
1	من حـ/المشتريات إلى حـ/الدائنين شراء بضاعة بالاجل بمبلغ 2500 دينار	- 2300	2500 -
2	من حـ/ الأثاث إلى حـ/البنك شراء اثاث بمبلغ 580 دينار بشيك	- 850	850 -
3	من مذكورين حـ/المدينين حـ/خصم مسموح به إلى حـ/المبيعات بيع بضاعة بخصم مسموح به 10% من قيمتها البالغة 5000 دينار	- - 5000	4950 150 -
4	من حـ/المشتريات إلى حـ/الصندوق شراء وسائط نقل بمبلغ 6000 دينار نقدا	- 6000	6000 -
5	من حـ/ الصندوق إلى حـ/رواتب العاملين دفع رواتب العاملين البالغة 1600 دينار نقدا	- 1600	1600 -
6	من حـ/ المشتريات إلى حـ/الصندوق شراء بضاعة نقدا قيمتها 900 دينار بخصم مكتسب 100 دينار	- 900	900 -
7	من مذكورين حـ/المدينين حـ/خصم مكتسب إلى حـ/المبيعات بيع بضاعة قيمتها 10000 بخصم مسموح به 1000 دينار وتحرير كمبيالة بصافي المبلغ	- - 9100	9000 100

وعلى فرض صحة المشرح للقيود المارة الذكر نجد ما يلي:

- إن قيود العمليات رقم 1 و 2 و3 فيها خطأ بمبالغ الحسابات.
- إن قيد العملية رقم 4 فيه خطأ باسم الحساب.

- إن قيد العملية رقم 5 فيه خطأ بموقع الحساب.
- إن قيد العملية رقم 6 فيه خطأ بعدم شمول كل الحسابات المعنية.
- إن قيد العملية رقم 7 فيه عديد من الأخطاء مارة الذكر.

القيود التصحيحية: وتتكون حسب الطريقة المطولة من قيود إلغاء وقيود صحيحة:

			رقم القيد
2300 -	- 2300	من حـ/الدائنين إلى حـ/المشتريات إلغاء القيد الخطأ للعملية رقم (1)	8
2500 -	- 2500	من حـ/ المشتريات إلى حـ/الدائنين إثبات القيد الصحيح للقيد رقم (1)	9
850 -	- 850	من حـ/ البنك إلى حـ/ الاثاث إلغاء القيد الخطأ للعملية رقم (2)	10
580 -	- 580	من حـ/ الاثاث إلى حـ/البنك إثبات القيد الصحيح للعملية رقم (2)	11
5000 -	- 4950 150	من حـ/ المبيعات إلى مذكورين حـ/المدينين حـ/خصم مسموح به إلغاء القيد الخطأ لعملية رقم (3)	12
 4500 500 -	 - - 5000	من مذكورين حـ/المدينين حـ/خصم مسموح به الى حـ/ المبيعات إثبات القيد الصحيح للعملية رقم (3)	13
6000 -	- 6000	من حـ/الصندوق إلى حـ/المشتريات إلغاء القيد الخطأ للعملية رقم (4)	14
6000	 6000	من ح/ وسائط النقل الى ح/الصندوق اثبات القيد الصحيح للعملية رقم (4)	15

1600	-	من حـ/رواتب العاملين	16
-	1600	إلى حـ/الصندوق	
		إلغاء القيد الخطأ للعملية رقم (5)	
1600	-	من حـ/رواتب العاملين	17
-	1600	إلى حـ/الصندوق	
		إثبات القيد الصحيح للعملية رقم (5)	
900	-	من حـ/الصندوق	18
-	900	إلى حـ/المشتريات	
		إلغاء القيد الخطأ للعملية رقم (6)	
900	-	من حـ/المشتريات	19
		إلى مذكورين	
-	100	حـ/خصم مكتسب	
-	800	حـ/الصندوق	
		إثبات القيد الصحيح للعملية رقم (6)	
9100	-	من حـ/المبيعات	20
		إلى مذكورين	
-	9000	حـ/المدينين	
-	100	حـ/خصم مكتسب	
		إلغاء القيد الخطأ للعملية رقم (7)	
		من مذكورين	21
9000	-	حـ/أ.ق	
1000	-	حـ/خصم مسموح به	
-	10000	إلى حـ/المبيعات	
		إثبات القيد الصحيح للعملية رقم (7)	

الطريقة المختصرة لتصحيح الأخطاء المحاسبية:

وتسمى هذه الطريقة بالطريقة المباشرة لأن التصحيح يتم بخطوة واحدة ومن خلال:

- ترك الصحيح إن وجد على حاله سواء في أسماء الحسابات أو في المبالغ وكما وردت في القيد الخطأ بدلا من إلغاءها.
- تصحيح ما هو خطأ فقط أي إن قيد التصحيح هنا (وليس القيد الصحيح) يتضمن مثلا الحسابات التي يجب إن تذكر ولكنها لم تذكر بالقيد الخطأ وكذلك تعديل المبالغ الخطأ.
- وبالتالي يكون مجموع الفقرتين أعلاه مساويا للقيد الصحيح للعملية الذي كان يجب إن يعد أساسا قبل ارتكاب الخطأ.

فيما يلي قيود تصحيح الأخطاء المحاسبية في المثال السابق بالطريقة المختصرة:

مع ملاحظة: إن بعض الأخطاء لا يمكن تصحيحها إلا بالطريقة المطولة، مثلا عندما يكون الخطأ جزئي، في مبلغ أحد الحسابات أو الخطأ باسم أحد الحسابات عند قيد العملية:

			رقم القيد
		لا يصحح الخطأ إلا بالطريقة المطولة لان الخطأ في طرف واحد من القيد وبالمبلغ (قيد الغاء + قيد صحيح)	8 9
270 -	- 270	من حـ/ البنك إلى حـ/الأثاث قيد تصحيح العملية رقم (2)	10
		لا يصحح الخطأ إلا بالطريقة المطولة لان الخطأ في طرف واحد من القيد وبالمبلغ فقط (قيد الغاء + قيد صحيح)	11 12
6000 -	- 6000	من حـ/ وساط النقل إلى حـ/المشتريات قيد تصحيح العملية رقم (4)	13
3200 -	- 3200	من حـ/ رواتب العاملين حـ/الصندوق قيد تصحيح العملية رقم (5)	14
100 -	- 100	من حـ/الصندوق إلى حـ/الخصم المكتسب قيد تصحيح العملية رقم (6)	15
 9000 1000 - - 	 - - 900 100 9000 	من مذكورين حـ/أ.ق حـ/الخصم المسموح به إلى مذكورين حـ/المبيعات حـ/الخصم المكتسب حـ/المدينين قيد تصحيح العملية رقم (7)	16

وهكذا نجد إن الطريقة المختصرة تتضمن جمع الخطوتين أو القيدين اللذين يتم إعدادهما بالطريقة المطولة (الإلغاء والصحيح) بقيد واحد (قيد تصحيح).

مثال: كان قيد اليومية الخاص بشراء واسطة نقل بمبلغ 7000 دينار والات بمبلغ 3000 دينار مع دفع 1000 دينار نقدا والباقي بموجب كمبيالة تستحق بعد شهرين في أحد المشروعات كما يلي:

10000	-	من حـ/ وساط النقل	1
		إلى مذكورين	
-	1000	حـ/الصندوق	
-	9000	حـ/أ.ق	
		شراء واسطة نقل والات ودفع 1000 نقدا والباقي 9000 بموجب كمبيالة	

وحيث التصحيح بموجب الطريقة المطولة يكون:

		من مذكورين	2
1000	-	حـ/ الصندوق	
9000	-	حـ/أ.ق	
-	10000	إلى حـ/وسائط النقل	
		إلغاء القيد الخطأ	
		من مذكورين	3
3000	-	حـ/الآلات	
7000	-	حـ/وسائط النقل	
		إلى مذكورين	
-	1000	حـ/الصندوق	
-	9000	حـ/أ.د	
		إثبات القيد الصحيح	

وعند جمع اثر القيدين على الحسابات الواردة فيها تكون النتيجة:

القيد	الحساب	مدين	دائن	الرصيد		الطريقة المختصرة
الطريقة المطولة						
				مدين	دائن	
2 و3	الصندوق	1000	1000	-	-	لا يظهر في القيد
2	أ.ق	9000	-	9000	-	يظهر
3 و 2	وسائط النقل	7000	10000	-	3000	يظهر
3	آلات	3000	-	3000	-	يظهر
3	أ. د	-	9000	-	9000	يظهر

وعند وضع أرصدة الحسابات كما في أعلاه بقيد واحد لكان هو قيد التصحيح بموجب الطريقة المختصرة.

		من مذكورين	2
9000	-	حـ/أ.ق	
3000	-	حـ/الآلات	
		إلى مذكورين	
-	3000	حـ/وسائط النقل	
-	9000	حـ/أ.د	
		قيد التصحيح للقيد الخطأ	

وطبيعي إن يكون تأثر الحسابات وبقدر تعلق الأمر بالعملية متساوياً بين الطريقتين:

دفتر الأستاذ-الطريقة المطولة (ترحيل القيد الخطأ+ قيد الإلغاء+ القيد الصحيح)

حـ/وسائط النقل

10000 إلى مذكورين	10000 من مذكورين
7000 إلى مذكورين	7000
17000	17000
7000 التأثير الصحيح	

حـ/الصندوق

1000 إلى حـ/وسائط النقل	1000 من حـ/وسائط النقل
1000	1000 من مذكورين
2000	2000
	1000 التأثير الصحيح

حـ/أ.ق

9000 إلى حـ/وسائط النقل	9000 من حـ/وسائط النقل

حـ/الآلات

3000 إلى مذكورين	

حـ/ أ.د

	9000 من مذكورين

دفتر الأستاذ: الطريقة المختصرة (ترحيل القيد الخطأ + قيد التصحيح)

حـ/وسائط النقل

10000 إلى مذكورين	3000 من مذكورين
ـــــــ	7000
10000	10000
7000 التأثير الصحيح	

حـ/الصندوق

	1000 من حـ/وسائط النقل

حـ/ أ.ق

9000	9000

حـ/ الالات

3000 الى مذكورين	

حـ/ أ.د

	9000 من مذكورين

تمتاز الطريقة المطولة ببساطتها مقارنة بالطريقة المختصرة، إلا إن الطريقة المختصرة هي الأفضل من حيث الوقت والكلفة وتوخي الدقة في النواحي الفنية للقيد.

أسئلة وتمارين الفصل الخامس عشر

1- ما الفرق بين الغش والخطأ؟ وكيف ينظر إليهما من الناحية المحاسبية؟

2- ما هي الأسباب التي تقف وراء حدوث الأخطاء المحاسبية؟

3- كيف يمكن تقسيم أنواع الأخطاء المحاسبية؟ وما الفرق بينها؟

4- ما الفرق بين:

- الأخطاء التي تؤدي والأخطاء التي لا تؤدي إلى توازن ميزان المراجعة؟
- أخطاء السهو والحذف والأخطاء الفنية؟
- الأخطاء المكافئة والأخطاء في دفتر اليومية؟

5- حدد نوع الأخطاء التالية:

- عدم قيد عملية مالية معينة بالكامل في دفتر اليومية.
- عدم ترحيل عملية مالية معينة بالكامل لدفتر الأستاذ.
- إهمال أحد الحسابات في أحد أطراف عملية مالية في اليومية.
- عدم قيد مبلغ أحد أطراف العملية المالية في اليومية.
- عدم ترحيل مبلغ أحد أطراف العملية المالية إلى دفتر الأستاذ.
- عدم نقل رصيد أحد الحسابات من دفتر الأستاذ إلى ميزان المراجعة.
- ترحيل مبلغ أحد الحسابات بنفس الجانب لحساب آخر.
- استلام المشروع مبلغ 870 دينار عن بيع بضاعة وقيدها:

780	-	من حـ/ الصندوق
-	780	إلى حـ/ المبيعات

- تكرار قيد عملية مالية معينة مرتين.
- الخطأ في ترصيد أحد الحسابات.

6- ما الفرق في إجراءات الكشف عن الأخطاء لكل مما يلي:

- أخطاء اليومية وأخطاء الأستاذ.
- أخطاء الأستاذ وأخطاء ميزان المراجعة.
- أخطاء ميزان المراجعة وأخطاء القوائم المالية.

7- ما هي مراحل أو إجراءات تصحيح الأخطاء المحاسبية؟ وهل هي واحدة في كل الحالات؟

8- كيف يتم تصحيح الأخطاء في اليومية ؟ وما فرق ذلك عن تصحيح الأخطاء في مواقع أو مراحل اخرى في إعداد البيانات المحاسبية؟

9- ما الفرق بين الطريقة المطولة والطريقة المختصرة في تصحيح الأخطاء؟

10- صحح الأخطاء في القيود التالية إن وجدت على فرض صحة الشرح:

أ-مرة بالطريقة المطولة

ب-مرة اخرى بالطريقة المختصرة.

1	من مذكورين حـ/اثاث حـ/ قرطاسية إلى حـ/البنك شراء اثاث بمبلغ 2000 دينار وقرطاسية بمبلغ 200 دينار دفعت جميعها بشيك	 - - 2200	 2000 200
2	من حـ/ المباني إلى مذكورين حـ/أ.ق حـ/البنك شراء مباني بمبلغ 50000 دينار مع اثاث بقيمة 5000 دينار تم دفع 15000 بشيك والباقي بموجب كمبيالة تستحق بعد شهر	- 40000 15000	55000
3	من حـ/مصروف إيجار إلى حـ/الصندوق دفع أجور العاملين البالغة 500 دينار نقدا	- 500	500 -
4	من حـ/البنك إلى حـ/المبيعات بيع بضاعة قيمتها 3000 دينار مشمولة بخصم تجاري 5% بالأجل	- 6000	6000 -
5	من حـ/ المشتريات إلى حـ/الصندوق شراء اثاث بمبلغ 590 دينار بشيك	- 950	950 -
6	من حـ/ البنك إلى حـ/الدائنين استلام مبلغ 2000 دينار بشيك من أحد المدينين	- 2000	2000 -

4000	-	من حـ/الدائنين	7
		إلى مذكورين	
-	400	حـ/خصم مكتسب	
-	3600	حـ/البنك	
		سداد ما بذمة المشروع إلى الدائنون والبالغ 4000 دينار بعد الحصول على خصم نقدي قدره 10%	

11- صحح الأخطاء التالية بالطريقة المختصرة وكلما أمكن على فرض صحة الشرح:

120	-	من حـ/البنك	1
-	220	إلى حـ/المبيعات	
		بيع بضاعة بمبلغ 220 دينار نقدا	
		من مذكورين	2
440	-	حـ/المشتريات	
60	-	حـ/الخصم المسموح به	
-	500	إلى حـ/الدائنين	
		شراء بضاعة على الحساب قيمتها 500 دينار مشمولة بخصم مكتسب قدره 60 دينار	
990	-	من حـ/البنك	3
-	990	الى حـ/المبيعات	
		بيع جزء من الأثاث الخاص بالمشروع بقيمته الدفترية البالغة 990 دينار بشيك	
		من مذكورين	4
9000	-	حـ/المبيعات	
1000	-	حـ/خصم مكتسب	
		إلى حـ/الصندوق	
-	10000	بيع بضاعة نقدا قيمتها 10000 دينار مشمولة بخصم تجاري 10%	
330	-	من حـ/ المبيعات	5
-	330	إلى حـ/مردودات المبيعات	
		استلام مردودات مبيعات قيمتها 330 دينار دفعت نقدا	

الحل:

220	-	من حـ/المبيعات	تصحيح القيد 1
		إلى حـ/البنك	
	120	إلغاء القيد الخطأ	
-			
220	-	من حـ/الصندوق	
-	220	إلى حـ/المبيعات	
		إثبات القيد الصحيح	
		من مذكورين	تصحيح القيد 2
60	-	حـ/المشتريات	
60	-	حـ/الدائنين	
		إلى مذكورين	
-	60	حـ/الخصم المسموح به	
-	60	حـ/الخصم المكتب	
		تصحيح القيد الخطأ	
990	-	من حـ/المبيعات	تصحيح القيد 3
	990	إلى حـ/الأثاث	
		تصحيح القيد الخطأ	
19000	-	من حـ/ الصندوق	تصحيح القيد 4
		إلى مذكورين	
-	18000	حـ/المبيعات	
-	1000	حـ/الخصم المكتسب	
		تصحيح القيد الخطأ	
660	-	من حـ/ مردودات المبيعات	تصحيح القيد 5
		إلى مذكورين	
-	330	حـ/المبيعات	
-	330	حـ/الصندوق	
		تصحيح القيد الخطأ	

12- ان تصحيح الاخطاء المحاسبية في اليومية يكون دائماً ممكناً :

أ- بالطريقة المطولة

ب- بالطريقة المختصرة

ج- بالطريقة المطولة أو المختصرة

د- بالطريقة المطولة والمختصرة.

13- عند حدوث اخطاء محاسبية :

أ- يجب تصحيحها فوراً عند اكتشافها وبالكامل

ب- لا مشكلة من تركها للسنة القادمة

ج- يمكن تركها كلياً

د- يمكن تصحيحها جزئياً

14- ان تصحيح الاخطاء وفي كل مرحلة من المراحل أو دورة المحاسبة يتم:

أ- باعداد قيود التصحيح اللازمة في اليومية

ب- بالشطب على المبلغ الخطأ ووضع المبلغ الصحيح

ج- أ + ب

د- أ أو ب

15- ان تصحيح الأخطاء او عدم تصحيحها :

أ- لا يؤثر على صحة ودقة البيانات المحاسبية.

ب- يؤثر على صحة ودقة البيانات المحاسبية

ج- قد يؤثر وقد لا يؤثر على صحة ودقة البيانات المحاسبية

د- غير ما ذكر

16- يمكن تقسيم الاخطاء الى انواع وفق زوايا مختلفة ومن حيث موقع او موطن الخطأ فهي:

أ- اخطاء حذف كلي واخطاء حذف جزئي

ب- اخطاء مكافئة واخطاء غير مكافأة

ج- اخطاء عمدية وأخطاء غير عمدية

د- اخطاء في المستندات، في اليومية، في الاستاذ، في ميزان المراجعة وفي القوائم المالية .

-17

650	-	من حـ/ الصندوق
-	650	الى حـ/ المبيعات استلام مبلغ 560 دينار من احد الزبائن عن دين سابق عليه عن مبيعات بضاعة

عليه، قيد التصحيح وعلى فرض صحة الشرح وبالطريقة المختصرة :

أ- 650 من حـ/ المبيعات	650 إلى حـ/ الصندوق
ب- 90 من حـ/ المبيعات	90 إلى حـ/ الصندوق
ج- 90 من حـ/ المبيعات	90 إلى حـ/ المدينين
د- 650 من حـ/ المبيعات	الى مذكورين 90 حـ/ الصندوق 560 حـ/ المدينين

18- صحح الاخطاء ان وجدت في القيود التالية على فرض صحة الشرح وبالطريقة المختصرة كلما امكن ذلك .

360 -	- 630	من حـ/ الصندوق الى حـ/ المبيعات بيع بضاعة قيمتها 630 دينار بشيك
4000 -	- 4000	من حـ/ المشتريات الى حـ/ البنك شراء بضاعة قيمتها بالكاتالوج 4000 دينار بخصم تجاري 10%

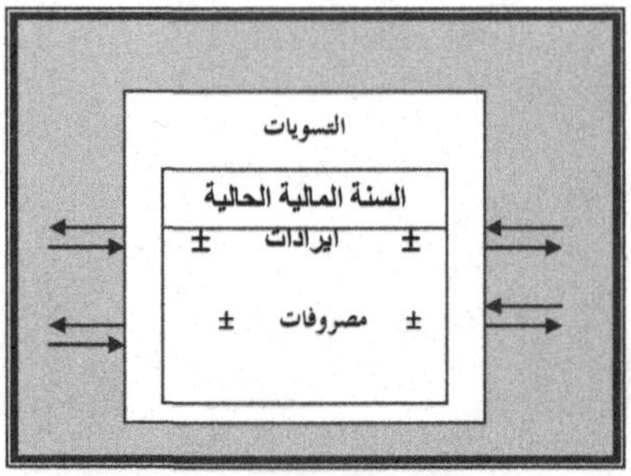

الفصل السادس عشر

الجرد والتسويات الجردية

INVENTORY ADJUSTMENTS

الأساس النقدي وأساس الاستحقاق والاساس المختلط
جرد الحسابات وقيود التسوية
إعداد ميزان المراجعة المعدل

كانت العمليات المالية في الفصول السابقة تحلل وتقيد وتظهر في ميزان المراجعة وكأن البيانات تمثل تماما مصروفات وإيرادات وأصول وخصوم الفترة المالية المعنية ، لتصبح من ثم الأساس في إعداد نتيجة عمل المشروع ومركزه المالي . الواقع وعملا بأساس الاستحقاق وضمن المبادئ المحاسبية المقبولة ، يتطلب الأمر إجراء المعالجات والتسويات اللازمة لإعداد بيانات تعبر بعدالة عن وضع المشروع .

من اجل اعداد التسويات الجردية بصورة صحيحة لابد أولاً من الالمام بالعمليات السابقة المتعلقة بانشاء قيود الايرادات والمصروفات والاصول والخصوم. ليتسنى من ثم معرفة آثار تلك التسويات على النتيجة (متاجرة و أ.خ أو ملخص الدخل) والمركز المالي (الميزانية العمومية) في الفصل القادم (17) وهكذا تقع التسويات بعد كل الفصول السابقة وقبل الحسابات الختامية والقوائم المالية، وهذا يعكس الترابط المنطقي بين الموضوعات ووفقاً لدورة المحاسبة.

الأساس النقدي وأساس الاستحقاق

لقيد العمليات المالية في السجلات المحاسبية يمكن اتباع أحد الأساسين التاليين :

- الأساس النقدي .
- أساس الاستحقاق .

وربما يتم الجمع بين الأساسين ، ويعتمد اتباع أي من الأسس أعلاه على :

- طبيعة نشاط المشروع وبالتالي طبيعة الإيرادات والمصروفات فيه .
- مدى أهمية البيانات المحاسبية بالنسبة للمشروع وللأطراف الأخرى المعنية بها.
- الشكل القانوني للمشروع وما يرتبط به من نظام محاسبي وتحديدا البيانات المطلوبة .
- مدى الالتزام بتطبيق المبادئ المحاسبية المقبولة والتي توصي بتطبيق أساس الاستحقاق .

أولا : الأساس النقدي Cash Basis

وبموجب هذا الأساس ، لا تقيد في سجلات المشروع إلا :

- الإيرادات التي يتم استلامها خلال الفترة المالية ، أي لا يعترف بالإيراد إلا عند قبض قيمته فيصبح إيرادا للفترة التي استلم فيها ، بغض النظر عن كونه يخص الفترة السابقة أو الحالية أو اللاحقة .
- المصروفات التي يتم دفع مبالغها خلال الفترة المالية ، أي لا يعترف بالمصروف إلا عند دفع قيمته ، فيصبح مصروفا للفترة التي دفع فيها بغض النظر عن كونه يخص الفترة السابقة أو الحالية أو اللاحقة .

يعتبر الأساس النقدي من اقدم الأسس في المحاسبة التي طبقت ولا زالت تطبق خصوصا في المهن الحرة والوحدات الحكومية ، ولعل أهم العوامل التي تبرر اتباع هذا الأساس هي :

- إن الفترة التي تفصل بين اكتساب الإيراد (تحققه) وبين تحصيله ، وكذلك بين الحصول على المنفعة أو الخدمة (المصروفات) وبين دفعها ، تكون فترة قصيرة جدا ، وبالتالي وكأن كل سنة تحمّل بإيراداتها ومصروفاتها بصورة طبيعية.
- محدودية أو قلة الأهمية للبيانات المحاسبية

من وجهة نظر مالك المشروع أو غيره من المعنيين ببيانات المشروع .

مع ذلك للأساس النقدي **المزايا** التالية مقارنة بأساس الاستحقاق :

- سهولة الفهم والبساطة في التطبيق ، لأنه لا يحتاج إلى مهارات وخبرات كبيرة لدى العاملين .
- توفير مستوى عال من الرقابة على حركة التدفقات النقدية الداخلة والخارجة للمشروع وعملية تخطيطها .

أما أهم عيوب الأساس النقدي فهي :

- لا يوفر البيانات اللازمة لحساب النتيجة والمركز المالي بصورة عادلة تعبر عن وضع المشروع خلال فترة مالية معينة .
- لا يوفر الإمكانية في عمل المقارنات بين الفترات المالية ، وبالتالي ضعف في عمليات الرقابة على عمليات المشروع عموما نتيجة لعدم الفصل بين الفترات وعدم قيد كافة العمليات .

مثال 1 : يمتلك مشروع النعيم ثلاث عقارات مؤجرة للغير لقاء بدل إيجار سنوي قدره 6300 دينار لكل واحد ، وخلال شهر ك1/ 2000 تمت العمليات التالية :

- في 29/منه استلم 6300 دينار بشيك عن بدل إيجار سنة 1999 من المؤجر للعقار الأول .
- في 30/منه استلم 6300 دينار بشيك عن بدل إيجار للسنة الحالية من المؤجر للعقار الثاني .
- في 31/منه استلم 6300 دينار بشيك عن بدل إيجار السنة القادمة 2001 من المؤجر للعقار الثالث (مقدماً) .

قيد العمليات وفقاً للاساس النقدي - يومية مشروع النعيم

6300 -	- 6300	من حـ/ البنك إلى حـ/ إيراد تأجير عقارات استلام إيراد تأجير العقار (1)	2000/12/29
6300 -	- 6300	من حـ /البنك إلى حـ/ إيراد تأجير عقارات استلام إيراد تأجير العقار (2)	2000/12/30
6300 -	- 6300	من حـ /البنك إلى حـ/ إيراد تأجير عقارات استلام إيراد تأجير العقار (3)	2000/12/31

وهكذا نلاحظ لا فرق في قيد أي عملية من العمليات أعلاه كذلك الحال بالنسبة للمصروفات كما في المثال التالي :

مثال 2 : خلال شهر ك2001/2 تمت العمليات التالية في مشروع البراعم .

- في 24/منه دفع مبلغ 250 دينار نقدا عن مصروف إعلان سبق وان انتفع منها المشروع في السنة السابقة .
- في 26/منه دفع مبلغ 300 دينار نقدا عن مصروف إعلان عن خدمة الإعلان عن بضاعة المشروع للسنة الحالية .
- في 29/منه دفع مبلغ 280 دينار نقدا ومقدما عن خدمات إعلان للسنة القادمة لم ينتفع بها المشروع بعد .

قيد العمليات - يومية مشروع البراعم وفقاً للاساس النقدي

250	-	من حـ/ مصروف إعلان	2001/12/24
-	250	إلى حـ/ الصندوق	
300	-	من حـ/ مصروف إعلان	2001/12/26
-	300	إلى حـ/ الصندوق	
280	-	من حـ/ مصروف إعلان	2001/12/29
-	280	إلى حـ/ الصندوق	

مثال 3 : في مشروع الرائد وعن السنة 2001 :

- بلغت قيمة خدمات التوسط لشراء البضائع التي قدمها المشروع إلى محلات البادية 3600 دينار ولم تستلم.
- وبلغت المبالغ غير المدفوعة للعاملين عن رواتبهم للشهرين الأخيرين من السنة 1200 دينار .

يومية المشروع : وفقاً للأساس النقدي

	-	لا قيد عن ايراد الخدمات المقدمة للغير (الا عند استلامها فعلاً)	
-	-	لا قيد للمصروفات المستحقة للغير (الا عند دفعها فعلاً)	

ثانيا : أساس الاستحقاق Accrual Basis

وفقا لهذا الأساس ، لا يعتبر إيراداً ولا يعتبر مصروفا للفترة المالية إلا فقط ما يخصها وبغض النظر عن عملية الاستلام أو الدفع النقدي الفعلي ، عليه فان الإيرادات والمصروفات التي تخص فترات اخرى سابقة أو لاحقة لا تعتبر من ضمن إيرادات ومصروفات الفترة المالية المعنية . إن هذا الأساس **يتميز** بما يلي:

1- يوفر بيانات اكثر عدالة لإظهار نتيجة عمل المشروع ومركزه المالي حيث يتضمن الدخل والمركز المالي بيانات حقيقية ، من خلال أخذه بالاعتبار :

- تناقص قيمة الأصول الثابتة بحكم استخدامها وتقادمها .
- وجود عمليات مالية تؤثر على اكثر من فترة مالية واحدة سواء تضمنت إيرادات أو مصروفات أو أرباح أو خسائر .

2- انه اكثر ملائمة لتطبيق المبادئ المحاسبية المقبولة وخصوصا مبدأ مقابلة المصروفات بالإيرادات ووفقاً لمعايير المحاسبة الدولية.

3- يوفر رقابة اكثر شمولية وليس على حركة النقدية فقط ، وهذا يتيح إجراء مقارنات سليمة بين الفترات المالية ، استناد إلى استقلال كل فترة عن غيرها .

ولتوضيح ما تقدم نورد المثال التالي :

مثال : كانت قيمة المبيعات الكلية لمشروع الساري لسنة 2006 هي 120000 دينار لم يستلم منها إلا 100000 دينار ، وكلفة المبيعات هي 70000 دينار .

ووفقا لكل أساس نلاحظ :

البيانات	الأساس النقدي	أساس الاستحقاق
المبيعات	100000	120000
يطرح : تكلفة المبيعات	70000	70000
مجمل الربح	30000	50000
%	%30	%50

جرد الحسابات وقيود التسوية

يتطلب العمل بأساس الاستحقاق الجرد وإعداد قيود التسوية الجردية، **والجرد** يعني عملية التأكد من الوجود الفعلي للأصول والتحقق من أرصدة **الالتزامات والمصروفات والإيرادات** . أما **التسوية** القيدية فتعني إعداد قيود التسوية Adjustment Entries ، وهي قيود يومية لمعالجة حدث اقتصادي مستمر لا يمكن

حسم موضوعه إلا في نهاية الفترة المالية ، أو إن المستندات الخاصة بهذا الحدث لم تصل بعد ليمكن إعداد القيد اللازم بذلك .

وفي الحقيقة يصعب في كثير من الأحيان التمييز بين **التسويات الجردية وتصحيح الأخطاء** ، مع ذلك يمكن ذكر الملاحظات التالية :

- إن التسويات الجردية تتم وعموما في نهاية الفترة المالية ، وبعد إعداد ميزان المراجعة الأولى (قبل التسويات) وأيضا بعد جرد الأصول والخصوم والمصروفات والإيرادات ، بينما عمليات تصحيح الأخطاء تجري في أي وقت خلال السنة ، والواقع ، هنالك بعض التسويات للمصروفات والخسائر تعد خلال الفترة المالية كمصروف الإهلاك لبعض الأصول الثابتة التي يتم الاستغناء عنها خلال السنة ، وتسويات حساب النقدية في البنك وفي الصندوق.
- قد تكون الأخطاء مثبتة في سجلات المشروع وفي مختلف مراحل العمل ، بينما القيود الجردية تثبت في نهاية الفترة .
- تتم التسويات الجردية في دفتر اليومية للمشروع بينما تصحيح الخطأ يكون في المراحل المختلفة من مراحل العمل المحاسبي (دورة المحاسبة).
- إن الهدف الأساسي من التسويات الجردية هو تحميل الفترة المالية بنصيبها من الإيرادات والمصروفات واظهار الاصول والخصوم بقيمتها الحقيقية، بينما الهدف من تصحيح الأخطاء قد لا يعني ذلك تماما وهو أمر قائم في ظل الأساس النقدي وأساس الاستحقاق .

عمليات التسوية الجردية : وتشمل هذه العمليات تسوية العناصر التالية :

أ. تسوية العناصر المؤجلة Deferred Items وتتضمن إعداد قيود تسوية لقيود مسجلة سابقا من حسابات للأصول وحسابات للمطلوبات ، وعند التسوية تتحول الى حسابات مصروفات ، وحسابات مطلوبات تتحول إلى حسابات إيرادات:

1- أصول تتحول إلى مصروفات : مثال ذلك المصروف المدفوع مقدما Prepaid وهو يعتبر اصل من الأصول ، وعند التسوية يحول إلى مصروف ، وكذلك مصروف إهلاك الأصول الثابتة الذي يمثل استخدام تدريجي للأصول الثابتة كما هو الحال بالنسبة للمصروف المدفوع مقدما .

2- مطلوبات تتحول إلى إيرادات : كالمبلغ المستلم مقدما عن خدمات لم تقدم بعد للغير Unearned Revenue ، وهو إيراد غير مكتسب ، أو هو بمثابة مطلوبات على المشروع ، وعند تقديم الخدمة للغير يصبح ذلك إيرادا مكتسبا Earned Revenue .

ب. تسوية العناصر المستحقة Accrued Items وتعد هنا قيود لعمليات لم تسجل من قبل ، أي إن قيود التسوية هي قيود تعد لأول مرة فيما يتعلق بأصول أو مطلوبات وما يرتبط بها من مصروفات وإيرادات .

1- أصول تتحول إلى إيرادات وهي تمثل حقوق باستلام مبالغ مستقبلا لم تتم في تاريخ الميزانية ، مثال ذلك الإيرادات المستحقة Accrued Revenue عن خدمات مقدمة للغير غير مستلمة بعد .

2- مطلوبات تتحول إلى مصروفات كالمصروفات المستحقة Accrued Expenses غير المسددة للغير رغم الحصول على الخدمة أو المنفعة.

ولمزيد من التوضيح يمكن تصنيف عمليات الجرد والتسوية من خلال ما يلي :

أ. جرد وتسوية الإيرادات :

- الإيرادات المكتسبة وغير المستلمة (مستحقة القبض) .
- الإيرادات غير المكتسبة (مقبوضة مقدما) .

ب. جرد وتسوية المصروفات :

- المصروفات المستحقة (مستحقة الدفع)
- المصروفات المدفوعة مقدما

ج. جرد وتسوية الأصول :

- النقدية في الصندوق - النقدية في البنك - المدينون التجاريون - أ. ق - الاستثمارات المالية البضاعة - الثابتة

د- جرد وتسوية المطلوبات وحقوق الملكية

- أ. د - حقوق الملكية

جرد وتسوية الإيرادات

إن جرد الإيرادات يعني حصر معاملاتها ومستنداتها وأرصدتها لتحديد علاقاتها بالفترة المالية ، وفيما إذا كان الأمر يتطلب إجراء التسوية اللازمة للوصول بها إلى ما يمثل نصيب تلك الفترة منها ، ويمكن تمييز الحالات ذات العلاقة كما يلي :

1- **إذا تساوت أرصدة حسابات الإيرادات المحصلة والمسجلة مع ما يخص الفترة المالية** ، عندئذ ليس هناك تسويات أو تعديلات ، فالإيرادات تكون هي إيرادات مكتسبة أو محصلة ، وهذا ما يمثل الوضع الطبيعي والغالب في المشروع وهذا ما تم ملاحظته طيلة الفصول السابقة ، ويمكن القول هنا إن الإيرادات مثبتة في السجلات كما يجب .

مثال : في 2000/12/5 استلم مشروع الإنعام مبلغ 750 دينار نقدا عن إيراد تأجير واسطة نقل خلال السنة ولمدة 250 ساعة بمعدل 3 دينار للساعة الواحدة وتم قيده في يومية المشروع كما يلي :

يومية المشروع :

750	-	من حـ/ الصندوق
-	750	إلى حـ/ إيراد تأجير وسائط نقل

دفتر الأستاذ :

حـ/ إيرادات تأجير وسائط النقل

750 من حـ/ الصندوق	

عليه يكون الرصيد الظاهر في حساب تلك الإيرادات هو كما يجب

2- **إذا كانت أرصدة حسابات الإيرادات هي اقل من الإيرادات المكتسبة** (التي تخص الفترة) أو أنها لم تستلم أو لم تسجل لغاية نهاية الفترة المالية ، فتكون الإيرادات هنا إيرادات مستحقة ، أي مكتسبة ولكنها غير مستلمة، وهي بمثابة حقوق أو أصول للمشروع ويمكن القول أنها مسجلة بأقل مما يجب .

مثال : لغاية 2001/12/31 ظهر في دفاتر مشروع الخير ، استلام مبلغ 3300 دينار بشيك عن إيرادات تأجير عقارات للسنة وكما يلي :

3300	-	من حـ/ البنك	
-	3300	إلى حـ/ إيراد تأجير عقارات	

في حين إن العقارات مؤجرة منذ بداية السنة وببدل إيجار شهري قدره 300 دينار.

اذن : 300 × 12 = 3600 دينار الإيجار السنوي

3600 - 3300 = 300 دينار إيراد إيجار لم يستلم ولم يسجل

وعند إعداد قيد التسوية في 12/31

300	-	من حـ/ إيراد تـأجير عقـارات مسـتحق (مكتسـب غـير مسـتلم أو غـير مقبوض)	12/31	
-	300	إلى حـ/ إيراد تأجير عقارات		

دفتر الأستاذ :

حـ/ إيراد تأجير عقارات مستحق القبض (مكتسب غير مستلم)

300 إلى حـ/ ايراد تأجير	

حـ/ إيرادات تأجير عقارات

	3300 من حـ/ البنك
	300 من حـ/ إيرادات تأجير عقارات مستحقة
	3600 رصيد 12/31

وإذا لم يكن القيد الأول قد تم إعداده سابقا ، فهذا يعني إن العملية يعد بها قيد واحد في 12/31 وهو :

		من مذكورين	
3300	-	حـ/ البنك	
300	-	حـ/ إيراد تأجير عقارات مستحق القبض (مكتسب غير مستلم)	
-	3600	إلى حـ/ إيرادات تأجير عقارات	

وبهذا يكون الرصيد الصحيح للإيراد الخاص بالفترة والمثبت في سجلات المشروع هو 3600 والايراد المكتسب غير المقبوض هو 300 ، اما اذا لم يتم استلام أية مبلغ مع ان الايراد يعتبر مكتسبا بسبب الاستمرار في اشغال العقار او تقديم الخدمة او المنفعة ، ولم يتم اعداد أية قيد حتى 12/31 ، يكون قيد التسوية:

3600	-	من حـ/ ايراد تأجير عقارات مستحق القبض (مكتسب غير مستلم)	12/31
-	3600	إلى حـ/ إيراد تأجير عقارات	

3- **اذا كانت ارصدة حسابات الايرادات اكبر من نصيب الفترة المالية** (اكبر من الايرادات المكتسبة) ، أي ان فيها ما يخص فترة مالية قادمة ، وتم تحصيلها خلال الفترة الحالية فهي ايرادات مستلمة مقدما ، او ايرادات مؤجلة طالما ان الغير لم ينتفع بعد بالخدمة ، وهي تمثل بالتالي التزامات على المشروع، ويمكن القول هنا ان الايرادات مسجلة بأكثر مما يجب .

مثال : في 2001/4/1 استلم مشروع النبأ مبلغ 4800 دينار بشيك عن تأجير عقار لمدة سنة تبدأ من هذا التاريخ ، ببدل شهري قدره 400 دينار وتم قيده كله كايراد مكتسب عند الاستلام .

يومية المشروع :

4800	-	من حـ/ البنك	2001/4/1
-	4800	إلى حـ/ إيراد تأجير عقارات	
1200	-	من حـ/ ايراد تأجير عقار	2001/12/31
-	1200	الى حـ/ ايراد تأجير عقار مستلم مقدما (غير مكتسب)	

حيث ان ايراد السنة 2001 هو عن 9 شهور = 3600 دينار

إذن المبلغ المستلم مقدما هو : 4800 - 3600 = 1200 دينار

ويمكن تسجيل الإيراد كإيراد مستلم مقدما عند الاستلام وتجري تسويته في نهاية السنة وهذه العملية هي الأصح منذ البدء عند توفر البيانات .

للمثال السابق :

4800	-	من حـ/ البنك	2001/4/1
-	4800	إلى حـ/ إيراد تأجير عقار مستلم مقدما (غير مكتسب)	
3600	-	من حـ/ إيراد تأجير عقار مستلم مقدما	2001/12/31
-	3600	إلى حـ/ إيراد تأجير عقار	

والخلاصة للسنة هي واحدة للإيراد المكتسب وان اختلفت طريقة المعالجة .

دفتر الأستاذ :

حـ/ إيراد تأجير عقار مستلم مقدما

3600 الى حـ/ ايراد تاجسر1 12/3	4800 من حـ البنك 1/ 4
1200 رصيد	
4800	4800

حـ/ إيراد تأجير عقار

3600 رصيد	3600 من حـ/ الإيراد مقدم 12/31
3600	3600

جرد وتسوية المصروفات

وجرد المصروفات يعني حصر معاملاتها ومستنداتها وأرصدتها لتحديد علاقتها بالفترة المالية الحالية ، وهذا يعني أيضا التمييز بين الحالات الثلاثة التالية:

1- **إن أرصدة حسابات المصروفات تساوي نصيب الفترة الحالية** ، أي إن المصروفات مسجلة في دفاتر المشروع دون زيادة أو نقصان وبالتالي هي كما يجب إن تكون عليه .

مثال: في بداية عام 2000 تعاقد مشروع الساحل مع الشركة الوطنية للتأمين، بقصد التأمين على العاملين لديه وعددهم 40 عامل بمعدل 25 دينار للعامل الواحد سنويا.

- في 10/30 دفع المشروع مبلغ 800 دينار للشركة أعلاه بشيك .
- في 12/30 دفع المشروع المبلغ المتبقي للشركة بشيك

يومية المشروع :

800	-	من حـ/ مصروفات تأمين على العاملين	10/30
-	800	إلى حـ/ البنك	
200	-	من حـ/ مصروفات تأمين على العاملين	12/30
-	200	إلى حـ/ البنك	

وبهذا يكون المبلغ الظاهر في دفتر المشروع هو 1000 دينار وهو كما يجب بموجب العقد 25 × 40 = 1000 دينار .

دفتر الأستاذ :

حـ/ مصروف تأمين على العاملين

800	إلى حـ/ البنك	10/30		
200	إلى حـ/ البنك	12/25	1000	رصيد مدين
1000			1000	
1000	رصيد			

2- **إن أرصدة حسابات المصروفات اقل من نصيب الفترة المالية الحالية** ، أو أنها لم تسجل مع إن المشروع قد حصل على الخدمة أو المنفعة ، وقد يكون المشروع دفع جزء من قيمتها أو لم يدفع ، فهي إذن مصروفات مستحقة الدفع، وبالتالي يمكن القول إن هذه المصروفات ظهرت بأقل مما يجب وهي تمثل التزامات على المشروع.

مثال : كان مصروف الرواتب الظاهر في دفاتر المشروع حتى شهر ك1 /2001 هو 11700 دينار ، مع إن عدد العاملين في المشروع ومنذ بداية العام 10 براتب شهري قدره 100 دينار، وعند الجرد تبين إن هناك 3 عاملين لم تدفع رواتبهم لانقطاعهم عن العمل في منتصف شهر ك1 ولم يعد القيد اللازم بها.

حـ/ مصروف رواتب العاملين

11700 الى حـ /	

وحيث ان هذا الرصيد لا يمثل رواتب العاملين للسنة لأنه لم يأخذ بالاعتبار، رواتب 3 عمال لمدة نصف شهر ويساوي 150 دينار ، يكون قيد التسوية :

150	-	من حـ/ رواتب العاملين	12/31
-	150	إلى حـ/ رواتب العاملين المستحقة الدفع (غير المدفوعة)	

وقد لا يظهر اية مبلغ لمصروف معين في دفاتر المشروع لغاية الجرد :

مثال : مشروع النداء متعاقد مع شركة للتأمين على الاصول الثابتة لديه بمبلغ 900 دينار سنويا ، لغاية 2005/12/31 لم ترد اية مطالبة او اشعار بالمبلغ للسنة ، لم يقم المشروع بسداد أية مبلغ عن ذلك كما انه لم يسجل أي قيد به :

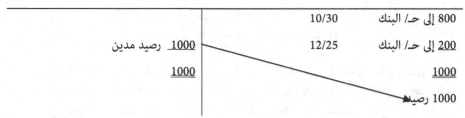

قيد التسوية :

900	-	من حـ/ مصروف التأمين على الاصول الثابتة	2005/12/31
-	900	إلى حـ/ تأمين على الاصول مستحق الدفع (غير مدفوع)	

3- **إن أرصدة حسابات المصروفات اكبر من نصيب الفترة الحالية** ، فهي تتضمن مبالغ تخص دورات محاسبية أو فترات مالية لاحقة ، وبالتالي تمثل حقوق أو أصول للمشروع على الغير ، وتعتبر تلك المبالغ مصروفات مدفوعة مقدما، يمكن القول أنها ظهرت بأكبر مما يجب .

مثال : في 2004/1/1 دفع مشروع الرشيد مبلغ 2400 دينار بشيك إلى أحد شركات الإعلان للترويج عن بضاعته وبمعدل 100 دينار شهريا حسب العقد .

يومية المشروع : على فرض ان المشروع أعد القيد التالي :

2400	-	من حـ/ مصروف إعلان	2004/1/1
-	2400	إلى حـ/ البنك	

التسوية اذن :

1200	-	من حـ/ مصروف إعلان مقدم (مدفوع مقدما)	2004/12/31
-	1200	إلى حـ/ مصروف إعلان	

دفتر الأستاذ :

حـ/ مصروف اعلان مقدم (مدفوع مقدماً)

1200 الى حـ/ مصروف اعلان 12/31	

حـ/ مصروفات الإعلان

2400 إلى حـ/ البنك 2004/1/1	1200 إلى حـ/ مصروف إعلان مقدم 12/31
	1200 رصيد مدين
2400	2400
1200	

قد يسجل كامل المصروف المدفوع مقدما كأصل أو كحق وعند الدفع ، وهذا هو الأصح عند توفر البيانات اللازمة .

للمثال السابق : يومية المشروع

2400	-	من حـ/ مصروف إعلان مقدم (مدفوع مقدما)	1/1
-	2400	إلى حـ/ البنك	

التسوية في 12/31 :

1200	-	من حـ/ مصروف إعلان	12/31
-	1200	إلى حـ/ مصروف الإعلان المقدم	

مثال 2 : في 2001/1/1 بلغت مشتريات القرطاسية لاستخدامات مشروع الكروان 450 دينار نقدا .

- في 2001/12/31 وعند الجرد كانت قيمة القرطاسية المتبقية في مخازن المشروع 150 دينار .

الحل ويمكن أن يكون باسلوبين: **إثبات المصروف كأصل**

450	-	من حـ/ القرطاسية	2001/1/1
-	450	إلى حـ/ الصندوق	
300	-	من حـ/ مصروف قرطاسية (مستهلكة)	2001/12/31
-	300	إلى حـ/ القرطاسية	
		قيد تسوية القرطاسية	

إثبات المصروف كمصروف وليس كأصل

450	-	من حـ/ مصروف القرطاسية	2001/1/1
-	450	إلى حـ/ الصندوق	
150	-	من حـ/ القرطاسية	2001/12/31
-	150	إلى حـ/ مصروف القرطاسية	

ومن الطبيعي ان كلا الاسلوبين سيؤديان الى نفس النتيجة (الرصيد) سواءاً بالنسبة للمصروف او بالنسبة للأصل وكما سيظهر في سجل الاستاذ.

مثال: فيما يلي ميزان المراجعة الاولي (قبل التسويات) لشهر ك1 / 2002 لمشروع التراث.

ميزان مراجعة جزئي (على فرض ان ارصدة بقية الحسابات صحيحة)

مدين	دائن	اسم الحساب	رقم صفحة الاستاذ
6600	-	حـ/ مصروف رواتب	1
720	-	حـ/ مصروف اعلان مقدم	2
1100	-	حـ/ قرطاسية	3
900	-	حـ/ مصروف كهرباء	4
-	7000	حـ/ ايراد تأجير عقار مقبوض مقدماً	5
1500	-	حـ/ ايراد عمولات توسط في شراء بضائع مستحق القبض	6
-	9000	حـ/ ايراد عمولات توسط في شراء بضائع	7

وعند الجرد في 31/12/ 2002 ظهر ما يلي:

1- هناك راتب لأحد العاملين وقدره 220 دينار عن شهر ك2/ 2003 استلمه مقدماً خلال شهر ك2002/1 وظهر ضمن رواتب هذا الشهر في ميزان المراجعة، بينما هناك راتب لعامل آخر قدره 330 دينار لشهر ك1/ 2002 لم يصرف له.

2- في 2002/7/1 كان المشروع قد دفع مبلغ 720 دينار لأحد شركات الاعلان للاعلان عن بضائعه لمدة سنة .

3- القرطاسية المتبقية لدى المشروع بلغت 300 دينار.

4- هناك فاتورة كهرباء بمبلغ 77 دينار لم تظهر ضمن مصروف الكهرباء في ميزان المراجعة .

5- في 2002/9/1 تعاقد المشروع مع أحد المستأجرين على تأجيره عقار فائض عن الحاجة ببدل ايجار شهري قدره 350 دينار.

6- توسط المشروع في عمليات اخرى لشراء بضائع بمعدل 2% من قيمة البضاعة البالغة 100000 دينار لم تظهر في ميزان المراجعة .

المطلوب: اعداد قيود التسوية اللازمة في يومية المشروع .

الحل: أ- يومية المشروع (التسويات الجردية) :

220		من حـ/ رواتب مدفوع مقدماً	1
	220	الى حـ/ رواتب	
330		من حـ/ مصروف رواتب	1
	330	الى حـ/ رواتب مستحقة	
360		من حـ/ مصروف اعلان	2
	360	الى حـ/ مصروف اعلان مقدم	
800		من حـ/ مصروف قرطاسية (قرطاسية مستهلكة)	3
	800	الى حـ/ قرطاسية	
77		من حـ/ مصروف كهرباء	4
	77	الى حـ/ مصروف كهرباء مستحق الدفع	
1400		من حـ/ ايراد تأجير عقار مقبوض مقدماً	5
	1400	الى حـ/ ايراد تأجير عقار	
2000		من حـ/ ايراد عمولات مستحق القبض	6
	2000	الى حـ/ ايراد عمولات	

جرد وتسوية الأصول

يجب جرد كافة الأصول لدى المشروع للتحقق من صحة أرصدتها وعائديتها للمشروع ومطابقة الأرصدة مع الموجود الفعلي لها ، وفيما يلي توضيح لذلك ولأهم الأصول في المشروع .

جرد وتسوية النقدية في الصندوق Cash

النقدية في الصندوق (الخزينة) من العناصر أو البنود الهامة والخطرة ضمن الأصول المتداولة للمشروع ، وليس لانها الأكثر عرضة للتلاعب وسوء التصرف فقط وإنما لأنها وسيلة لضمان إنجاز سياسات المشروع وخصوصا في موضوع توفير السيولة النقدية ، لهذا فان عملية الرقابة والجرد للصندوق تستحوذ على أهمية بالغة عبر مراحلها التالية :

1- الجرد للموجود الفعلي من النقدية بموجب قائمة جرد ملائمة لذلك ومن قبل جهة مخولة وكما في أدناه :

مشروع .... قائمة جرد الصندوق ... بتاريخ				
الملاحظات	فئة العملة	العدد	المبلغ	
			دينار	فلس
توقيع القائم بالجرد	توقيع أمين الصندوق	المجموع	1450	-

2- مطابقة نتيجة الجرد الفعلي مع رصيد حساب الصندوق في دفتر الأستاذ .

3- تحديد الفروقات إن وجدت (الزيادة أو النقص) وتثبيتها في دفتر المشروع .

4- إجراء التسوية القيدية اللازمة إن تطلب الأمر على ضوء السبب في الزيادة أو النقصان .

مثال : عند جرد صندوق المشروع في 2003/12/31 ، كان الموجود الفعلي النقدي ومن مختلف الفئات 1450 دينار ، بينما كان رصيد الصندوق في دفتر الأستاذ مدين بمبلغ 1500 دينار .

الرصيد بموجب الدفاتر - الموجود الفعلي = النقص (الزيادة)

1500 - 1450 = 50 دينار (**نقص أو عجز**)

50	-	من حـ/ عجز الصندوق	12/31
-	50	إلى حـ/ الصندوق	

وإذا تم معرفة السبب وليكن صرف فاتورة كهرباء بمبلغ 50 دينار نقدا دون قيدها في دفاتر المشروع يكون قيد التسوية :

50	-	من حـ/ مصروف كهرباء	12/31
-	50	إلى حـ/ عجز الصندوق	

وإذا لم يعرف السبب قد يحمل العجز على ذمة أمين الصندوق إذا ثبتت مسئوليته ، أو يحمل على ذمة شركة التأمين إذا كان المشروع مؤمن على هذا النوع من العجز

وقد يعتبرها المشروع خسائر يتحملها هو إذا لم يلجأ إلى أية من الأساليب السابقة.

مثال: عند الجرد الفعلي للصندوق كانت النقدية الموجودة فيه 7800 دينار، بينما كان الرصيد الظاهر بدفاتر المشروع 7900 دينار. وبعد البحث عن السبب تبين ان النقص من مسؤولية امين الصندوق وان المشروع غير مؤمن عن هذا النوع من النقص لذا تقرر تحميله على ذمة امين الصندوق ثم بعد ذلك ولانه لم يدفعه للمشروع تقرر خصمه من راتبه دفعة واحدة .

يومية المشروع :

100		من حـ/ عجز الصندوق	1
	100	إلى حـ/ الصندوق	
100		من حـ/ ذمة أمين الصندوق	2
	100	الى حـ/ عجز الصندوق	
100		من حـ/ الرواتب	3
	100	الى حـ/ ذمة أمين الصندوق	

فنلاحظ ان في القيد الثالث اعتبر مبلغ 100 دينار مصروف رواتب لكنه لم يدفع لامين الصندوق وانما مقابل الغاء ما بذمته .

مثال : لو كان المشروع في المثال السابق مؤمنا لدى شركة التأمين للتعويض عن مثل هذه الحالات كلا او جزءاً لاختلف الأمر وعلى فرض ان الشركة تتحمل 75% من النقص .

يومية المشروع :

100		من حـ/ عجز الصندوق	1
	100	إلى حـ/ الصندوق	
		من مذكورين	2
75		حـ/ شركة التأمين	
25		حـ/ ذمة امين الصندوق	
	100	إلى حـ/ عجز الصندوق	
25		من حـ/ الرواتب	3
	25	إلى حـ/ ذمة امين الصندوق	

وعند استلام المبلغ من الشركة

75		من حـ/ الصندوق
	75	الى حـ/ شركة التأمين

أما إذا كان الموجود الفعلي اكثر من الرصيد بموجب الـدفاتر ولـيكن 1900 دينـار والرصـيد الـدفتري 1810 دينار فهناك **زيادة** قدرها 90 دينار.

يومية المشروع

90	-	من حـ/ الصندوق
-	90	إلى حـ/ زيادة الصندوق

وإذا تم معرفة السبب وعلى فرض انه جاء نتيجة تكرار قيد عمليـة في الـدفاتر خاصـة بفـاتورة هاتف بمبلغ 90 دينار دون إن يدفع المبلغ فعلا للجهة المعنية غير مرة واحدة.

يومية المشروع-قبل الجرد

90	-	من حـ/ مصروف هاتف
-	90	إلى حـ/ الصندوق
90	-	من حـ/ مصروف هاتف
-	90	إلى حـ/ الصندوق

يومية المشروع-قيد التسوية

90	-	من حـ/ زيادة الصندوق	12/31
-	90	إلى حـ/ مصروف هاتف	

دفتر الأستاذ

حـ/ الصندوق

1810 رصيد	
90 إلى حـ/ زيادة الصندوق	1900
1900	1900
1900 رصيد	

واذا لم يتم الوقوف على سبب الزيادة ، قد يعتبرها المشروع بمثابة ايرادات في نهاية الفترة المالية بينما بالنسبة للنقص أو العجز في الصندوق يعتبر خسارة.

جرد وتسوية النقدية في البنك Cash in Bank

كما تم توضيحه في موضوع الأوراق التجارية، يستلم المشروع دوريا وعادة شهريا من البنك كشف بحركة حسابه لديه، وعلى المشروع إعداد مطابقة العمليات الواردة بهذا الكشف مع العمليات المثبتة لديه في دفتر الأستاذ. ويتم ذلك بموجب **مذكرة تسوية**، ثم بعد ذلك وان تطلب الأمر القيام بإعداد قيود التسوية.

مثال : بموجب كشف البنك المرسل للمشروع في 2000/12/31 تبين إن رصيد حساب البنك للمشروع دائن بمبلغ 1800 دينار، بينما كان الرصيد في دفاتر المشروع مدين بمبلغ 1700 دينار، وعند البحث عن السبب تبين:

- إن هناك مبلغ 150 دينار اضافها البنك لرصيد حساب المشروع لديه عن إيراد فوائد (فوائد دائنة) على المبالغ المودعة لديه والعائدة للمشروع.

- كما إن هناك مبلغ 50 دينار كان قد سحبها البنك من رصيد حساب المشروع لديه عن مصروفات بنكية عن خدمات قدمت لمشروع . إن الإشعار وبالعمليتين لم يرد للمشروع لغاية تاريخه بينما ظهرت تلك العمليتين في كشف الحساب المرسل للمشروع في ذلك التاريخ.

مذكرة التسوية (الرصيد الصحيح):

1-الرصيد بموجب دفاتر المشروع	1700
يضاف: إيراد فوائد (دائنة)	150
يطرح: مصروفات بنكية	(50)
الرصيد الصحيح	1800

2-الرصيد بموجب كشف البنك	1800
يضاف:..................	-
يطرح:	-
الرصيد الصحيح	1800

يومية المشروع - قيود التسوية

150	-	من حـ/ البنك	12/31
-	150	إلى حـ/إيراد فوائد	
50	-	من حـ/ مصروفات بنكية	21/31
-	50	إلى حـ/البنك	

دفتر الأستاذ

حـ/ البنك

1700	رصيد (قبل التسويات)	50	من حـ/ مصروفات بنكية
150	إلى حـ/ إيراد فوائد	1800	رصيد مرحل (مدين)
1850		1850	
1800	رصيد		

مثال : في 2004/12/31 كان رصيد حـ/البنك في دفاتر مشروع صيدا مديناً بمبلغ 7000 دينار، بينما جاء بموجب كشف الحساب المرسل من قبل البنك دائناً بمبلغ 15419 دينار وعند المطابقة وجرد البيانات ذات العلاقة تبين ما يلي :

1- قام البنك بتحصيل ورقة قبض قيمتها 8000 دينار سبق وأن أرسلها المشروع للتحصيل. واستقطع البنك مصروفات تحصيل 80 دينار وأودع صافي المبلغ لديه لحساب المشروع ، ولم يصل المشروع الاشعار اللازم بذلك حتى وصول كشف الحساب

2- هناك شيك بمبلغ 700 دينار ، اودعه المشروع في البنك لكن تبين أنه قد رفض لمخالفته الشروط .

3- هناك شيك بمبلغ 665 دينار ستسلم من أحد المدينين ، أودعه المشروع في البنك ولكن المشروع سجله في دفاتره بمبلغ 566 .

4- هناك شيك بمبلغ 1200 دينار ثم صرفه لأحد الموردين ولكنه لم يقدم للبنك للصرف حتى تاريخ وصول الكشف .

5- هناك شيك استلمه المشروع من أحد الزبائن بمبلغ 1100 دينار ، ظهر بكشف الحساب المرسل من البنك خطأً بمبلغ 1000 دينار .

المطلوب : أ- اعداد مذكرة التسوية (المطابقة)

ب- اعداد قيود التسوية اللازمة .

ج- تصوير حـ/ البنك بعد التسويات .

الحل : أ - مذكرة التسوية :

الرصيد بموجب دفاتر المشروع	7000	الرصيد بموجب كشف البنك	15419
يضاف : تحصيل أ.ق 8000 خطأ بمبلغ شيك 99	8099	يضاف : خطأ قيد شيك	
يطرح : مصاريف تحصيل أ.ق 80 شيك مرفوض 700	(780)	يطرح : شيك لم يقدم للصرف	(1200)
الرصيد الصحيح	14319	الرصيد الصحيح	14319

ب- يومية المشروع :

800	800	من حـ/البنك الى حـ/أ .ق برسم التحصيل	1
80	- 80	من حـ/مصاريف تحصيل أ.ق الى حـ/ البنك	1
700	- 700	من حـ/ المدينين الى حـ/ البنك	2
99	- 99	من حـ/ البنك الى حـ/ المدينين	3
	لا يـوجد		4 5

ج- سجل الاستاذ

حـ/ البنك

7000	رصيد قبل التسويات	80	من حـ/مصاريف تحصيل أ.ق
8000	الى حـ/ أ.ق رسم التحصيل	700	من حـ/ المدينين
99	الى ح/ المدينين	14319	رصيد مدين
15099		15099	

جرد وتسوية حساب المدينون التجاريون Accounts Receivable (A/R)

إن عملية جرد حسابات المدينين خصوصا التجاريون منهم، تعتبر من العمليات الهامة بالمشروعات التجارية ، وذلك بقصد تقييم مدى قدراتهم على التسديد ، وما هي الديون التي لا يمكن تحصيلها لسبب من الأسباب كإشهار الإفلاس وتسمى هذه بالديون المعدومة Bad Debts.

مثال: في 2000/12/31 كان رصيد حساب المدينون في دفاتر مشروع العربي 13500 دينار، وعند جرد المدينون تبين إن هناك أحد المدينين بمبلغ 400 دينار، كان قد أعلن إفلاسه رسميا وقرر المشروع تعذر تحصيل المبلغ الذي بذمته واعتبره دينا معدوما (د.م):

يومية المشروع

12/31	من حـ/ د.م	-	400
	إلى حـ/المدينين	400	-

دفتر الأستاذ:

حـ/ د. م

400 رصيد مدين	400 الى حـ / المدينين
400	400

حـ/ المدينون

400 من حـ/ د.م	13500 رصيد
13100 رصيد مرحل (مدين)	_____
3500	3500
	13100 رصيد

حيث تعتبر الديون المعدومة مصروف (أو خسارة) لا يعترف بها (لا يتم قيدها) إلا عند وقوعها، عليه لا تتماشى هذه الطريقة مع مبدأ مقابلة المصروفات بالإيرادات طالما أنه لا يمكن اظهار فيما اذا كان الدين المعدوم يخص السنة المالية التي وقع فيها أم غيرها. كما أن هذه الطريقة تهمل مبدأ التحفظ لأنها لا تأخذ الخسائر المتوقعة بنظر الاعتبار .

أما **الطريقة غير المباشرة** والتي تنسجم مع المبادىء المحاسبية المقبولة لأنها تأخذ المبدأين المذكورين بالإعتبار ، وبموجبها يتم توسيط حساب يسمى مخصص الديون المشكوك في تحصيلها (مخصص د.م .فيها Provision of Doubtful Debts وهو حساب مقابل للمدينين يظهر بالميزانية) مقابل حساب مصروف ديون مشكوك فيها (مصروف د.م.فيها ويقفل في حـ/ أ.خ)، ويقدر هذا المخصص إما وفقاً **لمدخل قائمة الدخل** حيث يقدر المخصص على أساس نسبة من المبيعات الآجلة للسنة المالية المعنية ليضاف الى رصيد المخصص في بداية السنة وهكذا يصبح الرصيد تراكمي سنة بعد أخرى .

مثال: في 2002/1/1 كان رصيد حـ/ مخصص د.م.فيها 1700 دينار ، وبلغت المبيعات الآجلة خلال السنة 88000 دينار وقرر المشروع في 12/31 ، أن يكون مخصص د.م فيها للسنة 2% من المبيعات الآجلة ، عليه :

يومية المشروع : في 2002/12/31

1760	-	من حـ/ مصروف د.م. فيها
-	1760	الى حـ/ مخصص د.م. فيها

دفتر الاستاذ :

حـ/ مخصص د.م. فيها

3460 رصيد دائن 2002/12/31	1700 رصيد 2002/1/1
	1760 من حـ/مصروف د.م. فيها
3460	3460

وإما يقدر ذلك المخصص وفقاً **لمدخل الميزانية** وعلى أساس رصيد حـ/ المدينين بطريقة ما كأن يكون الرصيد في 12/31 أو على أساس أعمار الديون .... الخ . حيث يجري في نهاية كل سنة تعديل رصيد حـ/ المخصص بالزيادة أو النقصان (أو الابقاء عليه)، **وهذا الاسلوب هو الشائع والأكثر قبولاً** لأنه يساعد على عرض حـ/ المدينين في نهاية السنة بصورة حقيقية (عادلة) .

مثال : في2003/12/31 قرر مشروع المعمورة تكوين مخصص للديون المشكوك في تحصيلها بنسبة 2% من رصيد حـ/ المدينين البالغ 200000 دينار، لأول مرة.

يومية المشروع :

4000	-	من حـ/ مصروف د.م. فيها	2003/12/31
-	4000	الى حـ/ مخصص د.م. فيها	

تعديل رصيد حـ/ مخصص د.م.فيها للفترات اللاحقة حيث قد يكون هناك فائض أو عجز في هذا المخصص :

مثال: في 2003/12/31 وقبل التسويات الجردية، كان رصيد حـ/ المدينين 150000دينار وحـ/ د.م 2000 دينار و حـ/ مخصص د. م فيها 4000 دينار. وعند الجرد في 12/31 وجد دين معدوم آخر قدره 1000 دينار

يرغب المشروع بتكوين مخصص د.م.فيها بنسبة 3% من رصيد المدينين .

الحل: هناك أسلوبين للتعامل مع د.م الأول هو إظهارها بدفاتر المشروع والثاني هو عدم اظهارها ، ويفضل الأسلوب الأول لأنه يعكس التسلسل المنطقي للعمليات المحاسبية في الاثبات والاقفال ثم أن اظهار د.م كحساب مهم كبيانات لأغراض احصائية وادارية .

الحل وفقاً للأسلوب الأول :

يومية المشروع :

1000	-	من حـ/ د.م	
-	1000	الى حـ/ المدينين	
3000	-	من حـ/ مخصص د.م.فيها	
-	3000	الى حـ/د.م	
3470	-	من حـ/ مصروف د.م.فيها	
-	3470	الى حـ/مخصص د.م.فيها	

دفتر الاستاذ :

حـ/ المدينون

150000	رصيد(قبل التسويات)	1000	من حـ/ د.م
ـــــ		149000	رصيد مدين
150000		150000	

حـ/ د.م

2000	رصيد (قبل التسويات)	3000	من حـ/ مخصص د.م.فيها
1000	الى حـ/ المدينين	ـــــ	
3000		3000	

حـ/ مخصص د.م. فيها

3000	الى حـ/ د.م	4000	رصيد 1/1
4470	رصيد دائن	3470	من حـ/ مصروف د.م. فيها.
7470	2003/12/31	7470	

الحل : وفقاً للأسلوب الثاني ، وبموجبه لا يظهر حـ/ د.م وإنما عند وقوع الدين المعدوم يعد قيد خلال السنة .

		من حـ/ مخصص د.م فيها الى حـ/المدينين

وعليه يكون رصيد حـ/ مخصص د.م فيها في المثال السابق وقبل التسويات هو 4000 دينار وهناك قيد سابق:

		من حـ/ مخصص د.م فيها الى حـ/المدينين

ثم في 2003/12/31

1000	-	من حـ/ مخصص د.م .فيها
-	1000	الى حـ/ المدينين
3470	-	من حـ/ مصروف د. م فيها
-	3470	الى حـ/ مخصص د. م فيها

دفتر الاستاذ :

حـ/ المدينون

150000	رصيد (قبل التسويات)	1000	من حـ/ مخصص د.م فيها
ــــــ		149000	رصيد مدين
150000		150000	

حـ/ مخصص د.م فيها

1000	الى حـ/ المدينين	2000	رصيد 1/1
4470	رصيد دائن 2003/12/31	3470	من حـ/ مصروف د.م فيها
5470		5470	

ونلاحظ أن في كلا الأسلوبين لا تختلف أرصدة حـ/ المدينين وحـ/ مخصص د.م فيها ، وكان **التعديل بالزيادة** لحساب مخصص د.م فيها .

في حالة **الابقاء على الرصيد** ، أي أن الرصيد بعد التسويات يساوي ما مطلوب عندئذ لا قيد لمصروف د.م فيها .

أما عند **تخفيض رصيد** مخصص د.م فيها فيكون حـ/ مخصص د.م فيها مديناً لحساب أ.خ ، وعملياً هذا نادر الحدوث .

مثال : في دفاتر مشروع الرحيم وفي 2004/12/31 (وقبل التسويات الجردية) كان رصيد حـ/ مخصص د.م فيها 2300 دينار ورصيد حـ/ د.م 1500 دينار ورصيد حـ/ المدينين 90000 دينار وكما يلي :

المدينون	الرصيد	عمر الدين (شهر)	% الديون المشكوك في تحصيلها
شركة الهلال	40000	2	%1
مشروع الاسراء	30000	5	%2
محلات الأمين	20000	10	%5
المجموع	90000		

الحل :

الديون المشكوك في تحصيلها (400+600+ 1000) = 2000

المخصص المرغوب به في نهاية السنة = 2000

الرصيد المتبقى للمخصص 2300- 1500 = 800

الزيادة الواجبة 1200

يومية المشروع : التسويات الجردية 2004/12/31

1500	-	من حـ/ مخصص د.م فيها
-	1500	الى حـ/ د.م
1200	-	من حـ/ مصروف د.م فيها
-	1200	الى حـ/ مخصص د.م فيها

دفتر الاستاذ :

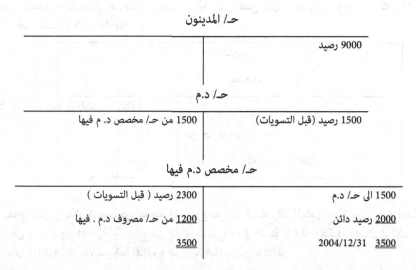

حـ/ المدينون

9000 رصيد	

حـ/ د.م

1500 رصيد (قبل التسويات)	1500 من حـ/ مخصص د. م فيها

حـ/ مخصص د.م فيها

1500 الى حـ/ د.م	2300 رصيد (قبل التسويات)
2000 رصيد دائن	1200 من حـ/ مصروف د.م . فيها
2004/12/31 3500	3500

مثال : لو كان رصيد حـ/ مخصص د. م فيها في المثال السابق قبل التسويات هو 3500 دينار ، عليه :
المخصص المرغوب به هو = 2000

رصيد المخصص 3500- 1500 = 2000

الزيادة المطلوبة 000

يومية المشروع : 2004/12/31 (فقط)

1500	-	من حـ/ مخصص د.م . فيها
-	1500	الى حـ/ د.م

دفتر الأستاذ :

حـ/ مخصص د.م . فيها

1500 الى حـ/ د.م	3500 رصيد سابق
2000 رصيد مدين 2004/12/31	____
3500	3500

الديون المعدومة المستردة: قد تسترد بعض الديون التي سبق وأن اعتبرت معدومة فاذا كان الاسترداد خلال نفس السنة يمكن المعالجة:

		من حـ/ المدينين إلى حـ/ مخصص د. م فيها

واذا كان الاسترداد في السنوات اللاحقة:

		من حـ/ المدينين إلى حـ/ أ.خ (ملخص الدخل)

قد يقوم المشروع بتكوين **مخصص للخصم المسموح به** آخر السنة وفقا لأساس معين وكما هو الحال في مخصص د . م فيها ، لتغطية ما سيقع من خصم مسموح به في السنة المقبلة وهكذا الحال في تكوين أي مخصص لمواجهة أية حالات يراها المشروع ضرورية فيما يتعلق بالمدينين.

جرد وتسوية أوراق القبض

عند مراجعة الفصل الخاص بالأوراق التجارية ، هنـاك العديـد مـن العمليـات الخاصـية بـأوراق القبض من انشاؤها أو تحريرها ، استحقاقها ، ارسالها للخصم أو التحصيل ، رهنها ، استبدالها ، تجييرها .... الخ ، وما يهمنا هنا هو التركيز على التسويات الجردية في نهاية السنة المالية فيما يتعلق بـإيرادات الفوائـد المستحقة والرصيد الحقيقي لأوراق القبض في نهاية السنة .

مثال : ايرادات الفوائد عن الفترات المتداخلة .

ورقة قبض انشأت في 2004/11/1 تستحق بعد 6 شهور بفائدة 6% سنوياً وقيمتها 11000 دينار .

يومية المشروع : في 2004/12/31 :

110	-	من حـ/ ايراد وفوائد مستحقة القبض	
-	110	الى حـ/ ايراد وفوائد (أ. ق)	

حيث الفائدة لسنة 2004 = $11000 \times \frac{6}{100} \times \frac{2}{12} = 110$ دينار

في موعد الاستحقاق للورقة في 2005/4/30 يكون إيراد الفوائد لسنة 2005 هو

$11000 \times \frac{6}{100} \times \frac{4}{12} = 220$ دينار

والمبلغ المستلم = 11000 + 330 = 11330 دينار

ولنفترض قد تم ذلك نقداً .

يومية المشروع :

11330	-	من حـ/ الصندوق	
		الى المذكورين	
-	11000	حـ/ أ.ق	2005/4/30
-	220	حـ/ ايراد فوائد أ.ق	
-	110	حـ/ ايراد فوائد مستحق القبض .	

دفتر الاستاذ : في 2004/12/31

حـ/أ.ق

11000	رصيد	11000	رصيد مدين
11000		11000	

حـ/ايراد فوائد مستحقة للقبض

110	الى حـ/ايراد فوائد	110	رصيد مدين
110		110	

حـ/ ايراد فوائد أ.ق

		110	من حـ/ ايراد فوائد أ.ق

دفتر الاستاذ : في 2005/4/30

حـ/ أ.ق

11000	رصيد 1/1	11000	من حـ/ الصندوق
11000		11000	

حـ/ ايراد فوائد مستحقة القبض

110	رصيد 1/1	110	من حـ/الصندوق
110		110	

حـ/ ايراد فوائد

		220	من حـ/ الصندوق

مثال : تجديد ورقة القبض ومصاريف الاحتجاج والفوائد المستحقة

- في 2003/2/1 سحب مشروع السلمان ورقة قبض على الزبون راشد عن بيع بضاعة بمبلغ 5000 دينار بفائدة 6% تستحق في 2003/11/30 .

- بتاريخ الاستحقاق 11/30 لم يسدد الزبون قيمة الورقة وفوائدها فقام المشروع بإقامة دعوى عليه ودفع مبلغ 200 دينار كمصاريف احتجاج (بروتستو) نقداً.

- في 12/1 تم استبدال ورقة القبض القديمة مع مصاريف الاحتجاج، بأخرى جديدة تستحق بعد شهرين بفائدة 8% سنوياً .

- في موعد استحقاق الورقة الجديدة دفع الزبون المبلغ المستحق عليه بشيك .

المطلوب : اعداد قيود اليومية الخاصة بكافة عمليات ورقة القبض .

الحل : اليومية : قيود اثبات 2003

5000 _	- 5000	من حـ/ أ.ق الى حـ/ المبيعات	2003/2/1
200	_ 200	من حـ/ مصاريف احتجاج الى حـ/ الصندوق	2003/11/30

		اليومية : قيود التسوية 2003	
 5200 250 - - -	 - - 5000 200 250	من مذكورين حـ/ أ.ق (جديد رقم ...) حـ/ ايراد فوائد مستحقة القبض الى مذكورين حـ/ أ.ق (قديمة - رقم ...) حـ/ مصاريف احنجاج حـ/ ايراد فوائد أ.ق	2003/12/1
34 _	_ 34	من حـ/ ايراد فوائد مستحقة القبض الى حـ/ ايراد فوائد	2003/12/31
		اليومية : 2004	
5518 - - -	- 5200 284 34	من حـ/ البنك الى مذكورين حـ/ أ.ق حـ/ ايراد فوائد مستحقة القبض حـ/ ايراد فوائد	2004/1/31 عند الاستحقاق

حيث ستظهر في دفاتر المشروع في 2003/12/31 الأرصدة التالية :

أ.ق = 5000+ 200 = 5200 رصيد مدين

ايراد فوائد مستحقة القبض = $\left(5000 \times \frac{6}{100} \times \frac{10}{12}\right) + \left(5200 \times \frac{8}{100} \times \frac{1}{12}\right)$

= 250 + 34 = 284 رصيد مدين

ايراد فوائد = 284 رصيد دائن

مثال : لدى مشروع الحكمة ورقتي قبض مسحوبتين بتاريخ 2002/10/25 وتستحقان بعد شهرين ، الأولى بمبلغ 10000 دينار بدون فائدة على الزبون سعدون والثانية على الزبون حمد وبمبلغ 20000 دينار وبفائدة 4% سنوياً .

- في 2002/11/23 أرسلت الأول الى البنك لخصمها .
- في 2002/12/22 أرسلت الثانية الى البنك لتحصيلها .
- حتى ورود كشف الحساب من البنك نهاية شهر ك1 / 2002 لم يرد أية إشعار الى المشروع بخصوص تلك الورقتين . وتبين من كشف الحساب أن البنك :
- خصم ورقة القبض الأولى لقاء مصاريف خصم بنسبة 12% سنوياً وأودع صافي المبلغ في البنك لحساب المشروع بتاريخ 11/25 .
- حصل ورقة القبض الثانية مقابل مصاريف تحصيل 130 دينار وأودع صافي المبلغ في البنك لحساب المشروع .

المطلوب : أ- اعداد قيود الاثبات (الأصلية) في 11/23 و 22/ 12 / 2002

ب- اعداد قيود التسوية اللازمة في 12/31 / 2002

الحل : اليومية / قيود الاثبات

10000 -	- 10000	من حـ/ أ.ق يرسم الخصم الى حـ/ أ.ق	2002/11/23
20000 -	- 20000	من حـ/ أ.ق يرسم التحصيل الى حـ/ أ.ق	2002/12/22

اليومية / قيود التسوية في 2002/12/31

		من مذكورين
9900	-	حـ/ البنك
100	-	حـ/ مصاريف خصم أ. ق
-	10000	الى حـ/ أ. ق برسم الخصم
		(1000 × 12% × 1/ 12)
		من مذكورين
19870	-	حـ/ البنك
130	-	حـ/ مصاريف تحصيل أ. ق
-	20000	الى حـ/ أ. ق برسم التحصيل

جرد وتسوية الاستثمارات المالية:

كما ذكرنا في الفصل الثاني عشر ، قد يمتلك المشروع اسهم وسندات (محفظة الأوراق المالية) ولأغراض مختلفة وانها تثبت بالدفاتر بتكلفة الحصول عليها. استنادا لمعيار المحاسبة الدولية 39 فان مصروفات الحصول عن هذه الاستثمارات عندما تكون لاغراض المتاجرة تعتبر ضمن مصروفات التشغيل، ولعل هذا يتأكد عندما تكون نشاط رئيسي او احد النشاطات الرئيسية في المشروع.

جرد وتسوية الأسهم:

الأسهم التي يمتلكها المشروع وأيا كان الغرض الذي اقتنيت من اجله ، إذا بقيت لدى المشروع لغاية نهاية السنة عليه جردها وتحديد أنواعها وتكاليفها وأسعارها في السوق، فربما يحصل على أرباح أو يتحمل خسائر نتيجة الاحتفاظ بها ، وليس عند بيعها فقط وكما لاحظنا سابقا.

مثال(1): في 2000/12/31 يمتلك مشروع الودود 125000 سهم من اسهم شركة البصري بقيمة اسمية 1 دينار.

- في هذا التاريخ كانت نتيجة عمل الشركة المذكورة هو ربح قدره 0.1 دينار للسهم.

يومية مشروع الودود

12500	-	من حـ/ ايراد (أرباح) استثمارات مالية مستحقة القبض	12/31
-	12500	إلى حـ/إيراد استثمارات مالية-شركة البصري	

مثال(2): في 2001/12/31 وعلى فرض إن المشروع لا زال يحتفظ باسهم شركة البصري المذكورة وكان سعر السوق للسهم بهذا التاريخ هو 0.95 فيعتبر انخفاض السعر خسائر عن هبوط أسعار الاستثمارات المالية.

يومية مشروع الودود

6250	-	من حـ/ خسائر متوقعة (غير محققة) عن هبوط أسعار الاستثمار المالية	12/31
-	6250	إلى حـ/ تعديلات القيمة العادلة (السوقية) للاستثمارات المالية	

جرد وتسوية السندات

لا يختلف الأمر كثيرا هنا عما هو عليه الحال في الأسهم حيث يجب جردها وتحديد أنواعها وتكاليفها وأسعارها السوقية . والفرق الأساسي بالنسبة للسندات هو إيراد الفوائد التي تحملها كوبونات السندات والتي تصرف في مواعيد معينة.

مثال: في 2004/7/1 اشترى (اكتتب) مشروع السعيد بـ 1000 سند من سندات قرض الحكومة، قيمة اسمية 50 دينار وبفائدة 10% سنويا تدفع في 7/1 من كل سنة.

يومية مشروع السعيد في 2004/12/31 :

2500	-	من حـ/ إيراد فوائد سندات مستحق	12/31
-	2500	إلى حـ/إيراد فوائد سندات	

حيث 1000 سند × 50 قيمة اسمية = 50000 دينار

50000 × 10% = 5000 دينار الفوائد السنوية

5000 ÷ 2 = 2500 دينار إيراد فوائد نصف سنوية

مثال شامل عن الأسهم : في 2004/1/1 كان مشروع السيف العربي يمتلك 10000 سهم من أسهم الشركة العقارية بالقيمة الإسمية 1 دينار، (رصيد مدين 10000) .

- في 2004/3/3 اشترى المشروع 10000 سهم أخرى من أسهم العقارية بمبلغ 11000 دينار مع دفع عمولة شراء قدرها 1000 دينار .
- في 2004 /6/6 باع المشروع 5000 سهم بمبلغ 6000 دينار بعد دفع عمولة بيع 200 دينار .
- في 2004/7/7 باع المشروع 4000 سهم بمبلغ 4200 دينار مع دفع عمولة بيع 100 دينار .
- في 2004/12/31 بلغت أرباح الأسهم للشركة العقارية 0.15 دينار للسهم الواحد ، تم استلام نصفها .
- 2004/12/31 أيضاً بلغت القيمة السوقية (العادلة) للسهم الواحد 1.2 دينار.

خلال السنة اللاحقة :

- في 2005/2/6 استلم المشروع الأرباح المستحقة القبض .
- في 2005/2/10 باع المشروع 2000 سهم بمبلغ 2400 دينار مع دفع عمولة بيع 150 دينار .

المطلوب : اعداد القيود اللازمة للعمليات الخاصة بالأسهم خلال السنتين 2004 و 2005 ، علماً أن كافة العمليات تمت بشيكات .

الحل : يومية مشروع السيف العربي 2004

12000	-	من حـ/ الاستثمارات المالية - أسهم العقارية	2004/3/3	1
-	12000	الى حـ/ البنك		
5800	-	من حـ/ البنك	2004/6/6	2
		الى مذكورين		
-	5500	حـ/ استثمارات مالية – أسهم العقارية		
-	300	حـ/ مكاسب (أرباح) بيع أسهم .		
		من مذكورين	2004/7/7	3
4100	-	حـ/ البنك		
300	-	حـ/ خسائر بيع أسهم		
-	4400	الى حـ/ الاستثمارات المالية – أسهم العقارية		
		من مذكورين	2004/12/31	4
825	-	حـ/ البنك		
825	-	حـ/ أرباح استثمارات اسهم مستحقة القبض		
-	1650	الى حـ/ أرباح استثمارات الأسهم في العقارية		
1100	-	من حـ/ تعديلات القيمه العادلة للاستثمارات المالية	2004/12/31	5
-	1100	الى حـ/ مكاسب (أرباح) غير محققة عن تعديلات القيمة العادلة للاستثمارات المالية		

حيث :

(1) تكلفة شراء الأسهم 11000 + 1000 = 12000

(2) تكلفة السهم الواحد = (12000 + 10000) دينار = 1.1 دينار

(10000 + 10000) سهم

المكاسب (الأرباح) = صافي القيمة البيعية – التكلفة

= (6000- 200) – (5000 × 1.1) = 300 دينار

(3) الخسائر = صافي القيمة البيعية – التكلفة

= (4200 – 100) - (4000 × 1,1) = 300 دينار

(4) الأسهم المتبقية = 20000 – 9000 = 11000 سهم

أرباح استثمارات الأسهم 11000 × 0.15 = 1650 دينار

المبلغ المستلم 1650 ÷ 2 = 825 دينار

(5) التعديلات (مكاسب) 11000 (1.2 – 1.1) = 1100 دينار

يومية المشروع = 2005

825	-	من حـ/ البنك		2005/2/6
-	825	الى حـ/ أرباح استثمارات أسهم مستحقة القبض		
		من مذكورين		2005/2/10
2250	-	حـ/ البنك		
150	2400-	حـ/ خسائر بيع استثمارات مالية		
-		الى حـ/ الاستثمارات المالية – أسهم العقارية .		

حيث القيمة الحقيقية للأسهم المباعة وعلى أساس تعديلات القيمة العادلة (السوقية) هي :

2000 × 1.2 = 2400

صافي القيمة البيعية (2400- 150) = 2250

خسائر 150

مثال شامل على السندات :

- في 2005/4/1 اشترى مشروع الثبات 800 سند من سندات قرض شركة السلام بسعر 99 دينار للسند الواحد بعد دفع عمولة شراء 2800 دينار وكذلك دفع الفائدة المستحقة القبض حيث أن تاريخ إصدار السندات هو 2005/1/1،القيمة الإسمية للسند 100 دينار بفائدة 10% سنوياً تدفع مرتين بالنسبة في 7/1 وفي 1/1 من السنة اللاحقة ومدة السند 3 سنوات .

- في 7/1 2005 باع المشروع 100 سند بمبلغ 12000 دينار ودفع عمولة بيع 300 دينار

- في 2005/10/1 باع المشروع 50 سند بسعر 100 دينار للسند متضمناً الفائدة المستحقة القبض اضافة الى دفع عمولة لإتمام عملية البيع 3% .

- في 2005/12/31 كانت القيمة السوقية للسند الواحد 98 دينار .

في السنة اللاحقة 2006 :

- في 2/7 استلم المشروع الفوائد المستحقة القبض .

- في 7/2 باع المشروع 150 سند بمبلغ 103 دينار للسند الواحد بعد دفع عمولة 80 دينار.

المطلوب : اعداد القيود اللازمة للإثبات والتسوية للعمليات أعلاه في يومية المشروع .

الحل : يومية المشروع 2005

		من مذكورين	2005/4/1	1
82000	-	حـ/ استثمارات مالية – سندات شركة السلام		
2000	-	حـ/ ايراد فوائد سندات مستحق القبض		
-	84000	الى حـ/ البنك		
4000	-	من حـ/ البنك	2005/7/1	2
		الى مذكورين		
-	2000	حـ/ ايراد فوائد سندات مستحق القبض		
-	2000	حـ/ ايراد فوائد		
11700	-	من حـ/ البنك	2005/7/1	3
		الى مذكورين		
-	10250	حـ/ استثمارات مالية – سندات شركة السلام		
-	1450	حـ/ مكاسب بيع استثمارات مالية		
		من مذكورين	2005/10/1	4
4850	-	حـ/ البنك		
400	-	حـ/ خسائر بيع استثمارات مالية		
		الى مذكورين		
-	5125	حـ/ استثمارات مالية – سندات		
-	125	حـ/ ايراد فوائد سندات		
3250	-	من حـ/ ايراد فوائد سندات مستحق القبض	2005/12/31	5
-	3250	الى حـ/ ايراد فوائد سندات		
2925	-	من حـ/ خسائر غير محققة (متوقعة) عن تعديلات القيمة العادلة للاستثمارات المالية .	2005/12/31	6

-	2925	الى حـ/ تعديلات القيمة العادلة للاستثمارات المالية		

يومية المشروع : السنة اللاحقة 2006

3250	-	من حـ/ البنك	2006/7/1	1
-	3250	الى حـ/ ايراد فوائد سندات		
15370	-	من حـ/ البنك	2006/7/2	2
		الى مذكورين		
-	14700	حـ/ استثمارات مالية - سندات شركة السلام		
-	670	حـ/ مكاسب بيع استثمارات مالية .		

حيث : السنة 2005

(1) تكلفة السندات : (800 x 99) + 2800 = 82000

تكلفة السند الواحد = 82000 ÷ 800 = 102و5

المبلغ المدفوع = تكلفة الشراء + الفوائد المستحقة القبض

$$(\frac{3}{12} \times \frac{10}{100} \times 100 \times 800) + 82000 =$$

84000 = 2000 + 82000 =

(2) استلام الفوائد عن 6 شهور منها 2000 مستحقة القبض و2000 ايراد الفترة بعد الشراء.

(3) مكاسب (خسائر) البيع = صافي القيمة البيعية - تكلفة السندات

(102.5 × 100) - (300 - 12000) =

= 1450 دينار مكاسب (أرباح) بيع السندات

(4) صافي المبلغ المستلم - (تكلفة السندات + الفوائد المتنازل عنها)

$= [(\frac{3}{12} \times \frac{10}{100} \times 100 \times 50) + (102.5 \times 50)] - (150 - 5000)$

$= (125 + 5125) - 4850$

= 400 دينار خسائر بيع استثمارات مالية .

(5) ايراد الفوائد المستحق القبض عن نصف سنة

السندات المتبقية : 800 - (100 + 50) = 650

$650 \times 100 \times \frac{10}{100} \times \frac{6}{12} = 3250$

(6) تعديلات القيمة العادلة في 2005/12/31

$(102.5 \times 650) - (98 \times 650) = 2925$

- القيمة العادلة للسند الواحد بعد التعديلات في 2005/12/31

= التكلفة الأصلية للسند – التخفيض (التعديلات)

$= 102.5 - (2925 \div 650)$

$= 102.5 - 4.5$

= 98 التكلفة المعدلة للسند الواحد

- للسنة اللاحقة 2006

- في 2006/7/1 : فوائد مستلمة

$650 \times 100 \times \frac{10}{100} \times \frac{6}{12} = 3250$ دينار

- في 2006/7/2 :

= صافي القيمة البيعية – التكلفة (المعدلة)

$= [(150 \times 103) - 80] - (150 \times 98)]$

= 670 دينار مكاسب بيع استثمارات مالية .

جرد وتسوية البضاعة في آخر المدة:

يجب جرد البضاعة الموجودة في مخازن المشروع في آخر المدة ، أي حصرها وعدها أو وزنها للأسباب التالية:

1- تحديد قيمة البضاعة المتبقية في آخر المدة لغرض إثباتها في سجلات المشروع، لأنه بموجب نظام الجرد الدوري وكما لاحظنا لا يمكن معرفة كلفة المبيعات إلا من خلال معرفة قيمة البضاعة المتبقية في آخر المدة. ومن جهة اخرى إن معرفة قيمة هذه البضاعة آمرا لازما لإظهار رصيد البضاعة ضمن أصول المشروع في نهاية الفترة المالية في قائمة المركز المالي (الميزانية العمومية).

تكلفة المبيعات = بضاعة أول المدة + المشتريات - بضاعة آخر المدة

2-الوقوف على الفروقات إن وجدت من زيادة أو نقصان من خلال المطابقة بين الموجود الفعلي من البضاعة وبين ما مثبت في دفاتر المشروع (من وحدات أو أعداد أو كميات في نظام الجرد الدوري، وفي نظام الجرد المستمر على السواء). وعليه فهذا الإجراء ضروري أيا كان نظام الجرد بقصد إجراء التسويات اللازمة للفروقات.

مشروع .... قائمة جرد للبضاعة في 12/31/......													
صنف البضاعة	كمية البضاعة	الوحدة	السعر	المبلغ	الرصيد الدفتري (وحدة)	الزيادة			النقص		
						كمية	سعر	مبلغ	كمية	سعر	مبلغ
		المجموع									
توقيع اللجنة											

ومن الجدير بالذكر، إن في نظام الجرد الدوري ليس هناك قيد تسوية إذا ما انخفضت أسعار السلع أو البضائع مقارنة بالكلفة لأنه وفقا لهذا النظام تقدر البضاعة في آخر المدة بسعر السوق أو الكلفة أيهما اقل وتثبت في دفاتر المشروع على هذا الأساس:

………	-	من حـ/ بضاعة آخر المدة	12/31
-	………	إلى حـ/……………….(*)	

وبالتالي فان قيمة بضاعة آخر المدة تتضمن التغيير، على خلاف نظام الجرد المستمر حيث يتطلب الأمر إعداد قيد بذلك:

مثال: في 2001/12/31 كانت كلفة البضاعة المتبقية في مخازن مشروع النجاح 25000 دينار بينما قيمتها السوقية 24000 دينار.

يومية المشروع : جرد مستمر

1000	-	من حـ/ خسائر متوقعة عن هبوط أسعار البضائع	12/31
-	1000	إلى حـ/مراقبة المخازن-المخزون السلعي	

وطبيعي إذا كان سعر السوق أعلى من الكلفة فلا يعد قيد بذلك وفي كلا النظامين.

سياسة أو طرق تسعير الصادر المخزني

أيا كان نظام الجرد المتبع في المشروع وسواءاً كان دوري أم مستمر فإن تكلفة البضاعة المتبقية في آخر المدة وتكلفة البضاعة المباعة (تكلفة المبيعات)، تحدد وفقاً لسياسة أو طريقة معينة من طرق التسعير والتي أهمها :

1- المعدل الوزون (أو متوسط التكلفة المرجح) (W.A) Weighted Average

2- ما يرد أولاً يصدر (أو يباع) أولاً (FIFO) First in - First out

3- ما يرد آخراً يصدر أولاً (LIFO) Last - in - First out

4- التمييز الفعلي (S- I) Specific Identification

حيث تعتمد الأولى عندما تكون الأسعار متقاربة إضافة الى بساطة تطبيق الطريقة ، بينما تكون الثانية مناسبة للبضاعة التي يجب تصريفها أولاً بأول ولأسباب أهمها الخوف من التلف أو التقادم ، والطريقة الثالثة تتناسب والتطور العلمي والتكنولوجي . حيث يكون الطلب على أحدث السلع أو المنتجات ، أما

* الحساب الدائن لقيد بضاعة آخر المدة هو أحد الحسابات الختامية أما حـ/ المتاجرة أو حـ/ ملخص الدخل كما سيلاحظ في الفصل القادم.

الأخيرة فلا تهتم بأي من تلك الأمور وإنما على أساس تحديد البضاعة أو الوحدة المعنية بالإصدار أو البيع فعلاً .

مثال : في 1/1 كان رصيد البضاعة (أول المدة) من صنف (B) 100 وحدة بسعر 2 دينار للوحدة الواحدة .

- المشتريات خلال السنة 400 وحدة بسعر 3 دينار .
- في 12/31/ كانت البضاعة المتبقية (آخر المدة) 50 وحدة .

المطلوب : بإستخدام طرق التسعير المذكور تحديد :

أ- كمية البضاعة المعروضة للبيع وكلفتها .

ب- كلفة بضاعة آخر المدة .

ج- كمية وكلفة المبيعات .

د- قيمة المبيعات اذا كان سعر بيع الوحدة 4 دينار .

هـ- الطريقة التي تؤدي الى زيادة تكلفة المبيعات أكثر من غيرها (عدا طريقة التمييز الفعلي) .

و- الطريقة التي تؤدي الى زيادة الأرباح أكثر من غيرها (عدا طريقة التمييز الفعلي) .

ز- الطريقة التي تؤدي الى تخفيض الأرباح أكثر من غيرها (عدا طريقة التمييز الفعلي) .

الفقرة	W.A	FIFO	LIFO	S.I
أ	500 وحدة 1400 دينار	500 وحدة 1400 دينار	500 وحدة 1400 دينار	500 وحدة 1400 دينار
ب	140 دينار	150 دينار	100 دينار	130 دينار
ج	450 وحدة 1260 دينار	450 وحدة 1250 دينار	450 وحدة 1300 دينار	450 وحدة 1270 دينار
د	1800دينار	1800 دينار	1800 دينار	1800 دينار
هـ			✔	
و		✔		
ز			✔	

حيث :

(أ) البضاعة المتاحة أو المعروضة للبيع = أول المدة + المشتريات

= 100 + 400 = 500 وحدة

= (100 × 2) + (400 × 3) = 1400 دينار

(ب) تكلفة بضاعة آخر المدة :

$$W.A = 50 \times \frac{1400}{500} = 50 \times 2.8 = 140$$ دينار

FIFO = 50 × 3 = 150 دينار (من المتبقي في آخر المدة)

LIFO = 50 × 2 = 100 دينار (من المتبقي في أول المدة).

S.I = (على فرض 20 وحدة من أول المدة و30 وحدة من المشتريات)

= (20 × 2) + (30 × 3) = 130 دينار

(ج) المبيعات = المتاح للبيع - آخر المدة

= 500 - 50 = 450 وحدة

تكلفة المبيعات = تكلفة البضاعة المتاحة للبيع - تكلفة آخر المدة

W.A = 1400 - 140 = 1260 دينار

FIFO = 1400 - 150 = 1250 دينار

LIFO = 1400 - 100 = 1300 دينار

S.I = 1400 - 130 = 1270 دينار

(د) قيمة المبيعات = كمية المبيعات x سعر البيع

= 450 × 4 = 1800 دينار

(هـ) هي طريقة LIFO لأنها تسعر البضاعة المباعة بآخر الأسعار وهي عموماً أعلى الأسعار بسبب عامل التضخم الاقتصادي .

(و) هي طريقة FIFO لأنها تسعر البضاعة المباعة (تكلفة المبيعات) بأقل الأسعار (من أول المدة ....)

(ز) هي LIFO لإرتفاع تكلفة المبيعات .

في **نظام الجرد المستمر** تحديداً فإن تكلفة البضاعة المباعة (الصادرة) تحسب أولاً بأول وكذلك رصيد البضاعة المتبقية في مستودعات المشروع أولاً بأول وبعد كل عملية وارد (شراء) أو صادر (بيع) وليس بعد تحديد قيمة بضاعة آخر المدة كما هو في نظام الجرد الدوري وكما لاحظنا .

يتطلب نظام الجرد المستمر رقابة مخزنية كافية أهمها استخدام ما يسمى ببطاقة الصنف ، حيث تخصص بطاقة لتفاصيل حركة كل صنف من أصناف البضائع لدى المشروع

عليه يكمن الفرق الأساسي بين هذا النظام ونظام الجرد الدوري هو أنه في نظام الجرد المستمر تحسب كلفة المبيعات وبضاعة آخر المدة (المتبقية) أولاً بأول وهذا يتطلب بطاقة للرقابة وحسابات معينة ، وهي حـ/ مراقبة المخازن (أو مراقبة المخزون) Merchandise Inventory و حـ/ تكلفة المبيعات (بدلاً من حـ/ بضاعة أول المدة ، و حـ/ المشتريات ، وحـ/ بضاعة آخر المدة)، وبالتالي تختلف المعالجة القيدية في كثير من جوانبها عما هو الحال في نظام الجرد الدوري وبالتالي الحسابات الظاهرة في الأستاذ .

مثال : فيما يلي البيانات الخاصة بالبضاعة من صنف (ع) في مشروع المروة لسنة 2005

في 1/1	الرصيد	100 وحدة	قيمتها 1000 دينار
في 2/2	وارد (مشتريات)	900 وحدة	بسعر 12 دينار للوحدة
في 3/3	صادر (مبيعات)	600 وحدة	بسعر 15 دينار للوحدة
في 4/4	مردودات مبيعات	50 وحدة	ـــــ
في 5/5	وارد	800 وحدة	بسعر 12.5 دينار
في 6/6	مبيعات	625 وحدة	بسعر 16 دينار للوحدة
في7/7	مردودات - المشتريات	من بضاعة 5/5	كانت 100 وحدة
في 8/8	وارد	300 وحدة	بمبلغ 4200 دينار

وعلى فرض أن المشروع ، يتبع نظام الجرد المستمر ، وأن عمليات البيع والشراء تمت جميعها بالأجل خلال السنة ، وفي 12/25 سدد المشروع رصيد حـ/ الدائنين بشيك بعد الحصول على خصم نقدي 5% ، كما أنه استلم رصيد حـ/ المدينين بشيك. وأن سعر السوق للبضاعة في آخر المدة هو 16 دينار للوحدة .

المطلوب :

أ- بيان حركة المخزون وتكلفة البضاعة المباعة وبضاعة آخر المدة باستخدام بطاقة الصنف وباتبـاع طريقـة W.A مرة و FIFO مرة أخرى و LIFO مرة ثالثة.

ب- اعداد القيود اللازمة وفقاً لطريقة LIFO وبيان الفرق عن القيود في نظام الجرد الدوري .

ج- تصوير الحسابات المعنية في سجل الاستاذ وفقاً لطريقة LIFO .

الحل : أ- **W.A**

التاريخ	الوارد (المشتريات)			الصادر (المبيعات)			الرصيد		
	كمية	سعر	مبلغ	كمية	سعر	مبلغ	كمية	سعر	مبلغ
1/1							100	10	1000
2/2	900	12	10800				1000	11.8	11800
3/3				600	11.8	7080	400	11.8	4720
4/4				(50)	11.8	(590)	450	11.8	5310
5/5	800	12.5	10000				1250	12.328	15310
6/6				625	12.328	7655	625	12.328	7655
7/7	(100)	12.5	(1250)				525		6405
8/8	300	14	4200				825		10605
12/31	1900		23750	1175		14145	825		10605

في 2/2 معدل الكلفة : 11800 ÷ 1000 = 11.8 دينار للوحدة وهكذا .

وللمطابقة : (أول المدة + المشتريات) - المبيعات = آخر المدة

بالكميات : (100 + 1900) - 1175 = 825 وحدة

بالمبالغ : (1000 + 23750) - 14145 = 10605 دينار .

أ- FIFO

التاريخ	الوارد			الصادر			الرصيد		
	كمية	سعر	مبلغ	كمية	سعر	مبلغ	كمية	سعر	مبلغ
1/1							100	10	1000
2/2	900	12	10800				100 900 1000	10 12	1000 10800 11800
3/3				100 500 600	10 12	1000 6000 7000	400	12	4800
4/4				(50)	12	(600)	450	12	5400
5/5	800	12.5	10000				450 800 1250	12 12.5	5400 10000 15400
6/6				450 175 625	12 12.5	5400 2187.5 7587.5	625	12.5	7812.5
7/7	(100)		(1250)				525	12.5	6562.5
8/8	300	14	4200				525 300	12.5 14	6562.5 4200
12/31	1900		23750	1175		13987.5	825		10762.5

للمطابقة = (أول المدة + المشتريات) - المبيعات = آخر المدة

(1000 + 23750) - 13987.5 = 10762.5 دينار

أ- LIFO

التاريخ	الوارد			الصادر			الرصيد		
	كمية	سعر	مبلغ	كمية	سعر	مبلغ	كمية	سعر	مبلغ
1/1							100	10	1000
2/2	900	12	10800				100	10	1000
							900	12	10800
							1000		11800
3/3							100	10	1000
				600	12	7200	300	12	3600
							400		4600
4/4				(50)	12	(600)	100	10	1000
							350	12	4200
							450		5200
5/5	800	12.5	10000				100	10	1000
							350	12	4200
							800	12.5	10000
							1250		15200
6/6				625	12.5	7812.5	100	10	1000
							350	12	4200
							175	12.5	2187.5
							625		7387.5
7/7	(100)	12و5	1250				100	10	1000
							350	12	4200
							75	12.5	937.5
							525		6137.5
8/8	300	14	4200				100	10	1000
							350	12	4200
							75	12.5	937.5
							300	14	4200
12/31	1900		23750	1175		14412.5	825		10337.5

للمطابقة = (1000+ 23750) - 14412.5 = 10337.5 دينار

ب-يومية المشروع : نظام الجرد المستمر (LIFO)

مع مقارنة بنظام الجرد الدوري (LIFO)

التاريخ	الجرد المستمر			الجرد الدوري		
1/1	1000	—	حـ/مراقبة المخازن	1000		من حـ/بضاعة أول المدة
2/2	10800	—	من حـ/مراقبة المخازن	10800		من حـ/المشتريات
	—	10800	الى حـ/الدائنين		10800	الى حـ/الدائنين
3/3	9000	—	من حـ/ المدينين	9000	—	من حـ/المدينين
	—	9000	الى حـ/ المبيعات	—	9000	الى حـ/المبيعات
	7200	—	من حـ/ تكلفة المبيعات			—
	—	7200	الى حـ/مراقبة المخازن			
4/4	750	—	من حـ/مردودات المبيعات	750	—	من حـ/مردودات المبيعات
	—	750	الى حـ/المدينين			الى حـ/المدينين
	600	—	من حـ/مراقبة المخازن	—	750	—
	—	600	الى حـ/تكلفة المبيعات			
5/5	10000		من حـ/مراقبة المخازن	10000	—	من حـ/المشتريات
		10000	الى حـ/الدائنين	—	10000	الى حـ/الدائنين
6/6	10000	—	من حـ/المدينين	10000	—	من حـ/المدينين
	—	10000	الى حـ/ المبيعات	—	10000	الى حـ/المبيعات
	7812.5	—	من حـ/تكلفة المبيعات			—
	—	7812.5	الى حـ/مراقبة المخازن			
7/7	1250		من حـ/الدائنين	1250		من حـ/الدائنين
	—	1250	الى حـ/مراقبة المخازن		1250	الى حـ/مردودات المشتريات
8/8	4200	—	من حـ/ مراقبة المخازن	4200	—	من حـ/المشتريات
	—	4200	الى حـ/ الدائنين	—	4200	الى حـ/الدائنين
12/25	23750	—	من حـ/الدائنين	23750	—	من حـ/الدائنين
	—		الى مذكورين	—		الى مذكورين
	—	22562.5	حـ/ البنك	—	22562.5	حـ/ البنك
		1187.5	حـ/ خصم مكتسب		1187.5	حـ/ خصم مكتسب
12/25	18250	—	من حـ/ البنك	18250	—	من حـ/ البنك
	—	18250	الى حـ/ المدينين	—	18250	الى حـ/ المدينين

حـ / مراقبة المخازن (المخزون)

1000	رصيد / 1	7200	من حـ/تكلفة المبيعات
10800	الى حـ/ الدائنين	7812.5	من حـ/تكلفة المبيعات
600	الى حـ/تكلفة المبيعات	1250	من حـ/الدائنين
10000	الى حـ/ المبيعات		
4200	الى حـ/ الدائنين	10337.5	رصيد مدين
26600		26600	

حـ/ الدائنين

1250	الى حـ/مراقبة المخازن	10800	من حـ/مراقبة المخازن
23750	الى مذكورين	10000	من حـ/مراقبة المخازن
ــــــ		4200	من حـ/مراقبة المخازن
25000		25000	

حـ/ المدينين

9000	الى حـ/ المبيعات	750	من حـ/ مردودات المبيعات
10000	الى حـ/ المبيعات	18250	من حـ/ البنك
19000		19000	

حـ/ تكلفة المبيعات

7200	الى حـ/مراقبة المخازن	600	من حـ/ مراقبة المخازن
7812.5	الى حـ/ مراقبة المخازن	14412.5	من رصيد
15012.5		15012.5	

حـ/ المبيعات

		9000	من حـ/ المدينين
19000	رصيد	10000	من حـ/ المدينين
19000		19000	

حـ/ مردودات المبيعات

750	الى حـ/ المدينين	750	رصيد
750		750	

جرد وتسوية الأصول طويلة الأجل (الثابتة) :

جرد وتسوية الأصول المستهلكة :

تتضمن عملية جرد الأصول الثابتة معرفة أنواعها وإعدادها وكلفة الشراء وتاريخ الشراء والتأكد من ملكية المشروع ومواقع تواجدها ومسؤولية حيازتها إلى غير ذلك من التفاصيل الضرورية إلى :

- الرقابة عليها وتحديد المسؤولية عن التصرف بها.
- تحديد كلفة استخدامها (مصروفات الإهلاك) مع أخذ الاضافات والتحسينات بالاعتبار .

وكما لاحظنا في فصل العمليات الرأسمالية (13) انه لا بد من معرفة الطريقة المناسبة التي يتبعها المشروع في حساب مصروف الإهلاك للأصول الثابتة المستهلكة وكانت اهمها: القسط الثابت، والقسط المتناقص وحجم النشاط. ويعد عادة قيد تسوية واحد بمصروف الإهلاك للأصول الثابتة عن الفترة المالية كاملة بتاريخ 12/31 من كل فترة .

مثال: فيما يأتي تكاليف شراء الأصول الثابتة لمشروع النجاة:

100000 أراضي 150000 مباني 10000 آلات

فإذا علمت: إن تاريخ شراء الأراضي والمباني هو في بداية سنة 2001. وإن تاريخ شراء الآلات هو في منتصف سنة 2000. وإن المباني تستهلك بنسبة ثابتة 7% سنويا ، بينما الآلات بنسبة ثابتة 10% قسط متناقص.

المطلوب: حساب وقيد مصروف الإهلاك للأصول الثابتة لسنة 2001 .

الحل: 150000 × 100/7 = 10500 دينار الإهلاك السنوي للمباني

(10000 × 10%) ÷ 2 = 500 دينار إهلاك الالات لسنة 2000

(10000 - 500) × 10% = 950 دينار إهلاك الآلات لسنة 2001

يومية المشروع :

		من مذكورين	12/31
10500	-	حـ/مصروف إهلاك مباني	
950	-	حـ/مصروف اهلاك الآلات	
		إلى مذكورين	
-	10500	حـ/ مجمع (مخصص) إهلاك المباني	
	950	حـ/مجمع (مخصص) إهلاك الآلات	

مثال : في منتصف سنة 2003 ، استورد مشروع المهند ماكنة بمبلغ 9000 دينار ودفع مصروفات نقل وتأمين 1000 دينار ورسوم جمركية 5000 دينار .

في نهاية العمر المقدر للماكنة والبالغ 5 سنوات قدرت قيمة الخردة 1000 دينار .

المطلوب : أ- حساب مصروف إهلاك الماكنة للسنة 2003 وفقاً لطريقة :

1- القسط الثابت . 2- مضاعف القسط الثابت . 3- مجموع أرقام السنين .

4- النشاط : وعلى فرض أن مجموع وحدات الإنتاج طيلة عمر الماكنة 100000 وحدة وللسنة 2003 انتجت 10000 وحدة .

5- ساعات العمل : على فرض أن كل وحدة منتجة تحتاج 2 ساعة عمل وأن عدد ساعات العمل خلال السنة 2003 بلغ 20000 ساعة .

ب- اعداد قيد التسوية في يومية المشروع في 2003/12/31 (بإفتراض اتباع طريقة القسط الثابت) .

الحل : أ: 1 مصروف اهلاك الماكنة للسنة 2003 (نصف سنة)

الطريقة	مصروف الاهلاك للفترة	الملاحظات
القسط الثابت	1400 دينار	[(15000 – 1000)÷ 5) × 1/ 2
مضاعف القسط الثابت	3000 دينار	5 سنوات = 20% سنوياً والمضاعف = 40% سنوياً (15000 x 40%) ÷ 2
أرقام السنين	2333 دينار	ن (أ + ل) = 15 $(1500 - 1000) \times \frac{5}{15} \times \frac{1}{2}$ = اهلاك الفترة
وحدات الانتاج	1400 دينار	معدل اهلاك الوحدة المنتجة = $\frac{1500-1000}{100000}$ = 0.14 دينار 10000 × 0.14 = 1400 اهلاك الفترة .
ساعات العمل	1400 دينار	العمر الكلي = 200000ساعة معدل اهلاك الساعة = 0.14 ÷ 2 = 0.07 20000 ساعة x 0.07 = 1400 دينار أهلاك الفترة

ب- يومية المشروع : قيد التسوية في 2003/12/31

1400	—	من حـ/ مصروف اهلاك الكائن
—	1400	الى حـ/ مجمع أهلاك الكائن

مثال : يمتلك مشروع الفرج آلة كلفتها 30000 دينار تستهلك على أساس مضاعف (القسط الثابت البالغ 10% سنوياً) ، وفي بداية السنة الرابعة تم اجراء تحسينات جوهرية على الآلة بكلفة 10000 دينار تقرر على أساسها اعتبار القسط المضاعف 15% .

استبدلت الآلة في بداية السنة السادسة بأخرى قيمتها 20000 دينار ، وتم دفع مبلغ 1000 دينار لإتمام عملية الاستبدال ، تستهلك على أساس مضاعف الثابت 40% سنوياً .

المطلوب : أ- حساب مصروف ومجمع الاهلاك والقيمة الدفترية لست سنوات .

ب- اعداد القيود (الاثبات والتسوية) الخاصة بالآلات لمدة 6 سنوات .

ج- تصوير الحسابات المعنية في دفتر استاذ المشروع في نهاية السنة السادسة .

الحل : أ- مصروف ومجمع الاهلاك والقيمة الدفترية .

السنة	الكلفة	% الاهلاك	مصروف الاهلاك	مجمع الاهلاك	القيمة الدفترية
1	30000	%20	6000	6000	24000
2	—	—	4800	10800	19200
3	—	—	3840	14640	15360
4 بداية	40000			14640	25360
4 نهاية	—	%15	3804	18444	21556
5	—	—	3233	21677	18323
6 بداية	20000			00	20000
6 نهاية	—	%40	8000	8000	12000

ب: يومية المشروع

30000	—	من حـ/ الآلات	بداية سنة / 1
—	30000	الى حـ/ البنك	
6000	—	من حـ/مصروف اهلاك الآلات	نهاية سنة / 1
—	6000	الى حـ/ مجمع اهلاك الآلات	
4800	—	من حـ/مصروف اهلاك الآلات	نهاية سنة / 2
—	4800	الى حـ/ مجمع اهلاك الآلات	
3840	—	من حـ/مصروف اهلاك الآلات	نهاية سنة / 3
—	3840	الى حـ/مجمع اهلاك الآلات	
10000	—	من حـ/ الآلات	بداية سنة / 4
—	10000	الى حـ/ البنك	
3804	—	من حـ/مصروف اهلاك الآلات	نهاية سنة / 4
—	3804	الى حـ/ مجمع اهلاك الآلات	
3233	—	من حـ/ مصروف اهلاك الآلات	نهاية سنة / 5
—	3233	الى حـ/مجمع اهلاك الآلات	
		من مذكورين	بداية سنة / 6
20000	—	حـ/ آلات جديدة	
21677	—	حـ/ مجمع اهلاك الآلات القديمة	
		الى مذكورين	
	40000	حـ/ الآلات القديمة	
	1000	حـ/ البنك	
	677	حـ/ مكاسب استبدال أصول ثانية	
8000	—	من حـ/ مصروف اهلاك الآلات	نهاية سنة / 6
—	8000	الى حـ/ مجمع أهلاك الآلات	

ج- الاستاذ :

ح/ الآلات

30000	بداية سنة /1	30000	رصيد مدين 12/31/سنة1
30000			
30000	رصيد 1/1/سنة2	30000	رصيد مدين 12/31/سنة2
30000		30000	
30000	رصيد 1/1/سنة3	30000	رصيد مدين 12/31/سنة3
30000		30000	
30000	رصيد 1/1/سنة4	40000	رصيد مدين 12/31/سنة4
10000	الى حـ/ البنك	40000	
40000			
40000	رصيد 1/1/ سنة 5	40000	رصيد مدين 12/31/سنة5
40000		40000	
40000	رصيد 1/1/سنة2006	40000	من مذكورين / 6
20000	الى مذكورين	20000	رصيد مدين 12/31/سنة6
60000	رصيد 1/1/	60000	
20000	سنة 7		

حـ/ مجمع اهلاك الآلات

6000	رصيد دائن	6000	من حـ/ مصروف اهلاك
6000		6000	سنة 1
10800	رصيد دائن	6000	رصيد 1/1/سنة1
			من حـ/ مصروف اهلاك
		4800	سنة 2
10800		10800	
14640	رصيد دائن	10800	رصيد 1/1 / سنة 1
			من حـ/مصروف اهلاك
		3840	سنة 3
14640		14640	
18444	رصيد دائن	14640	رصيد 1/1 / سنة4
			من حـ/مصروف اهلاك
		3804	سنة 4
18444			
		18444	
21677	رصيد دائن	18444	رصيد 1/1 / سنة 5
			من حـ/مصروف اهلاك
		3233	سنة5
21677		21677	
21667	الى مذكورين	21677	رصيد 1/1 / سنة6
	رصيد دائن		من حـ/مصروف اهلاك
8000		8000	سنة 6
29677		29677	
		8000	رصيد 1/1 / سنة 7

أما مصروف الاهلاك فهو خاص بكل سنة يضاف الى بقية المصروفات ويقابل بإيرادات تلك السنة .

جرد وتسوية الأصول النافدة (الناضبة)

كما لاحظنا في فصل العمليات الرأسمالية (13) ، ان الأصول المستنفذه هي أصول ملموسة Tangible أيضاً ولكنها ليست مستهلكة وإنما تنفذ أو تستنزف أو تنضب ذلك شأن كل الموارد الطبيعية من مناجم للفحم والحديد ومقالع الحجارة وآبار النفط والغاز الطبيعي وغيرها وكما هو الحال للأصول طويلة الأمد ، يجب جرد الأصول النافدة واعداد التسوية اللازمة في 12/31 من كل سنة .

مثال : في 2005/1/1 كانت تكلفة مقلع حجارة البناء لمشروع النعمان 120000 دينار ، وتكلفة الآلات والمعدات المستخدمة في الانتاج 60000 دينار نصفها تم شراؤه في بداية السنة الحالية ، ومجمع أهلاك الآلات في 2005/1/1 بلغ 10000 دينار ، بينما بلغ مجمع أهلاك مقلع الحجارة 30000 دينار . فإذا علمت أن الطاقة الانتاجية الكلية المقدرة للمقلع طيلة عمره الانتاجي هي 12000 طن ، وتبين من خلال الجرد في 12/31 أن المشروع قد انتج خلال السنة 2000 طن ، وأن الآلات والمعدات تستهلك بنسبة 20% قسط متناقص .

المطلوب : في 2005/12/31

أ- حساب مصروف النفاد لمقلع الحجارة .

ب- حساب عدد الوحدات المنتجة (طن) للسنوات الماضية .

ج- حساب العمر الانتاجي المتبقي للمقلع (طن) .

د- حساب مصروف أهلاك الآلات والمعدات .

هـ- اعداد القيود اللازمة في يومية المشروع .

الحل :

أ- معدل مصروف النفاد للطن الواحد = تكلفة المقلع / الانتاج الكلي المقدر = 120000 / 12000 = 10 دينار

2000 طن × 10 = 20000 دينار مصروف النفاد للسنة .

ب- 30000 دينار (مجمع الأهلاك) ÷ 10 دينار = 3000 طن

ج- 120000 طن - (3000 + 2000) = 7000 طن .

أو = $\frac{120000 - (30000 - 20000)}{10}$ = 7000 طن

د- مصروف اهلاك الآلات القديمة = ($\frac{60000}{2}$ - 10000) × 20 % = 4000

مصروف أهلاك الآلات الجديدة = 30000 × 20% = 6000

مجموع مصروف الاهلاك = 10000

هـ- يومية المشروع : في 2005/12/31

20000	—	من حـ/ مصروف نفاد مقلع الحجاره
—	20000	الى حـ/ مجمع نفاد مقلع الحجارة
10000	—	من حـ/ مصروف اهلاك الآلات والمعدات
—	10000	الى حـ/ مجمع اهلاك الآلات والمعدات

جرد وتسوية الأصول غير الملموسة Intangible Assets

هي أصول اسمية أو معنوية ، وبعبارة أخرى لا وجود فعلي لها أو ليس هناك ما يقابلها وبالتالي فإنها غير ملموسة كشهرة المحل ، حقوق الامتياز ، حقوق الاختراع، والعلامات التجارية وغيرها ومبدئياً يتم الاعتراف بها بالتكلفة فقط .

شهرة المحل Good will

ان السمعة الطيبة للمشروع تدعو وبلا شك الزبائن الاستمرار في التعامل معه وهذا يؤدي الى تحقيق أرباح غير عادية في المستقبل مقارنة بمشروعات أخرى .

تقدير الشهرة : تقدر الشهرة بطرق عديده منها مجموع أرباح عدد من السنوات السابقة، والأرباح غير العادية (الزائدة عن الأرباح العادية) المتوقعة مستقبلاً ، والقيمة الحالية للأرباح غير العادية المتوقع تحقيقها مستقبلاً .

اثبات الشهرة : من المتعارف عليه هو عدم اثبات الشهرة في دفاتر المشروع إلا بحدوث دليل مادي ملموس على وجودها كانتقال الملكية عند شراء مشروع آخر

بدفع مبلغ يزيد عن قيمة صافي الأصول فيه (حق الملكية) ، أو عند انضمام أو انفصال شريك في شركات الأشخاص ، أو عند دمج شركات الأموال .

مثال : اشترى مشروع السيرة مشروعاً آخر كانت أصوله 50000 دينار وخصومه 30000 دينار ، بأن دفع مبلغ 40000 دينار بشيك .

عليه : الشهرة : 40000 - (50000 - 30000) = 20000

يومية المشروع :

20000	ــــ	من حـ/ الشهرة
ــــ	20000	الى حـ/ البنك

وتسمى هذه الشهرة **موجبة** أما الشهرة **السالبة** وتحصل عندما يكون المبلغ المدفوع اقل من قيمة صافي الاصول (الاصول - الخصوم)، ولا يعترف بها (لا تظهر) وانما تعتبر ارباح.

اطفاء الشهرة : هناك رأيين في هذا الموضوع الأول يرى بعدم اطفاء الشهرة (أي كلفة استخدامها كما في الاهلاك) ، على أساس أن قيمتها قد تزداد ولا تنقص، بينما الثاني يرى بأهمية اثبات مصروف اطفاء سنوياً واطفاء كامل الشهرة بأقصر وقت ممكن ذلك لأن قيمتها متقلبة لأسباب خارج إرادة المشروع واستناداً الى مبدأ الحيطة والحذر .

ومعايير المحاسبة الدولية توصي حالياً بالرأي الأول أي عدم اثبات مصروف للاطفاء ، تبقى الشهرة بقيمتها الدفترية في المشروع ويصار إلى اعادة تقديرها في نهاية الفترة المالية (تخضع للتدني، أي خسائر انخفاض قيمتها في حالة عدم تحديد عمر انتاجي معين لها) والقيد يكون :

		من حـ/ خسائر انخفاض قيمة الشهرة
		إلى حـ/ الشهرة

اما اذا تم تحديد عمر انتاجي معين لها مع الافصاح عن الاساس المعتمد بذلك فيكون هناك مصروف اطفاء (تسوية) ويكون القيد :

		من حـ/ مصروف اطفاء الشهرة
		إلى حـ/ الشهرة

وما يسري على الشهرة ينسحب على بقية الاصول غير الملموسة.

العلامة التجارية Trade Mark

والعلامة التجارية تعني إتخاذ إسماً أو شكلاً أو أرقاماً أو غير ذلك لتمييز منتج معين عن غيره ، يجب تسجيل هذه العلامة لدى الجهات المختصه بموجب القانون وبإسم المشروع، وهذا قد يساعد أيضاً على ايجاد شهرة موجبة للمشروع ، ويتم تقييم العلامة التجارية على أساس تكلفتها .

مثال : بلغت تكلفة العلامة التجارية للمشروع 80000 دينار .

يومية المشروع :

80000	___	من حـ/ العلامة التجارية
___	80000	الى حـ/ البنك

ويجري اطفاء العلامة التجارية على أساس مدة الاستفادة أو الانتفاع منها ، فلو قدرت مدة الاستفادة من العلامة المارة الذكر 4 سنوات ، فإن مصروف الاطفاء السنوي هو :

يومية المشروع : التسوية

20000	__	من حـ/مصروف اطفاء العلامة التجارية	
__	20000	الى حـ/ العلامة التجارية	12/31

حق الاختراع Franchise

ان حق أو براءة الاختراع هي الابتكارات التي يحقق من خلالها المشروع أصلاً جديداً لم يكن موجوداً أو مسجلاً لدى الجهات المختصه .

مثال : بلغت تكلفة حق الاختراع للابتكار الجديد 55000 دينار في منتصف السنة ومدة الاستفادة منها 10 سنوات .

يومية المشروع :

55000	___	من حـ/ حق الاختراع
___	55000	الى حـ/ البنك

أما الاطفاء لبراءة الاختراع فتكون على أساس مدة الانتفاع منها أيضاً .

يومية المشروع :

2750	—	من حـ/مصروف اطفاء براءة الاختراع	
—	2750	الى حـ/ براءة الاختراع .	12/31

جرد وتسوية الخصوم وحقوق الملكية :

ان الخصوم (المطلوبات) وحقوق الملكية يمثلان الجانب الآخر من المعادلة أو النموذج المحاسبي أو معادلة الميزانية كما لاحظنا في الفصل الثاني ، وهي تمثل بمجموعها التزامات على المشروع اتجاه الغير من خارج المشروع أو اتجاه المالك أو المالكين له أو اتجاه كلا الجهتين في آن واحد .

جرد وتسوية الخصوم :

الخصوم وكما هو الحال بالنسبة للأصول قد تكون قصيرة أو متوسطة أو طويلة الأمد وأهم هذه الخصوم الدائنون وأ.د والقروض ، ولأن العمليات مع الدائنين قد تم توضيحها في(الفصل 9) ، سيكون التركيز هنا على تسوية أ.د والتي درسنا اثبات عملياتها في (الفصل14) وكذلك تسوية القروض والتي تمت دراسة عملياتها في (الفصل 8) .

جرد وتسوية اوراق الدفع والقروض قصيرة الأجل :

ينبغي في نهاية الفترة المالية اظهار أ.د أو القروض بقيمتها الدفترية، وتحميل الفترة بنصيبها من مصروفات الفوائد المستحقة الدفع .

نشوء ورقة الدفع (القرض) وتسوية الفوائد .

مثال : (1) في 2003/11/1 ، افترض مشروع السمرة مبلغ 15000 دينار، أودعها البنك، بموجب كمبيالة تستحق بعد 8 شهور بفائدة 6% سنوياً تدفع عند الاستحقاق مع أصل المبلغ.

الحل : للسنة 2003

أ- يومية المشروع

15000	—	من حـ/ البنك	2003/11/1
—	15000	الى حـ/ أ . د	
150	—	من حـ/مصروف فوائد أ . د	2003/12/31
—	150	الى حـ/ فوائد مستحقة الدفع	
		قيد تسوية فوائد أ . د	

حيث : $15000 \times 0.06 \times \frac{2}{12} = 150$ دينار

ب- سجل الاستاذ 2003/12/31

حـ/ أ.د (قروض)

15000 من حـ/ البنك	

حـ/مصروف فوائد أ.د (قروض)

150 الى حـ/فوائد مستحقة الدفع	

حـ/ فوائد مستحقة الدفع

	150 من حـ/ مصروف فوائد

للسنة 2004 : أ- يومية المشروع

		من مذكورين	
15000	—	حـ/ أ.د	2004/7/1
450	—	حـ/ مصروف فوائد	
150	—	حـ/ فوائد مستحقة الدفع	
	15600	الى حـ/ البنك	

ب- سجل الاستاذ 2004/12/31

حـ/ أ. د

15000 الى حـ/ البنك	15000رصيد
—	—

حـ/ فوائد مستحقة الدفع

150 الى حـ/ البنك	150 رصيد
—	—

حـ/ مصروف فوائد

450 الى حـ/ البنك	

تجديد ورقة الدفع

مثال (2) : إذا في المثال السابق وعند موعد الاستحقاق في السنة اللاحقة في 2004/7/1 ، تعذر دفع قيمة الورقة ، بينما دفعت الفوائد عليها نقداً ، فتم الغاء الورقة القديمة واستبدالها بورقة جديدة تستحق بعد شهرين 8% سنوياً وتم السداد فعلاً للورقة وفوائدها بشيك في موعد الاستحقاق .

الحل : يومية المشروع

		من مذكورين	
15000	—	حـ/ أ . د (قديمة)	
450	—	حـ/مصروف فوائد	
150	—	حـ/ فوائد مستحقة الدفع	
		الى مذكورين	2004/7/1
	15000	حـ/ أ.د (جديدة)	
	600	حـ/ البنك	
		من مذكورين	
1500	—	حـ/ أ . د (جديدة)	
200	—	حـ/ مصروف فوائد	2004/9/1
	15200	الى حـ/ البنك	

مثال : بافتراض أن في المثال (1) السابق وبتاريخ الاستحقاق 2004/7/1 تعذر السداد مع تحميل المشروع مصاريف احتجاج 300 دينار ، اضافة الى الفوائد ، وتم الاتفاق على تحرير ورقة دفع جديدة بإجمالي المبلغ يستحق بعد 7 شهور بفائدة 10% والغاء الورقة القديمة .

الحل : يومية المشروع

		من مذكورين	
15000	-	حـ/ أ .د (قديمة)	
450	-	حـ/ مصروف فوائد	
150	-	حـ/ فوائد مستحقة الدفع	2004/7/1
300	-	حـ/ مصاريف احتجاج	
-	15900	الى حـ/ أ.د (جديدة)	
795	-	من حـ/ مصروف فوائد	
-	795	الى حـ/ فوائد مستحقة الدفع	2004/12/31
		من مذكورين	
15900	-	حـ/ أ . د	2005/3/1

795	-	حـ/ فوائد مستحقة الدفع	
132.5	-	حـ/ مصروف فوائد	
-	16827.5	الى حـ/ البنك	

أوراق الدفع والقروض متوسطة الأجل :

التسديد بأقساط

مثال : بتاريخ 2002/8/15 ، اقترض مشروع المنير من أحد المؤسسات المالية مبلغ 30000 دينار تسدد بثلاثة أقساط نصف سنوية متساوية بفائدة 12% سنوياً.

الحل : يومية المشروع

30000	—	من حـ/ البنك	
—	30000	الى حـ/ القروض	2002 / 8 / 15
1350		من حـ/ مصروف فوائد	
	1350	الى حـ/ فوائد مستحقة الدفع	
		12 / 4.5 × 0.12 × 30000	2002 / 12 / 31
		من مذكورين	
10000	—	حـ/ القروض	
1350	—	حـ/ فوائد مستحقة الدفع	2003 / 2 / 15
450	—	حـ/ مصروف فوائد	القسط الأول
—	11800	الى حـ/ البنك	
		من مذكورين	
10000	-	حـ/ القروض	
1200	-	حـ/ مصروف فوائد القروض	2003 / 8 / 15
-	11200	الى حـ/ البنك	القسط الثاني
		12 /6 ×0.12 × 10000 - 30.000	
450	—	من حـ/ مصروف فوائد	
—	450	الى حـ/ فوائد مستحقة الدفع	
		12/4.5×0.12 × (10000 - 20000)	2003 / 12 / 31

10000 450 150 —	— — — 10600	من مذكورين حـ/ القروض حـ/ فوائد مستحقة الدفع حـ/ مصروف فوائد الى حـ/ البنك (12/1.5 × 0.12 × 10000)	2004 / 2 / 15

التسديد بدفعة واحدة

مثال : اقترض مشروع المهاجرين في 2002/1/1 مبلغ 30000 دينار يسدد دفعة واحدة مع الفوائد في نهاية السنة الثالثة بفوائد مركبة 10% سنوياً .

الحل = يومية المشروع

30000 —	— 30000	من حـ/ البنك الى حـ/ القروض	2002 / 1 / 1
3000 —	— 3000	من حـ/ مصروف الفوائد الى حـ/ فوائد مستحقة الدفع	2002 /12/ 31
3300 —	— 3300	من حـ/ مصروف الفوائد الى حـ/ فوائد مستحقة الدفع %10 x (3000 + 30000)	2003 /12/31
30000 6300 3630	39930	من مذكورين حـ/ القروض حـ/ فوائد مستحقة الدفع حـ/ مصروف فوائد الى حـ/ البنك 0.1 × (3300 + 3000 + 30000) وجملة المبلغ=30000 $(1+0.10)^3$ = 39930	2004 /12/31

أوراق الدفع (والقروض) طويلة الأجل

لأن القيمة الدفترية (Face value) لورقة الدفع (والقروض) ستختلف عن القيمة الحقيقية أو الحالية (Present value) لها هن فترة لأخرى بسبب مرور الزمن ، والفرق بين القيمتين يسمى بالخصم (الخصم على أ . د) حيث يستخدم هذا الحساب مقابل مصروف الفوائد سنة بعد أخرى .

مثال : في 2000/1/1 حصل مشروع النهرين على قرض بموجب ورقة دفع بمبلغ 35000 دينار تستحق بعد 6 سنوات بفائدة 8% سنوياً .

الحل : يومية المشروع

35000 20540	55540	من مذكورين حـ/ البنك حـ/ خصم على أ . د الى حـ/ أ . د القيمة المستقبلية للورقة كمبلغ يودع لمدة 6 سنوات بفائدة 8% = $35000 \times (1+0.08)^6$ والخصم = 55540 – 35000 = 20540	2000/1/1
2800 —	— 2800	من حـ/ مصروف فوائد الى حـ/ خصم على أ . د 35000 × 0.08 = 2800 للسنة الاولى	2000 /12 /31
3024	3024	من حـ/ مصروف فوائد الى حـ/ خصم على أ . د 20540 – 2800 = 17740 رصيد الخصم 55540 – 177740 = 37800 القيمة الحالية للورقة بهذا التاريخ . 37800 × 0.08 = 3024 مصروف الفائدة	2001/12/31
3266	3266	من حـ/ مصروف فوائد الى حـ/ خصم على أ . د 17740 – 3024 = 14716 رصيد الخصم 55540 – 14761 = 40824 القيمة الحالية 40824 × 0.08 = 3266 الفائدة	2002/12/31
3572	3572	من حـ/ مصروف فوائد الى حـ/ خصم على أ . د 14716 – 3266 = 11450 55540 – 11450 = 44090 44090 × 0.08 = 3572	2003/12/31
3813 —	— 3813	من حـ/ مصروف فوائد الى حـ/ خصم على أ . د 47662 × 0.08 = 3813	2004/12/31

		من مذكورين	
55540	_	حـ/ أ . د	
4065	-	حـ/ مصروف فوائد	
		الى مذكورين	2005/12/31
-	4065	حـ/ خصم على أ . د	
-	55540	حـ/ البنك	

وهكذا في نهاية السنة السادسة يصبح رصيد حـ/ خصم أ . د صفراً والقيمة الحالية لورقة الدفع (القيمة المستقبلية - الخصم على أ . د) ، تزداد سنة بعد أخرى .

ففي بداية السنة الأولى 35000 وفي نهايتها [55540 - (20540- 2800)]= 32200

وفي نهاية السنة الثانية (55540 - 17740) = 37800

وهذه القيمة هي التي تظهر في ميزانية المشروع في 12/31 وهكذا حتى تتساوى في نهاية السنة الأخيرة مع القيمة الدفترية (المستقبلية) .

تسوية حقوق الملكية

علمنا أن الشكل القانوني للمشروعات أو الوحدات الاقتصادية ليس واحداً ، ولكن المبدأ في تسوية حقوق الملكية هو واحداً وأن المشروع مشروعاً فردياً أم شركة أشخاص أو شركة أموال ، ولا شك أن الاختلاف يكمن في التفاصيل .

مثال : في 2001/1/1 ، ابتدأ مشروع الثغر عمله برأسمال نقدي قدره 25000 دينار .

- في 2/20 قام المالك بزيادة رأس المال من ماله الخاص بمبلغ 7000 دينار أودعت البنك .

- في 4/14 سحب المالك من نقدية المشروع مبلغ 1000 دينار لحسابه .

- في 8/18 سحب المالك أيضاً نقدية بمبلغ 2000 دينار لأغراض عائلته .

- بلغت أرباح المشروع للسنة 12000 دينار

الحل : يومية المشروع : قيود الإثبات

25000	--	من حـ/ الصندوق	
--	25000	الى حـ/ رأس المال	2001 / 1 / 1
7000	--	من حـ/ البنك	
--	7000	الى حـ/ رأس المال	2 / 20
1000	--	من حـ/ المسحوبات الشخصية	
--	1000	الى حـ/ الصندوق	4 / 14
2000	--	من حـ/ المسحوبات الشخصية	
--	2000	الى حـ/ الصندوق	8 / 18

يومية المشروع : قيود التسوية 2001/12/31 (أو الاقفال كما سنرى في الفصل القادم)

3000	--	من حـ/ رأس المال
--	3000	الى حـ/ المسحوبات الشخصية
12000	--	من حـ/ الأرباح (أ . خ)
--	12000	الى حـ/ رأس المال

دفتر الاستاذ :

حـ/ رأس المـــال 31 / 12 / 2001

3000	الى حـ/ مسحوبات شخصية	25000	رصيد 1 / 1
34000	رصيد دائن 31 / 12	12000	من حـ/ أ . د
37000		37000	

أما في **شركات الأشخاص** فإن حقوق الملكية للشركاء تتأثر بتفاصيل أخرى منها حساب الفائدة على رأس المال وعلى قرض الشريك ومكافأة الشريك من جهة وبالمسحوبات الشخصية للشريك والفائدة عليها من جهة أخرى إضافة الى نصيب الشريك من حـ/ توزيع أ . خ في نهاية السنة .

وفي **شركات الأموال** فإن حقوق الملكية تتكون أساساً من رأس مال الأسهم وعلاوة إصدار هذه الأسهم اضافة الى الاحتياطات الاجبارية والاختيارية والمخصصات المختلفة وكذلك الأرباح المدورة (غير الموزعة) ، وبالتالي فإن إجمالي تلك المبالغ مقسومة على عدد الأسهم يبين حق الملكية للسهم الواحد .

ثالثا: الأساس المختلط Accrual-Cash Basis

ويسمى أيضا بالأساس المشترك أو قاعدة المقبوضات والمصروفات، أو الأساس النقدي المعدل. حيث يطبق الأساس النقدي على الإيرادات أي الإيرادات التي يتم استلامها تعتبر إيرادات الفترة التي استلمت خلالها وبغض النظر عن علاقتها بتلك الفترة.

بينما بالنسبة للمصروفات فيطبق أساس الاستحقاق أي وكما ذكر في بداية الفصل، التمييز بين ثلاث أنواع من المصروفات وهي مصروفات تخص الفترة بغض النظر عن عملية الدفع لقيمتها ومصروفات مستحقة غير مدفوعة وأخرى مصروفات مدفوعة مقدما.

تلائم هذه الطريقة العمل في المشروعات التي تكون إيراداتها ذات طبيعة تفرض استلامها أولا بأول ، وان وجد أحيانا ما هو مستلم مقدما أو ما هو مستحق فانه غير ذي أهمية كمبلغ بالنسبة لبقية المبالغ، بينما الأمر هو عكس ذلك بالنسبة للمصروفات .وهناك حجة اخرى تقف وراء هذا الرأي مفادها انه لا مبرر لتضخيم الإيرادات من أموال لم تستلم بعد بتطبيق أساس الاستحقاق بينما سيتحمل المشروع المصروفات عن الخدمات أو المنافع التي حصل عليها وسواء دفعت أقيامها أم لم تدفع فلا بد من تطبيق أساس الاستحقاق بالنسبة لها.

مثال: في 2000/11/30 استلم المشروع مبلغ 550 دينار نقدا عن تأجير واسطة نقل للغير تبدأ من 11/1 ولمدة ثلاثة شهور.

- في 2000/12/22 دفع المشروع راتب أحد العاملين لشهر ك2001/2 والبالغ 150 دينار نقداً.

يومية المشروع:

550	-	من حـ/ الصندوق	11/30
-	550	إلى حـ/ إيراد تأجير وسائط نقل	
150	-	من حـ/ رواتب مدفوعة مقدما	12/22
-	150	إلى حـ/ الصندوق	

ميزان المراجعة المعدل Adjusted Trail Balance

إن ميزان المراجعة المعدل يعد كما يعد ميزان المراجعة الأولى أو الاعتيادي وبالطرق التي سبق تناولها والفرق بينهما يتحدد بما يلي:

1- إن ميزان المراجعة المعدل يعد مرة واحدة في نهاية الفترة المالية(السنة المالية) وبعد إجراء التسويات الجردية، بينما ميزان المراجعة الاعتيادي يعد بصورة دورية شهرية عادة .

2- إن ميزان المراجعة المعدل يكون شامل لكل الحسابات وبصورتها النهائية بما فيها الحسابات الجردية التي تتم في 12/31 وبهذا يكون اكثر شمولية من ميزان المراجعة الاعتيادي.

مثال: فيما يأتي ميزان المراجعة (قبل التسويات) لشهر ك2000/1 لمشروع الخيرات التجاري:

الرصيد المدين	الرصيد الدائن	اسم الحساب
1000	-	حـ/الصندوق
2000	-	حـ/البنك
3000	-	حـ/البضاعة (أول المدة)
4000	-	حـ/المدينون
13000	-	حـ/المشتريات
-	20000	حـ/المبيعات
3500	-	حـ/رواتب العاملين
500	-	حـ/ مصروفات عامة
-	7000	حـ/راس المال
27000	27000	المجموع

وعند الجرد في 12/31/ 2000 ظهر ما يلي:

1- ضمن حساب الرواتب الظاهر في ميزان المراجعة هناك راتب لأحد العاملين عن شهر ك2001/2 وقدره 110 دينار.

2- هناك فاتورة بمبلغ 340 دينار عن مصروفات إعلان لصالح المشروع عن السنة الحالية لم يصرف بعد.

المطلوب: أ-إعداد قيود التسوية اللازمة في 2000/12/31.

ب-تصوير الحسابات المختصة في دفتر الأستاذ في 2000/12/31.

ج-إعداد ميزان مراجعة معدل لمشروع لشهر ك2000/1.

الحل: أ-يومية المشروع-التسويات

110	-	من حـ/ رواتب مدفوعة مقدما	12/31
-	110	إلى حـ/ مصروف الرواتب	
340	-	من حـ/ مصروف إعلان	12/31
-	340	إلى حـ/مصروف إعلان مستحق	

ب- دفتر الأستاذ:

حـ/ الصندوق

1000 رصيد 12/31	

حـ/ البنك

2000 رصيد 12/31	

حـ/البضاعة(أول المدة)

3000 رصيد 12/31	

حـ/ المدينون

4000 رصيد 12/31	

حـ/ المشتريات

13000 رصيد 12/31	

حـ/ المبيعات

	20000 رصيد 12/31

حـ/ رواتب العاملين

3500 رصيد	110 رواتب مقدمة
21/31 ____	<u>3390</u>
<u>3500</u>	<u>3500</u>
3390 رصيد	

حـ/ مصروفات عامة

500 رصيد 12/31	

حـ/ راس المال

	7000 رصيد 12/31

حـ/ رواتب مدفوعة مقدما

حـ/ مصروف إعلان

حـ/ مصروف إعلان مستحق

110 إلى حـ/الرواتب	
12/31	

340 إلى حـ/ إعـلان مستحق	
12/31	

340 من حـ/ مصروف إعلان	
12/31	

ج-ميزان المراجعة المعدل

مشروع الخيرات ميزان مراجعة ختامي (بعد التسويات)		
أرصدة مدينة	أرصدة دائنة	اسم الحساب
1000	-	حـ/الصندوق
2000	-	حـ/البنك
3000	-	حـ/البضاعة (أول المدة)
4000	-	حـ/المدينون
13000	-	حـ/المشتريات
-	20000	حـ/المبيعات
3390	-	حـ/رواتب العاملين
500	-	حـ/مصروفات عامة
-	7000	حـ/ راس المال
110	-	حـ/مصروف رواتب مدفوعا مقدما
340	-	حـ/مصروف إعلان
-	340	حـ/مصروف إعلان مستحق
27340	27340	المجموع

أسئلة وتمارين الفصل السادس عشر

(مع حلول مقترحة)

الايرادات والمصروفات

1- ماذا يعني الجرد وماذا تعني التسويات الجردية؟ ومتى يتم إجراؤها؟ ولماذا؟

2-ما الفرق بين الأساس النقدي وأساس الاستحقاق والأساس المشترك؟

3- ما هي أهم مزايا وعيوب الأساس النقدي؟

4- ما هي أهم مزايا وعيوب أساس الاستحقاق؟

5- ما المقصود بتسوية العناصر المستحقة وتسوية العناصر المؤجلة؟

6- ما هي الحالات التي يمكن إن نجد عليها الإيرادات من وجهة نظر مبنية على أساس الاستحقاق؟ وما الفرق عن الأساس النقدي؟

7- ما هي الحالات التي يمكن إن تجد عليها المصروفات من وجهة نظر مبنية على أساس الاستحقاق؟ وما الفرق عن الأساس النقدي؟

8- ماذا تمثل الحسابات التالية بالنسبة للمشروع؟

- المصروفات المستحقة الدفع
- الإيرادات المستحقة القبض
- المصروفات المدفوعة مقدما
- الإيرادات غير المكتسبة (المقبوضة مقدماً)

9- فيما يلي ميزان المراجعة بالارصدة لمشروع المدينة المنورة لشهر ك2001/2 (قبل التسويات) دينار :

اسم الحساب	أرصدة دائنة	أرصدة مدينة
بنك	-	12000
صندوق	-	3000
بضاعة	-	6000
مدينون	-	4000
دائنون	400	-
مبيعات	38000	-
رأس المال	10000	-
مشتريات	-	16000
أ . ق	-	3500
أ . د	800	-
مردودات مبيعات	-	600

خصم مكتسب	700	-
رواتب وأجور	-	3400
مصروفات عامة	-	1400
فوائد مدينة	-	400
فوائد دائنة	200	-
أرباح بيع أصول ثابتة	500	-
قرطاسية	-	300
المجموع	50600	50600

وعند الجرد في 2001/12/31 تبين ما يلي:

- لا توجد بضاعة متبقية في المخازن وإن القرطاسية المتبقية بقيمة 100 دينار.

- لم يتضمن حساب الرواتب الظاهر في ميزان المراجعة مبلغ 350 دينار عن رواتب مستحقة غير مدفوعة.

- ضمن حساب المشتريات هناك 400 دينار عن شراء اثاث لمالك المشروع.

المطلوب: أ- قيد التسويات الجردية في يومية المشروع.

ب- تصوير الحسابات في دفتر الأستاذ

ج- إعداد ميزان مراجعة معدل.

10- فيما يأتي بعض أرصدة الحسابات الظاهرة في ميزان المراجعة (قبل التسويات) لشهر ك2000/1 لمشروع السدير (دينار):

2000	رواتب	1800	إيراد إيجار مباني
1500	مصروفات تامين على الموظفين	1200	إيراد تأجير وسائط نقل مقبوض مقدما
3500	مصروفات تامين على الأصول	18000	مشتريات
3000	مصروفات قرطاسية	900	مصروفات عامة
150	رواتب مستحقة		

وعند الجرد للحسابات أعلاه في 12/31 تبين ما يلي:

- ضمن حساب الرواتب هناك مبلغ مدفوع لأحد العاملين في المشروع بما يعادل 3 رواتب مقدما عن السنة القادمة لحاجته إليه علما إن راتبه الشهري 100 دينار.
- يستحق أحد العاملين راتبه لشهر ك1 والبالغ 150 دينار ولم يدفع له .
- إن مصروفات التامين السنوية وبموجب بوالص التامين هي 1000 دينار تأمين الموظفين و4000 دينار تامين على الأصول.
- هناك قرطاسية بمبلغ 500 دينار تم شراؤها واستهلاكها خلال السنة دون قيدها بالسجلات ودون دفع ثمنها.
- المصروفات العامة تتضمن مبلغ 200 دينار مدفوع مقدما عن أجور خدمات عامة للسنة القادمة.
- إن إيرادات تأجير المباني السنوي بموجب العقد 2800 دينار.
- تم تأجير واسطة نقل تعود للمشروع إلى أحد المستفيدين منذ 8/1 من السنة الحالية وبقسط شهري 300 دينار.

المطلوب: أ-إعداد قيود التسوية اللازمة في يومية المشروع في 2000/12/31.

ب- اعداد ميزان مراجعة بعد التسويات (معدل وجزئي)

11- إن الايرادات المستحقة القبض (مكتسبة غير مستلمة) تعتبر بالنسبة للمشروع :

أ- مصروفات ب- أصول ج- خصوم د- ايرادات .

12- ان المصروفات المستحقة الدفع تعتبر بالنسبة للمشروع

أ- مصروفات ب- ايرادات ج- أصول د- خصوم .

13- اذا تم التأمين على الأصول الثابتة للمشروع منذ منتصف السنة بقسط سنوي 5000 دينار وقد اعتبر كل المبلغ مصروف تأمين مدفوع مقدماً في دفاتر المشروع عليه في 12/31

أ- لا يتطلب الأمر اجراء أية تسوية .

ب- يتطلب الأمر اجراء تسوية وهي : ....

ج- قد يتطلب وقد لا يتطلب .

14- اذا تم قبض مبلغ 3000 دينار عن ايرادات خدمات في 1 / 5 / 2005 وعن سنة كاملة ، عليه وفقاً للأساس النقدي .

أ- يعتبر مبلغ 3000 دينار ايراداً للسنة

ب- يعتبر مبلغ 1000 دينار ايراداً للسنة و 2000 ايراد مقدم .

ج- يعتبر المبلغ 2000 دينار فقط ايراداً مقدم .

15- يصنف الايراد غير المكتسب :

أ- حـ/ ايرادات ب- حـ/خصوم أو مطلوبات

ج- حـ/ أصل د-حـ/مصروف

16- ان تسوية الايرادات غير المكتسبة (المقبوضة مقدماً) في نهاية السنة تؤدي الى :

أ- تخفيض المطلوبات وزيادة الايرادات .

ب- تخفيض الايرادات وزيادة المطلوبات .

ج- تخفيض المطلوبات وتخفيض الايرادات .

د- تخفيض الأصول وزيادة المطلوبات .

17- اظهر ميزان المراجعة (قبل التسويات) في 12/31 رصيد حـ/ ايراد خدمات مقبوض مقدماً 9000 دينار وعند الجرد تبين أن هناك خدمات قيمتها 2000 دينار من تلك التي كانت مقبوضة مقدماً قد تم تقديمها فعلاً خلال السنة للزبائن ، عليه فإن حـ/ ايراد خدمات مقبوض مقدماً في 12/31 يكون:

أ- 9000 دينار كأصل ثابت . ج- 7000 دينار كمطلوب متداول .

ب- 9000 دينار كأصل متداول . د- 2000 دينار كمطلوب متداول .

18- في نهاية السنة ظهر رصيد حـ/ اللوازم والمهمات المكتسبة في ميزان الراجعة قبل التسويات بمبلغ 3600 دينار ، وعند الجرد كان الموجود الفعلي

منها في مستودعات المشروع 2200 دينار ، عليه فإن مصروف اللوازم والمهمات للسنة (دينار) :

أ- 3600 ب- 5800 ج- 1400 د- 2200

19- اذا كان رصيد حـ/ تأمين العاملين المدفوع مقدماً الظاهر في ميزان المراجعة في 2004/12/31 قبل التسويات 8000 دينار وهو يغطي سنتين ابتداءاً من 2004/1/1 ، فإن قيد التسوية في هذا التاريخ :

أ- 4000 من حـ/ تأمين مدفوع مقدماً 4000 الى حـ/ مصروف تأمين

ب- 8000 من حـ/ مصروف تأمين 8000 الى حـ/ تأمين مدفوع مقدماً

ج- 4000 من حـ/ مصروف تأمين 4000 الى حـ/ البنك

د- 4000 من حـ/ مصروف تأمين 4000 الى حـ/ تأمين مدفوع مقدماً

الصندوق

20- اذا علمت أن الرصيد الدفتري للصندوق 7100 دينار والموجود الفعلي عند الجرد هو 6100 دينار فالفرق هو :

أ- 1000 عجز ب- 1000 فائض

ج- 7100 عجز د- 6100 فائض

21- ان قيد الاثبات للسؤال (20) هو :

أ- 1000 من حـ/ عجز الصندوق 1000 الى حـ/ الصندوق

ب- 1000 من حـ/ الصندوق 1000 الى حـ/ عجز الصندوق

ج- 7100 من حـ/ عجز الصندوق 7100 الى حـ/ فائض الصندوق

د- 6100 من حـ/ الصندوق 6100 الى حـ/ فائض الصندوق

22- ان قيد التسوية للسؤال (20) اذا كان العجز على مسؤولية أمين الصندوق هو:

أ- 6100 من حـ/ ذمة أمين الصندوق 6100 الى حـ/ الصندوق

ب- 1000 من حـ/ ذمة أمين الصندوق 1000 الى حـ/ عجز الصندوق

ج- 1000 من حـ/ ذمة أمين الصندوق 1000 الى حـ/ الصندوق

د- 1000 من حـ/ عجز الصندوق 1000 الى حـ/ ذمة أمين الصندوق

23- عند استقطاع المبلغ أعلاه من راتب أمين الصندوق يكون القيد :

أ- 1000 من حـ/ الصندوق 1000 الى حـ/ ذمة أمين الصندوق

ب- 1000 من حـ/ الرواتب 1000 الى حـ/ ذمة أمين الصندوق

ج- 1000 من حـ/ ذمة أمين الصندوق 1000 الى حـ/ الصندوق

د- 1000 من حـ/ ذمة أمين الصندوق 1000 الى حـ/ عجز الصندوق

24- لو أن المشروع مؤمن لدى شركة التأمين على هذا النوع من العجز :

أ- 1000 من حـ/ شركة التأمين 1000 الى حـ/ الصندوق

ب- 1000 من حـ/ الصندوق 1000 الى حـ/ شركة التأمين

ج- 1000 من حـ/ عجز الصندوق 1000 الى حـ/ شركة التأمين

د- 1000 من حـ/ شركة التأمين 1000 الى حـ/ عجز الصندوق

25- عند جرد صندوق مشروع النسمات وجد فيه 9999 دينار بينما كان الدفاتر 9990 دينار فهذا يعني وجود :

أ- مطابقة ب- عجز ج- فائض د- نقص

26- القيد للسؤال (25)

أ- 9 من حـ/ الصندوق 9 الى حـ/ فائض الصندوق

ب- 9990 من حـ/ الصندوق 9990 الى حـ/ فائض الصندوق

ج- 9990 من حـ/ فائض الصندوق 9990 الى حـ/ الصندوق

د- 9999 من حـ/ الصندوق 9999 الى حـ/ فائض الصندوق

27- اذا كان رصيد حـ/ عجز الصندوق 270 دينار في آخر الفترة فإنه يظهر في سجل الاستاذ وفي ميزان المراجعة كما يلي :

أ- رصيد دائن بإسم حـ/ عجز الصندوق في سجل الاستاذ وفي ميزان المراجعة.

ب- رصيد مدين بإسم حـ/ عجز الصندوق في سجل الاستاذ وفي ميزان المراجعة .

ج- رصيد مدين أو دائن بإسم حـ/ عجز الصندوق في سجل الاستاذ وفي ميزان المراجعة .

د- رصيد مدين في سجل الاستاذ ورصيد دائن في ميزان المراجعة .

28- اذا كان رصيد حـ/ فائض الصندوق 720 دينار في آخر الفترة فإنه يظهر في سجل الاستاذ وكذلك في ميزان المراجعة كمايلي :

أ- رصيد مدين بإسم حـ/ فائض الصندوق في سجل الاستاذ وفي ميزان المراجعة .

ب- رصيد مدين أو دائن بإسم حـ/ فائض الصندوق في سجل الاستاذ وفي ميزان المراجعة.

ج- رصيد مدين باسم حـ/ فائض الصندوق في سجل الاستاذ ودائن في الميزان .

د- رصيد دائن بإسم حـ/ فائض الصندوق سواءاً في سجل الاستاذ أم في ميزان المراجعة .

البنـك

29- الشيكات الصادرة من المشروع لأمر الدائنين والتي لم تقدم للبنك من قبل الدائنين لصرفها (غير مدفوعة) تؤدي الى :

أ- زيادة رصيد حـ/ النقدية في البنك للمشروع وبدفاتر البنك .

ب- تخفيض رصيد حـ/ النقدية في البنك للمشروع وبدفاتر البنك .

ج- زيادة أو تخفيض رصيد حـ/ النقدية في البنك للمشروع وبدفاتر البنك.

د- لا زيادة ولا تخفيض في رصيد حـ/ النقدية في البنك للمشروع وبدفاتر البنك.

30- الشيكات الواردة للمشرع (مستلمة من المدينين) والمرسلة للبنك للتحصيل ولكنه رفضها ، تؤدي الى :

أ- زيادة رصيد حـ/ النقدية في دفاتر البنك .

ب- تخفيض رصيد حـ/ النقدية في دفاتر البنك .

ج- زيادة أو تخفيض في رصيد حـ/ النقدية في دفاتر البنك .

د- لا زيادة ولا تخفيض في رصيد حـ/ النقدية في دفاتر البنك .

31- ان ظهور حـ/ البنك في دفاتر المشروع برصيد دائن (سحب على المكشوف) يعني:

أ- زيادة في أصول المشروع .

ب- زيادة في المطلوبات (الخصوم) على المشروع .

ج- زيادة حقوق الملكية للمشروع .

د- زيادة في مصروفات المشروع .

32- أصدر مشروع المصعب شيك بمبلغ 560 دينار الى أحد الدائنين وتم صرفه بهذا المبلغ، لكنه المشروع قيده بمبلغ 650 دينار ، عليه فأنه في مذكرة تسوية حـ/ البنك التي يعدها المشروع يتم :

أ- طرح مبلغ 90 دينار من رصيد حـ/ البنك في دفاتر المشروع .

ب- اضافة مبلغ 560 دينار الى رصيد حـ/ البنك .

ج- طرح مبلغ 650 دينار الى رصيد حـ/ البنك .

د- اضافة مبلغ 90 دينار الى رصيد حـ/ البنك .

33- ان قيد التسوية للسؤال (32) يكون :

أ- 90 من حـ/ المدينين	90 الى حـ/ البنك
ب- 560 من حـ/ البنك	560 الى حـ/ المدينين
ج-650 من حـ/ المدينين	650 الى حـ/ البنك
د- 90 من حـ/ البنك	90 الى حـ/ الدائنين

34- واحدة من الحالات التالية لا تتطلب قيد تسوية فيما يتعلق بحساب البنك .

أ- شيكات صادرة من المشروع للغير لم تقدم للصرف (غير مدفوعة) .

ب- تحصيل ورقة قبض من قبل البنك دون وصول اشعار سابق بها .

ج- المصاريف المستقطعة من قبل البنك عن خدمات مقدمة للمشروع لم يرد للمشروع اشعار سابق بها .

35- أظهرت مذكرة تسوية حـ/ البنك لمنشأة النخيل لشهر شباط مبلغ 10000 دينار شيكات صادرة من المنشأة لم تقدم لصرفها . وبلغت الشيكات الصادرة

من المنشأة خلال شهر آذار 50000 دينار، بينما أظهر كشف الحساب المرسل من البنك لشهر آذار صرف شيكات بمبلغ 40000 دينار عليه تكون قيمة الشيكات الصادرة غير المقدمة للصرف (غير المدفوعة) في مذكرة التسوية لشهر آذار (دينار) :

أ- 60000 ب- 90000 ج- 20000 د- 40000

36- لشهر نيسان / 2006 كان رصيد حـ/ البنك بدفاتر مشروع أريحا التجاري مدين بمبلغ 33300 دينار بينما بموجب كشف الحساب المرسل من البنك دائن بمبلغ 36460 دينار وعند اجراء المطابقة تبين ما يلي :

1- شيك بمبلغ 770 وآخر بمبلغ 330 دينار مستلمة من المدينين ومودعة في البنك لكنها لم تظهر بكشف حساب البنك .

2- اقتطاع البنك مبلغ 220 دينار عن فوائد مدينة ومبلغ 110 دينار عن مصروفات اصدار دفاتر شيكات للمشروع ظهر بالكشف ولم يرد بهم اشعار سابق .

3- شيك بمبلغ 4400 دينار صادر من المشروع للدائنين لم يقدم للصرف (لم يظهر بالكشف) .

4- شيك مبلغ 540 دينار مستلم من أحد المدينين ومودع في البنك بهذا المبلغ لكن المشروع سجله بدفاتره بمبلغ 450 دينار .

المطلوب : أ- اعداد مذكرة التسوية . ب- اعداد قيود التسوية اللازمة .

ج- تصوير حـ/ البنك لشهر نيسان .

المدينون :

37- رصيد حـ/ المدينين يكون :

أ- مدين فقط ب- دائن فقط ج- صفر د- جميع ما ذكر

38- يزداد الرصيد (المدين) لحساب المدينين :

أ-بزيادة المبيعات النقدية . ج- بالمتحصلات النقدية منهم .

ب- بزيادة المبيعات الآجلة . د- بزيادة المشتريات الآجله .

39- عندما يكون دين ما غير قابل للتحصيل يعتبر عندئذ :

أ- ديناً معدوماً ج- ديناً ممتازاً

ب- ديناً مشكوكاً في تحصيله . د- ديناً محتمل تحصيله .

40- على ضوء السؤال (39) يكون (قيد اليومية) :

أ- حـ/ المدينون مديناً . ج- حـ/ مصروف د . م فيها مديناً .

ب- حـ/ د . م دائناً . د- حـ/ المدينون دائناً .

41- يكون حـ/ مصروف د . م فيها مديناً عندما يراد :

أ- تخفيض مخصص د . م فيها

ب- زيادة مخصص د . م فيها أو تكوينه لأول مرة .

ج- إلغاء مخصص د . م فيها .

د- تخفيض رصيد حـ/ المدينين .

42- يبين جدول أعمار الديون لمنشأة المدلول وجود ديون غير قابلة للتحصيل قدرها 18000 دينار ، وكان رصيد حـ/ مخصص د. م فيها دائناً بمبلغ 22500 دينار ، عليه فأن قيد التسوية لمعالجة هذه الحالة فقط يتطلب جعل :

أ- حـ/ مصروف د.م فيها 18000 مدين .

ب- حـ/ مصروف د.م .فيها 22500 مدين .

ج- حـ/ مخصص د.م.فيها 18000 مدين .

د- حـ/ مخصص د.م. فيها 18000 دائناً .

43- لوكان السؤال السابق (42) وفي 12/31 كان رصيد مخصص د.م فيها 15000 دينار وترغب المنشأة الاحتفاظ بمخصص للديون م فيها قدره 10000 دينار ، فما هو قيد التسوية ؟

44- يتم تكوين مخصص د.م . فيها في نهاية الفترة المالية تطبيقاً لمبدأ :

أ- التحفظ ب- التحقق ج- الافصاح د- الموضوعية

45- في 2003/1/1 كانت الأرصدة التالية في دفاتر مشروع الرحمة 13100 حـ/ المدينون ، 655 حـ/ مخصص د.م . فيها وخلال السنة نفترض حصول العمليات التالية :

في 3/3 المبيعات الآجلة 25000 دينار

في 4/4 مردودات مبيعات 2000 دينار

في 5/5 خصم المبيعات 1000 دينار

في 6/6 الديون المعدومة 500 دينار

في 7/7 مبلغ أمكن تحصيله عن ديون سبق وأن اعتبرت معدومة 100 دينار خلال السنة .

في 12/31 وعند الجرد تم اعدام دين آخر قدره 200 دينار يرغب المشروع بتكوين مخصص د.م. فيها بنسبة 2% من رصيد المدينين .

المطلوب : أ- اعداد قيود الاثبات للعمليات أعلاه .

ب-اعداد قيود التسوية في 2003/12/31

ج- تصوير الحسابات المعنية في سجل الاستاذ في 2003/12/31 .

د- لو كان الدين المعدوم الذي تم تحصيله يعود لسنوات سابقة فان القيد...

أوراق القبض

46- واحدة مما يلي لا تعتبر من ضمن أرصدة حساب أوراق القبض كأصل من الأصول في المشروع :

أ- أوراق القبض برسم التحصيل ج- أوراق القبض برسم الرهن

ب- أوراق القبض برسم الخصم د- أوراق قبض تم خصمها في البنك

47- ورقة قبض بمبلغ 10000 دينار حررت بتاريخ 2006/3/10 تستحق السداد بعد 3شهور بفائدة 8% ، رفض المسحوب عليه السداد بتاريخ الاستحقاق وبلغت مصاريف الاحتجاج 125 دينار ، المبلغ المستحق بعد 3 شهور:

أ- 10125 ب- 10325 ج- 10800 د- 10925

48- ورقة قبض بمبلغ 6000 دينار حررت بتاريخ 2005/10/1 بفائدة 12%، تستحق بعد 4 شهور ، عليه في 12/31 يكون ايراد الفوائد (دينار) :

أ- 240 ب- 180 ج- 60 د- لا شيء

49- للسؤال (48) أعلاه يكون إيراد الفوائد المستحقة القبض في 2005/12/31

أ- لا شيء ب- 60 ج- 120 د- 180

وأن قيد العملية للسؤال (49) تكون :

أ- مدين حـ/ ايراد فوائد دائن حـ/ ايراد فوائد مستحقة القبض

ب- مدين حـ/ ايرادات دائن حـ/ ايراد فوائد .

ج- مدين حـ/ ايراد فوائد مستحقة القبض دائن حـ/ ايراد خدمات

د- مدين حـ/ ايراد فوائد مستحقة القبض دائن حـ/ ايراد فوائد

50- في موعد الاستحقاق في 2006/2/1 يعد القيد التالي :

أ- 60 من حـ/ البنك 60 الى حـ/ ايراد فوائد

ب- 240 من حـ/ البنك 240 الى حـ/ ايراد وفوائد

ج- 180 من حـ/ البنك 180 الى حـ/ ايراد وفوائد

د- 6240 من حـ/ البنك الى مذكورين

60 حـ/ ايراد فوائد
180 حـ/ ايراد فوائد مستحقة القبض
6000 حـ/ أ. ق

51- في 1/1 سحب مشروع الانعام ورقة قبض على الزبون ثائر بمبلغ 22000 دينار تستحق الدفع خلال 6 شهور بفائدة 10% .

- في 3/1 أرسل المشروع الورقة للبنك لخصمها .

- في 3/2 قام البنك بخصم الورقة بسعر خصم 12% وأضاف صافي المبلغ لحساب المشروع لديه .

المطلوب : أ- اعداد قيود اليومية الازمة للعمليات أعلاه .

ت- تصوير حـ/ أ.ق في سجل الاستاذ .

الاستثمارات المالية (الاوراق المالية)

52 - تعتبر الاستثمارات المالية (الاسهم والسندات) قصيرة الامد :

أ. اصول متداولة ج. حقوق ملكية

ب. خصوم متداولة د. اصول ثابتة

53- يكون تقييم الاستثمارات المالية المحتفظ بها للمتاجرة (محفظة الاوراق المالية) في نهاية الفترة المالية (12/31) وعند اعداد القوائم المالية :

أ. بالتكلفة ج. بالتكلفة او السوق ايهما أقل

ب. بالقيمة السوقية العادلة د. بالتكلفة او السوق ايهما أكبر

54- في 2002/2/2 اشترى مشروع ام القرى 10000سهم من اسهم شركة الاسمنت بسعر 2 دينار للسهم ، ودفع عمولة سمسار 2% من قيمة الصفقة . في 2002/8/8 باع المشروع 1000 سهم بسعر 4 دينار للسهم مع دفع عمولة بيع للوسيط المالي 50 دينار عليه ، فان تكلفة شراء الاسهم (دينار) :

أ. 20000 ب. 4000 ج.40400 د. 20400

55- المبلغ المتحصل من بيع الاسهم في السؤال (54) اعلاه (دينار) :

أ. 3950 ب. 4000 ج. 4050 د. 3920

56-أرباح بيع الاسهم في السؤال (54) اعلاه (دينار) :

أ. 2000 ب.1960 ج.1910 د. 1900

57- ان تكلفة السهم الواحد للسؤال (54) اعلاه وسعر البيع على التوالي (دينار) :

أ. 2.04 و 3.95 ب. 1.96 و 3.05

ب. 2 و 4 ج. 2.2 و 4.4

58-أ- في 2004/1/1 اشترى مشروع النجفي 6000 سند قيمة اسمية 20 دينار بفائدة 6% تدفع في 7/1 و 1/1 من السنة ، عليه في 2004/12/31 تكون ايرادات الفوائد والايرادات المستحقة القبض على التوالي (دينار) :

أ. 3600 و 3600 ج. 360 و 720

ب. 7200 و 360 د. 7200 و 3600

58-ب- في 2005/6/1 اشترت محلات ذي قار 8000 سهم من اسهم شركة أحد بسعر 5 دينار للسهم ودفع عمولة شراء 800 دينار ، شيك .

- وفي 6/10 اشترت المحلات 7000 سهم من اسهم البنك العربي بسعر 4 دينار للسهم الواحد متضمناً العمولة البالغة 700 دينار شيك .

- وفي 6/15 باعت المحلات 4000 سهم من اسهم شركة أحد بسعر 6 دينار مع دفع عمولة بيع 400 دينار ، وبيع 2000 سهم من اسهم العربي بسعر 3.5 دينار .

- وفي 12/31 اغلقت البورصة عن الاسعارالتالية :

5.3 دينار سعر سهم شركة أحد و 3.7 دينار لسهم البنك العربي

المطلوب :

أ- اثبات العمليات اعلاه في يومية المحلات .
ب- اعداد قيود التسوية اللازمة في يومية المحلات .

58-ج- محفظة الاوراق المالية لمشروع الزركة في 2003/12/31 تتضمن 6000 سهم من اسهم شركة الرمادي للتجارة العامة قيمة اسمية 1 دينار و 6000 سند من سندات سند حديثة قيمة اسمية 10 دينار. القيمة السوقية العادلة في 12/31 هي 1.1 دينار للسهم من اسهم شركة الرمادي و 9.9 دينار للسند من سندات سد دهوك . ان تعديلات القيمة العادلة للمحفظة (دينار) :

أ. 1200 ب. 6000 ج. لا توجد د. 18000

59- في 2004/4/1 اشترت محلات العمارة 1000 سند بسعر 9 ، دينار قيمة اسمية 10 دينار بفائدة 14% تدفع مرتين بالسنة 7/1 و 12/31 ، مدة السند 2 سنة وتاريخ الاكتتاب 2004/1/1 ، ودفعت عمولة شراء 1% من قيمة الصفقة، كما دفعت الفوائد المستحقة حتى تاريخ الشراء .

- في 9/1 باعت المحلات 500 سند بسعر 9.5 دينار ، ودفع عمولة سمسار البيع 95 دينار وتضمن ثمن البيع الفوائد المستحقة حتى تاريخه .

المطلوب :

أ- اعداد قيود اليومية اللازمة لاثبات عمليات الشراء والبيع للسندات .
ب- اعداد قيود التسوية اللازمة في 2004/12/31 .
ث- تصوير الحسابات المختصة في سجل الاستاذ في 2004/12/31 .

المخزون

60- المخزون المتبقي في آخر المدة :

أ. اصل ثابت   ب. أصل متداول   ج. اصل طويل الأمد   د. أ او ب

61 - في 1/1 كان المخزون السلعي 1000 وحدة بكلفة 1 دينار للوحدة

في 3/20 مشتريات 2000 وحدة بسعر 1.5 دينار

في 5/11 بيع 1500 وحدة بسعر 2 دينار

في 8/8 مشتريات 500 وحدة بسعر 2.5 دينار

في 11/11 بيع 400 وحدة بسعر 3 دينار

عليه :

أ. تكلفة بضاعة آخر المدة بطريقة FIFO ونظام الجرد الدوري هي .... دينار

ب. تكلفة بضاعة آخر المدة بطريقة FIFO ونظام الجرد المستمر هي .... دينار

ج. تكلفة بضاعة آخر المدة بطريقة W.A ونظام الجرد الدوري .... والمستمر .....

د. تكلفة المبيعات بطريقة LIFO ونظام الجرد الدوري هي : ....

هـ. تكلفة بضاعة آخر المدة بطريقة LIFO ونظام الجرد المستمر هي: ....

62- لسنة 2005 بلغ اجمالي المشتريات 80000 دينار ومردودات المشتريات 500 دينار وبضاعة أول المدة 10000 دينار وآخر المدة 4000 دينار ، فإن تكلفة البضاعة المباعة:

أ. 85500   ب. 90000   ج. 94500   د. 76000

وهل تختلف النتيجة هنا بإختلاف نظام الجرد ؟ ....

63- مخزون أول المدة يمثل :

أ. المشتريات خلال الفترة   ج. مخزون آخر الفترة السابقة

ب. البضاعة المعروضة للبيع   د. المخزون المتبق آخر الفترة الحالية

64- يسمى المخزون المتبقي في آخر أي فترة :

أ. مخزون آخر المدة ج.المخزون المتبقي آخر الفترة السابقة

ب.المخزون المتاح للبيع د. المخزون المعد والمعروض للبيع

65- في نظام الجرد المستمر تحتسب تكلفة المبيعات عند كل عملية بيع أما في نظام الجرد الدوري فتحسب كما يلي :

أ- اول المدة + المشتريات + آخر المدة

ب- اول المدة + المشتريات - آخر المدة

ج- اول المدة – المشتريات – آخر المدة

د- اول المدة – المشتريات + آخر المدة

66- لتسلسل العمليات في نظام الجرد المستمر :

أ. لا أثر على كلفة المبيعات ج . أثر على كلفة المشتريات

ب. أثر على قيمة المبيعات د. أثر على كلفة المبيعات

67-اختلاف الطريقة المتبعة في تسعير الصادر المخزني له أثر على :

أ. بضاعة اول المدة ج. تكلفة المشتريات

ب. تكلفة المبيعات وبضاعة آخر المدة د. ثمن المبيعات

68-عند اعتماد نظام الجرد الدوري يسجل مبلغ 440 دينار عن نقل المشتريات نقداً كما يلي:

أ. 440 من حـ/مصروفات نقل للخارج 440 الى حـ/ الصندوق

ب. 440 من حـ/مراقبة المخزون 440 الى حـ/الصندوق

ج. 440 من حـ/مصروفات نقل للداخل 440 الى حـ/الصندوق

د. 440 من حـ/المشتريات 440 الى حـ / الصندوق

69- اذا كانت قيمة البضاعة المتبقية في آخر المدة 7000 دينار وقيمة المشتريات خلال المدة 70000 دينار والبضاعة المباعة 77000 دينار فإن بضاعة أول المدة هي :

أ.صفر ب. 14000 ج. 114000 د. 63000

70- في نظام الجرد المستمر فإن شراء البضاعة يؤدي الى :

أ. زيادة حـ/البضاعة بالمخازن (مراقبة المخازن) (مدين)

ب. زيادة حـ/المشتريات (مدين)

ج. نقص حـ/مراقبة المخزون (دائن)

د. نقص حـ/الدائنين (دائن)

71- الطريقة التي تحسب تكلفة مخزون آخر المدة باسعار آخر الصفقات هي :

أ. المتوسط المرجح ج. الوارد اولاً صادراً أولاً

ب. التمييز العيني د. الوارد آخراً صادراً آخراً

72- اذا تم خطئاً تخفيض قيمة بضاعة آخر المدة للفترة المالية المعنية يؤدي ذلك الى زيادة او تخفيض ما يلي :

أ. تكلفة المبيعات ب. مجمل الربح ج. صافي الربح

73- ان طريقة التسعير للصادر المخزني التي تعطي اقل ربح هي :

أ. ما يرد اولاً يصدر اولاً FIFO ج. المتوسط المرجح W.A

ب. ما يرد اخرا يصدر اولاُ LIFO د. التمييز العيني S.I

74- في 2005/1/1 رصيد المخزون 200 وحدة بسعر 2 دينار والمشتريات خلال السنة 400 وحدة بسعر 3 دينار و300 وحدة بسعر 4 دينار والمتبقي في آخر المدة 150 وحدة .

المطلوب : مرة وفقاً لنظام الجرد الدوري ومرة اخرى وفقاً لنظام الجرد المستمر:

أ. كمية وقيمة البضاعة المعروضة للبيع .

ب. كمية وكلفة المبيعات باستخدام الطرق الممكنة .

ج. كمية وكلفة بضاعة آخر المدة باستخدام الطرق الممكنة .

د. مجمل الربح بموجب كل طريقة اذا كان سعر البيع للوحدة 5 دنانير .

هـ اعداد القيود اللازمة في اليومية .

و. تصوير الحسابات المختصة في سبل الاستاذ .

75- البيانات الخاصة بمخزون البضاعة من صنف(ص ع ص) السنة 2004 .

1/1 رصيد 500 وحدة بكلفة 5000 دينار .

1/20 مشتريات (وارد) 5000 وحدة بسعر 12 دينار .

1/22 مردودات مشتريات (خارجة) من مشتريات (1/20) ، 100 وحدة .

3/9 مبيعات (صادر) 3000 وحدة بسعر 14 دينار .

3/12 مردودات مبيعات 3/9 ، 200 وحدة .

5/15 مشتريات 4000 وحدة بسعر 14 دينار .

9/19 مشتريات 2000 وحدة بسعر 16 دينار .

11/11 مبيعات 6000 وحدة بسعر 18 دينار .

12/12 مبيعات 1000 وحدة بسعر 20 دينار .

فإذا علمت ان :

1- كل عمليات البضاعة كانت قد تمت بالإجل وان تسديد قيمة المشتريات ثم في نهاية السنة بعد الحصول على خصم 5% ، وكذلك قبض قيمة المبيعات بعد منح خصم 4 % .

2- ان سعر السوق للبضاعة في 2004/12/31 يقل بنسبة 10% عن التكلفة .

3-ان مصروفات التشغيل بلغت 2500 دينار للسنة .

المطلوب :

مرة وفقاً لنظام الجرد الدوري ومرة اخرى وفقاً لنظام الجرد المستمر وحسب طرق التسعير الصادر المخزني الممكنة :-

أ- كمية وقيمة البضاعة المتاحة للبيع خلال السنة .
ب- كمية المبيعات وتكلفة المبيعات للسنة .
ج- كمية وتكلفة مخزون آخر المدة 12/31 .
د- مجمل الربح وصافي الربح للسنة .
هـ- اعداد قيود اليومية اللازمة لكافة العمليات والتسويات في 12/31 .
و- تصوير الحسابات المختصة وسجل الاستاذ في 12/31 .

الأصول طويلة الأجل :

76- تشمل تكلفة الأصل طويل الاجل التي تثبت في السجلات :-

أ- كل ما ينفق عليه حتى يصل للمشروع المشتري .

ب- كل ما ينفق عليه لغاية استلامه من قبل المشروع .

ج- كل ما يتفق عليه حتى يصبح جاهزاً للإستخدام .

د- أ أو ب أو ج .

77- ان قيمة الخردة (النفاية) في نهاية العمر الانتاجي للأصل الثابت المستهلك:

أ- تطرح من تكلفة الأصل لغرض حساب مصروف الاهلاك .

ب- تضاف الى تكلفة الاصل لفرض حساب مصروف الاهلاك .

ج- لا تطرح تكلفة الاصل لحساب مصروف الاهلاك .

د- أ أو ج .

78- طرق حساب الاهلاك للأصول الثابتة المستهلكة :-

أ- لا تتشابه في اسلوبها ومبرراتها ومجالات تطبيقها .

ب- تتشابه في اسلوبها ومبرراتها ومجالات تطبيقها .

ج- تصلح جميعها لحساب تكلفة استخدام (نفاد ، اطفاء ، ....) الاصول طويلة الامد.

د- لا شيء مما ذكر .

79-عند الاستغناء عن الاصل طويل الامد فإن حـ /مجمع الاهلاك في قيد الاستغناء :-

أ- يكون مديناً　　　　ب- يكون دائناً

ج- أ أو ب　　　　د- يبقى كما هو قبل الاستغناء

80- في 2003/3/30 اشترى مشروع الوقاص ماكنة ودفع عليها ما يلي: 30000 دينار اثمن بموجب فاتورة المورد و 300 دينار مصروفات تأمين خلال نقل الماكنة و 3000 دينار رسوم جمركية و 600 دينار نصب وتشغيل تجريبي و 150 دينار عمولة شراء و 200 دينار تأمين ضد المخاطر خلال السنة، عليه فان كلفة الماكنة التي تسجل في دفاتر المشروع هي: .... دينار .

81- في 2003/5/15 اشترت محلات البحرين سيارة بمبلغ 55000 دينار وقدرت النفاية في نهاية العمر الانتاجي 2000 دينار عليه وباستخدام طريقة القسط الثابت في الاهلاك وبنسبة 5% سنوياً .

أ- ان عمر السيارة هو : .... دينار .

ب- ان قسط الاهلاك السنوي هو :....... دينار .

ج- ان الاهلاك للسنة الاولى هو : ...... دينار .

د- ان قيد مصروف الاهلاك للسنة الاولى هو : ....

هـ- اذا تم بيع الالى في 2004/5/15 مبلغ 53000 دينار يكون القيد: ....

و- ان القيمة الدفترية للسيارة في 2003/12/31 هي : .... دينار .

وفي 2003/5/15 وقبل البيع هي : .... دينار .

ز- ان نتيجة عملية البيع هي : .... بمقدار .... دينار

82- في بداية سنة 2004 انشأ مشروع ذو النورين مباني ، بكلفة 160000 دينار وقدرت قيمة الخردة 10000 دينار في نهاية العمر الانتاجي 5 سنوات والمشروع يتبع طريقة القسط المتناقص في حـ/ مصروف الاهلاك وبنسبة ثابتة سنوياً ، عليه :

أولاً : يكون الأهلاك السنوي (1- $\sqrt[\text{عمر}]{\frac{\text{خردة}}{\text{كلفة}}}$ بنسبة ....؟

ثانياً : قيد الاهلاك في 2004/12/31 هو : ....

83- كلفة شراء آلة بمبلغ 20000 دينار وعمرها الانتاجي المقدر 5 سنوات، فباستخدام طريقة مجموع ارقام السنين تكون نسبة الاهلاك ومصروف الاهلاك على التوالي للسنة الثالثة :

أ- 25% و 4000 دينار　　　　ج- 60% و 12000 دينار

ب- 20% و 4000 دينار　　　　د- 30% و 6000 دينار

84- عقار كلفته 80000 دينار ومجمع اهلاكه المتراكم 15000 دينار تم بيعه بمبلغ 65500 دينار مع دفع مبلغ 500 دينار عن عمولة بيع، عليه:

اولاً : ان نتيجة عملية البيع هي :

أ- ربح قدره 500 دينار　　　　ج-لا ربح ولا خسارة

ب- خسارة قدرها 500 دينار　　　　د-خسارة 15000 دينار

ثانياً: ان العمر الانتاجي المنقضي للعقار يعادل ...... % .

85-عقار كلفته 150000 دينار ومجمع اهلاكه المتراكم 50000 دينار استبدل بعد سنة بعقار آخر كلفته 200000 دينار ومجمع اهلاكه المتراكم 90000 دينار، ولا تمام عملية الاستبدال تم دفع 20000 دينار نقداً ومبلغ 10000 دينار عمولات ورسوم تسجيل العقار الجديد ، علماً ان العمر المقدر للعقار القديم 15 سنة ويهلك بطريقة القسط الثابت .

المطلوب : اعداد القيد الخاص بعملية الاستبدال للعقار القديم .

86-كلفة سيارة 8000 دينار والخردة في نهاية العمر الانتاجي 500 دينار وتستهلك بقسط ثابت 10% سنوياً ، وفي منتصف العمر تم استبدال محركها واستبدل بآخر جديد بمبلغ 1000 دينار وقدر ان يزيد عمرها الانتاجي سنتين كما تم صرف بملغ 100 دينار عن تبديل بعض قطع الغيار التي تتم بصورة دورية .

المطلوب : اعداد القيود اللازمة للسنة اللاحقة لعملية اجراء التحسينات على السيارة.

87- منشأة القرنة للاستثمار النفطي تمتلك ابار نفطية كلفتها 2 مليون دينار وحقل غاز طبيعي بكلفة 1.5 مليون دينار ، الطاقة الانتاجية المقدره 5 مليون برميل للنفط الخام و 10 مليون م3 للغاز الطبيعي ، انتجت في سنة 2002 مليون برميل خام ليصبح بذلك الانتاج الكلي الفعلي 6 مليون برميل وانتجت 2 مليون م3 غاز ليصبح بذلك الانتاج الفعلي الكلي 4 مليون م3 .

المطلوب :

أ- حساب نسبة الانتاج الفعلي الكلي والانتاج المتبقي .

ب- حساب معدل النفاذ للبرميل الواحد من الخام وللمتر الواحد من الغاز .

ج- اعداد القيود اللازمة في 2002/12/31 .

88- اذا امكن حساب الاهلاك على الاضافات والتحسينات على الأصول الثابتة:

أ- يعالج الاهلاك مع نفس الأصل الثابت

ب- يعالج الاهلاك مع كافة الاصول الثابتة

ج- يعالج بصورة منفصلة

د- أ أو ج

89- يمكن اعطاء الاصول غير الملموسة كالشهرة :

أ- عمر انتاجي محدد ج- أ أو ب

ب- عمر انتاجي غير محدد د- أ + ب

90- الاصول غير الملموسة كالشهرة التي لا يحدد لها عمر انتاجي معين تخضع:

أ- للاطفاء ج- اختبار تدني القيمة

ب- اختبار زيادة القيمة د- أ أو ب أو ج

91- اذا كانت القيمة الدفترية للشهرة 60000 دينار، واعيد تقديرها بمبلغ 54000 دينار في نهاية السنة ولم يحدد لها عمر انتاجي فهناك :

أ- مدين 6000 خسائر انخفاض قيمة الشهرة

ب- مدين 6000 مصروف اطفاء الشهرة

ج- دائن 6000 الشهرة

د- أ + ج

92- اذا امكن تحديد عمر الاصل غير الملموس كالشهرة هناك:

أ- مصروف اطفاء ج- مصروف اهلاك

ب- خسائر انخفاض د- مصروف انفاد

93- ماكنة كلفتها 10000 دينار و 1000 دينار اهلاكها السنوي 7000 دينار مجمع اهلاكها في 1/1 ، تم شطبها في 12/31 ، خسارة الشطب:

أ- 10000 ب- 3000 ج- 2000 د- 2500

94- عقار كلفته 100000 دينار، 60000 دينار مجمع الاهلاك في 1/1 والاهلاك السنوي 10% ، يكون مصروف الاهلاك السنوي اذا قدر العمر الجديد له 11 سنة:

أ- 8000　　ب- 16000　　ج- 40000　　د- 10000

95- تغيير التقديرات المحاسبية على الاصول طويلة الأمد (اعادة التقدير) يشمل:

أ- السنوات السابقة　　ب- السنة الحالية

ج- السنوات القادمة　　د- ب+ ج

96- اذا تم شراء مشروع قائم بمبلغ أقل من قيمة صافي اصوله (الاصول - الخصوم) فهناك :

أ- شهرة موجبة　　ب- شهرة سالبة

ج- عدم وجود شهرة　　د- غير ما ذكر

97- الشراء في حالة وجود شهرة سالبة يعني هناك :

أ- ارباح　　ب- خسائر　　ج- لا ربح ولا خسارة　　د- غير ما ذكر

98- الشهرة السالبة :

أ- تظهر بالدفاتر　　ب- لا تظهر بالدفاتر

ج- أ أو ب　　د- غير ما ذكر

99- شهرة كلفتها بالدفاتر 25000 دينار وعمرها المحدد سابقاً 20 سنة فان مصروف الاطفاء :

أ- لا يوجد　　ب- صفر　　ج- 1250　　د- 2500

100- شهرة كلفتها بالدفاتر 50000 دينار ولم يحدد عمرها الانتاجي وقدرت قيمتها في 12/31 بمبلغ 40000 دينار، يكون القيد ....

حقوق الملكية (رأس المال)

101- في 2004/12/31 كان رصيد الاصول المتداولة في احد المشروعات 70000 ورصيد الاصول طويلة الاجل (الثابتة) 170000 ورصيد المطلوبات 60000 دينار ، عليه فان حقوق الملكية بذلك التاريخ هي (دينار):

أ-240000　　ب-70000　　ج-110000　　د- 180000

102- مسحوبات مالك المشروع لاغراضه الشخصية ينتج عنها :

أ- زيادة حقوق الملكية ج-زيادة المصروفات

ب- زيادة الالتزامات على المشروع د- تخفيض حقوق الملكية

103- زيادة رأس المال نقداً وعيناً يؤدي الى :-

أ- زيادة الاصول وزيادة حقوق الملكية

ب- زيادة الاصول النقدية وزيادة حقوق الملكية

ج- زيادة الاصول العينية وزيادة حقوق الملكية

د- زيادة الاصول (النقدية والعينية) وتخفيض حقوق الملكية

104- اذا انخفضت حقوق الملكية في المشروع الفردي فذلك يعني :-

أ- الزيادة على رأس المال اقل من صافي الربح للفترة

ب- صافي الربح للفترة اقل من المسحوبات الشخصية

ج- صافي الخسارة للفترة اقل من الزيادة على رأس المال

د- الزيادة على رأس المال أكبر من المسحوبات الشخصية

105- بدأ مشروع السماوي اعماله منذ بداية السنة بأصول متداولة 99000 دينار واصول ثابتة 100000 دينار ومطلوبات 29000 دينار للسنة بلغت المصروفات 50000 دينارنصفها نقدية والايرادات 80000 دينار لم يقبض الا نصفها، والمسحوبات الشخصية 10000 دينار .

فإن صافي الزيادة لحقوق الملكية للسنة (دينار) :

أ- 50000 ب-30000 ج-20000 د-10000

106- للسؤال(105) اعلاه فان حقوق الملكية في بداية الفترة ونهايتها هي (دينار):

أ-170000 و 190000 ج- 200000 و 220000

ب-199000 و 219000 د-279000 و 309000

107- للسؤال (105) اعلاه مطلوب :

أ- اعداد قيود الاثبات والتسوية اللازمة

ب- تصوير الحسابات المختصة في سجل الاستاذ

اوراق الدفع (والقروض)

108- ورقة الدفع هي :

أ- كمبيالة أو سند يمثل حقوق للمشروع

ب- كمبيالة أو سند يمثل التزامات على للمشروع

ج- سند يؤدي الى مصروفات في المستقبل

د- سند يؤدي الى ايرادات في المستقبل

109- الفرق في التسويات بين أ.د و أ.ق :

أ- تسوية ايرادات للأولى وتسوية مصروفات للثانية

ب- تسوية نقدية للأولى وتسوية غير نقدية للثانية

ج- تسوية مصروفات فوائد للاولى وتسوية ايرادات فوائد للثانية

د- تسوية اصول للاولى وتسوية خصوم للثانية

110- ان ورقة الدفع من جهة المستفيد :

أ- تخضع لكافة العمليات التي تخضع لها ورقة القبض

ب- تخضع لبعض العمليات التي تخضع لها ورقة القبض

ج- لاتخضع لأي عمليات مشابهة لورقة القبض

د- أ أو ج

111-الفرق بالزيادة بين قيمة ورقة الدفع طويلة الاجل وبين مبلغ القرض أو البضاعة المستلمة بموجبها يعتبر :

أ- خصم مكتسب ج- ايراد او فوائد

ب- مصروف فوائد د- خصم أ.د

112- في 2004/10/1 اقترض مشروع بابل 25000 دينار بموجب كمبيالة تستحق بعد 7 شهور بفائدة 11% ، عليه في 2004/12/31 بخصوص الكمبيالة هناك:

أ- قيد اثبات أ.د ب- قيد التسوية ج- قيد اقفال د- قيد اغلاق

113- للسؤال (112) اعلاه يتضمن القيد :

أ- من حـ/مصروف فوائد مستحقة الدفع الى حـ/ مصروف فوائد

ب- من حـ/ مصروف فوائد الى حـ/ فوائد مستحقة الدفع

ج- من حـ/ أ.د الى حـ/ المدينين

د- من حـ/ الدائنين الى حـ/ أ.د

114- للسؤال (112) اعلاه ايضاً يكون مبلغ القيد :

أ- 2750 ب- 1604.166 ج- 687.5 د- 1750

115- في 2003/1/1 اقترض مشروع البغدادي من احد البنوك مبلغ 9000 دينار يسدد بثلاث اقساط سنوية متساوية مع الفائدة بمعدل 12% ، عليه فان مجموع المبلغ المدفوع في نهاية مدة القرض (دينار) :

أ- 11160 ب-12240 ج-12644 د-29160

116- في 2005/9/18 استحقت على مشروع صنعاء كمبيالة بمبلغ 13800 دينار وفوائدها المستحقة 450 دينار كذلك مصاريف الاحتجاج 50 دينار دفعتها الشركة الدائنة (شركة البراق)، وبسبب تعذر سداد المشروع للمبالغ المستحقة، استبدلت الورقة بورقة اخرى تستحق بعد 4 شهور بفائدة 8% سنوياً وتم السداد فعلاً في موعد الاستحقاق من سنة 2006 .

المطلوب :

أ- اعداد كافة قيود الاثبات والتسوية الخاصة بالكمبيالة

ب- تصوير الحسابات المختصة في الاستاذ للسنوات 2005 و 2006

الحلول المقترحة

الايرادات والمصروفات	الاستثمارات المالية	اوراق القبض
11. ب	52. أ	46. د
12. د	53. ب	47. ب
13. ب	54. د	48. ب
14. أ	55. أ	49. د
15. ب	56. ج	50. د
16. أ	57. أ	
17. ج	58. د	
18. ج	المخزون	حقوق الملكية
19. د	60. ب	101. د
	62. أ	102. د
الصندوق	63. ج	103. أ
20. أ	64. أ	104. ب
21. أ	65. ب	105. ج
22. ب	66. د	106. أ
23. ب	67. ب	
24. د	68. ج	
25. ج	69. ب	أ. د والقروض
26. أ	70. أ	108. ب
27. ب	71. د	109. ج
28. د	الاصول طويلة الاجل	110. أ
	76. ج	111. د
البنك	77. د	112. ب
29. د	78. أ	113. ب
30. د	79. أ	114. ج
31. ب	83. ب	115. أ
32. د	84. ج	
33. د	88. ج	اوراق الدفع والقروض
34. أ	89. ج	108. ب
35. ج	90. ج	109. ج
	91. د	110. أ
المدينون	92. أ	111. د
37. د	93. د	112. ب
38. ب	94. أ	113. ب
39. أ	95. د	114. ج
40. د	96. ب	115. أ
41. ب	97. أ	
42. ج	98. ب	
44. أ	99. ج	

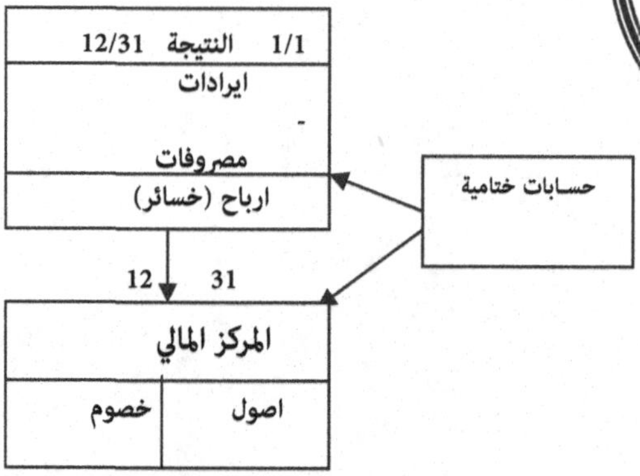

الفصل السابع عشر

الحسابات الختامية والقوائم المالية

FINAL ACCOUNTS & FINANCIAL STATEMENTS

- الحسابات الختامية .
- القوائم المالية .

استنادا إلى مبدأ الدورية (الفترية) للبيانات المحاسبية والمتضمن تقسيم حياة المشروع القائمة على مبدأ (الاستمرارية) إلى عدد من الدورات أو الفترات المالية ، وبقصد إعداد نتيجة العمل (ربح أو خسارة) والمركز المالي (الحقوق والالتزامات) لكل دورة أو سنة مالية، يتطلب ذلك تحضير ما يسمى بالحسابات الختامية ، التي تعد وتنتهي أو تقفل في نهاية الفترة تمهيدا لإعداد القوائم المالية .

تحضير الحسابات الختامية

تختلف أنواع الحسابات الختامية والعمليات المرتبطة بها ، باختلاف الهدف وطبيعة نشاط المشروع ، فبالنسبة للنشاط التجاري ، ولغرض حساب نتيجة العمل يتم تحضير حسابي المتاجرة والارباح والخسائر (او حساب ملخص الدخل)، وللنشاط الصناعي يعد إضافة لذلك حساب التشغيل (الصنع أوالإنتاج) ، وللنشاط الزراعي يعد حساب المحاصيل أو الاستغلال الزراعي . وحيث أن النشاط التجاري هو النشاط المعني في هذا الكتاب ، فيما يلي الخطوات اللازمة لتحضير الحسابات الختامية والتي يسبقها تحديد للحسابات التي سيتم اعتمادها وهي :

- **أما حسابين : أحدهما للمتاجرة والآخر للأرباح والخسائر .**
- **أو حساب واحد : هو حساب ملخص الدخل .**

ثم على ضوء ذلك تتبع الخطوات التالية :

1- فتح صفحة للحساب الختامي في دفتر أستاذ المشروع .

2- إثبات قيمة بضاعة آخر المدة بالحساب الختامي المعني .

3- إقفال أرصدة حسابات المصروفات والإيرادات وما بحكمها للسنة المالية بالحساب الختامي المعني .

4- ترحيل قيود الإقفال الى الحسابات المختصة في دفتر الأستاذ ، ثم القيام بحساب النتيجة (ربح أو خسارة) واقفالها بالحساب اللاحق المعني .

أولا : حساب ملخص الدخل Income Summary Account

ويعد هذا الحساب عندما يرغب المشروع باعتماد حساب واحد لتحديد النتيجة النهائية من صافي ربح أو خسارة وكما في المثال التالي :

مثال : فيما يأتي ميزان المراجعة الختامي لمشروع الفاروق التجاري لشهر ك2001/1 مؤشر عليه الحسابات الخاصة بالنتيجة والحسابات الخاصة بالمركز المالي :

مشروع الفارق التجاري ميزان المراجعة شهر ك2001/1		
أرصدة مدينة	أرصدة دائنة	اسم الحساب
1500	-	حـ/ الصندوق
2300	-	حـ/ البنك
9700	-	حـ/ المدينون
5700	-	حـ/ الأثاث
	1200	حـ/ مجمع اهلاك الاثاث
-	4600	حـ/ الدائنون
-	250	حـ/ أ. د
-	7800	حـ/ رأس المال
500	-	حـ/ المسحوبات الشخصية
2000	-	حـ/ بضاعة (أول المدة)
9000	-	حـ/ المشتريات
-	1000	حـ/ مردودات المشتريات
300	-	حـ/ مصروفات نقل المشتريات (للداخل)
-	1200	حـ/ خصم مكتسب
-	22250	حـ/ المبيعات
600	-	حـ/ مصروف إهلاك اثاث
6350	-	حـ/ الرواتب والأجور
750	-	حـ/ المصروفات العامة
-	400	حـ/ أرباح بيع أصول ثابتة
38700	38700	المجموع

+ بضاعة آخر مدة
= حسابات المركز المالي
(الاصول والخصوم)

= حسابات النتيجة
(الربح والخسارة)

يمكن توضيح الخطوات المبينة سابقا لحساب النتيجة باستخدام حـ/ ملخص الدخل كما يلي :

1- فتح صفحة في دفتر الأستاذ لحساب ملخص الدخل ، لترحل إليه القيود ذات العلاقة .

دفتر الأستاذ :

مشروع الفاروق التجاري حـ/ ملخص الدخل 2001/12/31					
مدين			دائن		
المبلغ	البيان	قيد اليومية	المبلغ	البيان	قيد اليومية

2- إثبات قيمة بضاعة آخر المدة Ending Inventory

وعلى أساس أن نظام الجرد المتبع هو نظام الجرد الدوري ، وللأسباب التي سبق ذكرها . ولنفترض للمثال السابق أن بضاعة آخر المدة 2001/12/31 قدرت بملغ 1900 دينار بسعر الكلفة و 2220 دينار بسعر السوق .

يكون قيد الإثبات في يومية المشروع :

1900	-	من حـ/ بضاعة آخر المدة إلى حـ/ ملخص الدخل إثبات قيمة بضاعة آخر المدة	12/31
-	1900		

3- إقفال الحسابات الخاصة بالنتيجة بحساب ملخص الدخل

والإقفال يعني تحويل أرصدة حسابات معينة إلى حسابات اخرى ، بموجب **قيد الإقفال** Closing Entry وذلك بجعل :

- الحسابات ذات الأرصدة المدينة ، جعلها دائنة والحساب الذي يتم الإقفال فيه (حـ/ ملخص الدخل) مدينا .
- الحسابات ذات الأرصدة الدائنة جعلها مدينة والحساب الذي يتم الإقفال فيه (حـ/ ملخص الدخل) دائنا.

وبذلك تصبح الحسابات المراد اقفالها حسابات مقفلة . علماً أن الحسابات الخاصة بالنتيجة التي تقفل بحساب ملخص الدخل هي حسابات المصروفات والإيرادات والأرباح والخسائر وما بحكمها من مشتريات ومبيعات ومردوداتها ومسموحاتها والخصم عليها (حسابات مؤقتة) .

يومية المشروع : إقفال الحسابات

19000	-	من حـ/ ملخص الدخل	12/31
		إلى مذكورين	
-	2000	حـ/ بضاعة أول مدة	
-	9000	حـ/ المشتريات	
-	300	حـ/ مصروفات نقل المشتريات	
-	600	حـ/ مصروفات إهلاك الأثاث	
-	6350	حـ/ الرواتب والأجور	
-	750	حـ/ المصروفات العامة	
		إقفال الحسابات المدينة لحساب ملخص الدخل	

		من مذكورين	12/31
1000	-	حـ/ مردودات المشتريات	
1200	-	حـ/ الخصم المكتسب	
22250	-	حـ/ المبيعات	
400	-	حـ/ أرباح بيع أصول ثابتة	
-	24850	إلى حـ/ ملخص الدخل	
		إقفال الحسابات الدائنة لحساب ملخص الدخل	

4- ترحيل قيود الإقفال إلى الحسابات المختصة :

أ. ترحيل ما يخص حسابات المصروفات والإيرادات وما بحكمها من واقع قيود الإقفال اليومية :

حـ/ البضاعة (أول المدة)

2000 رصيد	2000 من حـ/ ملخص الدخل
-0-	

حـ/ المشتريات

9000 رصيد	9000 من حـ/ ملخص الدخل
-0-	

حـ/مصروفات نقل للداخل

300 رصيد	300 من حـ/ ملخص الدخل
-0-	

حـ/ مصروف إهلاك الأثاث

600 رصيد	600 من حـ/ ملخص الدخل
-0-	

حـ/ الرواتب والأجور

6350 رصيد	6350 من حـ/ ملخص الدخل
-0-	

حـ/ المصروفات العامة

750 رصيد	750 من حـ/ ملخص الدخل
-0-	

حـ/ مردودات المشتريات

1000 إلى حـ/ ملخص الدخل	1000 رصيد
	-0-

حـ/ الخصم المكتسب

1200 إلى حـ/ ملخص الدخل	1200 رصيد
	-0-

حـ/ المبيعات

22250 إلى حـ/ ملخص الدخل	22250 رصيد
	-0-

حـ/ أرباح بيع أصول ثابتة

400 إلى حـ/ ملخص الدخل	400 رصيد
	-0-

وهكذا نلاحظ أن الحسابات أعلاه أصبحت مقفلة ، أي أن أرصدتها تساوي صفرا ، بينما حساب بضاعة آخر المدة بقي مفتوحا لأنه يمثل اصل من أصول المشروع (بضاعة متبقية لدى المشروع آخر المدة) .

حـ/ البضاعة (آخر المدة)

1900 إلى حـ/ ملخص الدخل	

وكذلك حسابات الأصول والخصوم ورأس المال لأنها ليست حسابات نتيجة وإنما من عناصر الميزانية العمومية (المركز المالي).

ب. ترحيل ما يخص حساب ملخص الدخل من واقع قيود الإقفال ثم حساب النتيجة واقفالها بحساب رأس المال .

مشروع الفاروق التجاري حـ/ ملخص الدخل للفترة المنتهية في 2001/12/31					
المدين			الدائن		
المبلغ		البيان	المبلغ		البيان
19000		إلى مذكورين	1900		من حـ/ بضاعة آخر المدة
	2000	حـ/ بضاعة أول المدة	24850		من مذكورين
	9000	حـ/ المشتريات		1000	حـ/ مردودات المشتريات
	3000	حـ/ مصروفات نقل المشتريات		1200	حـ/ الخصم المكتسب
	6000	حـ/ مصروف إهلاك الأثاث		22250	حـ/ المبيعات
	750	حـ/ المصروفات العامة		400	حـ/ أرباح بيع أصول ثابتة
	6350	حـ/ رواتب واجور			
7750		إلى حـ/ رأس المال (صافي الربح)			
26750			26750		

ويلاحظ إذا كان الجانب الدائن لحساب ملخص الدخل (الإيرادات والأرباح وما بحكمها) اكبر من الجانب المدين(المصروفات والخسائر وما بحكمها) فالنتيجة صافي ربح Net Profit ، وعند العكس تكون النتيجة صافي خسارة Net loss ، وبالتالي يكون حساب رأس المال دائنا وحساب ملخص الدخل مدينا في حالة الربح والعكس في حالة الخسارة ، وبإقفال الحسابات المؤقتة (الوهمية أو الاسمية) في حساب ملخص الدخل فإنها تتحول إلى حسابات حقيقية .

يومية المشروع :

7750	-	من حـ/ ملخص الدخل	
-	7750	إلى حـ/ رأس المال	2001/12/31
		إقفال صافي الربح بحساب رأس المال	

وبإقفال المسحوبات الشخصية في حساب رأس المال ،ولأنها حساب مدين فعند الإقفال تكون دائنة وحساب رأس المال مدين .

يومية المشروع :

500	-	من حـ/ رأس المال	
-	500	إلى حـ/ المسحوبات الشخصية	2001/12/31
		إقفال المسحوبات الشخصية بحساب رأس المال	

دفتر الأستاذ : قفل حساب المسحوبات الشخصية

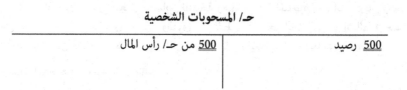

حـ/ المسحوبات الشخصية

500 رصيد	500 من حـ/ رأس المال

تعديل حساب رأس المال بصافي الربح والمسحوبات الشخصية

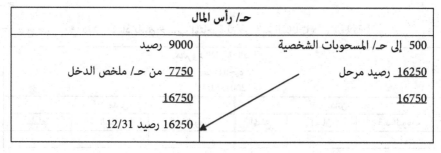

حـ/ رأس المال	
500 إلى حـ/ المسحوبات الشخصية	9000 رصيد
16250 رصيد مرحل	7750 من حـ/ ملخص الدخل
16750	16750
	16250 رصيد 12/31

ثانيا : حسابي المتاجرة والأرباح والخسائر

إذا رأى المشروع العمل بحسابين للنتيجة وهما حساب المتاجرة وحساب الأرباح والخسائر بدلا من حساب واحد هو ملخص الدخل . والفرق هنا فقط في أن الحسابات التي تم اقفالها في حساب ملخص الدخل توزع بين حسابين هما المتاجرة والأرباح والخسائر ، ليعطي كل منهما نتيجة معينة .

حساب المتاجرة Trading Account

وحساب المتاجرة يظهر نتيجة النشاط الرئيسي للمشروع ،وهي أما مجمل ربح Gross Profit أو مجمل خسارة Trading Loss ، ولا تختلف خطوات العمل هنا كثيرا عما كانت عليه في حساب ملخص الدخل .

1- فتح حساب في دفتر الأستاذ باسم حساب المتاجرة لترحل إليه البيانات ذات العلاقة

مشروع الفاروق التجاري حـ/ المتاجرة 2001/12/31					
مدين			دائن		
المبلغ	البيان	قيد اليومية	المبلغ	البيان	قيد اليومية

2- إثبات قيمة بضاعة آخر المدة في يومية المشروع ، مقابل حساب المتاجرة (بدلا من حساب ملخص الدخل)

يومية المشروع

1900	-	من حـ/ بضاعة آخر المدة
-	1900	إلى حـ/ المتاجرة
		إثبات قيمة بضاعة آخر المدة

3- إقفال حسابات المصروفات والإيرادات وما بحكمها الخاصة بحساب المتاجرة :

ولعل المشكلة الأساسية هنا تكمن في تحديد أي من تلك الحسابات يخص حساب المتاجرة وأي منها يخص حساب الأرباح والخسائر ، ولا يخلو الأمر من اجتهادات ووجهات نظر ، ولكن الإجماع على أن الحسابات التي تتعلق بالنشاط الرئيسي للمشروع ، أي نشاط البيع والشراء وبصورة مباشرة تقفل في حساب المتاجرة ، وهي :

حسابات مدينة	**حسابات دائنة**
- بضاعة أول المدة	- المبيعات
- المشتريات	- مردودات المشتريات ومسموحاتها
- مصروفات المشتريات (نقل وغيرها)	- الخصم المكتسب
- مردودات ومسموحات المبيعات	
- خصم المبيعات (مسموح به)	

وكل الحسابات المؤقتة الأخرى ذات العلاقة بالنتيجة تقفل في حساب الأرباح والخسائر .

وتطبيقا للمثال السابق :

يومية المشروع :

11300	-	من حـ/ المتاجرة	
		إلى مذكورين	
-	2000	حـ/ بضاعة أول المدة	2001/12/31
-	9000	حـ/ المشتريات	
-	300	حـ/ مصروفات نقل للداخل	
		إقفال الحسابات المدينة لحساب المتاجرة	
		من مذكورين	
1000	-	حـ/ مردودات المشتريات	
1200	-	حـ/ الخصم المكتسب	2001/12/31
22250	-	حـ/ المبيعات	
-	24450	إلى حـ/ المتاجرة	
		إقفال الحسابات الدائنة لحساب المتاجرة	

وبهذا تكون أرصدة الحسابات المقفلة في حساب المتاجرة صفرا

4- ترحيل ما يخص حساب المتاجرة من واقع قيود الإقفال ثم حساب النتيجة واقفالها في حساب الأرباح والخسائر . إذا كان الجانب الدائن لحساب المتاجرة اكبر من الجانب المدين له فالنتيجة مجمل الربح والعكس خسارة ثم تقفل نتيجة حساب المتاجرة بحساب الأرباح والخسائر

مشروع الفاروق التجاري حـ/ المتاجرة 2001/12/31						
المبلغ		البيان	المبلغ		البيان	
المدين			الدائن			
11300		إلى مذكورين	24450		من مذكورين	
	2000	حـ/ بضاعة أول المدة		9000	حـ/ بضاعة أخر المدة	
	9000	حـ/ المشتريات		1000	حـ/ مردودات المشتريات	
	300	حـ/ مصروفات نقل المشتريات		1200	حـ/ الخصم المكتسب	
				22250	حـ/ المبيعات	
15050		إلى حـ/ أ. خ				
		(مجمل الربح)				
26350			26350			

يومية المشروع : إقفال نتيجة المتاجرة

15050	-	من حـ/ المتاجرة	
-	15050	إلى حـ/ أ . خ	2001/12/31
		إقفال مجمل الربح بحساب أ . خ	

وبهذا يكون العمل قد انتهى بحساب المتاجرة بعد حساب النتيجة (مجمل ربح أو خسارة) ويتحول إلى حساب أ . خ (يقفل) .

حساب الأرباح والخسائر (أ .خ) Profit and Loss Account

والحساب هذا معد لإظهار صافي الربح أو صافي الخسارة أي النتيجة النهائية للمشروع ، وفيه تقفل كافة الحسابات الخاصة بالنتيجة من التي لم تقفل في حساب المتاجرة والتي تتصف بعدم علاقتها المباشرة بالنشاط الرئيسي ، وانما تمثل نشاط عام في المشروع مثل :

- مصروفات استئجار المباني وغيرها من الأصول - الديون المعدومة
- مصروفات الماء والكهرباء والهاتف - الفوائد المدينة
- مصروفات التأمين على العاملين والأصول - الفوائد الدائنة
- مصروفات الصيانة - مصاريف الإعلان
- أرباح وخسائر العمليات الثانوية - مصروفات القرطاسية
- مصروفات إهلاك الأصول الثابتة - الرواتب والأجور
- مصاريف البيع والتوزيع

والعمل بهذا الحساب يمثل استكمالا للخطوات التي تمت في حساب المتاجرة .

5- فتح صفحة في دفتر الأستاذ وباسم حـ/ أ . خ لترحل إليه البيانات ذات العلاقة

مشروع الفاروق التجاري حـ/ الارباح والخسائر 2001/12/31					
مدين			دائن		
المبلغ	البيان	القيد	المبلغ	البيان	قيد اليومية

6- إقفال حسابات المصروفات والإيرادات وما بحكمها الخاصة بحساب أ . خ وهي تمثل كل ما تبقى بعد إقفال ما يخص المتاجرة .

يومية المشروع :

7700	-	من حـ/ أ . خ	
		إلى مذكورين	
-	600	حـ/ مصروف إهلاك الأثاث	2001/12/31
-	6350	حـ/ الرواتب والأجور	
-	750	حـ/ المصروفات العامة	
		إقفال الحسابات المدينة لحساب أ . خ	

400	-	من حـ/ أرباح بيع أصول ثابتة	
-	400	إلى حـ/ أ . خ	2001/12/31
		إقفال الحسابات الدائنة لحساب أ . خ	

وبهذا تقفل الحسابات المدينة والدائنة لحساب أ . خ وتحول أرصدتها لحساب أ. خ

7- ترحيل ما يخص حساب أ .خ من واقع قيود الإقفال ثم حساب صافي النتيجة واقفالها بحساب رأس المال . وصافي النتيجة كما ذكرنا تمثل الفرق بين الجانب الدائن والجانب المدين فإذا كان الدائن اكبر كانت النتيجة صافي ربح والعكس صافي خسارة .

مشروع الفاروق التجاري حـ/ أ خ 2001/12/31				
7700		إلى مذكورين	15050	من حـ/ المتاجرة
	600	حـ/ مصروف إهلاك الأثاث	400	من حـ/ أرباح بيع أصول ثابتة
	6350	حـ/ رواتب وأجور		
	750	حـ/ المصروفات العامة		
7750		إلى حـ/ رأس المال		
		(صافي الربح)		
<u>15450</u>			<u>15450</u>	

وهكذا تكون النتيجة النهائية (صافي الربح) كما ظهرت في حساب ملخص الدخل

يومية المشروع :

7750	-	من حـ/ أ .خ	
-	7750	إلى حـ/ رأس المال	2001/12/31
		إقفال صافي الربح بحساب رأس المال	

وبقفل المسحوبات الشخصية في حساب رأس المال كما تم في حساب ملخص الدخل :

500	-	من حـ/ رأس المال	
-	500	إلى حـ/ المسحوبات الشخصية	2001/12/31
		إقفال المسحوبات الشخصية بحساب رأس المال	

وبترحيل صافي الربح والمسحوبات الشخصية لحساب رأس المال يظهر

دفتر الأستاذ :

حـ/ رأس المال			
500	إلى حـ/ المسحوبات الشخصية	9000	رصيد
<u>16250</u>	رصيد مرحل	<u>7750</u>	من حـ/ أ .خ 12/31
<u>16750</u>		<u>16750</u>	
		16250	رصيد 12/31

القوائم المالية Financial Statements

أن المنتج النهائي للمحاسبة يتمثل في مجموعة من القوائم أو التقارير المالية، التي تلخص قدرا كبيرا من البيانات والمعلومات لصالح أطراف عديدة داخل وخارج المشروع بقصد اتخاذ قرارات معينة .

والقوائم المالية ليست حسابات وانما هي تقارير أو كشوفات Statements يمكن تلخيص الأهداف من إعدادها بما يلي :

- توفير بيانات ومعلومات عن أداء المشروع خلال فترة زمنية معينة .
- توفير بيانات ومعلومات عن وضع السيولة المالية للمشروع .
- توفير بيانات ومعلومات عن مدى التزام المشروع بالمبادئ المحاسبية المقبولة.

أنواع القوائم المالية

تعد المشروعات العديد من القوائم المالية ، منها أساسية يجري اعدادها بصورة منتظمة ودورية لتحقيق أهداف المحاسبة المالية ووفقا للقوانين المرعية ومعايير المحاسبة الدولية وتوصيات المنظمات المهنية ، وهي :

1- قائمة الدخل Income Statement وتصور نتيجة عمل المشروع (ربح أو خسارة) خلال فترة مالية معينة .

2- قائمة المركز المالي (الميزانية العمومية) Financial Position Statement (Balance Sheet) وتصور المركز المالي للمشروع من حيث أصوله وخصومه أو ماله من حقوق وما عليه من التزامات في نهاية فترة مالية معينة .

3- قائمة التدفقات النقدية Cash Flows Statement وتظهر التدفقات النقدية الداخلة (المقبوضات) والتدفقات النقدية الخارجة (المدفوعات) وحسب النشاطات، التشغيلية (النشاط الرئيس للمشروع) التمويلية (الاقتراض والائتمان) والاستثمارية (من الاستثمارات في الأصول المختلفة) ، خلال فترات مالية معينة .

4- قائمة التغيير بحقوق الملكية Owner's Equity Statement وتظهر التغيرات في حقوق الملكية من إضافات أو تخفيضات (أرباح أو خسائر أو توزيعات للأرباح أو مسحوبات على الرصيد المحتجز أول المدة والرصيد غير الموزع) في نهاية فترة مالية معينة .

5- السياسات المحاسبية والايضاحات التفسيرية.

ومنها أيضا إضافية ، تعد لأغراض معينة اخرى مثل :

- قائمة القيمة المضافة Added Valve وتبين القيمة المضافة التي حققها المشروع على المدخلات التي استخدمها خلال فترة مالية معينة مقومة بسعر السوق أو تكلفة عناصر الإنتاج .
- القوائم المعدلة بأثر التغييرات في المستوى العام للأسعار وهي قوائم ملحقة بالدخل والميزانية العمومية معدة على أساس اثر التضخم Inflation لتعكس نتيجة عمل المشروع ومركزه المالي بصورة تتناسب وذلك .

واهم المبادئ التي يجب اعتمادها في اعداد القوائم المالية هي اساس الاستحقاق والاستمرارية.

واهم ما يعنينا في هذه المرحلة في دراسة المحاسبة ، هو قائمتي الدخل والمركز المالي .

قائمة الدخل Income Statement

للدخل مفاهيم عديدة من حيث عناصره ومن حيث أساليب قياسية ، فمن الناحية الاقتصادية يعني الدخل صافي التدفق الداخل للمشروع (الفرق بين المدخلات والمخرجات) ، أو هو أقصى ما يمكن أن يستهلكه فرد أو مشروع خلال فترة زمنية معينة دون التأثير على ثرواته ، كما انه يمثل الحد الأقصى للقيمة التي تستطيع الوحدة الاقتصادية ان تعتبرها أرباح تضاف إلى رأس المال في نهاية فترة زمنية معينة او توزعها ، وهذا المفهوم يتناسب مع منهج المحافظة على رأس المال الذي تمت دراسته ، حيث :

صافي الأصول في 12/31/ السنة الحالية (حقوق الملكية)	xxxxxx
يطرح : صافي الأصول في 12/31/ السنة السابقة (حقوق الملكية)	xxxx
التغيير بالأصول (حقوق الملكية)	xxxxx
يضاف: الزيادة في رأس المال خلال الفترة	x
يطرح :	
المسحوبات الشخصية	(x)
النقصان في رأس المال خلال الفترة	(x)
صافي الدخل للسنة الحالية	xxxx

أما من الناحية المحاسبية فان الدخل يعني الفرق بين الإيرادات الناتجة عن العمليات المالية خلال فترة مالية معينة (المبيعات أو المخرجات أو الخدمات المقدمة) وبين تكلفة الحصول على تلك المخرجات أو الإيرادات ، وبالتالي :

دخل الفترة = (الإيرادات + المكاسب) - (المصروفات + الخسائر)

ويجب أن يتحقق في حساب الدخل المحاسبي ما يلي :

- الدورية : أي انه يحتسب في نهاية كل فترة مالية معينة (عادة سنة) .
- التكلفة التأريخية : وهو المبدأ الأساس للتقييم والقياس في المحاسبة المالية .
- مقابلة الإيرادات بالمصروفات : أي ربط الإيرادات الخاصة بفترة مالية معينة بالمصروفات التي أوجدت تلك الإيرادات خلال نفس الفترة .
- الثقة والموضوعية : وهذا يقترن بوجود عمليات قد تمت ويمكن التحقق منها وقياسها بصورة موضوعية ودون تحيز .

وقائمة الدخل تسمى أيضا بقائمة الأرباح والخسائر ، وهي كما ذكرنا عبارة عن تقرير مالي يصوّر نتيجة عمل المشروع خلال فترة مالية معينة ، **ويمكن إعدادها وفقا لأكثر من مفهوم من جهة ، ووفقا لأكثر من طريقة من جهة اخرى.**

مفهوم إعداد قائمة الدخل :

أ. **قائمة الدخل وفقا لمفهوم نشاط التشغيل** ، وتعني الاهتمام بحساب الدخل التشغيلي Operating Income من العمليات التشغيلية للمشروع وإهمال العمليات الثانوية ، وتطبيقا للمثال السابق :

مشروع الفاروق التجاري **قائمة الدخل** **للفترة المنتهية في 2001/12/31**		
إيرادات المبيعات		22250
يطرح:		
تكلفة المبيعات	7200	
المصاريف التشغيلية	7700	
		14900
صافي الدخل (الربح) التشغيلي		7350

حيث :

تكلفة المبيعات (تكلفة البضاعة المباعة) = (أول المدة + المشتريات + مصاريف المشتريات)

- (بضاعة آخر المدة + مردودات المشتريات + الخصم المكتسب)

7200 = (1200 + 1000 + 1900) - (300 + 9000 + 2000) =

المصاريف التشغيلية = المصاريف البيعية والتوزيعية + الإدارية والعمومية

7700 = 750 + 6350 + 600 =

ب. **قائمة الدخل وفقا للمفهوم الشامل للدخل:** ولا يقتصر الدخل هنا على الدخل أو الربح التشغيلي ، وانما يتضمن كافة العناصر الأخرى غير التشغيلية، وقائمة الدخل المعدة وفقا لهذا المفهوم هي الأكثر شيوعا لأنها تصور دخل المشروع بصورة اكثر شمولية ، وهذه القائمة يمكن أن تعد بإحدى الطريقتين التاليتين:

1- قائمة الدخل بخطوة واحدة :

وهي وان كانت وفقا للمفهوم الشامل للدخل إلا أنها لا تهتم بتفاصيل البيانات للوصول إلى صافي الدخل ، وهي شائعة الاستخدام في المشروعات او الشركة الكبيرة ، وتطبيقا للمثال السابق تكون :

مشروع الفاروق التجاري قائمة الدخل للفترة المنتهية في 2001/12/31		
الإيرادات :		
إيرادات المبيعات	22250	
إيرادات اخرى	400	
مجموع الإيرادات		22650
يطرح :		
تكلفة المبيعات	7200	
المصروفات التشغيلية	7700	
خسائر العمليات الثانوية	-	
مجموع المصروفات والخسائر		14900
صافي الدخل (الربح)		7750

2- قائمة الدخل بخطوات متعددة

وتبين هذه القائمة كافة التفاصيل الضرورية للمبيعات وتكلفتها والمصروفات الأخرى لغاية صافي الربح أوالخسارة ، وعلى النحو التالي:

قائمة الدخل

	(أ)					**المبيعات (ايرادات المبيعات)**
	-					**يطرح : مردودات ومسموحات وخصم المبيعات**
					ب1	مردودات ومسموحات المبيعات
					ب2	خصم المبيعات
	(ب)					مجموع مردودات ومسموحات المبيعات
(ج)						**صافي المبيعات**
-						**يطرح : تكلفة المبيعات (تكلفة البضاعة المباعة)**
				(د)		اجمالي المشتريات
				-		**يطرح : مردودات ومسموحات وخصم المشتريات**
					هـ1	مردودات ومسموحات المشتريات
					هـ2	خصم المشتريات
				(هـ)		مجموع مردودات ومسموحات وخصم المشتريات
			(و)			**صافي المشتريات**
			+			**يضاف : مصروفات الشراء**
					ز1	مصروفات نقل المشتريات
					ز2	مصروفات التأمين على المشتريات
					ز3	الرسوم الجمركية
					ز4	عمولات الشراء .... الخ
			(ز)			مجموع مصروفات الشراء
		(ح)				**صافي تكلفة المشتريات**
		+ط				**يضاف : بضاعة اول المدة**
		(ي)				**تكلفة البضاعة المعروضة (المتاحة) للبيع**
		-ك				**يطرح : بضاعة آخر المدة**
ل						**تكلفة المبيعات**
	(م)					**مجمل الربح (الخسارة)**
	-					**يطرح : مصاريف التشغيل**
					ن1	مصاريف ادارية وعمومية
					ن2	مصاريف اهلاك
					ن3	مصروفات نقل المبيعات
					ن4	عمولات البيع ... الخ
(ن)						مجموع مصاريف التشغيل
س						**الربح التشغيلي (الخسارة التشغيلية)**
(+) ع						**يضاف : ايرادات وارباح اخرى (ثانوية)**
- (ف)						**يطرح : مصروفات وخسائر اخرى (ثانوية)**
(ص)						**صافي الدخل (صافي ربح او خسارة)**

ومن الجدير بالذكر التأكيد على انه في نظام الجرد المستمر وكما لاحظنا في فصول عمليات البضاعة والتسويات الجردية ، فان تكلفة المبيعات تظهر اولاً بأول (حـ/تكلفة المبيعات) وعند كل عملية بيع وبالتالي عند اعداد قائمة الدخل تحل هذه التكلفة محل البنود ذات العلاقة في ظل نظام الجرد الدوري .

ويلاحظ في الآونة الاخيرة ان معايير المحاسبة الدولية تميل الى عدم اظهار البنود غير الاعتيادية في قائمة الدخل بصورة منفصلة .

وللمثال السابق:

مشروع الفاروق التجاري قائمة الدخل للفترة المنتهية في 2001/12/31			
إجمال الإيرادات		22250	
يطرح :			
مردودات المبيعات	-		
الخصم المسموح به	-		
صافي المبيعات			22250
يطرح :			
بضاعة أول المدة		2000	
المشتريات :			
ثمن الشراء	9000		
مصروفات الشراء	300		
مردودات المشتريات	(1000)		
الخصم المكتسب	(1200)		
صافي المشتريات		7100	
بضاعة آخر المدة		(1900)	
تكلفة المبيعات			7200
مجمل الربح			15050
يطرح :			
مصروفات بيعيه وتسويقية	-		
مصروفات إدارية	6950		
مصروفات عمومية	750		
مجموع المصروفات التشغيلية			7700
الربح التشغيلي			7350
يضاف : إيرادات أو أرباح اخرى (عرضية)			400
يطرح : خسائر اخرى (عرضية أو ثانوية)			-
صافي الدخل قبل الضريبة			7750
يطرح : الضريبة			-
صافي الدخل			7750

ثانيا: الميزانية العمومية Balance sheet

أن الميزانية العمومية أو قائمة المركز المالي هي أيضا ليست بحساب وانما هي تقرير أو كشف او قائمة على شكل حساب او على شكل تقرير يبدأ بالاصول في الاعلى وينتهي بالخصوم ، وذلك بأرصدة الحسابات المفتوحة (غير المغلقة) للأصول والخصوم وراس المال (حق الملكية) لتصوير الوضع المالي للمشروع في لحظة زمنية معينة (تاريخ إعداد الميزانية) وهو تاريخ يتميز بتوفر كافة البيانات اللازمة لإعداد هذه القائمة، ويمكن إيجاز أهم **أهداف** الميزانية العمومية بما يلي:

- بيان صافي حقوق مالك المشروع أو أصحاب المشروع من مساهمين ومستثمرين.
- بيان المركز المالي للمشروع استجابة لحاجات المقرضين والدائنين.
- إعطاء صورة عن طاقات المشروع (الأصول) ومصادرها (الخصوم).

وتعد الميزانية العمومية وفقا لأشكال مختلفة يتم على أساسها تبويب عناصر أو بنود الميزانية حيث يختلف هذا التبويب باختلاف طبيعة نشاط المشروع، فالمشروع أو المنشأة الصناعية تبدأ بالأصول الثابتة وثم الأصول المتداولة، وضمن الأصول الثابتة تبدأ بالأكثر ثباتا أو أطول مدة وهكذا تنتهي بالأكثر سيولة أو نقدية، فالنقد مثلا هو اكثر الأصول سيولة بينما الأراضي والمباني هي الأكثر ثباتا أو الأضعف سيولة، والبضاعة يجب أن تباع وان يحصل ثمنها حتى تصبح نقدية وهي بذلك اقل سيولة من العملاء، حيث التحويل إلى نقد يتطلب التحصيل فقط.

وقدر تعلق الأمر بالنشاط التجاري تبدأ الميزانية العمومية بالأصول المتداولة وتنتهي بالأصول الثابتة والبدء يكون بالبنود الأكثر سيولة، وتنتهي بالأصول الأقل سيولة، أي عكس الصناعية وللمثال السابق تكون الميزانية العمومية على شكل حساب كما يلي:

مشروع الفاروق الميزانية العمومية كما هي عليه في 2001/12/31			
المبلغ	الأصول	المبلغ	الخصوم وراس المال
	<u>الأصول المتداولة</u>		<u>الخصوم المتداولة</u>
1500	الصندوق	4600	الدائنون
2300	البنك	<u>250</u>	أ. د
1900	البضاعة (آخر المدة)	4850	مجموع الخصوم المتداولة
<u>9700</u>	المدينون		
15400	مجموع الأصول المتداولة		<u>راس المال (حقوق الملكية)</u>
	<u>الأصول الثابتة</u>	7800	رصيد 1/1
5700	الأثاث	7750	أرباح خلال السنة
(1200)	مجمع الاهلاك	<u>(500)</u>	مسحوبات شخصية
4500	صافي	15050	رصيد 12/31
<u>19900</u>	مجموع الأصول	<u>19900</u>	مجموع الخصوم وراس المال

ويمكن أن تعد الميزانية العمومية على شكل تقرير كما يلي:

مشروع الفاروق
الميزانية العمومية
كما هي عليه في 2001/12/31

الأصول	المبلغ	
الأصول المتداولة		
الصندوق	1500	
البنك	2300	
البضاعة (آخر المدة)	1900	
المدينون	9700	
مجموع الأصول المتداولة		15400
الأصول الثابتة		
الأثاث	5700	
مجمع الاهلاك	(1200)	
مجموع الأصول الثابتة		4500
مجموع الأصول		**19900**
الخصوم وراس المال: الخصوم المتداولة		
الدائنون	4600	
أ. د	250	
مجموع الخصوم المتداولة		4850
راس المال		
رصيد 1/1	7800	
أرباح خلال السنة	7750	
مسحوبات شخصية	(500)	
زيادة على راس المال	-	
نقصان على راس المال	-	
رصيد 12/31		15050
مجموع الخصوم وراس المال		**19900**

ثالثاً : قائمة التدفقات النقدية

الهدف من اعداد هذه القائمة هو توفير معلومات عن المتحصلات والمدفوعات النقدية خلال الفترة المالية ومن مصادرها المختلفة وهي العمليات التشغيلية الجارية والعمليات الرأسمالية والعمليات التمويلية خدمة لمستخدمي هذه المعلومات وخاصة المستثمرين والدائنين. استناداً الى مصادر التدفقات النقدية المذكورة تأخذ القائمة الشكل التالي :

مشروع .... قائمة التدفقات النقدية للفترة المالية المنتهية في 12/31/		
متحصلات من الانشطة التشغيلية	xxxx	
- مدفوعات عن الانشطة التشغيلية	xxx	
الزيادة (او النقص) في النقدية من الانشطة التشغيلية		xxx
متحصلات من الانشطة الاستثمارية	xxxx	
- مدفوعات عن الانشطة الاستثمارية	xxx	
الزيادة (او النقص) في النقدية من الانشطة الاستثمارية		xxx
متحصلات من الانشطة التمويلية	xxx	
-مدفوعات عن الانشطة التمويلية	x	
الزيادة (او النقص) في النقدية من الانشطة التمويلية		x
صافي الزيادة (او النقص) في النقدية		xxxx
+رصيد النقدية في بداية الفترة		xx
رصيد النقدية في نهاية الفترة		xxxx

غلق الدفاتر وفتحها:

لأغراض أهمها رقابية وإجراء المطابقات تعد أنواع من القيود لا بد من التمييز بينها وكما يلي .

1-غلق الدفاتر Closing the Books : قد تقوم بعض المشروعات بإعداد قيد يومية ختامي تغلق بموجبه الدفاتر ، ويعني غلق كافة الحسابات التي بقيت أرصدتها مفتوحة في نهاية الفترة المالية، والتي هي عناصر الميزانية من أصول وخصوم وما شابه ذلك . بجعل الحسابات ذات الأرصدة المدينة دائنة في القيد والعكس بالنسبة للحسابات ذات الأرصدة الدائنة وللمثال السابق يكون القيد كما يأتي .

يومية المشروع:

		من مذكورين	
15050	-	حـ/راس المال	
4600	-	حـ/الدائنون	2001/12/31
250	-	حـ/ أ. د	
1200		حـ/ مجمع اهلاك الاثاث	
		إلى مذكورين	
-	1500	حـ/الصندوق	
-	2300	حـ/البنك	
-	1900	حـ/البضاعة	
	9700	حـ/المدينون	
	5700	حـ/الأثاث	
		قيد غلق الدفاتر	

وبهذا القيد تصبح أرصدة كافة الحسابات في دفتر الأستاذ صفرا لسنة أو لفترة مالية معينة هي / 2001 .

2-**فتح الدفاتر** **Opening the Books** : ويقوم المشروع بفتح الدفاتر في بداية كل فترة مالية جديدة بقيد يسمى القيد الافتتاحي Opening Entry وسواء قد اعد سابقا قيد غلق الدفاتر أم لم يعده، وذلك لتكون أرصدة الحسابات المتبقية في 12/31 من الفترة السابقة أساسا للعمليات للفترة المالية اللاحقة وللمثال السابق يكون القيد:

يومية المشروع :

		من مذكورين	
1500	-	حـ/الصندوق	
2300	-	حـ/البنك	
1900	-	حـ/البضاعة	
9700	-	حـ/المدينون	
5700		حـ/الأثاث	
		إلى مذكورين	2002/1/1
-	4600	حـ/الدائنون	
-	250	حـ/ أ. د	
-	1200	حـ/ مجمع اهلاك الاثاث	
	15050	حـ/ راس المال	
		القيد الافتتاحي	

ولغاية هذه المرحلة يمكن تلخيص دورة البيانات المحاسبية بالشكل التالي:

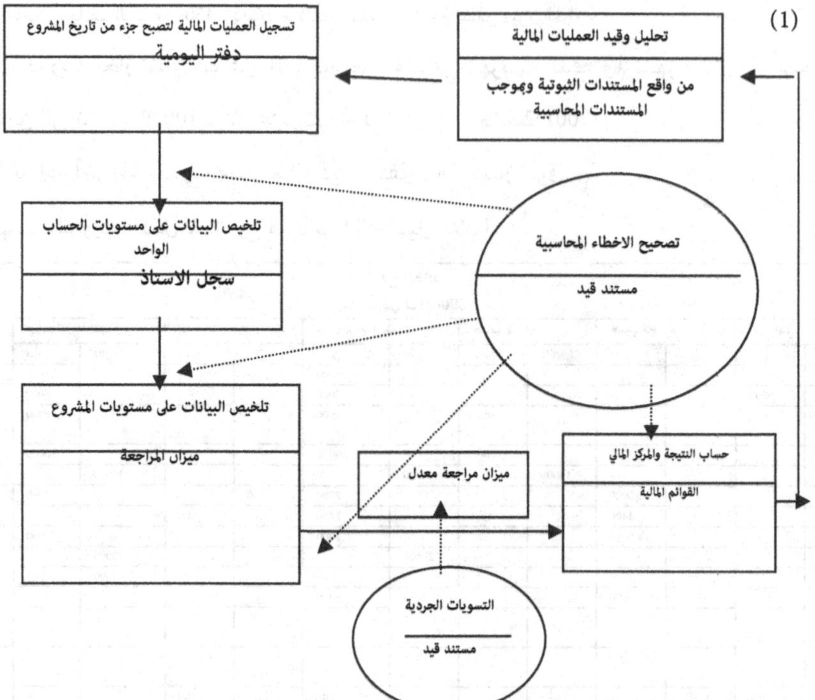

ورقة العمل (قائمة التسوية) Work sheet

تسهيلا لمختلف العمليات المحاسبية ربما يستخدم المشروع ما يسمى بورقة العمل وهي ليست جزءا من المجموعة الدفترية أو المستندية للمشروع وانما عبارة عن مسودة لتبسيط عمليات التسويات وإعداد الحسابات الختامية.

مثال: فيما يأتي ميزان المراجعة (قبل التسويات) لمشروع الخالد لشهر ك2000/1

أرصدة مدينة	أرصدة دائنة	اسم الحساب
4000	-	حـ/الصندوق
6000	-	حـ/البنك
8000	-	حـ/بضاعة (أول المدة)
10000	-	حـ/المشتريات
-	24000	حـ/المبيعات
3000	-	حـ/الرواتب والأجور
2000	-	حـ/مصروف إيجار مباني
1000	-	حـ/مصروفات عامة
-	10000	حـ/راس المال
34000	34000	المجموع

وعند الجرد في 2000/12/31 تبين ما يلي:

1- أن فاتورة الهاتف البالغة 450 دينار لم تدفع طيلة السنة ولم تظهر بميزان المراجعة.

2- أن مصروف إيجار المباني هو عن 10 شهور فقط ومتبقي شهرين لم تدفع ولم تظهر بميزان المراجعة.

3- ضمن الرواتب هناك 100 دينار عن راتب أحد العاملين لشهر ك2001/2.

4- أن بضاعة آخر المدة قدرت بمبلغ 1200 دينار كلفة 1000 دينار سوق.

المطلوب: إعداد ورقة العمل للمشروع مبينا فيها التفاصيل اللازمة.

مشروع الخالد

ورقة العمل ك2000/1

اسم الحساب	ميزان المراجعة الأولى		التسويات الجردية		ميزان المراجعة المعدل		حساب المتاجرة		حساب أ.خ		المركز المالي	
	مدين	دائن	مدين	دائن	مدين	دائن	مدين	دائن	مدين	دائن	أصول	خصوم
الصندوق	4000	-	-	-	4000	-	-	-	-	-	4000	-
البنك	6000	-	-		6000	-	-		-		6000	
بضاعة (أول المدة)	8000	-	-		8000	-	8000		-			
المشتريات	10000	-	-		10000	-	10000		-			
المبيعات	-	14000	-			14000		14000	-			
الرواتب والأجور	3000	-	-	100	2900				2900			
إيجار مباني	2000	-	400		2400				2400			
مصروفات عامة	1000	-	-		1000				1000			
راس المال	-	20000	-			20000			-			20000
المجموع	34000	34000										
مصروفات هاتف	-	-	450	-	450	-	-	-	450	-	-	-
مصروفات هاتف مستحقة	-	-		450		450						450
إيجار مباني مستحق	-	-		400		400						400
رواتب مدفوعة مقدما	-	-	100	-	100						100	-
المجموع	-		950	950	34850	34850						
بضاعة آخر المدة	-						-	1200			1200	-
مجمل الخسارة	-						-	2800	2800			
المجموع							18000	18000				
صافي الخسارة	-									9550		9550
المجموع									9550	9550	11300	11300

ولو استخدم حـ/ ملخص الدخل (بدل حسابي المتاجرة و أ. خ) فسيتم جمع العمودين الخاصين بهما في ورقة العمل بعمود واحد.

تحليل بيانات القوائم المالية : Finanancial statements analysis

تحتوي القوائم المالية على كمية كبيرة من البيانات الخاصة بالفترات السابقة وبالفترة الحالية ، لذلك لا يكفي إعداد هذه القوائم وانما يجب تحليلها ، أي استخدام الأساليب والأدوات المناسبة لتحويل تلك البيانات إلى معلومات مفيدة اكثر عن الأداء في الماضي والمركز المالي الحالي إضافة إلى التنبؤ بالمستقبل. ولا يكفي أيضا تحليل تلك القوائم وانما يجب تفسير نتائج التحليل ، ذلك خدمة لكافة الأطراف المستخدمة للبيانات المحاسبية . وهناك أنواع من التحليل يمكن القيام بها من خلال المقارنات والعلاقات بين مختلف البيانات الواردة بالقوائم المالية:

أ- التحليل الرأسي Vertical Analysis مثال ذلك : نسبة العنصر أو البند إلى بقية البنود في نفس القائمة.

ب-التحليل الأفقي Horizontal analysis ومثال ذلك :

- الزيادة أو النقص المطلق لبند من البنود من فترة لأخرى .

- النسبة المئوية للزيادة والنقصان لبند من البنود من فترة لاخرى كنسبة التطور في الموجودات المتداولة، الثابتة، المديونية ، التطور بالأرباح، بالمبيعات...الخ.

- نسب الاتجاه لبند من البنود على ضوء الفترات السابقة.

ج-التحليل باستخدام النسب المالية Finacial ratios

وسواء كان ذلك على مستوى القائمة الواحدة أم بين البنود الواردة في اكثر من قائمة ، وفيما يلي تحليل لأهم النسب المالية للمثال السابق لمشروع الفاروق وبقدر توفر البيانات.

1-تحليل الربحية: Profitability Ratios واهم نسب الربحية ما يلي:

- نسبة إجمالي الربح إلى المبيعات = مجمل الربح/ صافي المبيعات

15050 / 22250 = 68%

ويبدو أنها نسبة مقبولة جدا ومن النشاط الرئيسي للمشروع

- نسبة الربح التشغيلي = الربح التشغيلي / صافي المبيعات

7350 / 22250 = 33%

وأيضا أن هذه النسبة تبدو مجزية ومن العمليات التشغيلية.

- صافي الدخل إلى العمليات = صافي الدخل / صافي المبيعات

%35 = 22250 / 7750

وهي نسبة مجزية بصورتها المجردة ، وفي كل الأحوال يجب إيجاد معدلات اخرى مثل معدلات أو نسب السنوات السابقة أو لمشروعات مماثلة (القطاع) لغرض المقارنة بصورة ملائمة.

2-تحليل السيولة Liquidity Ratios واهم نسب السيولة ما يلي:

-نسبة التداول (أو راس المال العامل)=الأصول المتداولة /الخصوم المتداولة

3.1 مرة = 4850 / 15400

ويلاحظ أن هذه النسبة عالية وربما يكون المألوف هو 2:1 ولكن عموما الأمر متروك لإدارة المشروع.

- النسبة السريعة= الأصول المتداولة من غير المخزون / المطلوبات المتداولة

2.8 مرة = 4850 / 13500

وهذه النسبة تدل على وجود سيولة عالية لدى المشروع ولا بد من تبرير الاحتفاظ بها.

- دوران المدينون = صافي المبيعات / صافي المدينون

2.3 مرة = 9700 / 22250

حيث لا تتوفر بيانات عن المدينون أول المدة ولا عن الديون المعدومة تم اعتماد المبلغ الظاهر بالميزانية في آخر الفترة ، وتشير النسبة إلى أن المدينون يقومون بالتسديد إلى المشروع بمعدل 2.3 مرة خلال السنة.

دوران المخزون = كلفة المبيعات / المخزون

3.7 مرة = 2 ÷ (1900+2000) / 7200

وهذا يعني أن عمليات البيع للبضاعة تتم حوالي 4 مرات في السنة. وأيضا مطلوب لفهم تلك النسب بصورة صحيحة المقارنة مع المعدلات على مستوى القطاع أو لسنوات السابقة.

3- تحليل حق الملكية Equity Ratios واهم هذه النسب هنا ما يلي:

- نسبة حق الملكية = حق الملكية / اجمالي الاصول

15050 / 19900 = 75 %

وهذه النسبة مرتفعة جدا وهي وان كانت تدل على عدم وجود مشكلة مديونية للمشروع حيث تمول اكثر أصول المشروع من المالك أو المالكين إلا أن معناها يكتمل بحساب النسبة التالية.

- نسبة حق الملكية الى الديون = حق الملكية / اجمالي الديون

15050 / 4850 = 3.3 مرة

وهي تعني أن حق الملكية قادر على تغطية ديون المشروع بسهولة ويسر لان حق الملكية يعادل حوالي 3.5 مرة الديون . كما أنها تعني أن أصول المشروع ممولة من خلال الديون بنسبة 32% فقط.

أسئلة وتمارين الفصل السابع عشر

وتمارين عامة (مع حلول مقترحة)

1- ما المقصود بالحسابات الختامية؟ وكيف يتم تحضيرها.

2- ما هي القوائم المالية؟ وما أهميتها؟

3- ما المقصود بقيود الإقفال والغلق والافتتاح؟

4- ما نوع الحسابات التي يتم اقفالها في حسابات النتيجة وكيف؟ وما هي الحسابات التي تظهر في الميزانية العمومية؟

5- ارسم شكلا لدورة البيانات المحاسبية ووضح ذلك بإيجاز؟

6- ما المقصود بتحليل القوائم المالية وتفسيرها؟ وما هي الأساليب الممكنة للقيام بهذا التحليل؟

7- أدناه ميزان المراجعة الختامي لمكتب الخدمات التدقيقية العربي لشهر ك2001/1.

أرصدة مدينة	أرصدة دائنة	اسم الحساب
20000	-	حـ/البنك
10000	-	حـ/الأثاث
50000	-	حـ/المباني
10000	-	حـ/المدينون
14000	-	حـ/استثمارات مالية
-	8000	حـ/الدائنون
-	65000	حـ/راس المال
13000	-	حـ/الرواتب والأجور
8000	-	حـ/المصروفات العامة
-	40000	حـ/إيرادات اتعاب الخدمات التدقيقية والاستشارية
-	7000	حـ/إيرادات استثمارات مالية
-	15000	حـ/ مجمع اهلاك الاصول الثابتة
10000	-	حـ/مصروف إهلاك الأصول الثابتة
135000	135000	المجموع

المطلوب: مرة باستخدام حـ/ ملخص الدخل ومرة اخرى باستخدام حسابي المتاجرة و أ . خ .

أ-إعداد قيود الإقفال اللازمة للحسابات الختامية.

ب-تصوير حـ/ ملخص الدخل للفترة المنتهية في 2001/12/31.

ج-إعداد الميزانية العمومية كما هي عليه في 2001/12/31.

الحل: باستخدام حـ/ ملخص الدخل

أ-قيود الإقفال

31000	-	من حـ/ ملخص الدخل	2001/12/31
		إلى مذكورين	
-	13000	حـ/الرواتب والأجور	
-	8000	حـ/المصروفات العامة	
-	10000	حـ/مصروفات إهلاك أصول ثانية	
		من مذكورين	2001/12/31
40000	-	حـ/إيرادات الخدمات التدقيقية	
7000	-	حـ/إيراد استثمارات مالية	
-	47000	إلى حـ/ملخص الدخل	

ب-ملخص الدخل:

مكتب الخدمات التدقيقية العربي ملخص الدخل للفترة المنتهية في 31/ 12/ 2001			
31000	إلى مذكورين حـ/الرواتب والأجور حـ/المصروفات العامة حـ/مصروفات إهلاك الأصول الثابتة	47000	من مذكورين حـ/ إيراد خدمات تدقيقية حـ/إيراد استثمارات مالية
16000	إلى حـ/راس المال (صافي ربح)		
47000		47000	

ج- الميزانية العمومية

مكتب الخدمات التدقيقية العربي **الميزانية العمومية** **للفترة المنتهية في 31/ 12 / 2001**			
	الأصول		الخصوم وراس المال
	الأصول المتداولة		<u>الخصوم المتداولة</u>
2000	البنك	8000	الدائنون
10000	المدينون		<u>راس المال (حقوق الملكية)</u>
14000	الاستثمارات المالية	65000	رصيد1/1
44000	مجموع الاصول المتداولة	16000	+ أرباح
	<u>الأصول الثابتة</u>		
10000	الأثاث	81000	رصيد 12/31
50000	المباني		
60000	مجموع الاصول الثابتة		
(15000)	مجمع اهلاك الاصول		
45000	صافي الاصول الثابتة		
89000	مجموع الأصول	89000	مجموع الخصوم وراس المال

8- فيما يأتي ميزان المراجعة لشهر كانون أول/2005 لمشروع النصر التجاري(بالدينار).

أرصدة مدينة	أرصدة دائنة	اسم الحســاب
3000	-	حـ/الصندوق
16000	-	حـ/البنك
9000	-	حـ/المدينون
12000	-	حـ/الأثاث
-	10000	حـ/الدائنون
-	5000	حـ/أ.د
-	22000	حـ/راس المال
15000	-	حـ/المشتريات
-	20000	حـ/المبيعات
1000	-	حـ/الخصم المسوح به
-	2500	حـ/الخصم المكتسب
4000	-	حـ/مصروف إيجار مباني
2000	-	حـ/مصروف رواتب وأجور
1000	-	حـ/مصروفات عامة
-	3500	حـ/إيرادات خدمات للغير
2000		حـ/ مصروف اهلاك اثاث
	2000	حـ/ مجمع اهلاك الاثاث
65000	65000	المجموع

فإذا علمت ان بضاعة آخر المدة قدرت بمبلغ 800 كلفة و 700 سوق .

المطلوب: أ- تسجيل القيود اللازمة لإعداد الحسابات الختامية.

ب- تصوير حساب المتاجرة وحساب أ.خ للفترة المنتهية في 2005/12/31.

ج-إعداد الميزانية العمومية للمشروع كما في 2005/12/31.

الحل : أ- قيود الاقفال (وقيد اثبات بضاعة آخر المدة)

من حـ/بضاعة آخر المدة الى حـ/المتاجرة	- 700	700
من حـ/المتاجرة الى المذكورين حـ/المشتريات حـ/الخصم المسموح به	- 15000 1000	16000 - -
من مذكورين حـ/المبيعات حـ/الخصم المكتب الى حـ/المتاجرة	 - - 22500	 20000 2500
من حـ/المتاجرة الى حـ/ أ.خ	- 7200	7200
من حـ/ أ.خ الى المذكورين حـ/مصروف ايجار مباني حـ/ مصروف رواتب واجور حـ/مصروفات عامة حـ/مصروف اهلاك الاثاث	- 4000 2000 1000 2000	7000 - - - -
من حـ/ايراد خدمات للغير الى حـ/أ.خ	- 3500	3500 -
من حـ/أ.خ الى حـ/راس المال	 1700	1700

ب-

حـ / المتاجرة

	الى مذكورين	700	من حـ/بضاعة آخر المدة
15000	حـ/المشتريات		من مذكورين
1000	حـ/خصم مسموح به	20000	حـ/المبيعات
7200	حـ/ أ. خ	2500	حـ/خصم مكتب
	(مجمل الربح)		
23200		23200	

حـ/ أ.خ

	الى مذكورين	7200	من حـ/المتاجرة
4000	حـ/ايجار مباني	3500	من حـ/ايراد خدمات
2000	حـ/رواتب واجور		
1000	حـ/مصروفات عامة		
2000	حـ/اهلاك اثاث		
1700	الى حـ/راس المال		
	صافي الربح		
10700		10700	

ج- الميزانية العمومية كما في 2005/12/31

الاصول		الخصوم وحقوق الملكية	
الأصول المتداولة		الخصوم (المطلوبات)	
3000 صندوق		1000 الدائنون	
16000 بنك		5000 أ . د	
9000 مدينون			
700 بضاعة			
	28700		15000
الاصول الثابتة		رأس المال	
12000 الاثاث		22000 رصيد 1/1	
(2000) مخصص الاهلاك		1700 + ارباح	
	10000	رصيد 12/31	23700
	38700		38700

9- واحداً من الحسابات التالية لا يقفل في حـ/المتاجرة :

أ- المشتريات ومصروفاتها ومسموحاتها ومردوداتها وخصمها

ب- بضاعة اول المدة

ج-مصروفات النقل والاعلان للمبيعات

د-المبيعات ومردوداتها ومسموحاتها وخصمها

10- واحداً من الحسابات التالية لا يقفل في حـ/أ .خ :

أ- المصروفات الادارية والعمومية ج- المشتريات والمبيعات

ب- المصروفات البيعية والتسويقية د- المصروفات التمويلية

11- أي من العبارات التالية صحيحة :-

أ- صافي المبيعات - تكلفة المبيعات = مجمل ربح (مجمل خسارة)

ب- المبيعات - مردودات المشتريات = مجمل الربح (مجمل خسارة)

ج- مجمل الربح - الخصم المسموح به = الربح التشغيلي

د- الربح التشغيلي - مصروفات الشراء = صافي الربح (الخسارة)

12- نتيجة عمل المشروع تكون :

أ- مجمل ربح وصافي ربح حتماً

ب-مجمل خسارة وصافي خسارة حتماً

ج- مجمل خسارة وصافي ربح حتماً

د- مجمل ربح أو مجمل خسارة وصافي ربح أو صافي خسارة حتماً

13- في حـ/رأس المال يقفل كل ما يلي عدا واحد وهو :

أ- صافي الربح ج- صافي الخسارة

ب- مجمل الربح د- المسحوبات الشخصية

14- تحتسب تكلفة المبيعات من خلال :

أ- بضاعة أول المدة + تكلفة المشتريات - بضاعة آخر المدة

ب- بضاعة اول المدة + تكلفة المشتريات + بضاعة آخر المدة

ج- بضاعة اول المدة + المبيعات + بضاعة آخر المدة

د- تكلفة المشتريات + بضاعة آخر المدة - بضاعة اول المدة

15- صافي المبيعات هو :

أ- المبيعات + مردودات ومسموحات المبيعات

ب- المبيعات -(مردودات المسموحات المبيعات + خصم المبيعات)

ج-المبيعات - تكلفة المشتريات

د- المبيعات - مردودات ومسموحات المبيعات

16- اذا كانت بضاعة اول المدة 10000 دينار والمشتريات خلال المدة 30000 ومردوداتها ومسموحاتها 4000 دينار ومصروفاتها من نقل وتأمين وعمولات 2000 دينار، وبينما بلغت بضاعة آخر المدة 6000 دينار، فإن تكلفة البضاعة المتاحة للبيع (دينار)

أ- 40000 ب- 36000 ج- 32000 د- 38000

17- صافي الدخل التشغيلي هو :-

أ- مجمل الربح - تكلفة المبيعات

ب- صافي الربح

ج-مجمل الربح -المصروفات التشغيلية

د- صافي الربح التشغيلي + أية ايرادات اخرى - اية مصروفات اخرى

18- واحداً من البنود التالية يبوب كاصول ثابتة طويلة الإجل:

أ- اراضي ، سيارات ، آلات ج- أ.ق تتحقق بعد سنة

ب- سندات عمرها 3 سنوات د- أ.د تتحقق بعد سنتين

19- تصنف البضاعة المتبقية في آخر المدة :-

أ- اصل غير ملموس ج- اصل نافد

ب- اصل متداول د- اصل ثابت

20- واحداً من الحسابات التالية فقط يظهر في ميزان المراجعة :-

أ- مجمع الاهلاك للاصول الثابتة ج- صافي الربح

ب- مجمل الربح د- حسابي المتاجرة و أ. خ

21- في نظام الجرد الدوري مقارنة بنظام الجرد المستمر، ان تواريخ بيع البضاعة (الصادر) :-

أ- لا اهمية لها　　ج- أ أو ب

ب- لها نفس الاهمية　　د- لا شيء مما ذكر

22- إن الخطأ بالزيادة ق حـ/ بضاعة آخر المدة يؤدي الى :

أ- زيادة الارباح　　ج- تخفيض الأصول

ب-تخفيض الارباح　　د- تخفيض الارباح وزيادة الاصول معاً

23- في 2002/12/1 كان مخزون البضاعة 300 وحدة بتكلفة 1.5 للوحدة وفي 12/12 مشتريات 300 وحدة بتكلفة 1.25 دينار للوحدة وفي 12/20 مشتريات 300 وحدة بتكلفة 1 دينار للوحدة وكانت المبيعات 600 وحدة في 12/28 ، باستخدام طريقة التمييز العيني يكون المخزون المعني لغرض :

أ- تعظيم (تضخيم) تكلفة المبيعات هو : (300×1.5) + (300× 1.25) =

ب- تقليل الارباح هو : ....

ج- تعظيم الارباح هو : ....

د- تخفيض (تقليل) التكاليف هو : ....

24-ان الخطأ بالزيادة في حساب تكلفة المبيعات يؤدي الى :

أ- زيادة مجمل الربح وصافي الربح

ب- تخفيض مجمل الربح وصافي الربح

ج-زيادة تكلفة بضاعة آخر المدة (الاصول)

د-زيادة تكلفة بضاعة أول المدة

25-عموماً ان طريقة تسعير الصادر المخزني التي تؤدي الى عرض بيانات اكثر واقعية في الميزانية العمومية وفي قائمة الدخل هي :

أ- LIFO　　ج- S.I

ب- W.A　　د- FIFO

26- فيما يلي المعلومات الخاصة ببطاقة الصنف لمخزون البضاعة (DD) لمنشأة طرابلس للسنة 2004 :

1/1 رصيد مدور 100 وحدة بكلفة 1000 دينار

2/11 بضاعة واردة 200 وحدة بسعر 12 دينار

4/13 بضاعة مباعة 150 وحدة بمبلغ 2000 دينار

9/10 بضاعة مباعة 100 وحدة بسعر 15 دينار

12/4 بضاعة واردة 200 وحدة بسعر 14 دينار

المطلوب : باتباع نظام الجرد الدوري (اهمال تواريخ البيع) وطريقة LIFO :-

أ- عدد الوحدات المتاحة للبيع ، عدد الوحدات المباعة ، وحدات آخر المدة

ب- تكلفة البضاعة المتاحة للبيع ، تكلفة المبيعات وتكلفة بضاعة آخر المدة

ج- مجمل الربح (الخسارة) وصافي الربح (الخسارة) اذا كانت مصروفات التشغيل 800 دينار

د- قيود الاثبات (تسجيل) العمليات الخاصة بالمخزون خلال السنة

هـ- قيود الاقفال للحسابات الختامية (حـ/ ملخص الدخل)

و- حـ/ ملخص الدخل للفترة المنتهية 2004/12/31 (جزئي)

ز- الميزانية العمومية كما في 2004/12/31 (جزئي)

الحل :

أ- 500 و 250 و 250 وحدة على التوالي

ب- 6200 و 3400 و 2800 دينار على التوالي

ج- 100 دينار مجمل الربح و 700 دينار صافي خسارة

د- اليومية : تسجيل العمليات

2/11	من حـ / المشتريات الى حـ/ الدائنين	- 2400	2400 -
4/13	من حـ/ المدينين الى حـ/ المبيعات	- 2000	2000 -
9/10	من حـ/ المدينين الى حـ/ المبيعات	- 1500	1500 -

2800 -	- 2800	من حـ/ المشتريات الى حـ/ الدائنين	12/4

هـ . اليومية : قيود الاقفال وقيد اثبات بضاعة آخر المدة 12/31

6200	 1000 5200	من حـ/ ملخص الدخل الى مذكورين حـ/بضاعة أول المدة حـ/ المشتريات اقفال ....
3500	 3500	من حـ/ المبيعات الى حـ/ ملخص الدخل اقفال ...
2800 -	- 2800	من حـ/ بضاعة آخر المدة الى حـ/ ملخص الدخل اثبات قيمة بضاعة آخر المدة
800 -	- 800	من حـ/ ملخص الدخل الى حـ/ مصاريف التشغيل

و-

حـ / ملخص الدخل

	الى المذكورين	**2800**	**من حـ/بضاعة آخر المدة**
1000	**حـ/بضاعة أول المدة**	**3500**	**من حـ/المبيعات**
5200	**حـ/المشتريات**		
800	**إلى حـ/ مصاريف التشغيل**		
		700	**من حـ/ راس المال (خسارة)**
6300		**6300**	

\

الميزانية العمومية 2004/12/31 (جزئية)

3500	**المدينون**	5200	**الدائنون**
2800	**بضاعة**		
			راس المال
			- 700 صافي خسارة

27- تصنف ورقة القبض التي مدتها 6 شهور في الميزانية العمومية :

أ- اصل طويل الاجل　　ج- اصل معنوي

ب- اصل متداول　　د- اصل ناضب

28- واحداً مما يلي لا يعتبر اصلاً من الأصول التي تظهر في الميزانية العمومية

أ- أ.ق　　ج- خصوم طويلة الاجل

ب- أ.ق برسم التسهيل　　د- أ.ق مظهرة مقابل دين

29- تصنف أ.د التي لا تتجاوز مدتها السنة وتظهر في الميزانية العمومية :-

أ- مطلوبات متداولة　　ج- خصوم طويلة الاجل

ب- مطلوبات طويلة الاجل　　د- التزامات طويلة الاجل

30- بدأ مشروع مقاديشو لصيانة اجهزة الكمبيوتر بإصول قدرها 64000 دينار ومطلوبات 14000 دينار وخلال السنة بلغت ايراداته 70000 دينار بينما بلغت مصروفاته 40000 دينار وبلغت مسحوباته الشخصية 4000 دينار، عليه :

أ- صافي الربح للسنة هو : .... دينار

ب- حقوق الملكية في نهاية السنة هي : .... دينار

31-ان مبدأ الافصاح الملائم في القوائم المالية يعني :

أ- اظهار كافة البيانات وبكافة تفاصيلها في تلك القوائم

ب- اظهار البيانات الملائمة لعدم تظليل مستخدميها

ج- اظهار البيانات بما يخدم تبسيط عملية اعداد تلك القوائم

د- أ أو ج

32- ارسم دورة البيانات المحاسبية (الدورة المحاسبية) بصورتها الشاملة .

33- فيما يأتي ميزان المراجعة الختامي لشهر ك2002/1 لمشروع المهاجرين والانصار (بالدينار) :

رصيد مدين	رصيد دائن	اسم الحساب
1000	-	صندوق
2000	-	بنك
3000	-	مدينون
5000	-	بضاعة (أول المدة)
6000	-	اثاث
-	8000	دائنون
10000	-	مشتريات
1000	-	مصروفات نقل المشتريات
-	4000	رأس المال
-	15200	مبيعات
-	1200	خصم كتب
900	-	مصروفات رواتب
800	-	مصروف استئجار مباني
700	-	مصروف صيانة الالات
600	-	مصروفات قرطاسية
500	-	مصروفات عامة
-	2200	ارباح بيع اصول ثابتة
400	-	مصروف اهلاك الاثاث
-	1300	مجمع (مخصص) اهلاك الاثاث
31900	31900	المجموع

اذا علمت ان بضاعة آخر المدة قدرت 1000 كلفة و 1500 سوق

المطلوب : أ- تصوير حـ/ المتاجرة و حـ / أ. خ (بدون قيود الاقفال)

ت- اعداد الميزانية العمومية كما في 2002/12/31

الحل :

حـ / المتاجرة للفترة المنتهية في 2002/12/31			
	الى مذكورين	1000	من حـ/ بضاعة آخر المدة
5000	حـ/بضاعة أول المدة		من مذكورين
10000	حـ/المشتريات	15200	حـ/ المبيعات
1000	حـ/مصروفات نقل المشتريات	1200	حـ/ الخصم المكتب
1400	الى حـ/ أ. خ (مجمل الربح)		
17400		17400	

حـ / أ.خ للفترة المنتهية في 2002/12/31			
	الى مذكورين	1400	من حـ/ المتاجرة
900	حـ/ الرواتب	2200	من حـ/ ارباح بيع اثاث
800	حـ/ الايجار		
700	حـ/ الصياغة		
600	حـ/ القرطاسية		
500	حـ/المصروفات العامة	300	من حـ/ راس المال
400	حـ/مصروف اهلاك الاثاث		(صافي خسارة)
3900		3900	

الميزانية العمومية كما في 2002/12/13					
الأصول			المطلوبات وحقوق الملكية		
		<u>الاصول المتداولة</u>	8000		دائنون
	1000	صندوق			
	2000	بنك			
	3000	مدينون			**<u>حقوق الملكية</u>**
	1000	بضاعة		4000	1/1
70000				(300)	خسائرالسنة12/13
		<u>الاصول الثابتة</u>	3700		
	6000	اثاث			
	(1300)	مجمع اهلاك			
4700					
11700			11700		

34- فيما يأتي قائمة الدخل والميزانية العمومية في 2005/12/31 لمشروع صلاح الدين التجاري (بالدينار) :

مشروع صلاح الدين التجاري **قائمة الدخل** **للفترة المنتهية في 2005/12/31**	
المبيعات	40000
يطرح : تكلفة المبيعات	20000
مجمل الربح	20000
يطرح : مصروفات التشغيل	10000
الدخل التشغيلي	10000
يضاف : ارباح بيع اصول ثابتة	3000
يطرح : خسائر استثمارات مالية	(1000)
صافي الدخل (ربح)	8000

مشروع صلاح الدين التجاري **الميزانية العمومية** **كما في 2005/12/31**					
		الأصول المتداولة			**المطلوبات المتداولة**
		نقدية 5000			5000 دائنون
		مدينون 10000			6000 أ.د
		بضاعة 15000		11000	**مطلوبات طويلة الاجل**
30000		**مجموع الأصول المتداولة**		14000	قروض
		الاصول الثابتة	25000		مجموع المطلوبات
		اثاث 8000			**حقوق الملكية**
		مجمع اهلاك ـ 2000		69000	راس المال 1/1
	6000	صافي الاثاث		8000	+ ارباح السنة
		مباني 90000		2000	ـ مسحوبات شخصية
		مجمع اهلاك ـ 26000	75000		رأس المال 12/31
	64000	صافي المباني			
70000		**مجموع الاصول الثابتة**			
100000		**مجموع الاصول**	100000		**مجموع المطلوبات وحقوق الملكية**

المطلوب : حساب النسب المالية الممكنة للسنة 2005

35- ان تحليل البيانات للمشروع تكون :

أ- افقياً فقط ضمن نفس القوائم المالية

ب- افقياً وعمودياً وباستخدام النسب المالية

ج-عمودياً فقط ضمن القائمة المالية الواحدة

د-لا شيء مما ذكر

36- اذا كانت المبيعات الاجمالية 1000000 دينار ومردوداتها 50000 دينار وتكلفة المبيعات 650000 دينار ، فإن :

أ- نسبة مجمل الربح الى المبيعات هي : .... دينار

ب- نسبة صافي المبيعات الى اصول لبمبيعات هي : .... دينار

الحلول للخيارات المتعددة

السؤال	الاجابة
9	ج
10	ج
11	أ
12	د
13	ب
14	أ
15	ب
16	د
17	ج
18	أ
19	ب
20	أ
21	أ
22	أ
27	ب
28	د
29	أ
35	ب

تمارين تتضمن التسويات الجردية
وأثرها على القوائم المالية

1- ان مبدأ المقابلة وفقاً لاساس الاستحقاق يعني :

أ. مقابلة اصول المشروع بالخصوم وحقوق الملكية فيه لفترة مالية معينة

ب. مقابلة الايرادات المستحقة مع المصروفات المستحقة للفترة

ج. مقابلة الايرادات المقبوضة مع المصروفات المدفوعة للفترة

د. مقابلة الايرادات مع المصروفات التي ساهمت في تحقيقها للفترة

2- المصروفات المستحقة الدفع :

أ- تقفل في حـ/ أ.خ　　　ج- تظهر ضمن الأصول في الميزانية

ب- تقفل في حـ/المتاجرة　　　د- تظهر ضمن الخصوم في الميزانية

3- الايرادات بالمستحقة القبض :

أ- تظهر بالميزانية مع الاصول المتداولة

ب- تظهر بقائمة الدخل

ج- تقفل في حـ/ ملخص الدخل

د- تظهر بالميزانية مع الخصوم المتداولة

4- ان تسوية المصروفات والايرادات والاصول والخصوم تؤدي الى :

أ- زيادة او تخفيض المصروفات والايرادات　　　ج- زيادة او تخفيض أ.خ

ب- زيادة او تخفيض الاصول والخصوم　　　د- كل ما تم ذكره

5- في 2003/9/1 وقع مشروع كركوك عقد استئجار معرض لبيع بضائعه بمبلغ 6000 دينار سنوياً تدفع مقدماً، عليه فإن حـ/ أ.خ (أو ملخص الدخل) وفقاً لاساس الاستحقاق يكون في 2003/12/31

أ- مدين 6000 دينار　　　ج- دائن 6000 دينار

ب- مدين 2000 دينار　　　د- دائن 3000 دينار

6- للسؤال السابق يظهر في الميزانية في 12/31 :

أ- 4000 اصول   ج- 2000 اصول

ب- 6000 أصول   د- 4000 خصوم

7- واحداً من الحسابات التالية يقفل في الجانب الدائن من حـ/ أ.خ (أو ملخص الدخل):

أ- ايرادات غير مكتسبة   ج- أ + ب

ب- ايرادات مستحقة القبض   د- ايرادات مكتسبة

8- في أدناه ميزان المراجعة لحسابات محلات الأضواء التجارية الذي تم تحضيره في 2004/12/31 وكما يلي:

أرصدة مدينة	أرصدة دائنة	اسم الحساب
14000		حساب البنك الجاري
16000		المدينون
25000		البضاعة
7000		مخزون القرطاسية
	250000	المبيعات
	1500	إيرادات تأجير وساط نقل للغير مقبوض مقدماً
	10000	مردودات مشتريات
	5500	الدائنون
20000		الشهرة
180000		المشتريات
4000		مصروفات هاتف وتلكس
18000		مصروفات رواتب العاملين
6000		مردودات مبيعات
40000		السيارات
3000		مصروفات التامين على المشتريات
8000		المسحوبات الشخصية
	74000	راس المال
341000	341000	المجموع

فإذا علمت انه عند الجرد في 12/31/ 2004 تبين ما يلي:

أ- الرواتب الظاهرة في ميزان المراجعة لا تشمل الرواتب المستحقة غير المسددة في نهاية السنة والبالغة 3000 دينار.

ب- القرطاسية المستخدمة خلال السنة 2000 دينار.

ج- قسط التامين على السيارات مستحق وغير مسدد 1000 دينار.

د- الإيرادات عن خدمات مقدمة للغير ولم تسجل في الدفاتر ولم تستلم 500 دينار

هـ- المحلات قامت بتأجير واسطة نقل للغير منذ بداية السنة وبمبلغ 100 دينار شهريا.

و- المحلات مستأجرة لبناية ببدل إيجار شهري قدره 100 دينار شهريا منذ 2003/7/1 يدفع في 1/1 من السنة اللاحقة .

ز- في 12/31 كلفة بضاعة اخر المدة 12000 دينار وقيمتها السوقية 10000 دينار، وقدرت الشهرة بمبلغ 18000 دينار ولم يحدد لها عمر انتاجي.

المطلوب:أ-إعداد قيود التسوية اللازمة في 12/31/ 2004.

ب-إعداد ميزان المراجعة المعدل في 2004/12/31 .

ج- تحضير حساب المتاجرة وحساب أ. خ (أو حـ/ ملخص الدخل) للفترة المنتهية في 2004/12/31 .

د- تحضير قائمة الدخل للفترة المنتهية في 2004/12/31.

هـ- إعداد الميزانية العمومية كما هي عليه في 2004./12/31

9- فيما يأتي ميزان مراجعة مشروع الساقي لشهر ك2001/1 قبل التسويات الجردية في 2001/12/31.

المطلوب: أ- اعداد ورقة العمل

ب- إعداد قيود التسوية اللازمة في 2001/12/31.

ج- إعداد ميزان مراجعة معدل (بعد التسويات) لشهر ك2001/1.

د- تصوير حـ/ ملخص الدخل للفترة المنتهية في 2001/12/31.

هـ-إعداد الميزانية العمومية كما في 2001/12/31.

و- اعداد قائمة الدخل للفترة.

مشروع الساقي ميزان مراجعة لشهر ك2001/1		
اسم الحساب	**دائن**	**مدين**
صندوق	-	8000
بنك	-	12000
بضاعة	-	15000
قرطاسية	-	1400
أ.ق	-	4000
أ.د	6000	-
مشتريات	-	21000
خصم مسموح به	-	800
مبيعات	30700	-
مصروف ماء وكهرباء	-	90
دائنون	7000	-
مدينون	-	9000
راس المال	35000	-
مصروف رواتب	-	3300
مصروف إيجار مباني مدفوع مقدما	-	4800
مصروف إعلان	-	1200
مصروفات عامة	-	110
إيرادات ثانوية	2000	-
المجموع	80700	80700

عند الجرد في 2001/12/31 تبين ما يلي:

1- قدرت بضاعة آخر المدة بمبلغ 4500 دينار.

2- يعتبر المشروع أن كل ما يشتريه من قرطاسية كأصل تتم تسويته على أساس ما يستهلك فعلا ، وان ما تم استهلاكه من القرطاسية خلال السنة هو 600 دينار فقط.

3- وجود فائض في الصندوق بمبلغ 300 دينار لم يعرف سببه حتى نهاية السنة والشركة مؤمنة ضد خيانة الأمانة.

4- لم يصرف راتب أحد العاملين لمدة نصف شهر/ت2001/2 بسبب تركه العمل بعد هذا التاريخ علما أن راتبه الشهري هو 250 دينار.

5- المشروع مستأجر لبناية مؤثثة يبدل إيجار شهري قدره 400 دينار ومنذ بداية أيلول من السنة يدفع الإيجار عن سنة كاملة مقدما.

6- يدفع مصروف الإعلان على أساس عدد ساعات الإعلان التي بلغت خلال السنة 100 ساعة بمعدل 10 دينار للساعة الواحدة.

10- فيما يأتي ميزان مراجعة ختامي (بعد الجرد والتسويات) لمحلات الكوت في 2005/12/31 (دينار) ، **(نظام جرد مستمر)** :

مدين	دائن	اسم الحساب
3000	-	حـ/ النقدية
6000	-	حـ/ المدينون
25000	-	حـ/ الآلات
11000	-	حـ/ مراقبة المخازن
-	45900	حـ/ المبيعات
33000	-	حـ/ تكلفة المبيعات
-	1500	حـ/ الدائنون
2500	-	حـ/ الخصم المسموح به
500	-	حـ/ مردودات المبيعات
7000	-	حـ/ الرواتب
4000	-	حـ/ مصروف ايجار مباني
6000	-	حـ/ مصروف اهلاك الآلات
-	12000	حـ/ مجمع اهلاك الالات
-	40000	حـ/ راس المال
800	-	حـ/ مسحوبات شخصية
900	-	حـ/ مصروفات اعلان
300	-	حـ/ مصروف اعلان مدفوع مقدماً
-	600	حـ/ مصروف ايجار مباني مستحق الدفع
100000	100000	المجموع

المطلوب :

أ-اعداد قيود الاقفال للحسابات الختامية

ب- اعداد ح/ المتاجرة و حـ/ 2.خ

ث- اعداد الميزانية العمومية

الحل :

أ- قيود الاقفال – يومية المشروع

45900	-	من حـ/ المبيعات
-	45900	الى حـ/ المتاجرة
36000	-	من ح/ المتاجرة
-		الى المذكورين
	33000	حـ / تكلفة المبيعات
	2500	حـ/ خصم مسموح به
	500	حـ/ مردودات المبيعات
9900	-	من حـ/ المتاجرة
-	9900	الى حـ / أ. خ
17900	-	من حـ/ أ. خ
		الى المذكورين
-	7000	حـ / مصروف الرواتب
-	4000	حـ/ مصروف ايجار مباني
-	6000	حـ/ مصروف اهلاك الالآت
-	900	حـ/ مصروف الاعلان
8800	-	من حـ/ راس المال
		الى المذكورين
-	8000	حـ/ أ. خ
-	800	حـ/ مسحوبات شخصية

ب-

حـ/ المتاجرة

	الى مذكورين		
33000	**حـ/تكلفة المبيعات**	45900	**من حـ/المبيعات**
2500	**حـ/خصم مسموح به**		
500	**حـ/مردودات المبيعات**		
9900	**الى حـ/أ.خ**		
	(مجمل ربح)		
45900		**45900**	

حـ/ أ.خ

	الى مذكورين		
7000	حـ/مصروف الرواتب	9900	من حـ/ المتاجرة
4000	ح/مصروف ايجار	8000	من حـ/ راس المال
6000	حـ/اهلاك الآلات		
900	حـ/مصروف اعلان		
17900		17900	

ج- الميزانية العمومية

		الاصول			الخصوم وحقوق الملكية
	3000	النقدية		1500	دائنون
	6000	المدينون		600	ايجار مستحق الدفع
	11000	المخزون (بضاعة)	2100		مجموع المطلوبات المتداولة
	300	اعلان مقدم			راس المال(حقوق الملكية)
20300		مجموع الاموال المتداولة		40000	رصيد 1/1
	25000	الآلات		8000	- صافي خسارة
	(12000)	مجمع الاهلاك		800	- مسحوبات شخصية
13000		صافي الالات	31200		راس المال 1213
33300		مجموع الاصول	33300		مجموع الخصوم وحقوق الملكية

11- فيما يأتي العمليات الخاصة بالصنف (ح) من البضاعة في منشأة التاجي خلال شهر ك1 /2005 .

12/1 رصيد 500 وحدة بتكلفة 6000 دينار.

12/6 مشتريات 300 وحدة بسعر 20 دينار .

12/9 مبيعات 400 وحدة للعميل سلمان بسعر 25 دينار .

12/11 شراء 200 وحدة بتكلفة 22 دينار للوحدة .

12/15 مبيعات 300 وحدة بسعر 26 دينار للعميل سعد .

12/20 رد العميل سلمان 20 وحدة لمخالفتها الشروط من مبيعات 12/9 .

12/25 ردت المنشأة 30 وحدة من مشتريات 12/11 .

المطلوب : مرة على فرض ان المنشأة تتبع نظام الجرد الدوري ، ومرة اخرى تتبع نظام الجرد المستمر ، وعلى فرض ان السداد والاستلام قد تم في نهاية الشهر بعد الحصول على خصم نقدي 6% ومنح خصم نقدي 4% .

أ- اجراء قيود اليومية للعمليات المذكورة .

ب- تحديد عدد الوحدات المتاحة للبيع .

ج- تحديد عدد وحدات آخر المدة .

د- تحديد تكلفة الوحدات المتاحة للبيع وتكلفة البضاعة في آخر المدة وتكلفة المبيعات مرة باتباع FIFO ومرة LIFO ومرة W.A .

هـ- قيود الاقفال اللازمة .

و- مجمل الربح وصافي الربح على فرض ان مصروفات التشغيل 2000 دينار .

ح- بيان الاثر على حـ/ ملخص الدخل والميزانية العمومية .

12- فيما يأتي ارصدة بعض الحسابات الظاهرة في ميزان المراجعة بتاريخ 2005/12/31 لمشروع بابل للاستشارات القانونية (قبل التسويات)، بالدينار:

2000	صندوق
3000	بنك
4000	مدينون
500	شيكات برسم التحصيل
5800	رواتب واجور
150	رواتب واجور مدفوعة مقدماً
900	ايجار مدفوع مقدماً
2000	ايجار اتعاب استشارات قانونية مقبوضة مقدماً
8000	ايراد اتعاب استشارات قانونية
12000	ايراد اتعاب مرافعاة قضائية

وعند الجرد في 12/31 تبين ما يلي :-

1- نقص في الصندوق بمبلغ 120 دينار تتحمله شركة التامين .

3- ورود اشعار من البنك يفيد بايداع الشيكات المرسلة للتحصيل باستثناء شيك بمبلغ 100 دينار لعدم توفر الرصيد .

3- الرواتب الشهرية للمشروع 500 دينار .

4- بدل الإيجار السنوي للبناية المستأجرة من قبل المشروع 1800 دينار والمشروع مستأجر منذ 4/1.

5- قدم المشروع خدمات قضائية بقيمة 3000 دينار لم تستلم حتى 12/31 .

المطلوب :

أ- اعداد قيود التسوية اللازمة .

ب- بيان اثر ذلك عدا حـ/ أ.خ والميزانية العمومية

الحل : أ- قيود التسوية

120	-	من حـ/عجز الصندوق	1
-	120	الى حـ/ الصندوق	
120		من حـ/ شركة التأمين	
	120	الى حـ/ عجز الصندوق	
		من مذكورين	2
400	-	حـ/ البنك	
100	-	حـ/ المدينين	
-	500	الى حـ/ شيكات برسم التحصيل	
200	-	من حـ/ رواتب واجور	3
-	200	الى حـ/رواتب واجور مستحقة الدفع	
1350	-	من حـ/ مصروف ايجار	4
		الى مذكورين	
-	900	حـ/ ايجار مدفوع مقدماً	
-	450	حـ/ ايجار مستحق الدفع	
1500	-	من حـ/ ايراد اتعاب استشارات مقبوضة مقدماً	5
-	1500	الى حـ/ ايراد أتعاب استشارات	
3000	-	من حـ/ ايراد مرافعات مستحقة القبض	6
-	3000	الى حـ/ ايراد مرافعات قضائية	

ب- حـ/ أ.خ (أو حـ / ملخص الدخل) (جزئي)

6000	الى حـ/رواتب واجور	9500	من حـ/ايراد اتعاب استشارات
1350	الى حـ/ مصروف ايجار	15000	من حـ/ ايراد مرافعات قضائية

الميزانية العمومية 2005/12/31 (جزئية)

1880	صندوق	200	رواتب واجور مستحقة القبض
3400	بنك	450	ايجار مستحق الدفع
4100	مدينون	500	ايراد اتعاب مقبوض مقدماً
150	رواتب واجور مدفوعة مقدماً		
3000	ايراد مرافعات مستحق القبض		

13- في 2005/1/1 كان رصيد حـ/ المدينون لمشروع التقوى 30000 دينـار و حــ/ مخصـص د.م فيهـا 1000 دينار ، وخلال السنة تمت العمليات التالية:

40000 دينار مبيعات آجلة ، 50000 متحصلات من المدينون بشيكات، 800 د.م ، كما تم اعدام دين في 12/31 قدره 100 دينار ، ويرغب المشروع في هذا التاريخ تكوين مخصص بنسبة 3% مـن رصيد المدينين للديون المشكوك فيها.

المطلوب :

أ- ان الجانب المدين من قيد تسوية (تعديل) حـ/م.دم فيها يكون ..... دينار.

ب- ان الجانب الدائن من قيد التسوية هو حـ/....... وبمبلغ .... دينار .

ج- ان رصيد حـ/المدينين هو .... دينار .

د- اعداد القيود اللازمة في يومية المشروع لكل السنة .

هـ- تصوير الحسابات المختصة في سجل الاستاذ .

و- بيان أثر ذلك عدا حـ/ م.خ والميزانية العمومية في 12/31 .

14- في 2004/7/1 كان رصيد حــ/أ.ق في مشروع القـاهرة 10000 دينـار وهـو يتضـمن (ورقـة اولى بمبلـغ 4000 دينار وثانية بمبلغ 3000 دينار وثالثه بمبلغ 2000 دينار ورابعـة بمبلـغ 1000 دينـار)، تسـتحق جميعها في بداية عام 2005.

- في 2004/10/10 قام المشروع برهن ورقة القبض الثانيـة لـدى البنـك مقابـل قـرض 2000 دينـار اودع في البنك لحساب المشروع والقرض بفائدة 10% ومدتة سنة كاملة.

المطلوب :

أ- اعداد القيود اللازمة في يومية المشروع لسنة 2004 .

ب- تصوير حـ/أ.ق في سجل استاذ المشروع .

ج- بيان أثر ذلك على حـ/ أ.خ والميزانية العمومية في 2004/12/31 .

15- توفرت لديك المعلومات التالية الخاصة بمذكره تسوية حـ/البنك لشهر ك2003/1 لمنشأة المنامة (دينار) :

30,000	رصيد حـ/البنك بدفاتر المشروع في 12/31
20,000	ايداعات بالطريق
10,000	شيكات صادرة غير مقدمة للصرف (غير مدفوعة)
2000	شيك مرفوض بسبب عدم كفاية الرصيد لأحد العملاء
15000	قيمة ورقة قبض حصلها البنك لصالح المشروع
200	مصاريف تحصيل أ.ق
100	مصاريف بنكية مختلفة
1000	فوائد دائنة

المطلوب :

اولاً : أن الرصيد الصحيح لحساب البنك (المعدل وبعد التسويات) بدفاتر المشروع في 10/30/ هو دينار :

أ- 26700 ب-24700 ج- 43700 د- 23700

ثانياً: قيود التسوية

أ- تجري لكل تلك المبالغ ج- تجري لقسم منها

ب- لا تجري لأي من تلك المبالغ د- قد تجري وقد لا تجري

ثالثاً : اعداد قيود التسوية في اليومية :........

رابعاً : تصوير حـ/البنك في سجل استاذ المنشأة وبيان مقدار الرصيد الذي سيظهر في ميزان المراجعة لشهر ك1 .

خامساً : بيان الاثر على حـ/أ.خ (أو حـ/ ملخص الدخل) والميزانية العمومية في 2003/12/31 .

16- لشهر ك1 /2004 كان رصيد حـ/البنك في دفاتر منشأة الجليل دائن بمبلغ 6000 دينار، وبموجب كشف الحساب المرسل من البنك لهذا الشهر كان الرصيد مدين (سحب عن المكشوف) بمبلغ 1490 دينار وعند المطابقة ظهر ما يلي :

6500 دينار	ايداعات نقدية بالطريقة ولم تظهر بكشف الحساب
5600 دينار	شيكات صادرة لم تقدم للصرف
4200 دينار	قيمة ورقة قبض مخصومة
100 دينار	مصارف خصم ورقة القبض
890 دينار	شيك مودع في البنك وظهر بالكشف بهذا المبلغ إلا ان المنشأة كانت قد سجلته بمبلغ 980 دينار
6700 دينار	شيك صادر ومصروف بهذا المبلغ إلا أنه سجل لدى المنشأة بمبلغ 7600 دينار
1250 دينار	فوائد دائنة أضافها البنك لحساب المنشأة
750 دينار	شيك مرفوض من البنك لعدم توفر الرصيد الكافي لأحد الزبائن

المطلوب :

أ- اعداد مذكرة التسوية

ب- اعداد قيود التسوية اللازمة في يومية المنشأة

ج-تصوير حـ/البنك في سجل الاستاذ

د-بيان أثر ذلك عن حـ/أ.خ والميزانية العمومية

هـ- هل ان رصيد حـ/البنك هنا يسمى :

أولاً: رصيد طبيعي ثالثاً: رصيد دائن

ثانياً : رصيد عكس طبيعته رابعاً: غير ما ذكر

الحل : أ دفاتر المشروع **كشف البنك**

دفاتر المشروع			كشف البنك	
الرصيد بالدفاتر		(6000)	الرصيد بموجب الكشف	(1490)
يضاف : تحصيل ورقة قبض	4200		يضاف : ايداعات بالطريق	6500
تصحيح شيك صادر قيد خطأ	900			
فوائد دائنة	<u>1250</u>			
		6350	يطرح: شيكات صادره لم تدفع	5600
يطرح :				
مصاريف خصم أ.ق	100			
تصحيح قيد شيك مودع	90			
شيك مرفوض	750			
		<u>(940)</u>		___
الرصيد الصحيح		<u>(590)</u>		<u>(590)</u>

ب- يومية المنشأة : قيود التسوية

4200 -	- 4200	من حـ/ البنك الى حـ/ أ.ق برسم التحصيل
100 -	- 100	من حـ/ مصاريف خصم أ.ق الى حـ/ البنك
90 -	- 90	من حـ/ المدينين الى حـ/ البنك
900 -	- 900	من حـ/ البنك الى حـ/ الدائنين
1250 -	- 1250	من حـ / البنك الى حـ/ فوائد دائنة
750 -	- 750	من حـ/ المدينين الى حـ/ البنك

ج- حـ/ البنك

4200	الى حـ/ أ.ق رسم التحصيل	6000	رصيد 12/1
900	الى حـ/ الدائنين	100	من حـ/ مصاريف خصم أ.ق
1250	الى حـ/ فوائد دائنة	90	من حـ/ المدينين
<u>590</u>	رصيد دائن	<u>750</u>	من حـ/ المدينين
<u>6940</u>		<u>6940</u>	

17- فيما يأتي العمليات الخاصة بالاستثمارات المالية (اسهم وسندات) لمشروع الرويشد للسنة 2003 .

في 1/1 رصيد 6000 دينار اسهم شركة الصفاوي قيمة اسمية 1 دينار 6000 دينار سندات شركة اليرموك قيمة اسمية 10 دينار، تاريخ اصدار السندات 2002/1/1 مدة السند 3 سنوات بفائد 10% تدفع في 1/1 و 7/1 (بقسطين)

في 2/15 شراء 10000 سهم من اسهم الصفاوي بسعر 3 دينار ودفع عمولة السمسار 1% من قيمة الصفقة

في 4/1 شراء 200 سند من سندات اليرموك بسعر 12 دينار متضمناً الفوائد المستحقة ،ودفع عمولة للسمسار 1% من قيمة الصفقة

في 7/5 بيع 4000 سهم من اسهم الصفاوي بمبلغ 15000 دينار ودفع عمولة بيع 200 دينار

في 9/1 بيع 2000 دينار سند من سندات اليرموك بمبلغ 20000 دينار عدا الفوائد المستحقة التي دفعها المشتري ، وبلغت عمولة البيع 250 دينار

في 12/31 استحقت ارباح لاسهم الصفاوي بمعدل 0.1 دينار للسهم

في 12/31 بلغت القيمة السوقية العادلة لاسهم الصفاوي 1.5 دينار للسهم اما بالنسبة لسندات اليرموك وبلغت 10 دينار للسند

المطلوب :

أ- اثبات العمليات في يومية المشروع خلال السنة 2003 .

ب- اعداد قيود التسوية اللازمة .

ج- اعداد قيود الاقفال اللازمة في 12/31

د- بيان اثر ذلك عن حـ/ أ.خ (أو حـ/ ملخص الدخل) والميزانية العمومية في 2003/12/31 .

18- في 2004/5/15 اشترت محلات البحرين سيارة لنقل العاملين بمبلغ 21000، قيمة النفاية قدرت بمبلغ 1000 دينار في نهاية عمرها الانتاجي ، كما صرفت مبلغ 500 دينار تأمين للسنة ، باستخدام طريقة القسط الثابت في الاهلاك وبنسبة 5% سنوياً .

المطلوب : **أولاً:**

أ- عمر السيارة هو : .... سنة

ب- قسط الاهلاك السنوي هو : .... دينار

ج- مصروف الاهلاك للسنة الاولى هو : .... دينار

د- قيد مصروف الاهلاك للسنة الاولى هو : ....

هـ- اذا تم بيع السيارة في 2005/5/15 فإن مجمع الاهلاك لغاية البيع يكون .... دينار والقيمة الدفترية هي .... دينار

و- قيد البيع يكون ....

ح- اثر العمليات على حـ/أ.خ والميزانية العمومية في 2004/12/31

ط- اثر العمليات على حـ/أ.خ والميزانية العمومية للسنة 2005

ثانياً : اذا كانت المحلات تتبع طريقة مضاعف القسط الثابت فإن ذلك سيؤدي عند البيع ومقارنة بطريقة الفسط الثابت الى :

أ- زيادة مكاسب للبيع

ب- تخفيض مكاسب البيع

ج- زيادة خسائر البيع

د- تخفيض خسائر البيع

ثالثاً : اذا كانت المحلات تتبع طريقة مجموع ارقام السنين وثم استبدال السيارة في 2005/5/15 بسيارة اخرى قيمتها 17000 دينار مع دفع مبلغ 600 للطرف الآخر لاتمام عملية الاستبدال فان النتيجة هي ....

رابعاً: باتباع طريقة النشاط وعلى فرض ان الآلة عملت 1000 ساعة من اجمالي ساعات العمل المقدرة لكل العمر الانتاجي 20000 وتم استبدال السيارة في 2005/5/15 بسيارة اخرى قيمتها 19000 دينار واستلام مبلغ 400 دينار لاتمام عملية الاستبدال وبيان اثر ذلك عن حـ/ أ.خ والميزانية العمومية في تاريخ الاستبدال .

19- في 2005/1/1 كان رصيد حـ/ المكائن في مشروع المقدادية 300.000 دينار ومخصص اهلاكها 100.000 دينار وفي 6/30 تم استبدال جزء من تلك المكائن والتي كلفتها 150.000 دينار ومخصص اهلاكها 50.000 دينار بآلات قيمتها 85000 دينار ، ودفع المشروع مبلغ 8000 دينار بشيك لاتمام عملية الاستبدال .

المطلوب :

أ- اعداد القيود الخاصة بالمكائن والآلات خلال السنة

ب- تصوير حـ/ المكائن في سجل الاستاذ

ج- بيان اثر ذلك على حـ/ ملخص الدخل والميزانية العمومية

20- منشأة القرية للاستثمارات النفطية تمتلك آبار نفطية بكلفة 2 مليون دينار وبئر غاز طبيعي بكلفة 1.5 مليون دينار ، للسنة 2004 انتجت المنشأة 1 مليون برميل نفط و 2 مليون م3 من الغاز من أصل الطاقة الانتاجية الكلية البلغة 5 مليون برميل نفط و 10 مليون م3 غاز . وفي مجمع النفاد في 12/31 بلغ 400الف دينار و 300 الف دينار للغاز ، اما الاصول الثابتة المستهلكة (من عقارات ومكائن ومعدات ... الخ) فكلفتها 3 مليون دينار ومجمع اهلاكها 250 الف دينار في 12/31 وتستهلك بنسبة 10% سنوياً.

المطلوب :

أ- اعداد قيود الاهلاك والنفاد وفي 12/31

ب- بيان أثر ذلك على حـ/أ.خ (ملخص الدخل) والميزانية العمومية ف ي2004/12/31

21- الآتي ارصدة الحسابات الظاهرة في دفاتر مشروع السلام التجاري في 2006/12/31 (قبل الجرد) ، (الدينار) :

مدين	دائن	الحساب
16000	-	مدينون
-	1500	مخصص ديون مشكوك فيها (م.د.م فيها)
1000	-	ديون معدومة (د.م)
8000	-	اوراق قبض (أ.ق)
-	200	مخصص خصم أ.ق (م.خ.أ.ق)
17000	-	بضاعة
18000	-	محفظة الاوراق المالية (استثمارات اسهم)
-	9000	اوراق دفع (أ.د)
-	14000	قروض
120000	-	مباني
-	30000	مجمع اهلاك المباني
40000	-	الشهرة

وعند الجرد في 12/31 توفرت المعلومات التالية :

أ- اعدام دين آخر بمبلغ 300 دينار وتكوين م.د.م فيها بنسبة 5% من صافي المدينين.

ب- أ.ق حررت بتاريخ 11/15 تستحق بعد 3 شهور بفائدة 6% ، وتكوين مخصص خ.أ.ق بمعدل 8% .

ج- سعر السوق للبضاعة 16500 دينار والمشروع يتبع نظام الجرد الدوري .

د- الاستثمار بالاسهم حقق ارباح لم تقبض 1600 دينار وقيمتها العادلة بالسوق 20.000 دينار .

هـ- أ.د حررت بتاريخ 10/1 ومدتها 6 شهور بفائدة 8% .

و- القروض تم الحصول عليها في 7/1 ومدتها سنتين باقساط سنوية متساوية مع الفائدة 10% سنوياً .

ز- اهلاك المباني قسط ثابت 10% سنوياً .

ح- يقدر عمر الشهرة 20 سنة .

المطلوب :

أ- اعداد قيود التسوية اللازمة في يومية المشروع .

ب- بيان أثر ذلك على حـ/أ.خ (او ملخص الدخل) والميزانية العمومية .

الحل : أ- **قيود التسوية**

300 -	- 300	من حـ/د.م الى حـ/ المدينين اثبات د.م 12/31	
1300 -	- 1300	من حـ/ م.د.م الى حـ/ د.م اقفال د.م للسنة	
565 -	- 565	من حـ/مصروف د.م .فيها الى حـ/ م.د.م فيها تكوين المخصص المطلوب = (300-16000)×5% = 765 المتبقي من المخصص = 1300-1500 = 200 الزيادة اللازمة = 200-765 = 565	أ
240 -	- 240	من حـ/ ايراد فوائد مستحقة القبض الى حـ/ ايراد فوائد أ.ق	ب
440 -	- 440	من حـ/مصروف خصم أ.ق الى حـ/ م.خ- أ.ق (8000 × 8%) - 200 = 440	ب
500 -	- 500	من حـ/خسائر غير متحققة (متوقعة) عن هبوط اسعار البضائع الى حـ/ مخصص هبوط اسعار السلع	ج
1600 -	- 1600	من حـ/ارباح استثمارات مالية بالاسهم مستحقة الدفع الى جـ/ ايرادات استثمارات مالية	

2000 -	- 2000	من حـ/ تعديلات القيمة العادلة للاستثمارات بالاسهم الى حـ/ مكاسب تعديلات القيمة العادلة للاستثمارات بالاسهم	د
360 -	- 360	من حـ/ مصروف فوائد أ.د الى حـ/ فوائد مستحقة الدفع	هـ
1400 -	- 1400	من حـ/ مصروف فوائد القروض الى حـ/ فوائد القروض مستحقة الدفع	و
12000 -	- 12000	من حـ/ مصروف اهلاك المباني الى حـ/ مجمع اهلاك المباني	ز
2000 -	- 2000	من حـ/ مصروف اطفاء الشهرة الى حـ/ الشهرة	ح

ب- **حـ/ أ.خ (ملخص الدخل) (جزئي)**

الى مذكورين	من مذكورين
565 حـ/مصروف د.م فيها	240 حـ/ايراد فوائد أ.ق
440 حـ/مصروف خصم أ.ق	1600 حـ/ايراد استثمارات مالية
500 حـ/خسائر غير محققة عن هبوط اسعار البضائع	2000 حـ/مكاسب تعديلات القيمة العادلة للاستثمارات بالاسهم
360 حـ/مصروف فوائد أ.د	
1400 حـ/مصروف فوائد القروض	
12000 حـ/مصروف اهلاك المباني	
2000 حـ/ مصروف اطفاء الشهرة	

مشروع السلام التجاري

الميزانية العمومية 2006/12/31 (جزئية)

مدينون	15700		مصروف فوائد أ.د مستحق الدفع	360
م.د.م	- 765		فوائد القروض مستحقة الدفع	1400
صافي المدينون		14935		
ايراد فوائد مستحق القبض		240		
أ. ق	8000			
م.خ.أ.ق	- 640			
صافي أ.ق		7360		
مخزون البضاعة	17000			
مخصص هبوط اسعار البضاعة	- 500			
صافي قيمة مخزون البضاعة		16500		
ارباح استثمارات مستحقة القبض		1600		
استثمارات مالية بالاسهم	18000			
تعديلات القيمة العادلة	+ 2000			
القيمة العادلة للاستثمارات المالية		20000		
الشهرة		38000		
المباني	12000			
مجمع اهلاك المباني	- 42000			
صافي قيمة المباني		78000		

مراجع مختارة في المحاسبة

-1 ياسين احمد العيسى ،اصول المحاسبة الحديثة (الجزء الاول) ، دار الشروق للنشر والتوزيع ، عمان ، 2003 .

-2 نعيم دهمش ، محمد ابو نصار ، محمود الخلايلة ، مبادىء المحاسبة. الاصول العلمية والعملية ، الجزء الاول ، الطبعة الثالثة ، داروائل للنشر والتوزيع ، عمان ، الاردن ، 2003 .

-3 رضوان حلوة حنان ، النموذج المحاسبي المعاصر ،دار وائل للنشر ، عمان 2003 .

-4 كيسو دونالد ، وويجانت جبري ، المحاسبة المتوسطة ، الجزء الأول، ترجمة كمال الدين سعيد ، ترجمة دار المريخ للنشر ، السعودية ، 1988 .

-5 كيسو دونالد ، وويجانت جبري ، المحاسبة المتوسطة ، الجزء الثاني، ترجمة كمال الدين سعيد ، ترجمة دار المريخ للنشر ، السعودية ، 1988 .

6- Belverd E.Needles ,Mirian Powers , and Susan Cross on, Principles of Accounting , Houghton Mifflin Company , 2002 .

7- Jerry J.Weygandt ,Donald E.Kieso and Paul D.Kimmel, Accounting Principles , John Wiley & Sons Inc., 2002 .

8- Donalds E.Kieso D.E, Jerry J.Weygandt and Terry D.Warfield, Fundamental of Intermediate Accounting , John Wiley & sons, Inc., 2003.

9- Jerry J.Weygandt ,Donald E,Kieso and Paul D,Kimmel , Financial Accounting , 6th Edition , John Wiley and sons Inc ., 2002 .

10- M.W.E.Glautier and B.Underdown Accounting Theory and Practice ,6th edi ., Pitman Publishing , London , 1997 .

11- J. Randall Stott , Basic Accounting and mike Truman , Teach Yourself, Hodder Headline , Ltd .London , 2003 .

الملحق

التعريف بمعايير المحاسبة الدولية

International Accounting Standards (IASs)

أصدرت لجنة معايير المحاسبة الدولية (IASC) والتي ضمت 153 عضواً من هيئات المحاسبة المهنية في 112 بلداً، اصدرت 41 معيار دولي (IASs) حتى عام 2001، حيث حل محل هذه اللجنة مجلس معايير المحاسبة الدولية (IASB) وتسمى المعايير التي تصدر عن هذا المجلس - معايير التقارير (الابلاغ) المالي الدولية International Financial Reporting Standards (IFRSs) وتحتفظ المعايير الصادرة عن اللجنة السابقة بتسمياتها (IASs) .

ونحاول في ما يلي تلخيص تلك المعايير مع تعديلاتها لغاية سنة 2005.

أولاً: معايير المحاسبة الدولية الصادرة عن (IASC) من هذه المعايير ما تم تعديله ومنه ما تم الغاءه، المربع ■ يعني استمرار العمل بالمعيار، أما المربع □ فيعني الالغاء أو الاحلال محله.

■ IASs (1) : Presentation of Financial Statements عرض القوائم المالية

يتطلب العرض العادل والانصياع لمعايير الابلاغ المالي الدولي، ويلزم المعيار تصنيف الأصول والتزامات المتداولة وغير المتداولة واستخدام مصطلح الربح والخسارة بدلاً عن صافي الربح والخسارة وإظهار حقوق الاقلية وعدم الحاجة لاظهار الأرباح والخسائر فوق العادة ببند منفصل.

■ IASs (2): Inventories البضاعة (المخزون)

يجب أن يقيم المخزون بالتكلفة أو بصافي القيمة القابلة للتحقق (سعر البيع - التكلفة المطلوبة لاستكمال عمليات التخزين والبيع) أيهما أقل . يمنع استخدام طريقة Lifo كطريقة بديلة . عند جرد المخزون تكون الملكية هي الاعتبار الحاسم أهم الايضاحات تشمل السياسات المحاسبية المتبعة، قيمة المخزون المرهون، ويمكن اعتماد نظام الجرد الدوري أو نظام الجرد المستمر.

□ IAS (3): Consolidated Financial Statements

القوائم المالية الموحدة (المجمعة): تمت الاستعاضة عن هذا المعيار بمعايير المحاسبة الدولية 27 و 28.

☐ IAS (4): Depreciation Accounting **المحاسبة عن الاهلاك**

حل محل هذا المعيار معايير المحاسبة الدولية 16 و 22 و 38

☐ IAS (5): Information to Be Disclosed in Financial Statements

الايضاحات المرفقة بالقوائم المالية: تمت الاستعاضة عن هذا المعيار بمعيار المحاسبة الدولية رقم (1) بعد التعديل.

☐ IAS (6): Accounting Responses to Changing Prices

المحاسبة وتغييرات الاسعار: وتمت الاستعاضة عنه بمعيار المحاسبة الدولية رقم (15).

■ IAS (7): Cash Flow Statement **قائمة التدفقات النقدية**

تعد القائمة بطريقة مباشرة أو غير مباشرة للتدفقات النقدية من أنشطة التشغيل والاستثمار والتمويل، لبيان قدرة المنشأة على توليد التدفقات النقدية ومواجهة الالتزامات وتوزيع الأرباح، وادخل مفهوم النقد العادل (عن الاستثمارات قصيرة الأجل شريطة التحول إلى سيولة خلال 3 شهور).

■ IAS (8): Accounting Policies, Changing in Accounting Estimates and Errors

السياسات المحاسبية والتغيير في التقديرات المحاسبية والأخطاء: يتوجب تطبيق السياسات المحاسبية على جميع العمليات المتشابهة وليس بشكل اختياري، وتصحيح الأخطاء في حقوق الملكية (الطريقة المنفصلة) وليس في قائمة الدخل (الطريقة البديلة المسموح بها).

☐ IAS (9): Accounting for Research and Development Activities

المحاسبة عن البحوث ونشاطات التطوير: وتمت الاستعاضة عنه بمعيار المحاسبة الدولية رقم (38).

■ IAS (10): Events after the Balance Sheet Date

الأحداث بعد تاريخ الميزانية: على المنشأة ان تعدل بياناتها المالية وفقاً للأحداث اللاحقة لتاريخ الميزانية العمومية إذا كانت تعطي أدلة إضافية عن أحوال كانت قائمة في تاريخ الميزانية وسواءاً كانت تلك الأحداث لصالح المنشأة أم لغير صالحها.

■ IAS (11): Construction Contracts **عقود الانشاء**

تستخدم طريقة نسبة الانجاز في المحاسبة عن عقود الانشاء لأنها تنسجم مع متطلبات أساس الاستحقاق ومبدأ مقابلة الايرادات بالمصروفات والخسائر المتوقعة عن العقد.

■ IAS (12): Income Taxes ضرائب الدخل

□ IAS (13): Presentation of Current Assets and Current Liabilities

عرض بيانات الاصول المتداولة والالتزامات المتداولة تحت الاستعاضة عن هذا المعيار بمعيار المحاسبة الدولية رقم (1).

■ IAS (14): Segment Reporting التقارير عن القطاعات

يجب اعداد المعلومات عن القطاعات الرئيسية والثانوية من خطوط انتاج أو خدمات، وكذلك عن المناطق الجغرافية بما يتفق والسياسات المحاسبية المعتمدة لاعداد وعرض البيانات المالية للمنشأة أو للمجموعة.

□ IAS (15): Information Reflecting the Effects of Changing Prices

المعلومات التي تعكس أثر التغيير بالأسعار وقد تم الغاء هذا المعيار.

■ Ias (16): Property, Plant and Equipment

الممتلكات، المصنع والمعدات (اصول ثابتة ملموسة):

الاعتراف بهذه الأصول يتطلب وجود منافع أولاً وامكانية قياس التكلفة ثانياً، يجب رسملة الاضافات التي تزيد من الانتاج أو تحسين النوعية، وأيضاً رسملة تكاليف الفحص الدوري الكبيرة بشكل منفصل عن الأصل الرئيسي يسبب اختلاف العمر. عند مبادلة الأصول المتشابهة وغير المتشابهة تعتمد القيمة العادلة وإذا تعذر تعتمد القيمة الدفترية.

يجب إظهار تلك الأصول بمبلغ إعادة التقييم وفقاً للقيمة السوقية العادلة مطروحاً منها مجمع الاهلاك وأية خسائر متراكمة في انخفاض القيمة.

■ IAS (17): Leases عقود الايجار

تصنف العقود كعقود إيجار تمويلية عندما تنتقل إلى المنشأة كافة المنافع والمخاطر المرتبطة بملكية الأصل، وترسمل عقود الإيجار التمويلية بالقيمة الحالية المقدرة لدفعات الايجار المستقبلية، ويحتسب المستأجر مصاريف الاستهلاك على الموجودات المؤجرة باستخدام العمر الانتاجي.

في عقود الايجار التشغيلية تظهر الموجودات المؤجرة للغير ضمن بند الاصول في الميزانية العمومية ويتم الاعتراف بايرادات التأجير في بيان الدخل خلال فترة عقد الإيجار.

تعتبر الحوافز التي يقدمها المؤجر للمستأجر في العقد التشغيلي تخفيضاً لمصروف الإيجار وبالنسبة للمؤجر يعتبر تخفيضاً لايراد الايجار على مدى عمر العقد.

■ **IAS (18): Revenue** **الإيراد**

يجب ان يقاس الإيراد بالقيمة العادلة للبدل أو المقابل الذي تم تحصيله او المتوقع تحصيله، يتم الاعتراف بالإيراد عندما يتم نقل مخاطر ومنافع الملكية والسيطرة الإدارية إلى المشتري، وعندما يمكن قياس مبلغ الإيراد بشكل يمكن الاعتماد عليه، وكذلك عندما يتوقع تدفق منافع للمنشأة وعندما يمكن قياس تكلفة العملية التجارية بصورة يمكن الاعتماد عليها.

■ **IAS (19): Employee Benefits** **منافع المستخدمين**

يجب تحميل المنافع (من اجازات مرضية وتأمين على الحياة وغيرها) لما بعد انتهاء خدمة الموظفين على مصاريف المنشأة، وأن يستخدم أساس الاستحقاق خلال فترة خدمة الموظف.

■ **IAS (20): Accounting for Government Garants and Disclosure of Government Assistance**

المحاسبة عن المنح الحكومية والافصاح عن المساعدات الحكومية: يجب اعتماد القيمة العادلة عند المحاسبة والافصاح عن المنح الحكومية، ولا يعترف بالمنح غير النقدية إلا إذا توفرت قناعة معقولة فيها. كما يجب الافصاح عن السياسات المحاسبية المتبعة هنا.

■ **IAS (21): The Effects of Changes in foreign Exchange Rates:**

أثر التغيرات في أسعار الصرف الأجنبية: يجب ان تترجم المعاملات المالية بالعملات الاجنبية سواءاً كان ذلك للاستثمارات في منشآت اجنبية والتي تعتبر جزء لا يتجزء من أعمال المنشأة، أو الاستثمارات في منشآت اجنبية أخرى لاندماجها في قوائمها المالية. ويجب اعطاء ايضاحات كافية عن فروقات الترجمة الداخلة في صافي الارباح، وتلغى عملية رسملة الخسارة الناتجة عن فروقات العملة وتحميلها على الأصل عندما يشترى عن طريق الاقتراض لمدة تزيد عن 12 شهراً.

■ **IAS (22) : Business Combination** **اندماج الأعمال**

استبدل هذا المعيار بمعيار الابلاغ المالي رقم (3)

■ **IAS (23): Borrowing Costs** **تكاليف الاقتراض**

يجب ان تفصح البيانات المالية عن السياسات المحاسبية المتبعة هنا (الفائدة وغيرها)، والتكاليف المرسملة (اضافات وتحسينات) ومعدل الرسملة لتحديد تكاليف الاقتراض المؤهلة للرسملة.

■ IAS (24): Related Party Disclosures **افصاحات الأطراف ذات العلاقة**

والأطراف ذات العلاقة هي التي باستطاعتها السيطرة او التحكم بالطرف الآخر ودورها في صنع القرار، يجب الافصاح عن أنواع العمليات وعناصرها وحجمها وأرصدتها وسياسات التسعير بين الأطراف ذات العلاقة (الشركة الأم والشركة التابعة والشركات الزميلة والسيطرة المشتركة) ولا تستثنى الشركات الحكومية الهادفة للربح من الافصاح عن عملياتها.

□ IAS (25): Accounting for Investments **المحاسبة عن الاستثمارات**

تمت الاستعاضة عن هذا المعيار بمعايير المحاسبة الدولية (39) و (40).

■ IAS (26): Accounting and Reporting by Retirement Benefit Plans

■ IAS (27): Consolidated and Separate Financial Statements

القوائم المالية الموحدة والمنفصلة: على المنشأة الأم التي تصدر قوائم مالية موحدة، ان توحد كافة المنشآت التابعة لها اجنبية ومحلية باستثناء السيطرة المؤقتة.

■ IAS (28): Investments in Associates **الاستثمار في شركات زميلة**

تكون المحاسبة بطريقة حقوق الملكية والتوقف عن استخدام هذه الطريقة في حالة عدم ممارسة تأثير هام، والتأثير الهام او القوي يكون عندما تكون نسبة الاستثمار للمنشأة في الشركة الزميلة 20% فأكثر.

■ IAS (29): Financial Reporting in Hyperinflationary Economies

التقارير المالية في ظل اقتصاديات التضخم المرتفع: يجب عرض القوائم المالية باعتماد وحدات قياس اخرى بتاريخ الميزانية عندما تكون معدلات التضخم لثلاث سنوات يقارب او يزيد عن 100%.

□ IAS (30): Disclosures in the Financial Statements of Banks and similar Financial Institutions

الافصاح في القوائم المالية للبنود والمؤسسات المالية الأخرى

تمت الاستعاضة عن هذا المعيار بمعيار الابلاغ المالي الدولية رقم (7)

■ IAS (31): Interests in Joint ventures **الحصص في المشاريع المشتركة**

يجب الاعتراف بالعمليات تحت السيطرة المشتركة في البيانات المالية والموجودات والالتزامات والمصاريف والأرباح والتوحيد النسبي للمعالجات الاساسية.

☐ **IAS (32): Financial Instruments Disclosure and Presentation Disclosure Provisions**

الافصاح والعرض للأدوات المالية: تم استبدال هذا المعيار بمعيار الابلاغ المالي الدولي رقم (7)

■ **IAS (33): Earnings Per share** **ربحية السهم الواحد**

وتشمل هنا الشركات المساهمة العامة فقط، حيث يجب عرض صافي الربح للسهم العادي الواحد Basic (EPS) وصافي الربح المخفض للسهم Diluted (EPS) في قائمة الدخل.

■ **IAS (34): Interim Financial Reporting** **التقارير المالية المرحلية**

حيث تم تحديد كيفية القياس والحد الأدنى من المعلومات الواجب عرضها في البيانات المالية لفترة مرحلية (اقل من سنة مالية واحدة).

☐ **IAS (35): Discontinuing Operations** **العمليات المتوقعة**

تم استبداله بمعيار الابلاغ المالي الدولي رقم (5).

■ **IAS (36): Impairment of Assets** **انخفاض قيمة الموجودات**

على المنشأة ان تحدد دلالات انخفاض قيمة الاصل بتاريخ الميزانية وما عليها القيام به من اجراءات والمبالغ القابلة للاسترداد ومتى يجب المحاسبة عن الخسارة.

■ **IAS (37): Provisions Contingent Liabilities and Contingent Assets**

المخصصات، المطلوبات المحتملة والموجودات المحتملة: يجب الاعتراف بالمخصص كالتزام ذو توقيت ومبلغ غير مؤكدين، بينما لا يتم الاعتراف بالمطلوبات المحتملة كالتزام محتمل إلا إذا تم إعداد تقدير موثوق، وكذلك للأصل المحتمل إلا بتقدير موثوق للتدفق الوارد للمنافع الاقتصادية.

■ **IAS (38): Intangible Assets** **الموجودات غير الملموسة**

يتم الاعتراف بالأصل غير الملموس في البيانات المالية مبدئياً بالتكلفة فقط عندما يكون خاضع لسيطرة المنشأة ويمكن تمييزه بوضوح، وتوقع تحقيقه لمنافع اقتصادية بالمستقبل ويمكن قياس تكلفته بشكل موثوق.

يتم اطفاء الأصل غير الملموس ذو العمر الانتاجي المحدد، أما إذا كان العمر الانتاجي غير محدد فلا يتم الاطفاء وانما يخضع لاختبار التدني في القيمة. والشهرة السالبة لا يعترف بها بل تقبل عند الاعتراف الاولي بها مباشرة في الأرباح والخسائر (الأرباح).

■ **IAS (39): Financial Instruments Recognition and Measurement**

الاعتراف والقياس للادوات المالية: يصنف هذا المعيار الاصول المالية إلى:

- أصول مالية بالقيمة العادلة وهي أصول غير مخصصة للمتاجرة
- أصول مالية متوفرة للبيع ويعاد تقييمها عند إعداد البيانات المالية بالقيمة العادلة.
- القروض والذمم المدينة وهي أصول مالية غير مشتقة ومحددة قيمة لتسديدها مسبقاً وتقييم عند اعداد البيانات المالية بالتكلفة المطفأة.
- الاستثمارات المحتفظ بها حتى تاريخ الاستحقاق وتقييم أيضاً بالتكلفة المطفأة. وكذلك يصنف المعيار المطلوبات المالية بالقيمة العادلة وأخرى تقييم بالتكلفة المطفأة.

■ **IAS (40): Investment Property** **الممتلكات الاستثمارية**

تقاس الاستثمارات العقارية بداية بالتكلفة المتضمنة تلك المرتبطة بعملية الشراء كرسوم التسجيل والضرائب واتعاب المستشارين.

■ **IAS (41): Agriculture** **الزراعة**

يجب قياس الموجودات البيولوجية بالقيمة العادلة مطروحاً منها التكاليف المقدرة عند نقطة البيع عدا عندما لا يمكن قياس القيمة العادلة بشكل موثوق. ويجب قياس المنتج الزراعي المحصود من الأصل البيولوجي بمقدار قيمته العادلة مخصوماً منها التكاليف المقدرة عند نقطة البيع.

ثانيا: معايير الابلاغ المالي الدولية IFRSs

■ **IFRS (1): First – Time Adoption of International Financial Reporting Standards**

التبني الأول لمعايير الابلاغ المالي الدولية: حيث على الوحدة الاقتصادية أن تعلن عند أول مرة بأن قوائمها المالية تعد وفقاً لمعايير الابلاغ المالي الدولية، ولا يشمل هذا الوحدات التي طبقت ولا زالت تطبق معايير المحاسبة الدولية. الاعتراف بالاصول والالتزامات وتبويبها في الميزانية العمومية يكون بالقيمة العادلة.

■ **IFRS (2): Share – based Payment** **دفعات الاسهم**

يجب تحديد السداد على أساس سعر السهم وطريقة السداد على أساس أسهم أو نقداً أو اسهم ونقد. ونطاق المعيار هو إصدارات الشركة للأسهم كحوافز لموظفيها.

■ IFRS (3): Business Combinations اندماج الاعمال

يجب اتباع طريقة الشراء، ورسملة الشهرة عند الاندماج وقد لا تحدد لعمر انتاجي معين بل تخضع إلى التدني السنوي. ولا يعترف بالشهرة السالبة بل تقفل عند الاعتراف الأولي بها مباشرة في الأرباح والخسائر (الأرباح).

■ IFRS (4): Insurance Contracts عقود التأمين

لا يسمح بعمل أي مخصص ما لم يكن له وجود بتاريخ الميزانية.

■ IFRS (5): Non - Current Assets Held for Sale and Discontinued Operations

أصول ثابتة محتفظ بها للبيع والعمليات المتوقعة: الأصول الثابتة المحتفظ بها للبيع لا تخضع للأهلاك، ويجب أن تكون جاهزة للبيع الفوري يجب أن تكون هناك خطة للتوقف، والقياس والاعتراف يجب أن يأخذ بالاعتبار اختبار التدني.

■ IFRS (6): Exploration for and Evaluation of Mineral Assets

الكشف عن الموارد الطبيعية وتقييمها: يلزم هذا المعيار المنشأة إلى اخضاع الأصول المستكشفة لديها لاختبار التدني، والزامها بالافصاح عن تكاليف الاستكشاف.

■ IFRS (7): Financial Instruments Disclosure

الافصاح: جاء هذا المعيار استبدالاً لمعايير المحاسبة الدولية (30 و 32)، اوجب هذا المعيار الافصاح في القوائم المالية للبنوك والمؤسسات المالية الأخرى عن تواريخ استحقاق الالتزامات المختلفة، تركز الموجودات والالتزامات، القيم السوقية للاستثمارات، الالتزامات المضمونة، صافي الانكشاف للعملات الاجنبية، كذلك الافصاح عن الأدوات المالية من حيث مدى وطبيعة وشروط الأدوات المالية ومخاطر التغيير في أسعار الفائدة ومخاطر الائتمان. ويجب عدم المقاصة بين بنود الموجودات والمطلوبات إلا بوجود حق قانوني.

ثالثا: الخصائص النوعية للبيانات المالية وفقاً لمعايير المحاسبة الدولية

1-القابلية للفهم من قبل مستخدمي تلك البيانات وهم بمستوى معقول من المعرفة في الأعمال والاقتصاد والمحاسبة.

2-الملائمة لحاجات متخذي القرارات.

3-الموثوقية عند خلوها من الأخطاء الهامة والتحييز وبالتالي هناك:

أ- التمثيل الصادق للعمليات والاحداث المالية.

ب- الجوهر في تمثيل العمليات وليس الشكل.

ج- الحياد وعدم التحيز.

د- الحذر في التعامل مع حالات عدم التأكد.

هـ- الاكتمال.

4-القابلية للمقارنة بين الفترات المالية.

ربعاً: القيود على المعلومات الملائمة والموثوقة.

1- التوقيت المناسب فالتأخير غير الضروري يفقد المعلومات قيمتها.

2- الموازنة بين التكلفة والمنفعة.

3- الموازنة بين الخصائص النوعية.

4- التمثيل العادل للمركز المالي والأداء.

خامساً: الفروض المحاسبية:

1- الوحدة الاقتصادية

2- الاستمرارية.

3- الفترة المحاسبية.

4- وحدة القياس النقدي.

سادساً: المبادئ المحاسبية:

1- مبدأ التكلفة التاريخية.

2- مبدأ الاعتراف بالإيراد.

3- مبدأ المقابلة.

4- مبدأ الأفصاح.